Hella Krause-Zimmer

Christian Rosenkreutz

Hella Krause-Zimmer

Christian Rosenkreutz

Sich kreuzende Lebenswege
mit Johannes dem Täufer
zum Inkarnationen-Kreuz

Verlag am Goetheanum

Der Verlag am Goetheanum im Internet: www.vamg.ch

Einbandgestaltung von Wolfram Schildt, Berlin, unter Verwendung eines Bildes
von Gabriela de Carvalho
3., von Günter Aschoff durchgesehene und korrigierte Auflage 2015

Satz: Höpcke, Hamburg
Druck und Bindung: Druckhaus Nomos, Sinzheim

ISBN 978-3-7235-1547-1

Inhalt

Zum Geleit

Hella Krause-Zimmer ist als eine vielseitige Kunsthistorikerin bekannt, deren umfassendes, durch die Anthroposophie vermitteltes Verständnis esoterischer Zusammenhänge die Ergebnisse ihrer Forschungen in einer besonders fruchtbaren Weise bereicherte. Ihre Veröffentlichungen *Die zwei Jesus-Knaben, Imagination und Offenbarung, Offenbare Geheimnisse der christlichen Jahresfeste* – um nur einige wenige zu nennen – sind gleichsam ein Zeugnis ihres Strebens, zu einem tieferen Verständnis der spirituellen Impulse beizutragen, die den Werken der großen Meister aus Kunst und Kultur zugrunde liegen. Über diese Themen hielt sie viele Vorträge am Goetheanum und an vielen Orten in Europa.

Während vieler Jahre ihres Lebens war Hella Krause-Zimmer auch mit einer ausgedehnten Forschung zum rosenkreuzerischen Impuls beschäftigt. Einige Forschungsergebnisse fanden ihren Niederschlag in ihren publizierten Arbeiten. Vieles davon hielt sie jedoch zurück, um ihre Arbeit auf diesem oft schwer zugänglichen Gebiet weiterzuführen. Nach ihrem Tod im Jahr 2002 fanden sich sowohl Essays als auch unvollendete Aufzeichnungen in Ordnern und Notizbüchern sowie anderes Material, das für eine eventuelle Veröffentlichung vorgesehen war.

Mit großer Sorgfalt haben Birrethe Arden-Hansen und Cordelia Böttcher diese Notizen in eine Ordnung gebracht. Ihnen können alle Bewunderer von Hella Krause-Zimmers Veröffentlichungen sehr dankbar sein. In Anbetracht der Tatsache, dass die Autorin ihre Arbeit nicht mehr durch Korrekturen, Streichungen oder Ergänzungen redigieren konnte, hat Beatrice Oling, die Hella Krause-Zimmer als Erbin ihres Nachlasses eingesetzt hatte, die Entscheidung getroffen, dass diese Studien eher als Arbeitsmaterial denn als eine fertige Veröffentlichung zugänglich sein sollten. Auf diese Weise können die Studien allen denjenigen zur Anregung dienen, die mit diesen Themen befasst sind – trotz der Tatsache, dass gewohnte Teile wie eine vollständige Bibliographie oder ein umfassender Index fehlen. Die Aufgabe, ein maschinegeschriebenes Typoskript in elektronische Form zu bringen, wurde von Cecy Renate Wolff de Carvalho übernommen – ihr gebührt ein aufrichtiges Wort des Dankes. Auch Günter Aschoff war maßgeblich an der Herausgabe beteiligt.

Ein Geleitwort kann nicht der Ort sein, um die Themen einer Dokumentation zu charakterisieren, geschweige denn eine inhaltliche Diskussion zu beginnen. Es sei aber gestattet, besonders einen Aspekt hervorzuheben, den Hella Krause-Zimmer intensiv erforscht hat und für den sie Antworten oder zumindest Deutungen anbietet, die weitere Möglichkeiten für individuelle Forschungen aufseiten des Lesers eröffnen. Sie beschreibt ihren eigenen Ansatz in ihrem Vorwort folgendermaßen: «Der kundige Leser wird sicher selbst immer wieder zu den Vorträgen Rudolf Steiners greifen, um in den Zusammenhang zu stellen, was notwendigerweise als Zitat gegeben werden muss. Mit solchen kundigen Lesern muss diese Schrift rechnen.»

Eines der größten Mysterien in Bezug auf bedeutende Inkarnationen bestimmter Individualitäten, die Rudolf Steiner übermittelt hat, findet in seiner «Letzten Ansprache» vom 28. September 1924 einen Höhepunkt, die er – von Krankheit bereits sehr geschwächt – nicht so zu Ende führen konnte, wie er es geplant hatte. Hella Krause-Zimmer wirft ein besonderes Licht auf diese Fragen, indem sie «das Inkarnationen-Kreuz» entwirft: die horizontale Achse verläuft von Adam, Elias zu Raffael und Novalis, die vertikale Achse geht von Vorläufern des Hiram Abiff zum Grafen Saint Germain. Wir haben die Empfindung, dass sie nichts außer Acht lässt, das in irgendeiner Weise zu einem tieferen und breiteren Verständnis dieser Beziehungen führen könnte. Diese umfassende Herangehensweise führt viele Aspekte zusammen, die frühe Schüler Rudolf Steiners mündlich oder in Form verschiedener Notizen den Nachgeborenen übermittelt haben, ebenso wie schriftliche Dokumente aus dem näheren Umkreis um Rudolf Steiner von Marie Steiner, Dr. Ita Wegman, Dr. Noll und Albert Steffen. Heute sind viele Einzelheiten in der Gesamtausgabe veröffentlicht, vor allem dank der Bemühungen von Hella Wiesberger von der Rudolf Steiner Nachlassverwaltung. Hella Krause-Zimmer hatte jedoch die Möglichkeit, zahllose Berichte und Interpretationen zu verwenden, die die notwendigen editorischen Grenzen der Gesamtausgabe überschritten hätten. Auch ihre eigenen Fragestellungen zusammen mit ihren einfühlsamen Interpretationen historisch-esoterischer Beziehungen sind eine große Hilfe für jeden Interessierten, der sich einen tieferen Einblick in diese komplexen Zusammenhänge verschaffen möchte.

Das individuelle Studium anhand dieser Dokumentation möge begleitet sein von einem Gefühl tiefer Dankbarkeit gegenüber Hella Krause-Zimmer, einer Wissenschaftlerin unserer Zeit und einem wahrhaft bemerkenswerten Menschen.

Virginia Sease, April 2009, Goetheanum

Vorwort

Rudolf Steiner hat für eine nicht geringe Anzahl berühmter Persönlichkeiten deren maßgebende Vorinkarnationen in der geschichtlichen Vergangenheit aufgefunden und so deren karmische Hintergründe aufleuchten lassen. Die hier behandelten Inkarnationenfolgen können als besonders gravierend gelten, weil einerseits ihre an sich schon große Bedeutung noch durch ihre Teilnahme am Ereignis der Zeitenwende gesteigert wird und andererseits zwischen ihnen ein Zusammenspiel stattfindet, das wohl als einmalig zu bezeichnen ist.

Der eine Bogen geht von (Adam) *Elias* über den *Täufer* zu *Raffael* und *Novalis*, der andere von *Hiram* (Hiram Abiff) über *Lazarus* zu Christian *Rosenkreutz* und dem Grafen *Saint Germain*.

Sich mit diesen Gestalten zu beschäftigen hat Rudolf Steiner als dringende Aufgabe bezeichnet. Es ist eine schwere Aufgabe! Je mehr man sich in sie vertieft, desto größer werden die Fragen und Rätsel. Unser geisteswissenschaftlich noch so wenig geübtes Denken steht vor mancher verschlossenen Tür. Doch wenn sich auch nicht alle Rätsel schon lösen lassen, so ist das tastende Nachvollziehen dieser exemplarischen Menschheitswege allein schon eine fruchtbare Seelen- und Geistesübung – nicht nur fruchtbar für den Einzelnen, sondern ein notwendiger Beitrag für eine Bewältigung des Themas in der Zukunft.

Verhältnismäßig leicht ist die Beschäftigung mit Raffael und Novalis – so scheint es jedenfalls. Die Betrachtung dieser beiden historisch gut bekannten Gestalten steht hier am Anfang unter dem Titel: Raffael und Maria – Novalis und Sophia, wobei sich für die Bilder Raffaels ein spezieller Gesichtspunkt ergibt. Im ersten Teil ist vielleicht noch nicht so sehr bemerkbar, was in Teil zwei und drei ganz deutlich wird. Die hier versuchte Betrachtung muss Leser voraussetzen, die mit der Geisteswissenschaft Rudolf Steiners vertraut sind und das – notwendig fragmentarisch – Vorgebrachte in größere Zusammenhänge einbetten können.

Die Bemühung ging dahin, immer ganz klar auseinanderzuhalten, was von Rudolf Steiner stammt und was eigenes Weiterdenken, vermutendes Zusammensehen ist. Das macht die Formulierungen manchmal umständlich und kann Wiederholungen nicht ausschließen, aber es soll dem Leser eine saubere Grundlage gegeben werden, die zu keiner Vermischung eigener Hypothesen mit Rudolf Steiners Aussagen Anlass gibt.

Der Leser wird bald bemerken, dass es ein hochsensibles Forschungsgebiet ist, auf dem man sich mit diesen Themen bewegt. Schon die Subtilität der Aussagen Rudolf Steiners zeigt, wie sehr man einerseits vermeiden muss, hier mit groben Stapfen voranzugehen. Andererseits handelt es sich aber gerade darum, Klarheit und Wahrheit über so zentrale Persönlichkeiten der Menschheitsgeschichte zu finden. Diese Persönlichkeiten erweisen sich bei genauerer Betrachtung als «geschichtet». Das Miteinander verschiedenster Individualitäten birgt eine Fülle von Geheimnissen zwischen den Zeilen. Wir werden erst lernen müssen, für diese Zwischenklänge das Geistgehör zu entwickeln. Die hier versuchte Betrachtung kann nur als eine ganz am Anfang stehende gemeint sein.

Der kundige Leser wird sicher selbst immer wieder zu den Vorträgen Rudolf Steiners greifen, um in den Zusammenhang zu stellen, was notwendigerweise als Zitat gegeben werden muss. Mit solchen kundigen Lesern muss diese Schrift rechnen.

Hauptsächlicher Grund und Anlass für die hier versuchten Betrachtungen sind Überlieferungen alter Mitglieder aus Rudolf Steiners Zeit – vor allem die Zeichnung, die ich hier das «Inkarnationen-Kreuz» nenne –, die mir im Laufe der Jahre meist auf meinen Vortragsreisen oder in Zusammenhang damit übergeben wurden.

Ein Teil solcher mir zugegangenen Überlieferungen – zum Beispiel Notizen ungedruckter Vorträge – sind in dem 1987 erschienenen Band der Gesamtausgabe Nr. 265 «Zur Geschichte und aus den Inhalten der erkenntniskultischen Abteilung der Esoterischen Schule 1904–1914», Rudolf Steiner Verlag, Dornach/Schweiz, enthalten, einige aber auch nicht. Ich fühlte mich verpflichtet, damit zu arbeiten und sie auch weiterzugeben.

Stilistisch ist versucht, weniger ein Zusammentragen als ein möglichst reichhaltiges *Zusammensehen* unter verschiedenartigen Gesichtspunkten zu erreichen. Also ein Umkreisen des jeweiligen Themas aus vielen Blickrichtungen, wie sie sich durch die Ausführungen Rudolf Steiners einerseits und durch eigenes Zusammendenken und Zusammensehen andererseits ergeben können.

Die Literaturangaben sind mit Absicht unterschiedlich behandelt. Wo sie sich flüssig in den Text eingliedern lassen oder wo es dienlich ist, das Datum des betreffenden Vortrags gleich mitzulesen, sind sie nicht in die Anmerkungen verwiesen, sondern im Text erwähnt.

I

Raffael und Maria – Novalis und Sophia

Novalis

An den Anfang sollen hier zwei Aussagen von Zeitgenossen des Dichters Novalis gesetzt werden, worin über seine Kindheit und Jugend und seine persönliche Erscheinung berichtet wird.

Friedrich Schlegel lernte den damals etwa zwanzigjährigen Friedrich von Hardenberg, der sich den Dichternamen Novalis zulegte, im Januar 1792 kennen. Jedenfalls berichtete er in dieser Zeit an seinen Bruder Wilhelm über diese Begegnung. Schlegel und Novalis waren beide Studenten in Leipzig, das damals etwa dreißigtausend Einwohner zählte und als Großstadt galt.

Ludwig Tieck traf erst im Sommer 1798 mit Novalis zusammen, das war eineinviertel Jahr nach dem großen Einschnitt in Hardenbergs Leben – dem Tode seiner Braut Sophie. Die beiden trafen sich bei Wilhelm Schlegel in Jena und wurden rasch Freunde.

Als Schlegel und Tieck nach dem Tode des Novalis dessen gesammelte Schriften herausgaben, stellte Tieck der dritten Auflage ein Kapitel «Novalis' Lebensumstände» voran. Er verarbeitete darin zur Hauptsache Aufzeichnungen von des Novalis Bruder Carl und eine Biographie, die der Kreisamtmann Just aus Tennstedt für «Schlichtengrolls Nekrolog», Gotha 1805, verfasst hatte.[1]

Tieck (nach den Aufzeichnungen von Carl von Hardenberg):
«Am 2. Mai im Jahre 1772 ward Friedrich von Hardenberg auf einem Familiengute – Oberwiederstedt – in der Grafschaft Mansfeld geboren. Eine Schwester ausgenommen, welche ein Jahr früher geboren wurde, war er der älteste von elf Geschwistern … Friedrich war in seinen Kinderjahren sehr schwächlich, doch ohne an eigentlichen oder schweren Krankheiten zu leiden. Er war träumerisch still und verriet wenig Geist, er entfernte sich von anderen Knaben, und nur die außerordentliche Liebe, mit welcher er sich ganz seiner Mutter hingab, zeich-

nete ihn vor seinen anderen Geschwistern aus. Diese Mutter, die ältere Schwester und zwei Brüder (Erasmus und Karl), die nur wenig jünger waren als er, waren seine einzigen Gesellschafter. Im neunten Jahr überfiel ihn eine gefährliche Ruhr … Nun schien sein Geist wie aus dem Schlafe zu erwachen, und er zeigte sich plötzlich als ein muntres, tätiges und geistreiches Kind … Er war nun sehr fleißig, sodass er schon im zwölften Jahre ziemliche Kenntnisse im Lateinischen und einige vom Griechischen besaß; Gedichte zu lesen war die Erholung seiner müßigen Stunden. Vor allem liebte er Märchen … Ein sonderbares poetisches Spiel setzte er mit (seinen Brüdern) einige Jahre fort: jeder von ihnen stellte nämlich einen Genius vor, der eine des Himmels, der andere des Wassers, der dritte der Erde. Sonntagabends erzählte ihnen dann Novalis die mannigfaltigsten und wunderbarsten Begebenheiten aus diesen verschiedenen Reichen … Er ergab sich einem vielleicht übertriebenen Fleiße und las vorzüglich die Geschichte mit außerordentlicher Begierde.»

Friedrich Schlegel:
«Ein noch sehr junger Mensch – von schlanker guter Bildung, sehr feinem Gesicht mit schwarzen Augen … wenn er mit Feuer von etwas Schönem redet – unbeschreiblich viel Feuer – er redet dreimal mehr und dreimal schneller wie wir andren – die schnellste Fassungskraft und Empfänglichkeit … Nie sah ich so die Heiterkeit der Jugend. Seine Empfindung hat eine gewisse Keuschheit, die ihren Grund in der Seele hat, nicht in Unerfahrenheit. Denn er ist schon sehr viel in Gesellschaft gewesen (er wird gleich mit jedermann bekannt) … Er ist sehr fröhlich, sehr weich und nimmt für itzt noch jede Form an, die ihm aufgedrückt wird.» Es ist ein junger Mann, «aus dem alles werden kann», Schlegel hält für möglich, dass aus Novalis ein guter, vielleicht sogar ein großer lyrischer Dichter wird.[2]

Tieck:
«Novalis war groß, schlank und von edlen Verhältnissen. Er trug sein lichtbraunes Haar in herabfallenden Locken … sein braunes Auge war hell und glänzend und die Farbe seines Gesichtes, besonders seiner geistreichen Stirn, fast durchsichtig. Hand und Fuß war etwas zu groß und ohne feinen Ausdruck. Seine Miene war stets heiter und wohlwollend … dem geübteren Auge (aber) bot er die Erscheinung der Schönheit dar. Der Umriss und der Ausdruck seines Gesichtes kam sehr

Novalis-Büste (von Fritz Schaper)

dem Evangelisten Johannes nahe, wie wir ihn auf der herrlichen großen Tafel von A. Dürer sehn ... – Sein Gespräch war lebhaft und laut, seine Gebärde großartig ... Langeweile kannte er nicht, selbst in drückenden Gesellschaften unter mittelmäßigen Köpfen, denn er entdeckte gewiss irgendeine Person, die ihm eine noch fremde Kenntnis mitteilte, die er brauchen konnte, so geringfügig sie auch sein mochte. Seine Freundlichkeit, seine offne Mitteilung machten, dass er allenthalben geliebt war. Seine Virtuosität in der Kunst des Umganges war so groß, dass geringere Köpfe es niemals wahrgenommen haben, wie sehr er sie übersahe.»[3]

Über Novalis zu sprechen oder zu schreiben ist ein schwieriges Unterfangen, weil man dabei auf ein Phänomen stößt, das – soweit ich sehen kann – jedem begegnet, der sich ernsthaft mit Novalis befasst. Nämlich dies: In einem Moment glaubt man ihn zu verstehen, in seinen Gedanken und Empfindungen mitzuschwingen, und im nächsten Moment ist er ganz weit, fern, fremd und unverständlich. Optisch ausgedrückt: Man geht hinter einem Menschen her und sucht ihn zu erreichen; man kommt endlich nahe, fasst ihn am Gewand, fühlt den Zipfel, den man erreicht hat, und schaut darauf hin – und im gleichen Moment ist der Träger des Gewandes verschwunden. Man steht dann da wie die Römer im Markus-Evangelium, die den mit Leinwand bekleideten Jüngling in Gethsemane ergreifen, aber sie halten nur das Gewand, und der Jüngling ist entschlüpft.

Gewiss ist das nicht Novalis, aber etwas von diesem Ur-Jünglingshaften, das im Kosmos zuhause ist und sich rasch dahin zurückziehen kann, erlebt man bei ihm. Als sei ein Teil seines Wesens nur lose mit der Verkörperung in Verbindung und ließe ihn zuweilen unserem (verstehen wollenden) Blicke entschwinden.

Im Jahre 1972 ging zur Feier seines zweihundertsten Geburtstages ein ganzer Regen von Artikeln durch die Presse. Eine größere Abhandlung[4] fasste bereits in der Überschrift eine Widersprüchlichkeit zusammen: «Der konservative Revolutionär – Novalis».

In diesem Artikel will der Verfasser zeigen, dass der Dichter der blauen Blume nicht ein passiver, träumerischer Jüngling gewesen ist, sondern dass er – intellektuell hochbegabt und sehr fleißig – fest im Leben stand, sich für soziale Fragen interessierte und, nachdem er Jurisprudenz, Staatswesen und Bergbau studiert hatte, durch die Fähigkeit einer raschen Überschau auffiel. Er verstand, sich von einer Situation schnell ein Bild zu machen, weshalb man ihn beruflich öfter auf Reisen schickte, um über Betriebe und Verhältnisse ein Gutachten abzugeben.

Diese meist wenig beachtete Seite des jungen Dichters hebt der Verfasser als wichtig hervor und hat recht damit. Doch schüttet er das Kind mit dem Bade aus und verteilt Seitenhiebe auf diejenigen, die – wie er es nennt – in sektiererischer Enge eine Novaliskirche aufgebaut und einen Mythos um ihn gesponnen hätten. Da wird dann auch «Rudolf Steiners Emphase für den wiedergeborenen Elias, Johannes der Täufer, Raffael, Novalis» vermerkt. Kurz, der Verfasser ist von solchen Gedanken weit entfernt, aber die ernsthafte Beschäftigung mit Novalis führt ihn zum Beispiel zu solchem Satz: «Seine Jünglingsgestalt ist ferner als ein Gestirn und doch brüderlich nahe, wie es ein Klassiker nie sein könnte.» Damit bezeichnet er auf seine Weise das Phänomen, das am Anfang angedeutet wurde.

«… wie es ein Klassiker nie sein könnte.» – Ein Klassiker, das wäre in erster Linie Goethe. Goethe und Novalis hatten es nicht ganz leicht miteinander. Sie haben sich mindestens viermal gesehen, aber der Funke wollte nicht so recht überspringen – sehr zum Leidwesen des Jüngeren, der sich mit Goethes Werk sein Leben lang intensiv beschäftigte. Er verteidigte «Hermann und Dorothea» gegen eine kopfschüttelnde Umwelt, er verstand das «Märchen» sofort und interpretierte es begeistert, er hielt Goethe in seiner Zeit für den «Statthalter des poetischen Geistes auf Erden» und erkannte auch dessen Wert und Rang als Naturforscher.

Natürlich notierte er sich bei der Durcharbeitung von Goethes Werken auch Kritisches. Leider hat Goethe von des Novalis positiven Äußerungen nie etwas erfahren, dafür nach dessen Tode das Kritische gedruckt vor Augen bekommen. So hat er bis zu seinem eigenen Tode geglaubt, Novalis habe ihn überhaupt nicht verstanden und ihn als Dichter nicht gelten lassen wollen. An dieser traurigen Situation haben des Novalis Freunde ihren beträchtlichen Anteil, die das Gute nicht, nur das Kritische weitergetragen haben.

Freilich ist nicht zu übersehen, dass beide von außerordentlich verschiedener Art gewesen sind. Goethe, der «alte Heide», wie er sich zuweilen selber nennt, bringt noch die ganze alte Mysterienwelt in seinem Innern mit und hat es schwer, sich im kirchlich geformten Christentum einzurichten. Novalis trägt in sich die Erfahrungen des hebräischen Jahweweges, also jener Strömung, durch die das Christus-Ereignis in die Geschichte der Menschheit eingebaut wurde. An der Welt des Elias und Johannes' des Täufers fluteten die anderen großen Kulturströmungen des Altertums, die so stark von bildender Kunst geprägt waren, nur am Rande vorbei.

Das besagt nun wiederum nicht, dass der Novalis des 18. Jahrhunderts in einem engen Sinne «christlich» gewesen wäre und kein Verständnis für die alte Mythen- und Mysterienwelt und die antike Kunst gehabt hätte. Er sah in Dresden eine Antikensammlung, die ihn lange beschäftigte. Aber Tieck schreibt: «Zur Skulptur und Malerei ward sein Gemüt nur wenig hingezogen, ob er gleich über alle diese Künste die originellsten Ideen und die höchsten Ahndungen aussprechen konnte.» Novalis kannte das antike Märchen «Eros (oder Amor) und Psyche», an das sein eigenes Märchen «Eros und Fabel» schon im Titel anklingt, und er suchte ja überhaupt selbst eine neue Mythensprache – eine Sprache, durch die das Geistige wieder hindurchleuchten kann. Deshalb verstand er auch Goethes Märchen so gut.

Bedenkt man seine von Rudolf Steiner angegebene Vorinkarnation als Raffael, so könnte man den Eindruck haben, das antike «Eros und Psyche», mit dem sich Raffael studierend und malend so viel beschäftigt hatte, sei wie untergetaucht und käme verwandelt in des Novalis Märchen wieder herauf.

Mit Raffaels Werk hatte Goethe jedenfalls in den späteren Jahren keinerlei Probleme. Besonders begeistert war er von dessen Deckengemälde in der «Farnesina» in Rom, welches eben das Märchen «Eros und Psyche» zum Thema hat. Novalis trägt bis zu einem gewissen Grade alles in sich, worüber Raffael seine Seele ausgebreitet hatte, aber die Akzente sind jetzt beträchtlich anders gesetzt. Und so hat sich auch das antike Märchen in seinem «Eros und Fabel» sehr verwandelt. Bei Raffael ist die christliche Welt noch in den Schönheitszauber der Antike eingetaucht, bei Novalis trifft Goethe in dessen «Geistlichen Liedern» auf «zu viel Blut und Wunden», eine Seite des Christlichen, die in Raffaels Malerei gar nicht in Erscheinung tritt. Blut und Wunden vermeidet sein Pinsel selbst in den wenigen Bildern, die er dem Thema von Passion und Kreuzigung widmet.

Novalis und Goethe hatten einen großen gemeinsamen Impuls aus dem Vorgeburtlichen mitgebracht, eben das Geistige wieder ins Wort, wieder ins Denken hereinzubringen. Daran arbeiteten sie beide. Aber Goethe hatte ein langes Erdenleben vor sich! Auch wenn seinem Tagesbewusstsein nichts davon bekannt war, so war doch sein Wesen darauf eingerichtet. Goethe betrachtete die Dinge genau, von allen Seiten, wartete, jedenfalls in den späteren Jahren, bis sie zu ihm sprachen – Goethe hatte Zeit.

Novalis aber stand nur ein kurzes Leben zur Verfügung; in seinem Wesen war ein anderer Rhythmus, ein anderes Tempo; er sprach ja auch schnell! «Fein langsam», notierte er an sich selbst oder: «Warum muss ich denn alles peinlich treiben – nichts ruhig – mit Muße – gelassen.»

Novalis schrieb Notizen, Fragmente, Aphorismen – die kurze Form; gewiss mit der Absicht, später ein großes umfassendes Werk daraus zu machen, aber es zeigte sich, dass es in diesem Leben nicht möglich war. Aktuell war die kurze Form, und sie lag ihm auch mehr. Das Philosophieren zum Beispiel verstand er so, dass wenige Sätze genügen, die etwas anstoßen, etwas Neues in Bewegung setzen. Rasche, tiefe Spatenstiche, das war des Novalis, des Neulandbebauers Sache.

Begreiflich, dass dieser Lebensrhythmus sich mit Goethes Breite und Ausführlichkeit nicht immer harmonisch fühlte und für das eigene Schreiben ein anderes Ideal haben musste. Zwei Große von sehr verschiedener Prägung, die auf sehr verschiedenen Wegen an diese gemeinsame Inkarnationszeit herangekommen waren, trafen sich.

Sophie von Kühn und Julie von Charpentier

In des Novalis Leben schlug eine entscheidende Stunde, als er Sophie von Kühn begegnete. Sie war zwölfeinhalb Jahre alt, und innerhalb einer Viertelstunde war sich Novalis darüber klar, hier die Gefährtin seines Lebens gefunden zu haben. Sie verlobten sich ein halbes Jahr später, aber Sophie starb mit fünfzehn Jahren nach schmerzhafter Krankheit.

Dieser Verlust, dieser Schock entriegelte für Novalis die Pforten in jenes Gebiet, in dem er sie einzig jetzt suchen konnte, und ein Strom von Spiritualität flutete in sein Leben und Werk. Etwa ein Jahr lang balancierte Novalis zwischen dem Ihr-Nachstreben – und das hieß, ihr nachsterben – oder dem auf der Erde Sich-Halten.

Dreiviertel Jahr nach dem Tode der Sophie lernt er Julie von Charpentier (die jüngste Tochter des Freiberger Vizeberghauptmanns) kennen, eindreiviertel Jahr nach dem Tode der Sophie verlobt er sich mit ihr. Er ist glücklich, macht Pläne für Ehe, Hausstand und bürgerlichen Beruf, aber zwei Jahre später stirbt er selbst, fast genau vier Jahre nach dem Tode der Sophie.

Julie von Charpentier ist lange Zeit wenig beachtet worden, sie stand im

Schatten der Sophie, von der man allen Einfluss ausgehen sah. Durch textkritische Untersuchungen stellte man jedoch fest, dass auch die Spuren Juliens im Werk des Novalis zu bemerken sind; ganz abgesehen von den Briefen, die von ihr sprechen. Man sah, dass auch Julie als Partnerin des Novalis ernst zu nehmen ist. Und wer nun wieder das Kind mit dem Bade ausschüttet, der sagt: man habe um Sophie einen Mythos gewoben, so ernst sei das ja alles gar nicht gewesen, und Novalis habe sich ja rasch getröstet.

Man wird nach einem wahrheitsgemäßen Bild der Situation streben wollen, denn eben hier liegt eine entscheidende Quelle für des Dichters Leben und Werk. Besonderen Aufschluss kann ein Schriftwechsel geben, den Novalis zur fraglichen Zeit mit Caroline Schlegel, der Frau von August Wilhelm Schlegel, führt. Das Haus der Schlegels in Jena war ein Zentrum der damaligen Geistesträger.

Kurz nach der heimlichen, inoffiziellen Verlobung mit Julie schreibt Novalis am 2. Januar 1799 an Caroline[5]:

«Ich bin, seit ich Ihnen nicht schrieb, glücklich genug gewesen. Julie ist wie durch ein Wunder, seit dem heiligen Abend, wo das fürchterliche Übel plötzlich abriss, wieder gesund und heiter (Julie litt eine Zeitlang an starken Gesichtsschmerzen. Er hatte sich an Caroline Schlegel um Rat und ärztliche Vermittlung gewandt). Meine Gesundheit ist recht leidlich … Mein künftiges Leben kann sehr reizend und fruchtbar werden … Nach Ostern werd ich tief neue Luft schöpfen und das Frühjahr mich wieder auftauen und erwärmen. Ohne *Liebe* hielt ichs gar nicht aus. Mündlich recht viel Neues und Schönes. Wilhelm und Augusten tausend herzliche Grüße.»

Caroline antwortet am 4. Februar 1799:

«Ob Sie mich gleich mit Ihren Dithyramben über das mercantilische Genie, das uns fehlt und Sie auch nicht haben, einmal recht böse gemacht, so sind Sie doch besser wie ich gewesen. Sie geben wenigstens Nachricht von sich … Was Sie von Ihrer Kränklichkeit erwähnen, darüber will ich mich nicht ängstigen, weil immer viel guter Muth dadurch hervorleuchtet und Sie bei Ihrer Reizbarkeit immer Zeiten haben müssen, wo Sie nichts taugen. – Das Wort des Trostes, was Sie nennen, geht mir weit mehr zu Herzen: *Liebe*. Welche? Wo? Im Himmel oder auf Erden? Und was haben Sie mir mündlich Schönes und Neues zu sagen … – Sehn Sie, man weiß sich das nicht ausdrücklich zu erklären aus Ihren Reden, wenn Sie ein Werk unternehmen, ob es soll ein Buch werden, und wenn Sie lieben, ob es die Harmonie der Welten oder eine Harmonika ist …»

Harmonika war ein Scherzname, den Novalis seiner Freundin Julie gegeben hatte: sie spielte die Glasharmonika. Aber das war sicher nur ein Anhaltspunkt. Nach allem was wir in den Briefen über sie hören, passte der Name auf das anmutige und liebenswürdige Mädchen.

Den Freunden in Jena war die Existenz der Familie Charpentier wohlbekannt, weil Novalis, der damals in Freiberg studierte, dort ganz fremd war und nur zu dieser einen Familie Beziehung hatte. Schriftlich erzählte er den Freunden von seinen Besuchen und den beiden Töchtern Karoline und Julie. Von Julie hatte er auch schon einmal geschrieben, sie sei «wie ein schleichendes Gift, man findet sie, ehe man sichs versieht, überall in sich». Aber damals meinte er noch, er sei abgestumpft und tauge für dieses Leben nicht mehr. So wusste man in Jena nicht, wie eng diese Beziehung inzwischen geworden war, und Caroline spielt fragend darauf an.

Ein Antwortbrief des Novalis fehlt, es bleibt dunkel, woher Caroline mehr erfahren hat (vermutlich durch persönliche Übermittlung einer gemeinsamen Freundin).

Sie schreibt am 20. Februar 1799:

«So ist es denn wahr, mein liebster Freund? Sie haben uns recht glücklich und froh gemacht! Ihren Freunden blieb bisher kein ander Mittel übrig, als nur an Sie allein, nicht an Ihre Zukunft zu denken, und Sie hatten uns auch oft alle Sorge verboten … Nie habe ich Sie gefragt, wie wird sich der Knoten lösen? Kann das so bleiben? Kaum habe ich mich selbst gefragt. Ich war ruhig im Glauben … nicht, dass es gerade so kommen würde, aber dass sich an irgendeiner Brust die Spannung brechen müsste und das Himmlische mit dem Irdischen sich vermählen. Was Sie Scheidung zwischen beiden nennen, ist doch Verschmelzung. Warum soll es nicht? Ist das Irdische nicht auch wahrhaft himmlisch? Nennen Sie es aber, wie Sie wollen, genug Sie sind glücklich. Ihr Brief ist eigentlich voll Wonne und wie auf Flügeln zu mir gekommen … – Wie weise und artig setzten Sie uns einmal auseinander, dass dies alles keine Gefahr habe; Gefahr nicht, aber Folgen doch. Soll das Liebenswürdige umsonst sein? …

Darauf antwortet Hardenberg (Novalis) aus Freiberg am 27. Februar 1799:

«Vor zwei Stunden, beim Frühkaffee, an einem stürmischen, schneestöbernden Morgen erhielt ... ich Ihren Julischen Brief ... Vor dem Jahre standen zwei noch so verwaist da [mit dem anderen wird Friedrich Schlegel gemeint sein, der sich inzwischen mit Dorothea Veit verbunden hatte]. Einer schien auf glühendem Boden zu stehen. Er sah sich immer um, und wer weiß, was ein hellgeschliffenes Auge oft über ihm bemerkt haben würde. Jetzt hebt ihn eine freundliche Gestalt, wie eine Gabe von oben, weihend und dankbar in die Höhe, und ein irdischer erquickender Schlaf hat seine Augen für eine andere Sonne wieder geschlossen. Also zurück im Lande der Träume, und nun mit voller Seele bei Euch – treffliche Mitschläfer.»

Deutlicher als mit diesen Worten kann die Wende in seinem Leben kaum ausgedrückt werden. Vorher: er «schien auf glühendem Boden zu stehen». Wer auf glühendem Boden steht, ist alles andere als erdverbunden; er möchte nichts, als sich wegheben können. Das war seine Situation. Ein «hellgeschliffenes Auge», das mehr sieht als andere (also ein hellsehendes Auge) würde hinter und über ihm etwas bemerkt haben, wonach er sich immer umsah. Die Verbindung zu Sophie und was sich ihm geistig dadurch eröffnete, zog seine ganze Aufmerksamkeit an. – Nun, nachdem er sich auf den Bund mit Julie, der «freundlichen Gestalt», eingelassen hat, erlischt die geistige Überwachheit, er kehrt in das gewöhnliche Bewusstsein zurück, das sich dagegen wie Schlaf ausnimmt. Mit Freude und Eifer entwirft er Pläne für Zukunft und Familie, aber zunächst müssen beiderseits die Eltern noch ihre Zustimmung geben; so bittet er Caroline um Verschwiegenheit.

«Noch weiß meine Familie nichts – auch ihre Eltern wissen von *mir* nichts. Der Erfolg hängt von Klugheit ab. Er ist mir ziemlich gewiss, nur muss ich der Erste sein, durch den mein Vater etwas davon erfährt. Ich bitte Sie also und Fichte inständigst, dort alles für sich zu behalten. Die frühe Verbreitung macht mir übleres Spiel ... Jetzt ist bei mir *bürgerliche Baukunst*. Ich bin dem Mittage so nahe, dass die Schatten die Größe der Gegenstände haben, und also die Bildungen meiner Phantasie so ziemlich der wirklichen Welt entsprechen.»

Er hofft, im Sommer den ersten Band seines Romans fertigzustellen. «Ich habe Lust, mein ganzes Leben an *einen* Roman zu wenden, der allein eine ganze Bibliothek ausmachen, vielleicht Lehrjahre einer *Nation* enthalten soll. Das Wort

Lehrjahre ist falsch, es drückt ein bestimmtes Wohin aus. Bei mir soll es aber nichts als Übergangsjahre vom Unendlichen zum Endlichen bedeuten. Ich hoffe damit meine historische und philosophische Sehnsucht zu befriedigen.»

Es ist interessant, dass die innere Richtung jetzt vom Unendlichen zum Endlichen geht und nicht umgekehrt. Er will sich für diesen Plan auch noch auf der Erde an ganz bestimmten Punkten umsehen:

«Eine Reise nach Süden und Norden ist mir als Vorbereitung hierzu noch unentbehrlich. Norwegen und Schottland einerseits und die griechischen Inseln andererseits wären die nächsten Erreichungspunkte dieses Zwecks. Vielleicht bietet mir meine Handelschaft die Hände zur Ausführung dieses jetzt entfernt scheinenden Planes.»

Man stelle sich diesen Novalis vor, der mit Frau und vielleicht Kindern als Angestellter einer Handelsgesellschaft die Welt bereist! Ein Entwurf, der immerhin im Dichter lebendig war und für möglich gehalten wurde.

Es ist Novalis zweifellos klar gewesen, dass die geistige Überwachheit mit dem Blick in jene Welt, wo die geistige Sonne nicht untergeht, seine physische Organisation zu stark beanspruchte und untergrub. Er spricht von einem *erquickenden* Schlaf, den der normale Zustand nun für ihn bedeutet. Ob er aber die Umwendung ohne Julie hätte vollziehen können und wollen, bleibt zumindest zweifelhaft. Sie baute dem Vogel, der so hoch oben schwebte, mit ihrem fröhlichen, warmherzigen Wesen ein Nest, in das er hin und wieder einkehrte und dabei nicht bemerkte, dass er immer länger blieb: «Ich wusste nicht, wie mir geschah, und wie das wurde, was ich sah.»

Nun war wirklich julische Zeit angebrochen. Sommerwärme, Gefühlskraft hüllte ihn ein. Von Julie sagt er: «Ich sehe mich auf eine Art geliebt, wie ich noch nicht geliebt worden bin.» Von Sophie kannte er das nicht. Sie, die noch kaum die Schwelle der Kindheit übertreten hatte, blieb immer herb und zurückhaltend. Sie wollte von seiner Liebe nicht sonderlich tangiert sein und ging auch nicht zum Du über. Sie hatte ihm zwar ihr Ja-Wort gegeben, aber eine Ehe lag für ihr Gefühl noch in ferner Zukunft («Ihr Schreck vor der Ehe», Novalis). Deshalb war sie auch einerseits ärgerlich, dass Novalis sich bereits jetzt an ihre Eltern wandte. Andererseits muss in ihr eine ernste, reife Seele die Tiefe der Beziehung gespürt und auch bejaht haben. Nicht nur Hardenberg, auch dessen Brüder Erasmus und Karl und die Grüninger Umgebung erlebten in Sophie eine besondere Persönlichkeit. Ihre Größe, aber auch eine erstaunliche Sanftmut und Güte traten dann besonders während ihrer Krankheit hervor. Gerühmt wurde immer wieder der Ausdruck ihrer schönen Augen.

«Allein das himmlische Auge, das sich nie wieder mit unbeschreiblicher Hoheit und Milde gegen mich aufschlägt – Sie trug das Gesicht so gesenkt – sie war zu schön – zu frühzeitig» (Novalis an Karoline Just am 24. März 1797).

Die beiden Mädchengestalten repräsentieren im Leben des Novalis zwei ganz verschiedene Ebenen. Man braucht nur an die «Über-Namen» zu denken, die er ihnen gab:

Philosophie (Liebe zur Weisheit) hier, und *Harmonika* dort.

«Mein Lieblingsstudium heißt im Grunde wie meine Braut, Sophie heißt sie, und Philosophie ist die Seele meines Lebens und der Schlüssel zu meinem eigensten Selbst», so schrieb er am 8. Juli 1796, und in einem Brief wird berichtet: «Die Philosophie ist krank», womit «Söphchen» gemeint war.

Diese Sophie wirkt jetzt von oben herab, aus dem Jenseits der geistigen Welt. Julie aber «hebt ihn … weihend und dankbar in die Höhe». In diesem «weihend» liegt ein priesterlicher Zug, und es ist deutlich zu empfinden, dass er sich auch in seinem höheren Wesen von Julie verstanden und getragen fühlt. Aber die Betonung liegt hier auf der Herzenskraft, auf der seelischen und harmonischen Mitte, sodass man in Sophie etwas wie einen geistigen Genius und in Julie wie einen seelischen Partner von großer innerer Liebekraft bei Novalis stehen sieht.

Ohne Übertreibung kann man wohl sagen, dass Julie das Hauptverdienst daran gebührt, dass sich Novalis wieder an die Erde gewöhnte und sich vom Beginn ihrer Bekanntschaft an noch drei Jahre im Leibe halten konnte. Es waren ja diesem Glück nur drei knappe Jahre beschieden; des Novalis zarte Gesundheit trug schon den Todeskeim in sich. Doch dürfte von größter Bedeutung sein nicht nur, was er in diesen drei Jahren noch schrieb – «Heinrich von Ofterdingen» mit dem Märchen zum Beispiel –, sondern auch, was er noch dachte. Er sagte in seiner letzten Krankheit, dass ihm erst jetzt aufgehe, was Poesie sei, und dass er innerlich die größten Planungen durcharbeite. Hier hat Julie eine unersetzliche Hilfestellung gegeben. «Ohne Liebe hielt ichs gar nicht aus …»

Die letzten Stationen seines Lebens, und auch die Leiden seines engeren Umkreises, spiegeln sich in den Briefen Carolines und anderer Freunde: Wobei zu sagen ist, dass Caroline, von dem Tod ihrer fünfzehnjährigen Tochter Auguste schwer betroffen, nun auch mehr im Jenseits als im Diesseits lebt.

Am 23. Januar 1801 schreibt sie aus Braunschweig an Luise Gotter:

«... Eine andere Nachricht, die Sie traurig machen wird, ist die von Hardenbergs gefährlichem Gesundheitszustande. Er ist in Dresden, seine Braut auch, aber wie man uns schreibt nur noch ein Schatten seiner selber, völlig erschöpft, nicht im Stande, an der Unterredung teilzunehmen und oft einschlafend in der Gesellschaft, wo er dann wie ein Toter unter den Lebenden da läge. Dies bekümmert Schlegeln besonders sehr tief und ist eine neue Wunde neben der unheilbaren.» (Gemeint ist der Tod Augustens.)

«Ich kann ihn nur beneiden, wenn er ihr nachfolgt, um derentwillen er lange schon zwischen Tod und Leben geschwebt hat. Er wollte sich endlich für das Leben entscheiden und durch die Liebe eines sehr liebevollen Wesens, wie seine jetzige Braut ist, wieder daran knüpfen, aber es scheint nicht zu gelingen, und er wird vielleicht der Braut entrissen wie die Braut ihm. Auch um Goethes Leben haben wir einige Tage in der herzlichsten Angst zugebracht. Er war sehr krank. Gottlob, er ist gerettet.»

Und am 13. Februar 1801 aus einem Brief an Schelling:

«... Hardenberg ist von seinem Vater nach Weißenfels abgeholt worden, fast hoffnungslos, Petzold [der Arzt] hat ihn aufgegeben. Die Ernsten stellt sich noch die Möglichkeit einer Rettung vor, und ich selbst kann nicht ganz daran verzweifeln. Fünf Tage hat er auf der Reise zugebracht, ist aber doch glücklich angelangt; seine arme Braut begleitete ihn. Es ist recht viel Leid in der Familie, denn Hardenbergs Mutter soll völlig melancholisch geworden sein über den Tod eines Knaben von 12 Jahren, der ihr Liebling und im verwichenen Sommer ertrunken ist [am 28. Oktober 1800 ertrank in der Saale der fünfte Hardenbergsche Sohn].

Wir können ihm nicht helfen, wenn ihm Gott nur hilft, es sei zum gesunden Leben oder zum freudigen Tode. Ich kann ihn nicht beklagen, wenn er dahin ist. Er hat die Schranken gebrochen.»

Im Brief aus Hamburg an A.W. Schlegel am 10. April 1801 klingt nun die Gewissheit:

«Hardenberg ist also in Ruhe, wohin meine Seele auch so gern gelangen möchte. Er ist sehr glücklich. Aber die arme Julie.»

Und an Schelling am 12. April:

«Hardenberg ist hinüber gegangen, sehr sanft. Schlegel schreibt es mir. Friedrich [Schlegel] hat ihn sterben sehn.»

So war die «julische Zeit» zu Ende gegangen. Sie bedeutete für Novalis in diesem Leben den Erdensommer, während man die Verbindung mit Sophie wie einen Vorfrühling empfinden könnte. Eine auffallende Rolle spielt der Monat März im schicksalhaften Novalis-Sophien-Drama.

Sophie wurde am 17. März 1783 geboren; am 15. März 1795 verlobten sich beide: am 19. März 1797 starb Sophie, und am 25. März 1801 starb Novalis. Der «Sophien-Rhythmus» hatte ihn wieder eingeholt (siehe Anhang: Die geheimnisvollen Märzdaten).

Raffael

Blicken wir nun zu Raffael hinüber. Von Raffael wissen wir sehr viel weniger. Es gibt fast keinen schriftlichen Nachlass, und in seinem malerischen Werk spiegeln sich seine persönlichen Freuden und Leiden – jedenfalls für den fremden Betrachter – nicht. Was wir von Raffael aber wissen, ist, dass auch er verlobt war und seine Braut vor der Eheschließung starb. Wie sie aussah, bleibt uns verborgen, aber wir kennen ihren Namen. Die Braut des Marienmalers hieß Maria. Sie war die Nichte des Kardinals Bibbiena, der besonders zur Zeit des Papstes Leo ein mächtiger Mann und ein Gönner und Freund Raffaels war.

Weil Maria gesellschaftlich höher stand als der Maler, hat man sich gewöhnt zu spekulieren, es mag Raffael diese Eheschließung vielleicht nicht selbst gewollt haben, er habe sie nur nicht ausschlagen können, weil es ein Gunstbeweis des Bibbiena war. Dies ist nichts als eine Hypothese, und der Brief, auf den man sich dabei stützen will, lässt sich als Beweis nicht brauchen. Raffael schrieb ihn im Juli 1514 an seinen Onkel Simone.

Es spiegelt sich darin eine damalige italienische Sitte, die zum Teil heute noch gilt – wenn ein junger unverheirateter Mann keine Eltern mehr hat, wie es bei Raffael der Fall war, dann fühlt sich die weitere Familie, die Tanten und Onkel, verpflichtet, ihm eine Frau zu besorgen. So bot man Raffael aus Urbino, seiner Heimatstadt, immer wieder sogenannte gute Partien an, auf die er sich aber nicht

Raffael-Büste über seiner Grabstätte im Pantheon, Rom

einließ. Er schreibt in diesem Brief, er danke Gott jeden Tag, dass er die Erste nicht nahm und alle Weiteren auch nicht, die ihm der Onkel angeboten hat. Er schreibt, ich bin in *Rom* [er will nicht nach Urbino zurück] und kann auch in Rom ein hübsches Mädchen haben, das mir soundsoviel Scudi bringt. Er legt dem Onkel seine vorteilhafte Position in Rom dar, sein reiches Einkommen, seine großen Aufträge sowohl in Bezug auf die Malerei als auch auf seine Bauleitung von St. Peter. «So mache ich, liebster Oheim, Euch und allen Verwandten und dem Vaterlande Ehre, doch trage ich Euch dennoch immer mitten im Herzen … Ich bin ausgegangen von dem Heiratsthema, aber um darauf zurückzukommen, antworte ich Euch: wisst, dass Santa Maria in Portico [Kardinal Bibbiena führte den Titel dieser Kirche] mir eine Verwandte von sich geben will, und ich habe ihm, mit Erlaubnis des geistlichen Oheims [Don Bartolomeo, Erzpriester in Urbino, war Raffaels Vormund seit dem Tode seines Vaters] und der Eurigen, versprochen, alles zu tun, was Seine Ehrwürdige Gnaden wollte; ich kann mein Wort nicht brechen, wir stehen mehr als je in enger Freundschaft, und bald werde ich Euch über alles benachrichtigen, habt Geduld bis diese so gute Sache sich entschieden hat …»

Dieser Brief, so sagt man, klingt nicht gerade begeistert in Bezug auf Maria, er klingt kühl und geschäftlich, und wer weiß, ob Raffael die Verhandlungen nicht selbst in die Länge zog, weil er die Verbindung eigentlich nicht wollte. Diese Absicht ist dem Brief jedenfalls nicht zu entnehmen, hält er es doch für «eine so gute Sache». Sonst freilich bleibt für Vermutungen alles offen, von der Frage, ob er seine zukünftige Braut überhaupt schon kannte, bis zur Möglichkeit, er habe Bibbiena selbst diesen Plan nahegelegt. Dem Onkel brauchte er in keinem Falle seine geheimsten Herzensregungen darzulegen; die Familie betrachtete die Heirat ohnehin nur unter dem Gesichtspunkt der «Scudi».

Wirklich in Begeisterung gerät Raffael bei einem ganz anderen Thema, dem seiner baumeisterlichen und malerischen Arbeiten in Rom. Sie schildert er aber auch aus einem bestimmten Grunde ausführlich: er möchte, dass es der Herzog und die Herzogin von Urbino erfahren, die ehemaligen Auftraggeber seines Vaters, die Herren seiner Heimatstadt.

«Was das Bleiben in Rom betrifft, so kann ich niemals mehr irgendwo anders bleiben, aus Liebe zum Bau von St. Peter; denn ich bin an Bramantes Stelle. Welcher Ort ist aber würdiger auf der Welt als Rom, welches Unternehmen ist würdiger als St. Peter! Das ist der größte Tempel der Welt, und es ist das größte Bauwerk, das man je gesehen hat; es wird auf mehr als eine Million in Gold kommen: und wisst, dass der Papst bestimmt hat, sechzigtausend Dukaten jährlich für diesen Bau auszugeben, und er denkt an gar nichts anderes. Er hat mir einen Gehilfen gegeben, einen sehr gelehrten und mehr als achtzig Jahre alten Mönch ... einen Mann von großem Ruhm und großer Weisheit ... damit ichs lernen könne, wenn er irgendein schönes Geheimnis in der Baukunst hat, damit ich ganz vollkommen in dieser Kunst werde; er heißt Fra Giocondo [ein Dominikaner aus Verona mit viel Erfahrung in der Baukunst und Herausgeber wissenschaftlicher Werke] und jeden Tag lässt der Papst uns rufen und spricht ein Weilchen mit uns über diesen Bau. Ich bitte Euch, wollet zum Herzog und zur Herzogin gehen und ihnen dieses sagen, denn ich weiß, es wird ihnen eine Freude sein zu hören, dass einer ihrer Untertanen Ehre einlege ...»

So weit der Brief. Die Einzelheiten der angestrebten Verlobungsgeschichte können wir bei Raffael nicht mitverfolgen. Es bleibt uns verborgen, wie es in den Tiefen seiner Seele in Bezug auf Maria wirklich aussah. Was wir aber wissen, ist, dass dieser Brief im Juli 1514 geschrieben wurde und dass Raffael Anfang April 1520 starb. Das ist ein Zwischenraum von nicht ganz sechs Jahren. Wenn wir rechnen, dass vielleicht noch ein gutes halbes Jahr verging, bis die Verlobung stattfand, man dann für das nächste Jahr die Hochzeit plante, die Braut aber krank wurde und schließlich starb, so sehen wir, dass auch Raffael den Tod seiner Braut nur um ungefähr die gleiche Zeit überlebte wie Novalis: um vier Jahre, vielleicht etwas darüber.

Was wir ferner wissen, ist, dass in Raffaels letzten Lebensjahren eine Gefährtin in seinem Palast in Rom mitwohnte, ein Mensch, der ihm offenbar so lieb war, dass er auf den täglichen Umgang mit ihm nicht verzichten wollte. Aus den höheren Schichten der Gesellschaft stammte sie vermutlich nicht. Möglicherweise war sie eine junge Römerin aus bürgerlichen Kreisen. «Una donna», eine Frau, ist alles, was man weiß. Sie blieb bei Raffael bis kurz vor seinen Tod. Dann verabschiedeten sie sich; Raffael gab ihr einen alten treuen Diener mit und stattete sie mit Geld und Wertgeschenken aus. Als bei seinem Tod das Haus zum Zentrum vieler offizieller Besuche wurde, hatte sie es bereits verlassen. Es gibt eine schmale Spur, sie könnte Margareta geheißen haben. Man hat festgestellt, dass kurz nach Raffaels Tod im Stadtteil Trastevere eine Margareta in ein Kloster eingetreten ist – *vielleicht* die Gefährtin Raffaels.

Trotz dieser geringen mündlichen Überlieferung kennen wir doch mit ziemlicher Sicherheit das Antlitz dieser Lebensgefährtin, denn Raffael hat ein Porträt gemalt, das sich von den bestellten Bildnissen deutlich unterscheidet. *Donna velata* (siehe Abb. S. 31), die Frau mit dem Schleier, pflegt man es zu nennen. Es gibt den Eindruck, dass Raffael hier einen Menschen malte, der ihm persönlich vertraut war.

Mit großen dunklen Augen blickt die Schöne auf den Betrachter, das heißt, blickte sie während des Porträtierens auf den Maler. Seelenfeuer, Sanftheit und ein Quäntchen Humor, das in Mund- und Augenwinkeln zu sitzen scheint, prägen das lebensvolle Antlitz unter den dunklen, in der Mitte gescheitelten Haaren. Ein Frauenantlitz, das in Raffaels Werk immer mehr in Erscheinung tritt. Nicht, als ob er ihr Porträt gleichbleibend überall aufgedrückt hätte, und doch so, dass man sie erkennt, sich immer wieder an sie erinnert fühlt. Auf dem Bilde der Kreuztragung (eines der ganz wenigen Passionsbilder Raffaels, die auch nicht zu seinen stärksten Arbeiten gehören) steht sie als eine trauernde Frau hinter der Hauptgruppe, im Londoner Karton der *Heilung des Lahmen* seitlich zwischen den Säulen. Zwar noch seitlich, aber in den Vordergrund gerückt ist sie als Maria Magdalena auf dem Bilde der *Heiligen Cäcilia* (siehe Abb. S. 33 f.). Hier fällt sie einem sofort ins Auge durch ihre aufrechte Haltung und Kopfwendung – alles so stolz und gerade, ganz im Gegensatz zur Mittelfigur der Cäcilia, die mit seitlich zurückgelegtem Kopf nach oben blickt. Dieses Bild, das in Reproduktionen etwas sentimentalisch wirkt, gerade, was die Hauptperson betrifft, macht im Original den allergrößten Eindruck, und die grüne Gestalt der Magdalena ist einem unvergesslich. Sie ist auch die einzige, die aus dem Bilde herausblickt, als sei nur sie porträtiert worden, während die anderen Figuren Idealgestalten sind. Vergleicht man ihr Antlitz mit dem Bild der Velata, so sieht man in Augen, Nase und Mund die große Ähnlichkeit, aber auch die Variation, das Geraffte und in der Kinnpartie Kürzere. Es bringt die wache Aufrechtheit, die sie ins Cäcilienbild hereinträgt, noch betont zur Erscheinung. Auch scheint einem das «Modell» hier jünger, als man von dem schönen, versonnenen und gereifteren Ausdruck der *Velata* empfindet. Auch die Galathea hat ähnliche Züge; und schließlich wird sie zur Hauptfigur als *Madonna della Sedia* und als – *Sixtina* (siehe Abb. S. 35 f.).

Hält man die Maria Magdalena des Cäcilienbildes neben die *Sixtina*, so könnte man meinen, die gleiche Gestalt habe sich nur eben gerade umgedreht. Überhaupt scheint die *Sixtina* hier schon wie vorgetastet: Stand- und Spielbein mit dem betonten linken Knie, die abgewinkelte Haltung des linken Armes (Mittelscheitel und freies Ohr – bei der *Sedia* das rechte – gehören ohnehin zum

Donna velata (Raffaelo Santi. Galleria Pitti, Florenz)

Erscheinungsbild dieser Frau), der freie Hals, auf dem das Antlitz mit kurzem, betontem Kinn sich wohlgeformt erhebt. Im Verhältnis zur hohen Gestalt ist der Kopf recht klein. (Die Mittelgestalt – Cäcilia – auf dem Cäcilienbilde ist ganz anders proportioniert.) Freilich fehlt der Maria Magdalena das Unbeschreibliche, das sich auf die *Sixtina* herabgesenkt hat. Ihre grüngewandete Gestalt ist im Ganzen nüchterner. Sie ist ja auch keine Madonna und trägt kein Kind. Man sieht daran, wie Raffael ihre Erscheinung entsprechend variiert.

Die Maria Magdalena ist auffallend hochbeinig; auch die Sixtina ist das, nur fällt das durch die bewegten waagerechten Faltenschwünge und den Unterbruch durch das Kind nicht so sehr auf. Das gleiche Merkmal, das wohl zur Persönlichkeit dieser vermutlichen Gefährtin Raffaels gehört, scheint aber ursprünglich am Bild der *Madonna della Sedia* auch in Erscheinung getreten zu sein. Das ist zwar heute ein Rundbild, bei dem man die Beine nicht sieht, doch hat Raffael es höchstwahrscheinlich gar nicht als Tondo gemalt.

Raffaels zwei Marienideale

Nun kann einem auffallen, dass Raffael ursprünglich immer blonde Marien gemalt hat. Sein Frauenideal – zumindest sein Marienideal – war blond. Erst mit dem Typ der *Donna velata* tritt die dunkelhaarige Madonna in sein Werk ein. Allbekannt ist die Fülle seiner blonden Marienbilder: die «Schöne Gärtnerin» – «Madonna im Grünen» – *Madonna del Cardellino* (siehe Abb. S. 37), um nur einige zu nennen. Gern setzt er die Mutter-Kind-Gruppe auf eine Wiese; manchmal ist auch der Täuferknabe dabei. Alle diese Marien blicken nicht aus dem Bilde heraus, blicken uns nicht an. Ihre Lider sind gesenkt, und die blond umrahmten Antlitze haben oft etwas Bräutliches, sie könnten auch aus einer Sposalizio, einer Verlobung Mariens stammen.

In der *Madonna di Foligno* (siehe Abb. S. 39) nun hebt Raffael die Mutter-Kind-Gruppe von der Wiese fort und setzt sie über die Wolken, legt eine große goldene Sonnenaura um sie und lässt viele Kinderköpfchen im grauen Gewölke dieses Mutterbild in der Sonne himmlisch umspielen. Es ist wie eine Himmelfahrt der Gruppe im Grünen, denn eigentlich hat sich diese Madonna sonst nicht verändert. Sie könnte ebenso gut auf einer Rasenbank sitzen, sie schwebt noch nicht durch sich selbst. Aber Raffael will sie jetzt in die Höhen der geistigen

Heilige Cäcilia (Raffaelo Santi. Pinakothek, Bologna)

Maria Magdalena (Ausschnitt der vorigen Abbildung)

Welt versetzen. Ihr Blick ist noch immer gesenkt; weder Mutter noch Kind blicken uns an. Unter der Wolkenzone ist eine Stadt im Hintergrund zu sehen, umzogen von einem Regenbogen. Im Vordergrund der Stifter und drei Heilige. In der Mitte ein stehendes Engelskind mit einer Tafel.

Zu den Heiligen gehört auch der Täufer. Er ist hier kein Kind, sondern ein Erwachsener im Fellgewand, ein ernster, dunkelhaariger muskulöser Mann – ein Typ, wie ihn Raffael sonst nicht gemalt hat. Er ist nicht beteiligt an dem Auf- und Abwärtsspiel der Blicke (alle Unteren blicken empor, die Oberen herab), sondern kommt wie von der Seite herein und blickt auch zur Seite. Er trägt das Täuferkreuz und weist auf die himmlische Mariengruppe. Dieser Johannes hat für die Hell-Dunkel-Zeichnung von Scott-Pyle Pate gestanden, der für Rudolf Steiners Mysteriendrama «Der Hüter der Schwelle» für die Türwand zu den Räumen des Mystenbundes vier Porträts geschaffen hatte: Elias – Johannes der Täufer – Raffael – und Novalis. Schon bei der ersten Inszenierung im Jahre 1912 in München hatte Rudolf Steiner solche Porträts anbringen lassen. Marie Steiner ließ sie in Dornach durch Scott-Pyle erneuern, wo sie noch lange benutzt wurden. Ganz anders als diese blonden Marien mit den niedergeschlagenen Augen ist das Bild der *Madonna della Sedia.* Die «Frau mit dem Schleier» blickt nun als Madonna aus dem Bilde heraus, ruht auch hier mit ihrem Blick auf dem sie porträtierenden Maler. Der kleine Jesus blickt etwas seitwärts, der Täuferknabe schaut ganz auf die Mutter-Kind-Gruppe.

Bei Raffael und Novalis bemerkt man insofern eine Schicksalsparallele, als

Madonna della Sedia (Raffaelo Santi. Galleria Pitti, Florenz)

Madonna Sixtina (Raffaelo Santi. Gemälde-Galerie, Dresden)

Madonna del Cardellino (mit Distelfink oder Stieglitz)
(Raffaelo Santi. Galleria degli Uffizi, Florenz)

beide vom Tode ihrer jungen Braut betroffen wurden. Bei dem Marienmaler hieß sie Maria, bei dem Denker und Dichter Sophia. Auch die liebevolle Lebensgefährtin der letzten Jahre wurde beiden vom Schicksal geschenkt. Wir können annehmen, dass Raffaels Braut blond gewesen ist; die *Donna velata* ist dunkelhaarig. Bei Novalis war es umgekehrt – Sophie war dunkelhaarig und Julie blond.

Nun wissen wir bei Novalis, was für ein gewaltiges, sein Leben erschütterndes und sein Werk geistig befruchtendes Ereignis der Tod seiner Braut gewesen ist. Was wissen wir bei Raffael? Gibt es irgendwelche Spuren, es möge auch hier die jung Verstorbene mehr als ein kurz betrauerter Verlust gewesen sein? Es möge vielleicht auch im Werk Raffaels ein spiritueller Einbruch stattgefunden haben, und er möge, gewissermaßen als entkörperten Genius, die Verstorbene als inspirierend erlebt haben?

Bei Raffael ist das alles sehr viel schwieriger einsehbar. Er verbirgt unter Schönheit seine persönlichen Lebensdramen, er scheint in gewisser Beziehung so unpersönlich, wie Novalis radikal persönlich war und in Tagebuchnotizen und Briefen sich selbst und seine Leiden offen darlegte.

Aber ein Zeugnis, dass Raffael sich innerlich nie von seiner Braut getrennt hat, ist sein Testament. Er bestimmte, dass er im Pantheon, dem riesigen «heidnischen» Rundbau, bestattet sein wollte (aber mit einer Madonnenstatue am Grab) und dass an seinem Grab ein Bildnis seiner verstorbenen Braut Maria aufgestellt werden solle und zu schreiben sei: Er, Raffael, sei gestorben als der Verlobte der Maria!

Heute kann man dieses Bildnis leider nicht mehr sehen, aber man sieht noch die zwei Nischen über der Grabstätte; in der einen steht die Büste Raffaels, die andere ist heute leer.

Raffael hat sich also auch nach dem Tod der Braut weiterhin als ihr Verlobter betrachtet, und er will dies über seinen eigenen Tod hinaus dokumentiert sehen.

Eine Fülle von Marienbildern hat der junge Urbinate gemalt und das Geheimnis der irdisch-himmlischen Mutter immer wieder neu umworben. Alle Bilder sind schön, wie getränkt von einer unsichtbaren Lebensquelle, aber der große Durchbruch, bei dem das Wunder sich seinem Pinsel in einmaliger Art ergab, wurde nur in der *Sixtina* erreicht.

Wir sehen an ihr das Antlitz und die Gestalt der *Velata*. Ihre beseelte Schönheit wird von Raffael in die Imaginationswelt der Madonna hineingehoben. Auch

Madonna di Foligno (Raffaelo Santi. Pinacoteca Vaticana, Rom)

hier malt er eine *Velata*. Aber der große Schleier wölbt sich jetzt weit nach außen, vergrößert das irdische Bild, fängt Himmelsluft ein. Er gibt den Anklang an Sphäre. Die Augen sind wiederum aus dem Bilde herausgerichtet, aber sie ruhen nicht mehr auf dem Maler, blicken nicht ins Irdische. Auch das Kind schaut jetzt aus dem Bilde heraus mit großen, offenen Augen. Diese wunderbaren Blicke scheinen die ganze Gestalt in Hoheit und Erhabenheit über den Wolken zu halten. Da ist keine Idylle auf der Rasenbank, auch keine Verwandtschaft mit der *Madonna di Foligno* – die *Sixtina* sitzt nicht, sie steht! Ja, sie scheint zu gehen, mit leichten Füßen über den Wolken, auf uns zu. Sie trägt uns das Wunderkind entgegen, den Erlöser der Welt. Ein Vorhang ist aufgezogen – er muss sich einmal auch vor Raffaels Seele geöffnet haben.

Hier ist mehr als die *Velata*. Hier ist das Zusammenklingen einer seelenvollen Erdenschönheit mit einem Himmelsgeheimnis – das Zusammenklingen jener *zwei* Marien, die eins geworden sind am Tag der Christgeburt bei der Taufe im Jordan. Ob Raffael es gefühlt hat, mag man vor diesem, diesem *einen* Bilde für sicher halten. Ob das Zusammenspiel der verstorbenen Braut Maria mit der liebenden *Donna velata* in seiner Seele ihn zu diesem Erreichnis geführt hat – es bleibt mit dem Schleier des Unsagbaren und der Kunst bedeckt.

Raffael und Novalis

Es wurde auf Rudolf Steiners Inkarnationsangabe: Elias – der Täufer – Raffael – Novalis, schon kurz hingewiesen. Er sagte in seiner Letzten Ansprache: Raffael und Novalis, die beiden kurzen Lebensläufe, seien wie zwei Teile *einer* Inkarnation.

Wenn man versucht, beide neben- und miteinander zu sehen, könnte man den Eindruck haben: da ist etwas wie eine Sphäre, wie eine geistige Wolke, die sich hier in Raffael, dort in Novalis verankerte. Sie senkte sich zwar herab, aber weder in Erdenleib noch Erdenschicksal vermochte sie sich jeweils ganz einzukörpern. Sie war so groß, dass sie sich nicht nur teilte, sondern auch partienweise in den Umkreis wirkte. Sowohl in den Menschenumkreis als auch in die elementarische Umwelt. Raffael und auch Novalis umspielt diese Wolke, aber bei beiden in verschiedener Art.

Bei Raffael wird es besonders bei seinem Tode deutlich. In der Nacht, bevor er für immer die Augen schloss, in den Stunden, da sein Wesen sich aus dem

Leibe und von seinen Wirkensstätten löste, erschütterte Rom ein Erdbeben. Es betraf insbesondere den Vatikan und darin jene Zimmerfluchten, in denen Raffael gemalt hatte – die Stanzen und was damit zusammenhängt. In diesen Gemächern wohnte damals der Papst. Er floh in dieser Nacht, weil die Wände, welche Raffaels Bilder tragen, wankten.

Oskar Fischel, der bekannte Raffael-Interpret, schreibt: «Ein Leben voll strömender Liebe zu den Menschen und von diesen zu ihm, dessen magische Wirkung sich über die Grenzen des Todes fortsetzt, vor dessen geweihtem Schaffen selbst die Elemente Achtung zeigen.»

Raffael, so ist überliefert, wurde an einem Karfreitag geboren, und er starb – das ist sicher – an einem Karfreitag. Karfreitag bezeichnet die dunkelste Stunde der Erdgeschichte. Das Los der Menschheit lag auf der Waage und war noch nicht entschieden: Physische und geistige Sonnenfinsternis ringsum. Am Tage, da in den Kirchen alles schwarz verhängt ist, da die Erinnerung selbst wie eine verfinsterte Sonne über der Menschheit liegt, inkarnierte und exkarnierte sich Raffael.

Novalis wird nicht an einem Karfreitag geboren, aber an einem Tage, an dem eine reale Sonnenfinsternis stattfindet: Dunkelkräfte greifen nach der Erde – Augenblick der Gefahr! Da kommt er herein, da geht er hindurch, gerade da inkarniert er sich. Sein geistiger Feuerwille trägt ihn herein.

Novalis stirbt nicht an einem Karfreitag, aber sein liebster Bruder, jener Erasmus, der auch mit Grüningen eng verbunden war und der so plötzlich drei Wochen nach Sophie die Erde verlässt, er stirbt am Karfreitag. – Wie ein Tropfen fällt es aus der Wolke, ein Tropfen Erinnerung, nicht auf Novalis direkt, aber dicht daneben …

Bei Novalis ist viel von dem Feuer seiner Augen und dem Feuer seiner Sprache die Rede. Er lebt – mehr als in der Schrift – in der lebendigen Mitteilung. «Mit wildem Feuer trug er mir einen der ersten Abende seine Meinung vor, es sei gar nichts Böses in der Welt, und alles nahe sich wieder dem goldenen Zeitalter», so erlebt Friedrich Schlegel den Jüngling am Anfang ihrer Bekanntschaft. Am Ende seines Lebens, in seiner letzten Krankheit, sagt Novalis, das Schlimmste sei für ihn, dass der Arzt ihm das Sprechen verboten habe – er brauche es doch so zu seinem Denken.

Es ist deutlich, dass seine innere Kraftströmung nach der mündlichen Mitteilung drängt, nach dem Einwirken auf die Menschen, aber nicht aus egoistischen Gründen. Alles, was er sagt, ist wie getauft von einem geistigen Feuer.

Ein gewaltiger innerer Energiestrom mündet in diesen zerbrechlichen Körper, in diese empfindsame Seele. Kaum zu bändigen ist dieses Feuer für ihn; es in sich einzukörpern, es zu beherrschen macht ihm die größte Mühe. So gebiert sich in ihm eines Tages die Idee, er wolle zu den Soldaten. In einer ersten Liebe zu einem Leipziger Mädchen, das (wie ein Vorspiel) Julie hieß, hatte er seine eigene Leidenschaftlichkeit kennengelernt. Er zieht die Lehre daraus, er müsse sich selbst in strenge Zucht nehmen. Das Soldatenleben soll ihm dazu helfen. «Als Soldat bin ich gezwungen, durch strenge Disziplin meine Pflichten gewissenhaft zu tun.» Er glaubt, es gesundheitlich auszuhalten, und den Tod im Feld fürchtet er nicht. Es wäre eine Rosskur gewesen. Er dachte auch, neben dem Dienst viel Zeit für geistiges Studium zu haben, und das Schicksal verhindert sie auf einfache Weise – es ist nicht genug Geld da, um Kurfürstkürassier oder wenigstens Fahnenjunker zu werden. («Mit Geld ists überall gut sein, selbst Fahnenjunker, aber ohne Geld, da ists ein armselig Ding, zu leben.») Aber hinter dem Plan, den er dem Vater mit großer Beredsamkeit schriftlich begründet, steht: «Ich muss noch erzogen werden, vielleicht muss ich mich bis an mein Ende erziehn.»

Schier übermächtig erscheint ihm, womit er selbst nicht recht ins Reine kommt. Er weiß wohl, dass er eine Mission hat, sich geistig zu entwickeln, aber es fällt ihm schwer, die in ihn hineinbrandende Unruhe irdisch so zu verarbeiten, dass er ihrer Herr werden kann.

Aber mehr und mehr drückt sich seine Kühnheit in seinem Denken aus. Seine Ideen sind zukünftig, revolutionär. Er weiß das. Als er den ersten Text zur Veröffentlichung gibt, «Blütenstaub», schreibt er an Friedrich Schlegel: «Es ist wohl hinlänglich revolutionär.» Auch scheut er nicht den Versuch, in die großen öffentlichen Belange einzugreifen; so gehen zwei seiner Werke an den König von Preußen, der sie auch liest. Und es gibt Menschen, die hoffen, er würde ein sozialer Reformer, eine Führergestalt werden, der sie sich anschließen könnten. Wenn Friedrich Schlegel schreibt: «Du hast Beruf zu einem neuen Christus» (gemeint ist zu einem neuen Messias), so versteht er das sicher geistig; aber andere glauben eben auch, er würde die sozialen Verhältnisse seiner Gegenwart umgestalten. Sie spüren an ihm den prophetischen Griff, seine Fähigkeit, Modelle für die Zukunft zu denken.

Sieht man das alles mit dem Hintergrund Johannes' des Täufers, so ist es nicht schwierig, den Strom zu fühlen, der sich von einer Inkarnation zur anderen spannt. Neu ersteht – nun nach der Zeitenwende – in ganz anderen Umständen, gewissermaßen wieder jung geworden, die Feuerkraft, die einen Elias-Johannes ausgezeichnet hatte. Jene Unbedingtheit, sich an Hohes hinzugeben, jene Nähe des Engels, die immer etwas nach Drüben hinüberzieht. Aber jetzt leitet kein Jahwebefehl die Seele; sie ist frei und muss sich selber finden; was einst den Weg klar und sicher machte als Auftrag von oben, bleibt aus, und es muss die Mission aus der eigenen Seele herausgegraben werden. Lebensunsicherheit einerseits paart sich mit großer Sicherheit des Geistes andererseits, welche zum Ergreifen der christlichen Geheimnisse hinstrebt.

Über der israelischen Strömung, in der Elias und der Täufer wirkten, stand das Wort: «Du sollst dir kein Bildnis machen», es war eine von der bildenden Kunst so sehr abgewandte Strömung, dass sie sich nicht einmal ihren eigenen Tempel zu bauen vermochte und dazu des Hiram bedurfte. Aber in innerer Hellsicht *entwerfen* konnte Salomo den Tempel; und Musik, Hymnen und das große prophetische Wort durchkraften den israelischen Werdegang.

Novalis hat zur bildenden Kunst wenig Beziehung. Sie ist nicht sein Thema. So sagt es Tieck: «Zur Skulptur und Malerei ward sein Gemüt nur wenig hingezogen …» (siehe Einleitung), und deutlich wird es in seinem berühmten Gedicht:

Ich sehe dich in tausend Bildern,
Maria, lieblich ausgedrückt,
Doch keins von allen kann dich schildern,
Wie meine Seele dich erblickt.

Das ist Absage an die Fülle der Marienbilder in der Malerei, einschließlich derer von Raffael. Sie reichen nicht an das Marienbild heran, das in seiner Seele lebt. Jetzt umwirbt er in Hymnen und Gedichten das Mariengeheimnis, das ihm mit Sophia zusammenfließt.

Raffaels Leben dagegen war ganz der bildenden Kunst ergeben, und er zeigt sich auch sonst ganz anders. Aus seinem Werk sprüht uns nicht das Willensfeuer entgegen, das die Worte des Novalis durchdringt, nicht die Spuren eines andauernden Seelensturmes und Seelenkampfes breiten sich vor uns aus. Dabei ist Raffael so wenig nur der liebenswürdige Maler gewesen, wie Novalis nicht allein der romantische Jüngling war, den man lange in ihm sehen wollte. Sonst hätte man Raffael unmöglich die schweren Ämter als Ausgrabungsleiter des antiken Rom und als Baumeister des «größten Tempels der Welt» anvertraut. Bei Raffael ist ein vorherrschendes Element die Harmonie, in der alle Mühen dahinschmelzen und dem Betrachter nicht zum Bewusstsein kommen. Erfrischt und von dieser Harmonisierungskraft seelisch durchatmet, steht man vor seinem Leben und seinem Werk.

Aber eines ist bei Raffael so auffallend wie bei Novalis – ihre Hingabe an das Marienthema. Auf zwei verschiedenen Wegen haben sie gesucht und auch gefunden; und haben Suche und Findung hineingebaut in das abendländische Geistesleben. Beider Werke sind unschätzbare Beiträge zur Durchchristung des Abendlandes. Unter diesem Aspekt vermag man sie vielleicht am ehesten als eine Einheit zu sehen.

II

«Wenn viele sich zu rechter Stunde vereinen»[6]

Elias und der Täufer

Dass sich in Raffael und Novalis zwei ganz verschiedene Seiten des einen Wesens ausleben, wird bei Betrachtung ihrer Biographie ja deutlich. Im Zyklus «Der irdische und der kosmische Mensch» (GA 133), 1912 gehalten in Berlin, wird am 2. Mai erneut von den vier Inkarnationen Elias, der Täufer, Raffael und Novalis gesprochen:

«Von ihm [Elias] ist die Erkenntnis ausgegangen, dass alles, was uns von der Außenwelt gelehrt werden kann, nur ein Gleichnis ist, und dass die Erkenntnis über die eigentliche Natur des Menschen nur aufgehen kann im eigenen Ich. – Nur ist Elias nicht dazu gekommen, die Kraft und die Bedeutung des einzelnen Ich zu erkennen, sondern er stellte gleichsam ein außer dem Menschen stehendes göttliches Ich auf. Aber erkennen sollte man dieses göttliche Ich … So erscheint die Wirksamkeit des Elias als etwas wie eine Heroldschaft für das Christentum … ‹Ändert die Seelenverfassung!›, so ungefähr waren die Worte des Täufers … ‹schauet in die eigene Seele und in das, was am tiefsten in ihr ist, dann werdet ihr erkennen, dass die Reiche der Himmel nahe herbeigekommen sind!› Das heißt … dass das Ich tatsächlich in sich das Göttliche finden kann. Wir sehen eine Art Heroldschaft des Christentums verändert gegenüber dem Elias durch den Lauf der Zeit …

Wir lernen kennen die Gestalt des großen Malers *Raffael* … Wir sehen ihn, wie er sich an einem Karfreitag – man kann es so sagen – ‹geboren werden lässt›, um gleichsam zu zeigen, wie er sich in das Mysterium von Golgatha hineinstellt …

Wir betrachten nun seine Bilder …

Da lebt das Christentum in seiner größten Kraft in den Bildern fort, die Raffael geschaffen hat, da lebt ein Christentum, über das kein Streit sein kann … über das man sich nicht in Sekten zerspalten kann … dann hat man … ein

Gefühl, wie wenn derjenige, der diese Bilder gemalt hat, die ewige Jugendlichkeit, die ewige Siegeskraft des Christentums hätte malen wollen …

Ein Herold des Christentums steht wieder vor uns. Großes und Ungeheures wird sich in Zukunft daraus noch entwickeln … Ohne dass sie es wissen, haben heute die Menschen in ihren Seelen die Gefühle eines interkonfessionellen Christentums, das da lebt in dieser wunderbaren okkulten Schrift …

Wir lernen durch die okkulte Forschung, dass dieselbe Individualität, die einst in Elias und später in Johannes dem Täufer wirkte, wieder auf der Erde gelebt hat in Raffael …

… was hat Raffael nicht gemalt? – Er hat keine Szene auf dem Ölberg gemalt, er hat keine Kreuzigung gemalt. Als er eine Kreuztragung gemalt hat, ist es ein sehr schlechtes Bild geworden: … Er hat auch nichts gemalt von den Szenen, die der Kreuzigung vorangegangen sind … [man hat] an allem, was aus der Zeit nach der Enthauptung des Johannes stammt, die Empfindung, dass es nicht so, wie es bei den anderen Bildern der Fall ist, aus der früheren Erinnerung hervorgegangen ist …

Unser Blick schweift weiter, und wir kommen zu der jugendlichen Gestalt des deutschen Dichters *Novalis* … Wieder etwas wie eine Heroldschaft für das Christentum! In ähnlicher Weise ein Anfang, trotz aller Verschiedenheit, wie das ein Anfang war, was der Täufer geleistet hat … es ist dieselbe Individualität, die in Elias, in Johannes dem Täufer, in Raffael gewirkt hat, die in Novalis wiedererscheint. Wir fügen wieder hinzu, was als die Individualität durch die einzelnen Persönlichkeiten hindurchgeht.»

Kurz danach, am 16. Mai 1912, spricht er (innerhalb des Zyklus «Erfahrungen des Übersinnlichen. Die Wege der Seele zu Christus», GA 143) in München zunächst ähnlich. Dann kommen Sätze, die uns heute nachdenklich machen können, denn es sind inzwischen mehr als «wenige Jahrzehnte» vergangen, und wir mögen daraus den Schluss ziehen, dass wir beträchtlich hinter den Zeitforderungen zurückgeblieben sind:

«… wenige Jahrzehnte werden vergehen, dann werden die Leute die Dinge, die damit behauptet werden, so einsehen, wie sie heute naturwissenschaftliche Tatsachen einsehen: dass nämlich dieselbe Individualität es ist, die in Elias, Johannes dem Täufer, Raffael und Novalis gelebt hat. Erst werden sie die Persönlichkeiten erkennen, dann die Individualität, wie sie durch jene hindurchgegangen ist.»

In Bezug auf Raffael heißt es hier:

«Wenn wir den Blick richten auf seine verschiedenen Madonnen, müssen wir uns allerdings fragen: Ist nicht eines sonderbar bei Raffael, er ist groß, wenn er die Szenen malt, die das Werdende, das Wachsende in der Entstehung des Christentums zeigen, den kleinen Jesus wie etwas, was wie im Keim das ganze werdende Christentum enthält. Wir finden aber keinen Verrat des Judas … eigentlich auch keine Kreuztragung, denn seine Kreuztragung erscheint uns wie zusammengetragen, gar nicht gleich den anderen Raffael-Werken. Wir finden dafür die Verkündigung, die Himmelfahrt, also die Dinge, die gerade auf das Werdende des Christentums hindeuten … Raffael malt so, dass wir es mit über den Völkern stehenden allgemeinen Wiedergaben christlicher Geheimnisse zu tun haben. Darum sehen wir, wie in kurzer Zeit die Sixtinische Madonna selbst in protestantischen Gegenden sich in die Seelen einlebt.»

Am 17. September des gleichen Jahres 1912 kommt in Basel bei den Vorträgen über das Markus-Evangelium (GA 139) in die Inkarnationenreihe überraschend ein neuer Name hinein, und zwar *Naboth*, bekannt aus dem Alten Testament als jener Nachbar des Königs Ahab, der einen Weinberg besitzt, den der König haben möchte (1. Könige, 17–19). Die Königin Isebel, bitter beleidigt durch Elias, der ihren Baalskult überwunden und ihre Priester getötet hat, kündigt an, dass sie Elias töten lassen wird. Es wird jedoch in der Bibel erzählt, dass sie Naboth ermorden lässt. Das ist merkwürdig und scheint nicht zusammenzustimmen.

«Da setzt nun die okkulte Forschung ein und zeigt, was der Tatbestand ist: dass wir es in Elias zu tun haben mit einem umfassenden Geiste, der gleichsam unsichtbar im Lande des Ahab umgeht, dass aber dieser Geist zuzeiten seinen Einzug hält in die Seele des *Naboth*, gleichsam die Seele des Naboth durchdringt, sodass Naboth die physische Persönlichkeit des Elias ist … Elias ist die unsichtbare Gestalt im Sinne der Bibel, Naboth sein sichtbarer Ausdruck in der physischen Welt … so können wir sagen: In Elias tritt uns überhaupt zugleich der Geist des ganzen althebräischen Volkes entgegen … Wie den Volksgeist des althebräischen Volkes können wir ihn ansprechen … er ist das irdische Abbild dieser Gottheit [Jahve], er ist jenes irdische Abbild, das zugleich die Volksseele des althebräischen Volkes ist …

So angesehen, illustriert sich uns die Tatsache noch ganz besonders, dass derselbe Geist, der in dem Elias-Naboth lebt, nun wiedererscheint in *Johannes dem Täufer* … wie in der grandiosen Gestalt des Täufers nicht bloß wirkt diese einzelne Persönlichkeit, sondern ... was wie eine Aura diese einzelne Persönlichkeit umschwebt ... was wie eine Atmosphäre lebt unter denjenigen, innerhalb welcher auch der Täufer wirkt. Wie Elias gewirkt hat wie eine Atmosphäre, so können wir auch erwarten, dass Elias wieder wirkt wie eine Atmosphäre als der Täufer Johannes ... Es ist öfter von mir angedeutet worden, dass die Seele des Elias-Johannes wiedererscheint in dem Maler Raffael ... Weil in der nachchristlichen Zeit auch eine solche Seele durch das Medium der einzelnen Persönlichkeit in Raffael wirken musste, deshalb erscheint ... was in den alten Zeiten ... so weltumfassend war, in einer so differenzierten Persönlichkeit, wie es Raffael war. Kann man gar nicht empfinden, dass doch dieses wie eine Aura Umschwebende des Elias-Johannes auch bei Raffael da ist, dass auch bei Raffael etwas Ähnliches da ist, von dem man sagen kann: es ist zu groß, um in die einzelne Persönlichkeit einzugehen, es umschwebt die einzelne Persönlichkeit, so dass die Offenbarungen, welche diese physische Persönlichkeit empfängt, wie Erleuchtungen wirken? Das ist bei Raffael doch der Fall.»

Im gleichen Zyklus, am 22. September 1912, kommt ein weiterer Name hinzu, der noch weiter zurückreicht, in die Zeit des Moses hinein: *Pinehas*.

«Es wird im 4. Buch Mose im 25. Kapitel dargestellt, wie Israel zum Götzendienst verführt wird, aber durch einen Mann gerettet wird ... Wer ist dieser Mann? ... Da lesen wir ...: ‹Und der Herr redete mit Moses und sprach: *Pinehas*, der Sohn Eleasars, des Sohnes Aarons, des Priesters, hat meinen Grimm von den Kindern Israel gewendet ... Darum sage: Siehe, ich gebe ihm meinen Bund des Friedens› ... Und diese [althebräische] Geheimlehre und die neuere okkulte Forschung sagen da, dass in des Pinehas Leibe dieselbe Seele lebte, die später in Elias vorhanden war ... Wir haben sie dann wieder in Elias-Naboth, dann in Johannes dem Täufer, und wir wissen ja, wie sie darnach ihren weiteren Weg durch die Menschheitsevolution macht.»

Adam und der Täufer
Der Engel – Buddha und sein Nirmanakaya

Nun gibt es in Bezug auf Johannes den Täufer aber noch eine andere Angabe. In seinem Vortragszyklus über das «Lukas-Evangelium» (GA 114), in welchem Rudolf Steiner zum ersten Mal die Doppelheit der zwei Jesusknaben ausführlich darstellt, kommt er am 19. September 1909 auf den Zusammenhang zwischen dem lukanischen Jesusknaben und dem Täuferknaben zu sprechen. Ein Zusammenhang, der auch in der Bibel deutlich hervortritt, indem da gesagt ist, das Johanneskind «hüpfte» im Leibe seiner Mutter Elisabeth, als sich die junge Maria nahte, die der Geburt des Jesusknaben entgegensah. Manche alten Malereien zeigen die beiden Kindlein im Leibe ihrer Mütter während der sogenannten «Heimsuchung», der Begegnung von Maria und Elisabeth. Auch im sechsten Vortrag knüpft Rudolf Steiner daran an und schildert, dass Elias nie völlig in einen Erdenleib hatte hineinsteigen können, dass er inspiriert, «vom Geiste getrieben» gelebt und gewirkt hatte. Das waren andere Inkarnationsbedingungen als bei der normalen Einkörperung eines Menschen-Ich in einen neuen Erdenleib.

«Beim normalen Lebensgange regt sich, während der menschliche physische Leib sich im mütterlichen Leibe entwickelt, die innere Kraft des Ich. Was damit innerlich verbunden ist, das hatte die Individualität des Elias in früheren Zeiten noch nicht durchgemacht; sie war noch nicht so weit hinuntergestiegen. Das Ich war nicht durch die eigenen Kräfte, wie in normalen Verhältnissen, in Bewegung gesetzt worden, sondern von außen. Das musste wieder jetzt geschehen» (20. September 1909).

Mit dem lukanischen Jesus hatte sich vorgeburtlich schon der Buddha verbunden, von seinem Nirmanakaya ging die Kraft aus, die Ichkraft im Täuferkinde zu entfalten. Nirmanakaya ist der Ausdruck für einen übersinnlichen Leib, den Buddha nach seiner Vollendung annehmen konnte, auch «Leib der Verwandlungen» (GA 114, 18. September 1909).

«Damals war das Elias-Wesen in gewissen Zeiten entrückt in ekstatische Zustände; da sprach der Gott, füllte sein Ich mit einer realen Kraft ... Jetzt war wieder eine geistige Wesenheit da, die als der Nirmanakaya des Buddha über dem nathanischen Jesus schwebte; die wirkte jetzt herein auf die Elisabeth, als der Johannes geboren werden sollte, regte im Leibe der Elisabeth den Keim des Johannes im sechsten Monat der Schwangerschaft an und weckte da das Ich ... So wirkt der Nirmanakaya des Buddha aufweckend und bis in die physische Substanz hinein erlösend auf das Ich des einstigen Elias, auf das jetzige Ich Johannes' des Täufers» (20. September 1909).

Diese Ausführungen klingen ganz zusammen mit dem, was die Inkarnationenreihe des Novalis betrifft, und verdeutlichen den Übergang von Elias zu Johannes. Man kann die Stationen der Elias-Wirksamkeit miterleben.

Am 19. September aber, im fünften Vortrag, wo schon einmal diese Begegnung zwischen Maria und Elisabeth angeklungen war, hatte er eine Ausführung vorangeschickt, die zeigt, *warum* zwischen dem Täufer und dem lukanischen Jesus eine so enge Verbindung bestanden hat. Es ist jene gravierende Stelle, in der zunächst das Geheimnis der Wesenheit des lukanischen Kindes gelüftet wird: Es stammt aus der Ursubstanz des ersten Menschen, des Adam. Bevor dieser der Versuchung des Luzifer erlag, wurde der Ursubstanz ein Teil entnommen, wurde entrückt, blieb unschuldig und begleitete die Menschheit in geistigen Höhen, ohne sich zu inkarnieren und an der Sündenfallschuld teilzunehmen. Es ist die «Schwesterseele» des Adam.

«Die Adam-Seele vor dem Sündenfall ... finden wir wieder in dem Jesusknaben.» Durch die große Mutterloge der Menschheit wurde sie hineingeleitet «in das Jesuskindlein, [die] nicht nur abstammte von den physisch ältesten Geschlechtern der Menschheit, sondern sie ist auch die Wiederverkörperung des ersten Mitgliedes der Menschheit überhaupt» (18. September 1909).

Und an anderer Stelle (18. September 1909):

«Der luziferische Einfluss kam heran, erstreckte seine Wirkungen auch in den astralischen Leib dieses Hauptpaares, und die Folge war, dass es unmöglich war, alle die Kräfte, die in Adam und Eva waren, auch herunterfließen zu lassen in die Nachkommen ... Den physischen Leib musste man durch alle Geschlechter herunter sich fortpflanzen lassen, aber ... es wurde eine gewisse Summe von Kräften des Ätherleibes zurückbehalten ... Dieser noch unschuldige Teil des Adam wurde aufbewahrt in der großen Mutterloge der Menschheit ... [er wurde] jetzt als ‹provisorisches Ich› dahin geleitet, wo dem Joseph und der Maria das Kind geboren wurde, und in den ersten Jahren hatte dieses Jesuskind die Kraft des ursprünglichen Stammvaters der Erdenmenschheit in sich.»

In Bezug auf den Täufer heißt es: «Für eine solche Individualität wird auch von der großen Mutterloge der Menschheit aus gesorgt ... Ein solches Ich wie das Ich Johannes' des Täufers wird hineingeboren in einen Leib unmittelbar unter der Lenkung und Leitung der großen Mutterloge der Menschheit ... Aus derselben Stätte stammte das Johannes-Ich, aus der auch das Seelenwesen für das Jesuskind ... stammte, nur dass dem Jesus mehr jene Eigenschaften übergeben wurden, die noch nicht durchdrungen waren von dem egoistisch gewordenen Ich ...

... dasselbe Ich, das im Grunde genommen dem Jesus des Lukas-Evangeliums vorenthalten wird, das wird dem Körper Johannes' des Täufers beschert ... das steht von Anfang an in einer innerlichen Beziehung ... Hier ... bei dem Johannes, haben wir es mit einem Ich zu tun, das in Zusammenhang steht mit der Seelenwesenheit des nathanischen Jesus.»

Aus diesen Sätzen kann geschlossen werden, dass Johannes der Täufer der wiedergeborene Adam ist, jenes Ich, das durch den Sündenfall hindurchging, während seine «Schwesterseele» im lukanischen Jesus davor bewahrt geblieben war. Ihr fehlt aber die Ichkraft, weil diese nur auf der Erde entwickelt werden konnte. Deshalb musste mit dem zwölften Jahre das Zarathustra-Ich in den nathanischen Jesus übergehen.

Johannes der Täufer als Wiederverkörperung des «alten Adam»! Rudolf Steiner entwickelt das in den gleichen Vorträgen, in denen er über die Elias-Inkarnationenreihe spricht, aber an einer anderen Stelle. Er schlägt keine Brücke zu jenen Aussagen, in denen er das Ich des Täufers als Elias-Ich dargestellt hat. Er bezieht Adam nie in die Inkarnationenreihe ein, die er mit Elias beginnen lässt und bis zu Novalis führt. Er sagt also nirgendwo, dass in jenem Eliasgeist, der eine Art Volksgeist des israelischen Volkes geworden und von Jahwe befeuert ist, die Individualität des Adam lebt.

Überhaupt macht die Stelle von der Mutterloge, die das Ich in den Täufer leitet, wie das Seelenwesen in das Jesuskind, einen so anderen Eindruck als die Ausführungen über Elias, dass es schwierig ist, das zusammenzudenken. Rudolf Steiner hat damals nicht und auch in allen späteren Vorträgen, in denen er über die Inkarnationenreihe sprach, niemals den Adam mit einbezogen. Das kann viele Gründe haben. Auf jeden Fall gehen wir bei diesem Thema von Geheimnis zu Geheimnis, und es wird viel brauchen, bis wir einmal so weit sein werden, eine innerliche Durchschau und ein echtes Miterleben zu erreichen. Das darf uns nicht verzagt machen, sondern kann im Gegenteil anspornen, die Geheimnisse zu bewegen.

Es ist ja auch schon der Täufer ein mehrfaches Geheimnis! Wir haben schon in dem einen Zitat gehört, wie dezidiert Rudolf Steiner Individualität und Persönlichkeit unterscheidet («Der irdische und der kosmische Mensch»), und in «Okkulte Geschichte» (GA 126) war gesagt, dass die Individualität des Elias in Johannes wiedergeboren wird. Johannes «ist ein Werkzeug für ... Höheres». Dann heißt es: «Es lebt in ihm eine Individualität, die Johannes den Täufer zum Werkzeug macht; aber notwendig war die hohe Individualität des Elias, um dann als solches Instrument zu dienen» (1. Januar 1911). Was wiederum nur heißen kann, dass hinter der Individualität des Elias noch eine andere steht, welcher der Eliasgeist im Täufer als Instrument dient.

Wir können annehmen, dass die Lösung dieser geheimnisvollen Formulierung, die am 1. Januar 1911 in Stuttgart ausgesprochen worden ist, bereits am 6. Dezember 1910 (also ganz kurz vorher) in Berlin im Zyklus «Exkurse in das Gebiet des Markus-Evangeliums» (GA 124) gegeben wurde. Da ist hingewiesen auf das Prophetenwort des Jesaja: «Siehe, ich sende meinen Boten vor dir her, der soll dir den Weg bereiten ...» Das Wort «Angelos», was mit Bote oder Engel übersetzt wird, bezieht sich auf eine hierarchische Wesenheit aus dem direkt über dem Menschen stehenden Range.

«Der Bote, der Engel musste dem Menschen verkünden, dass er ein Ich werden soll im vollen Sinne des Wortes. Und während nun die früheren Engel die Aufgabe hatten, die geistige Welt zu zeigen, musste jetzt ein besonderer Engel die besondere Aufgabe erhalten, etwas weiter zu gehen mit den Offenbarungen an die Menschen ...

Jener Bote, von dem Jesaja gesprochen hat, der nicht in ganz gewöhnlichem Sinne als ein Mensch aufgefasst werden darf, nahm Besitz von der Seele des wiederinkarnierten Elias, lebte darin und war der Bote ... Und aus der Seele des Täufers sprach der Bote dann ...»

Am 25. Februar 1911 – knapp zwei Monate nach dem Stuttgarter Vortrag – wird in Zürich erneut von dem Verhältnis des Engels zu Johannes gesprochen (GA 127, «Die Mission der neuen Geistesoffenbarung»).

«In Johannes lebt, von seiner Seele Besitz nehmend, ein Engelwesen, das die Menschen zu Christus führt. Er ist eine Hülle für die Offenbarung der Engelwesenheit. Der Engel konnte in ihn hineingehen, weil der wiedergeborene Elias bereit war, den Engel aufzunehmen. Da sprach der Engel aus ihm, der wurde hingeschickt, der bedient sich nur des Johannes als Werkzeug ...

Alle alten Menschheitsführer sind dadurch die Lenker geworden, dass Engel durch sie wirkten ... Seit er das Christus-Sonnenlicht hat, kann der Mensch sein Antlitz hinwenden zu Christus, und dadurch zieht wieder eine solche Kraft in ihn ein wie vorher die Engel. So wie er vorher die Engel aufnahm, muss der Mensch heute durch Hingabe an die Christus-Wesenheit den Christus aufnehmen.»

Wir haben jetzt vor unserem inneren Blick Johannes den Täufer «als» Elias, ein Mensch, in dem die Individualität des Elias lebt. Das Ich des Elias, das einer echten Inkarnation noch so ungewohnt war und sich in Pinehas und Naboth mehr inkorporierte, und auch das nur zeitweilig, ist nun im Täufer wirklich erweckt worden durch den Nirmanakaya des Buddha, sodass man sagen kann: der Täufer ist der wiedergekommene Elias, wie es ja auch in der Bibel ausgesprochen wird. Und hinzu kommt ein Engel.

«In *Johannes* lebt, von *seiner* Seele Besitz nehmend, ein Engelwesen ... Der Engel konnte in ihn hineingehen, weil der wiedergeborene Elias bereit war, den Engel aufzunehmen» [Hervorhebungen K-Z].

Warum drückt sich Rudolf Steiner so umständlich aus? Nicht nur an dieser, sondern auch an allen anderen Stellen, die wir schon zitiert haben? Kann man in obigem Satz den wiedergeborenen Elias mit Johannes gleichsetzen, oder gibt es da noch ein Geheimnis? Und wieder taucht die Stelle in der Erinnerung auf, wo von einem Ich aus der Mutterloge gesprochen ist, das zum Seelenwesen des nathanischen Jesus gehört, ihm aber vorenthalten wird (19. September 1909):

«Aus derselben Stätte stammte das Johannes-Ich, aus der auch das Seelenwesen für das Jesuskind ... stammte, *nur* dass dem Jesus mehr jene Eigenschaften übergeben wurden, die noch nicht durchdrungen waren von dem egoistisch gewordenen Ich ...

... dasselbe Ich», das ihm «vorenthalten wird, das wird dem Körper Johannes' des Täufers beschert ...»

«Nur», das heißt, dem Johannes wurden eher jene Eigenschaften übergeben, die schon vom egoistisch durchdrungenen Ich infiziert sind. Da aber das, was dem Johannes beschert wird, selbst als Ich bezeichnet ist, müsste es sich einmal um jenes egoistisch infizierte Ich selbst handeln, und dazu vielleicht um einige damit zusammenhängende Eigenschaften. Da bei der nathanischen Jesusseele stets mehr von dem Ätherisch-Seelenhaften gesprochen ist, könnte man vermuten, dass mit dem Johannes-Ich mitinfiziertes Astralisches verbunden wäre, wie es ja heißt, dass der luziferische Einfluss bis in den Astralleib ging.

Kehren wir nochmals zu den beiden Heimsuchungsgeschichten zurück.

Im sechsten der Lukas-Evangelium-Vorträge heißt es (20. September 1909):

«Als diese Wesenheit [Elias] wiedergeboren wurde, sollte sie sich mit dem Körper des Kindes verbinden, das dem Zacharias und der Elisabeth geboren wurde. Wir wissen aus dem Evangelium selber, dass wir Johannes den Täufer als den wiedergeborenen Elias aufzufassen haben [hier wird «als» gesagt]. Aber wir haben es dabei zu tun mit einer Individualität, die aus ihren früheren Inkarnationen nicht gewohnt war, durch die in dem normalen Lebensgange selbst liegenden Kräfte alles das zu entwickeln, was herauskommen sollte. Beim normalen Lebensgange regt sich, während der menschliche physische Leib sich im mütterlichen Leibe entwickelt, die innere Kraft des Ich. Was damit innerlich verbunden ist, das hatte die Individualität des Elias in früheren Zeiten noch nicht durchgemacht; sie war noch nicht so weit hinuntergestiegen.»

Sie musste stets von außen angeregt werden; das musste zwar jetzt auch wieder geschehen, aber: «Mehr aus der geistigen Welt heraus, näher schon der Erde ist das Ich dieser Wesenheit, die jetzt viel mehr mit der Erde verbunden ist als die Wesenheiten, welche früher den Elias geleitet haben.» Diese der Erde nähere Wesenheit ist eben Buddha, der jetzt am Täuferkinde das Ich erwecken kann.

Er «regte im Leibe der Elisabeth den Keim des Johannes im sechsten Monate der Schwangerschaft an und weckte da das Ich. Nur bewirkte diese Kraft, weil sie jetzt näher der Erde stand, nicht bloß eine Inspiration, sondern wirklich die Herausgestaltung des Ich des Johannes. Unter dem Einflusse des Besuches derjenigen, welche da die Maria genannt wird, regte sich das Ich Johannes' des Täufers.»

Hier wird das Ich des Täufers als wiederverkörpertes Ich des Elias geschildert; ein Hinweis auf ein Sonder-Ich des Täufers ist nirgendwo zu finden. Vielmehr wird immer wieder vom Elias-Ich als dem Täufer-Ich gesprochen. Und was vom Buddha bewirkt wird, ist die «Entfaltung der Ichkraft des Johannes».

Dagegen hat es im fünften Vortrag geheißen (19. September 1909):

«Denn dasselbe Ich, das im Grunde genommen dem Jesus des Lukas-Evangeliums vorenthalten wird, das wird dem Körper Johannes' des Täufers beschert, und dieses beides, was als Seelenwesen lebt im Jesus des Lukas-Evangeliums und was als Ich im Täufer Johannes lebt, das steht von Anfang an in einer innerlichen Beziehung. Wenn sich der menschliche Keim im mütterlichen Leibe entwickelt, dann vereinigt sich allerdings in der dritten Woche das Ich mit den anderen Gliedern der menschlichen Organisation, aber es kommt erst in den letzten Monaten vor der Geburt nach und nach zur Wirksamkeit. Da erst wird das Ich eine innerliche, bewegende Kraft. Denn in einem normalen Falle, wo das Ich in gewöhnlicher Weise wirkt, um den Menschenkeim zur Bewegung zu bringen, da haben wir es mit einem Ich zu tun, das aus früheren Inkarnationen herstammt und den menschlichen Keim zur Bewegung bringt. Hier aber, bei dem Johannes, haben wir es mit einem Ich zu tun, das in Zusammenhang steht mit dem Seelenwesen des nathanischen Jesus. Daher muss sich im Lukas-Evangelium die Mutter des Jesus zu der Mutter des Täufers Johannes begeben, als diese im sechsten Monate der Schwangerschaft ist; und was sonst durch das eigene Ich angeregt wird in der eigenen Persönlichkeit, das wird hier angeregt durch die andere Leibesfrucht. Das Kind der Elisabeth beginnt sich zu bewegen, als sich ihm nähert die Frau, die das Jesuskind in sich trägt, denn es ist das Ich, durch welches das Kind in der anderen Mutter angeregt wird.»

Das Ungeborene im Leibe der Maria bringt dadurch, dass es in dessen physische Nähe getragen wird, das Ich zum Erwachen, welches nun das Kind im Leibe der Elisabeth in Bewegung versetzen kann. – Kein Wort vom Nirmanakaya des Buddha!

Und später, am Anfang des sechsten Vortrags:

«Wir wissen, dass in dem Ätherleibe des einen Jesuskindes … der bisher unberührt gebliebene Teil desjenigen Ätherleibes lebte, welcher der Menschheit bei dem Ereignis entzogen worden ist, das man den Sündenfall nennt, sodass also gleichsam jene ätherische Substanz, die aus Adam herausgenommen worden ist vor dem Sündenfalle, aufbewahrt und in dieses Kind hineinversenkt wurde … Es musste ein so veredelter Menschenleib entstehen, der nur dadurch entstehen konnte, dass die von allen Erdenerlebnissen unberührte ätherische Substanz des Adam hineinversenkt wurde in den Ätherleib gerade dieses Jesuskindes.»

Dadurch waren aber alle die Kräfte, die vor dem Sündenfall wirken konnten, in diesen Jesus hereingekommen und entfalteten sich mächtig in ihm: «Dadurch war möglich geworden, was wir eben gestern schon berührten: jener merkwürdige Einfluss, den die Mutter des nathanischen Jesus auf die Mutter Johannes' des Täufers ausübte und auch auf diesen Johannes selber, bevor er geboren wurde.»

Wiederum ohne den geringsten Seitenblick auf Buddha wird die Wirkung von Maria und ihrem Kinde jetzt damit erklärt, dass die paradiesischen Urkräfte in diesem lukanischen Jesus wirksam sind.

Wir haben also in diesen beiden Heimsuchungsschilderungen, die unmittelbar in zwei Vorträgen aufeinander folgen, zwei ganz verschiedene Aussagen.

Einmal handelt es sich um die Elias-Individualität, die von außen angeregt werden muss, was durch den Buddha geschieht, und im anderen Falle ist weder von Elias noch von Buddha die Rede, sondern vielmehr wird gesagt, dass wir es gewöhnlicherweise mit einem Ich zu tun haben, das aus früheren Inkarnationen herstammt, hier aber – und jetzt wird nicht gesagt, dass wir es mit einem Ich zu tun hätten, das sich in früheren Inkarnationen nur wenig einkörperte und von außen durch geistige Kräfte bewegt wurde, sondern es wird überhaupt nicht auf frühere Inkarnationen geblickt – heißt es vielmehr: «Hier … haben wir es mit einem Ich zu tun, das in Zusammenhang steht mit dem Seelenwesen des … Jesus.» Und da dieses der Ur-Substantialität des Adam vor dem Sündenfall entnommen ist, trägt es alle paradiesischen Kräfte in sich, und *durch diese* wird das Kind in Elisabeth in Bewegung gebracht.

Zwischen diesen beiden Heimsuchungsberichten muss die Lösung des Rätsels liegen. Wer sie in richtiger Weise zusammensehen kann, wird wissen, wie es sich mit Adam-Ich und Elias-Ich im Täufer verhält.

Lassen wir zum Abschluss dieser Fragen und Gedanken noch einmal Rudolf Steiner sprechen.

In einem Vortrag vom 29. Dezember 1911 findet er eine ganz neue Bezeichnung. Eine Bezeichnung, die von dem lateinischen «Ego» weggeht und statt «egoistisch» sagt: *ichlicher.* Im Sündenfall wurde der Mensch «ichlicher», als er sein sollte, denn Luzifer setzte ihm von seiner Kraft zu. Dadurch entstanden Verschiebungen im gesamten Wesensgefüge des Menschen. Die Verhältnisse des physischen Leibes zum Ätherleib, von diesem zum Astralleib und eben auch vom Ich zum Astralleib waren nicht mehr so, wie die Götter sie gewollt hatten.

«Das heißt, dass das Ich sich nicht so zum astralischen Leib verhält, wie es eigentlich ursprünglich beabsichtigt war, bevor der luziferische Einfluss eintrat, sondern dass es egoistischer ist, ichlicher ist, als es hätte sein sollen … Das geschah durch den luziferischen Einfluss …

Und was sich der Mensch aufgenommen hat an luziferischer Kraft, das ist der Überschuss des Ich über den Astralleib, das ist die größere Ichlichkeit, die eigentlich eine Luziferität ist» («Die Welt der Sinne und die Welt des Geistes», GA 134).

Hier sieht man ganz deutlich, was mit dem «egoistisch gewordenen Ich» gemeint ist – ein Zustand, den alle Menschen seit dem Sündenfall geerbt haben. Es gibt eine Möglichkeit, das falsche Verhältnis des Ich zum Astralleib aufzuheben: Wenn auf dem Weg geistiger Schulung über vier Stufen der Mensch dahin gelangt, so selbstlos geworden zu sein, dass er auf sein eigenes Denken, Fühlen und Wollen wie von außen sieht, und es ihm so gleichgültig geworden ist wie äußere Gegenstände. Für die Gesamtmenschheit trat das Ereignis von Golgatha ein, um diese Verschiebung der Wesensglieder wieder auszugleichen.

Wir waren durch die verschiedenartigen Ausführungen Rudolf Steiners auf die Frage gestoßen, ob es sich bei dem Johannes-Ich, wie es verstanden werden kann nach den Ausführungen im fünften Vortrag des Lukas-Evangelium-Zyklus (Adam), noch um etwas anderes handelt als um die Wesenheit des Elias. Bei Adolf Arenson und einem «Anonymos» ist zu finden, dass das bei ihnen so gesehen wird (siehe Anm. 1 im Anhang, zu Kap. II).

Im Gegensatz dazu gibt es auch Autoren, die das ganze schwierige Gebiet wesentlich vereinfachen, und zwar schon in Bezug auf die andere Frage, ob der Engel noch etwas Selbständiges sei außer Johannes beziehungsweise Elias. Bei Emil Bock in seinen Büchern «Könige und Propheten» und «Cäsaren und Apostel» wird Elias selbst als jener Bote oder Engel aufgefasst. Im Ersteren heißt es in Bezug auf Elias: «In ihm spricht und wirkt mehr als bloß ein Mensch. Ein Engel, ein Bote der Geisteswelt, scheint in ihm unter die Menschen getreten. Bald hier bald dort erscheint er, wie von Flügeln des Geistes herbeigetragen.»

Und in «Cäsaren und Apostel»: «Der Genius des Elias war es selbst, der in ihm und durch ihn aufs Neue wirkte … Hatten nicht die Propheten die göttliche Verheißung niedergeschrieben, der Ankunft des Messias würde die Wiederkunft des Elias vorangehen; mehr ein Engel als ein Mensch, würde Elias dem Christus den Weg bereiten? (‹Siehe, ich will meinen Engel senden, der vor mir her den Weg bereiten soll … Siehe, ich will euch senden den Propheten Elias, ehe der große, übergewaltige Tag des Herrn kommt› Maleachi 3, 1 und 23.)»

Demgegenüber müssen wir erinnern, was auf Seite 52 aus den Exkursen zum Markus-Evangelium (GA 124) zitiert worden ist: «Jener Bote, von dem Jesaja gesprochen hat, der nicht in ganz gewöhnlichem Sinne als ein Mensch aufgefasst werden darf, nahm Besitz von der Seele des wiederinkarnierten Elias, lebte darin und war der Bote … Und aus der Seele des Täufers sprach der Bote dann …»

Hier ist ganz deutlich der Engel oder Bote als *in* der Eliasseele wirkend, aber nicht mit ihr identisch angesprochen. Zwei Monate später dann (GA 127) in ähnlicher Weise: «In Johannes lebt, von seiner Seele Besitz nehmend, ein Engelwesen, das die Menschen zu Christus führt. Er ist eine Hülle für die Offenbarung der Engelwesenheit. Der Engel konnte in ihn hineingehen, weil der wiedergeborene Elias bereit war, den Engel aufzunehmen. Da sprach der Engel aus ihm …»

Auch Rudolf Meyer bezeichnet in seinem gleichnamigen Buch *Elias* als die *«Engelmacht»*, die in Zusammenhang mit der Erzengelmacht des Michael in alttestamentlichen Zeiten wirkt. «Als ein Wesen, das in die Engelsphäre hinaufreicht, wacht er über den geistigen Impulsen der Erbfolge.»

In diesen beiden Fällen wird nicht nur auf ein spezielles Johannes-Ich, sondern auch auf eine spezielle Engelwesenheit verzichtet, und die Frage nach dem Adam-Ich beantwortet sich, indem Rudolf Meyer Elias selbst als den Adam betrachtet, der durch den Sündenfall gegangen ist. Pinehas und Naboth sind seine Inkarnationen.

Auch S. O. Prokofieff[7] sieht mit Selbstverständlichkeit Elias als den Ur-Adam an, der vom Cherub aus dem Paradies vertrieben wurde. So heißt es auf Seite 29 von «Ewige Individualität»: «Wie wir sahen, ist ein kraftvoll entwickeltes, individuelles Ich die Hauptvoraussetzung für das Gewissen. Und eine solche außergewöhnlich hohe Entwicklungsstufe desselben vermochte Johannes – wenn auch in einer ganz besonderen Form – bereits in seiner Verkörperung als Elias zu erreichen … Fragen wir jedoch nach dem tieferen Grund, warum gerade Johannes der Täufer so empfänglich dafür war, den Gewissensimpuls in sich aufzunehmen, dann müssen wir uns dem Beginn der Menschheitsentwicklung zuwenden und uns ins Bewusstsein rufen, dass er als Adam am Sündenfall beteiligt war.»

Es sei noch einmal daran erinnert, dass Rudolf Steiner einerseits eine Inkarnationenfolge «Adam – Elias – Johannes der Täufer» *nicht* ausgesprochen hat, dass aber andererseits seine zwei verschiedenartigen Heimsuchungsberichte uns dazu auffordern, zwischen ihnen eine Verbindung zu suchen.

Lässt man die Schilderung aus dem fünften Vortrag (GA 114) in sich leben, jene Schilderung, die betont davon spricht, dass sich in Jesus die Seelensubstanz nach dem Sündenfall nicht verkörpern sollte, dann entsteht die Frage nach den Inkarnationen des «egoistisch gewordenen Ich», nach den Adam-Inkarnationen. Welche waren das? Über das Vorleben der Jesusseele (außerhalb der Inkarnationen-Gegebenheiten auf der Erde) hat Rudolf Steiner später viel gesagt, über das Schicksal jener dazugehörigen Ich-Substanz nichts. Wo war sie vom Sündenfall bis zu Johannes dem Täufer? In welchen Inkarnationen? Sollen wir den zweiten Heimsuchungsbericht als Antwort darauf nehmen? Dann würde sie heißen: Das sind die Elias-Inkarnationen. Dann wiederum würde hinfällig, im Täufer die Doppelheit von Adam-Ich (als Ichträger oder persönliches Ich) und Elias anzunehmen. Dann würden aber eine ganze Reihe von Formulierungen Rudolf Steiners ein Rätsel bleiben. Wahrscheinlich hätte Rudolf Steiner auch diesen Komplex gelichtet und weitergeführt, wenn es ihm möglich gewesen wäre, die in seiner Letzten Ansprache begonnenen Ausführungen fortzusetzen.

Hiram – Lazarus – Johannes

Zu den überraschenden Geheimnissen, die Rudolf Steiner schon früh aufzudecken begann, gehört ein anderes Johannes-Geheimnis. Es betrifft den Jünger, «den der Herr lieb hatte». Bei ihm handelt es sich, so erfahren wir, um den auferweckten *Lazarus*. Der Begriff «den der Herr lieb hatte» taucht in der Bibel – auf einen Jünger bezogen – nicht vor der Erweckung des Lazarus auf. Auf Lazarus selbst wird er schon vor der Erweckung angewendet. («Siehe, wie hat er ihn so lieb gehabt» [Joh. 11, 36].) Lazarus ist nach seiner Erweckung in den Johannes-Rang erhoben; er ist der Jünger, der beim Abendmahl an der Brust des Herrn liegt, der mit Maria unter dem Kreuz steht, und er wird zum Schreiber des Johannes-Evangeliums und der Apokalypse.

In der frühen Schrift «Das Christentum als mystische Tatsache», in welcher Vorträge aus dem Jahre 1902 zusammengefasst sind, wird im Kapitel «Das Lazarus-Wunder» die Auferweckung als Initiation dargestellt, aber noch nicht gesagt, dass Lazarus der Schreiber des Evangeliums ist. Rudolf Steiner hatte diese Einsicht aber offenbar schon damals, denn in seiner Letzten Ansprache im Herbst 1924 (GA 238) sagte er rückblickend in Bezug auf Lazarus und Johannes: «... was ja eine und dieselbe Gestalt ist, wie Sie schon aus meinem ‹Christentum als mystische Tatsache› ersehen.»

Im Hamburger Zyklus über das «Johannes-Evangelium» vom Mai 1908 (GA 103) wird dann ausführlich dargelegt, dass der Schreiber dieses Evangeliums der wiedererweckte Lazarus sei. Es wird darauf aufmerksam gemacht, dass der Bericht über dessen Erweckung in der Mitte des Evangeliums steht und dieses sich dadurch in zwei Teile gliedert. Am Ende des ersten Teiles wird im Evangelium darauf hingewiesen, dass alles, was über Christus Jesus gesagt ist, auf dem Zeugnis des Täufers beruht, «dass für alles das, was nach dem Kapitel über die Auferweckung des Lazarus steht, das Zeugnis des Jüngers gelten soll, von dem wir öfter hören die Worte: ‹den der Herr lieb hatte›» (22. Mai 1908).

Im Kasseler Zyklus «Das Johannes-Evangelium im Verhältnis zu den drei anderen Evangelien – besonders zu dem Lukas-Evangelium» (GA 112) wird in den Vorträgen vom 30. Juni, 1. und 2. Juli 1909 einige Male kurz erwähnt, dass der Evangelienschreiber und Lazarus derselbe seien, und es wird auf die Bedeutung seiner Veränderung durch die Auferweckung hingewiesen.

Fassen wir das Bisherige kurz zusammen: Die Mitglieder (zum Teil auch nur die Mitglieder der Esoterischen Stunden) konnten während der Lebenszeit Rudolf Steiners wissen von der Inkarnationenreihe: Pinehas- und Naboth-*Elias,* Johannes der *Täufer, Raffael, Novalis*. Dazu kam, gesondert gesehen, der Zusammenhang *Adam* und Johannes der Täufer. Das stärkste Gewicht in allen betreffenden Ausführungen liegt auf der Darstellung des Elias-Wesens und dessen Fortschritt und Verwandlung in der Mission des Täufers.

Ein zweites Geheimnis, das nicht eine Neu-Inkarnation, aber eine große Verwandlung betrifft, ist die Identität von *Lazarus* mit Johannes dem *Evangelisten.*

Nun sind aber, wohl nur in kleinen Kreisen und esoterischen Zusammenhängen, auch in Bezug auf Lazarus Vor- und Nachverkörperungen angegeben worden, die in der Mitgliedschaft nicht sehr bekannt sind; seit der Herausgabe von GA 265 sind sie schriftlich dokumentiert. Eine Vor-Inkarnation des Lazarus war *Hiram Abiff*, der Erbauer des Salomonischen Tempels.

In einer Instruktionsstunde, gehalten am 15. April 1908 in Berlin, von welcher eine Zusammenfassung oder Nachschrift von einem der Hörer vorliegt, spricht Rudolf Steiner (vielleicht zum ersten Mal) über dieses Thema.

Er hat zunächst die alte Form der Einweihung ausgeführt, bei der sich die Gruppenseele des Volkes mit dem Ätherleib des Eingeweihten verband. Diese Verbindung blieb und hielt die Eingeweihten in engem Zusammenhang mit dem Volkskarma. Sie mussten deshalb alle viele Inkarnationen durchmachen. «Zu dieser Art der Eingeweihten gehörte Salomo, der vom Geschlecht der Abel-Seth-Menschen war.» (Auch Elias gehörte offenbar zu diesen Eingeweihten, da er sich bis zum Täufer immer wieder im selben Volkstum inkarnierte.)

Die Kainssöhne wurden nicht Eingeweihte dieser Art. Zu ihnen gehörte Hiram Abiff, «der durch das Leben im physischen Leibe Erkenntnis gesammelt und diese bis zur Weisheit erhoben hatte. Er brachte seine Weisheit zum Ausdruck im Tempelbau. Es war nicht der Gott von innen, der ihm die Weisheit offenbarte … sondern die im physischen Dasein errungene Erkenntnis. [Den] Abel-Seth-Eingeweihten … wurde im Dämmerbewusstsein das höhere Wissen gegeben, unter dem Einfluss der Mondgottheit (Jahve).»

Dann heißt es: «Hiram Abiff kam damals bis zur Grenze der Initiation. Eingeweiht wurde er aber erst später. Dazu musste die Geistessonne auf die Erde kommen. Diese stieg ins Physische hinab in dem Christus. Der nur konnte Hiram Abiff einweihen. Die klare [geistige] Sonne musste ihn bescheinen bei der Einweihung. Er war *Lazarus*, der nach der Auferstehung *Johannes* hieß … Nicht das Leben der Gruppe, sondern jede einzelne Inkarnation sollte nun von Wichtigkeit werden … sollte ein Blatt hinzufügen zum Buche des Lebens, ein Blatt, dessen Inhalt mit hinübergenommen wurde ins Geistige, etwas … was nicht mehr vergehen konnte, sondern bleiben sollte bis in alle Zukunft hinein. Das stellt Hiram Abiff dar … Christus brachte das neue Prinzip an Stelle des alten Jehova-Prinzips …» (GA 265).

In einer zweiten Nachschrift wird mit ausführlicheren Worten das Gleiche gesagt. Es kommt hier einiges etwas deutlicher zum Ausdruck: «Die Mondenkräfte sollten besiegt werden durch die umfassendere, die für *alle* Menschen erstrahlende Sonnenkraft. Nicht mehr sollte das Blut allein, das durch den Stamm, das Volk fließt, gelten. Von jetzt an sollte gelten dasjenige, was jeder einzelne Mensch sich in seiner Seele erarbeitet …

Von jetzt an sollte eine jede Inkarnation wie ein Blatt sein, auf das ewige Werte der ringenden, strebenden Menschenseele eingezeichnet werden können … Das sind die Lebensfrüchte, die jeder einzelne Mensch in seiner Individualität sich erarbeiten soll … Und niederlegen soll er [sie] … dann in den Schoß der ganzen Menschheit, sodass sie dem Fortschritt der ganzen Menschheit sich einfügen können …

Dieser Christus, der hohe Sonnengeist, initiierte Lazarus, den wiedergeborenen Hiram Abiff …

Von Lazarus wird gesagt, dass er der Jünger war, den der Herr lieb hatte. Und später wird gesagt, dass der Johannes es sei, der an der Brust des Herrn ruhte» (GA 265).

In einer Instruktionsstunde ohne Ort und Datum wird auf die Tempellegende und Hiram Abiff ausführlich eingegangen, dabei heißt es:

«… der Christus Jesus [legte] selber dem wiedergeborenen Hiram Abiff den Samen des neuen Lebens in das Herz … neu geboren wurde er in dem Jünger, den der Herr lieb hatte. Das menschliche Ich wurde durch das göttliche Ich belebt und zum höheren Dasein erhoben. Danach konnte dieser Jünger der Schreiber werden desjenigen Evangeliums, welches als Ausgangspunkt hat das menschliche und das göttliche Ich. Und es wurde ihm offenbart die Entwicklung dieses menschlichen Ich ... bis an das Ende der Erdentage, wie er es in der Apokalypse darstellte. Und in seinem Evangelium wird gesagt, wie der Christus Jesus mit den letzten Worten, welche vom Kreuze herabtönen, diesen Jünger übergibt seiner Mutter, welche nicht seine leibliche Mutter war. Als Sohn gibt er das Menschen-Ich der Erdenmutter ... Als Mutter gibt er diesem Ich die Erde, auf dass der Sohn der Mutter seine Kräfte gebe» (GA 265).

In verschiedenen Nachschriften kursierte ein ungedruckter Vortragstext ohne Orts- und Datumsangabe, der seit 1984 in der Sammlung von Briefen, Rundbriefen, Dokumenten und Vorträgen «Zur Geschichte und aus den Inhalten der ersten Abteilung der Esoterischen Schule von 1904 bis 1914» nun gedruckt vorliegt (GA 264, S. 227 f., 231 ff.). In diesem gravierenden Vortrag wird dargestellt, dass die alten vorchristlichen Kulturen einen Keim in sich bargen, der, vom Christusimpuls befruchtet, ihnen die Möglichkeit gibt, verwandelt wieder zu erstehen als fünfte, sechste und siebente Kulturepoche. Diese Erweckung des Zukünftigen in den alten Kulturen musste aber real in einem menschlichen Repräsentanten vorgenommen werden. Das ist der Hintergrund der verschiedenen Erweckungen, die Christus vollzieht.

«Das dritte nachatlantische Zeitalter wird in alldem, was es als Weisheitsgut enthielt, von dem Christus auferweckt, damit es unser fünftes ... befruchten kann. Das zweite Zeitalter, dasjenige des Zarathustra, wird auferweckt, damit im sechsten ... Zeitalter das wahre Verständnis für den Christus da sein kann. Und das erste, das altindische, erfährt seine Auferstehung im siebenten nachatlantischen Zeitalter ...

... in jedem Falle muss der Christus eine bestimmte Persönlichkeit, eine menschliche Seele, auferwecken, die durch ihr Schicksal dazu berufen ist, der spezielle Träger dieses Kulturkeimes aus alter Zeit zu sein ... die zugleich ... dafür sorgen kann, dass» in der Zukunft die Gaben des Christus und seine spezielle Mission verstanden werden.

Es werden nacheinander ausführlich betrachtet: die Erweckung des Jünglings zu *Nain* (ägyptische Epoche), das persische Zeitalter des *Zarathustra* und *Jairus' Töchterlein* für die urindische Epoche.

In Bezug auf die persische Epoche tritt eine besondere Situation ein, da Zarathustra, ihr Hauptrepräsentant, der salomonische Jesus gewesen ist, der bei der Taufe im Jordan dem Christus den von ihm durchgearbeiteten Leib des nathanischen Jesus überließ und seinerseits sich exkarnierte, der also nicht erweckt werden konnte.

«Doch war gleichsam stellvertretend eine andere Individualität auf Erden verkörpert in jener Zeit, deren Entwickelung und für die Menschheit bedeutsamste Mission in merkwürdiger Weise derjenigen des Zarathustra parallel ging. Es war dies *Lazarus*, der wiedergeborene *Hiram Abiff*, der bedeutungsvollste der Kainssöhne, der gleichfalls gearbeitet hatte an der Erdenmission von dem menschlichen Ich aus, wie es Zarathustra im alten Persien getan hatte.» – Persien, das war das Zeitalter unter dem Sternzeichen der Zwillinge. Der Jünger Thomas, genannt «der Zwilling», spricht, als Christus ihnen die Botschaft vom Tode des Lazarus mitteilt: «Lasst uns mitziehen, dass wir mit ihm sterben» (Joh. 11, 16).

Seine «sonst völlig sinnlosen Worte bezeugen, dass der zweite nachatlantische Zeitraum bereit ist, von dem Christus auferweckt zu werden. Das, was als Kulturkeim in der alten persischen Zeitepoche gelebt hat, ist *nicht* gestorben. Es handelt sich *nicht* um die Auferweckung eines Toten, sondern um die Einweihung eines Lebendigen. Das ist der große Unterschied zwischen der Erzählung dieser Auferweckung und der beiden anderen … [Lazarus] ist nicht ein Jüngling wie der Jüngling zu Nain, er ist ein Mann im vollen Besitze seiner Geisteskräfte.» Er «wird der Schreiber des Johannes-Evangeliums», und er steht am Kreuze und der Christus Jesus spricht «hinweisend auf die Mutter Sophia-Maria: ‹Siehe, das ist deine Mutter!› So wird noch einmal bekundet sein eigentümliches stellvertretendes Verhältnis zu dem Ich des Zarathustra, der als der salomonische Jesusknabe wirklich als der Sohn dieser Mutter geboren wurde.»

In Bezug auf den *Jünger* Johannes, den Bruder des Jacobus und Sohn des Zebedäus, wird hier gesagt, dass er gewissermaßen stellvertretend im Kreise der Jünger gewesen sei und eigentlich mit seinem Bruder eine Einheit bildete als «Söhne des Donners». «… unter den intimeren Schülern des Christus Jesus [vergegenwärtigen sie] die Kraft der Verstandes- oder Gemütsseele», eine Doppelheit, die aber zugleich «eine Einheit ist».

«Wenn aber Lazarus zu Johannes wird, nimmt er die Stelle des einen Zebedäus-Sohnes ein, und als solcher ist er derjenige, der beim Abendmahle an der Brust Jesu lag.»

So weit das, was aus diesem Vortrag für das Thema Hiram Abiff für den hiesigen Zusammenhang wichtig ist. Mancher Leser wird vielleicht noch nicht verstehen, warum hier so ausführlich auf Hiram (auch Hieram geschrieben) eingegangen wird mit der gleichen Ausführlichkeit, wie ich auf Elias eingehen musste. Es wird sich bald zeigen – wenn wir zu den weiteren Geheimnissen und Fragen gelangen werden, die mit der Inkarnationslinie Raffael-Novalis zusammenhängen –, warum das nötig ist.

Diese und andere Ausführungen führen dazu, dass Lazarus auch der unbenannte «reiche Jüngling» der Bibel ist, denn es wird auch auf ihn das Schlüsselwort verwendet, dass Jesus ihn «lieb hatte». Rudolf Steiner deutet dies an in dem Vortrag vom 30. Juni 1909 in Kassel (GA 112). Derjenige, der sich hinter dem Jünger verbirgt, «den der Herr lieb hatte», ist derselbe, den der Herr schon früher lieb hatte. Er hatte ihn so lieb, weil er ihn unsichtbar, in seiner Seele, schon als seinen Jünger erkannt hatte, der aufgeweckt werden und die Botschaft von dem Christus in die Welt hinaustragen sollte.

Dass er alles verkaufen sollte, was er hatte, bezog sich nicht auf äußeren Reichtum. In des Lazarus Seele lag der ganze Reichtum der alten Welt. *Diesen* sollte er hingeben. Lazarus erkannte, dass die Größe der alten Kulturwelt keine Kraft zum Weiterleben, keine Impulse mehr für die Zukunft in sich trug, er sah untergehen, was in der Vergangenheit so groß gewesen war – *das* war seine Krankheit, die ihn an den Rand des Todes führte.

Sehr viel gesprochen wurde über Hiram in Zusammenhang mit der «Tempellegende», was in dem Band «Die Tempellegende und die Goldene Legende» (GA 93) seit 1979 gedruckt vorliegt. Es handelt sich wiederum um Inhalte aus der Esoterischen Schule, die in den Jahren 1904 und 1905 gegeben wurden. Wir müssen uns immer wieder vor Augen halten, dass im Ganzen gesehen nur ein recht kleiner Menschenkreis von diesen Ausführungen Kenntnis hatte. Sie wurden in Schweigen bewahrt, und wohl erst sehr viel später begannen Einzelheiten in der größeren Mitgliedschaft durchzusickern, als Rudolf Steiner nach dem Ersten Weltkrieg die Schweigepflicht aufgehoben hatte.

In einer Osterbetrachtung vom 18. April 1916 in Berlin («Gegenwärtiges und Vergangenes im Menschengeiste», GA 167) erwähnt Rudolf Steiner, dass in jenen Brüderschaften, die ihren Zusammenhalt in symbolischen Handlungen zum Ausdruck bringen (Freimaurer), ein «Mittelpunkts-Symbolum» darin besteht, dass ein Mensch stirbt und begraben wird. Meistens wird Hiram, der Baumeister des

Königs Salomo, symbolisch nach der Legende in seinem Sterben dargestellt. «… und die Darstellung wird … bis zu einer gewissen Auferstehung aus dem Grabe, einem Hervorgehen des Hiram aus dem Grabe [gebracht] … Man will durch dieses Symbolum … in einer eindringlicheren Weise den Unsterblichkeitsgedanken zur Seele tragen …»

Rudolf Steiner erwähnt das in Zusammenhang mit dem Ostergedanken; er sagt hier *nicht*, dass sich Hiram in Lazarus wieder verkörperte, und dass das, was symbolisch in den Brüderschaften dargestellt wurde und wird, sich real mit Lazarus vollzog.

III

Das Inkarnationen-Kreuz
Die waagrechte Linie

Von (Adam) Elias bis zu Raffael und Novalis

Nun hat, wie schon erwähnt, Rudolf Steiner in Bezug auf Lazarus-Johannes nicht nur von der Hiram-Vorverkörperung gesprochen, sondern er hat auch spätere Inkarnationen angegeben. Der Schlüsselname dabei ist – Christian *Rosenkreutz*!

Darüber liegen allerdings kaum Texte vor. In dem erwähnten Band über die Esoterische Schule (GA 265) heißt es auf Seite 428: «Einzig nicht exakt datieren lässt sich, wann zum ersten Mal von dem Inkarnations-Zusammenhang Lazarus-Johannes und Christian Rosenkreutz gesprochen worden ist, da dies ohne genaue Zeitangabe mündlich überliefert wurde.»

Sehr viel später, 1923, sprach Rudolf Steiner noch einmal in einem kleinen Kreise davon. Am 8. Dezember 1963 erschien im Nachrichtenblatt für die Mitglieder («Was in der Anthroposophischen Gesellschaft vorgeht», Beilage zur Zeitschrift «Das Goetheanum») ein Artikel von Margarete Kirchner-Bockholt, auf den hier zunächst nur hingewiesen werden soll. Wir kommen später noch auf ihn zurück. Hier wird auch gesagt:

«Hiram-Lazarus geht ... als Johannes der Evangelist seinen Erdenweg mit dem Christus. Viele andere Inkarnationen folgen. Er hat dann eine wesentliche Inkarnation im 13. Jahrhundert.»

In den beiden Neuchâteler Vorträgen vom 27. September und 28. September 1911 stellt Rudolf Steiner die ungewöhnliche Inkarnation dar, die im 13. Jahrhundert erfolgte und nur eine sehr kurze Lebenszeit hatte, und die darauffolgende aus der Mitte des 14. Jahrhunderts mit einer über hundertjährigen Lebenszeit, an die sich der Name Christian Rosenkreutz knüpft (GA 130).

In Albert Steffens Drama «Alexanders Wandlung» wird auf die Geheimnisse hingewiesen, die in dem erwähnten Vortrag über die verschiedenen Erweckungen enthalten sind. Es heißt dort:

«Er, Lazarus, der zu Bethanien
die Todespforte schon durchschritten hatte,
betrachten durfte er im Sterbeleib
die Rose so, dass ihn der reine Purpur
zum höchsten Grad, den Seraphim, erhob.»

Und den Jüngling zu Nain lässt er zu Lazarus sprechen:

«Der du dem Kreuz die Rosen zugefügt,
belehr mich ...»

Hier wird auf den Namen Christian Rosenkreutz angespielt.

Was allerdings nicht ganz exakt zu den Angaben dieses Vortrages passt, in dem Rudolf Steiner betont, es habe sich gerade nicht um die Auferweckung eines Toten, sondern um die Einweihung eines Lebendigen gehandelt. Doch war er in dieser Einweihung so weit über die Schwelle gerückt, dass er für den irdischen Blick eben als tot gelten musste.

Wie Hella Wiesberger, die Herausgeberin des erwähnten Bandes GA 265 anmerkt, hat Rudolf Steiner vielleicht am 27. November 1911 zum ersten Male über die Verbindung von Lazarus-Johannes zu Christian Rosenkreutz gesprochen, denn an diesem Tage wurde in Stuttgart feierlich verkündigt, dass Rudolf Steiner eine Stiftung beabsichtige, die in Zusammenhang mit dem Bauvorhaben eine bestimmte Arbeitsweise stiften solle, die ihren Ausgangspunkt in der Individualität des Christian Rosenkreutz habe. «Da außer dieser Tatsache nichts weiter überliefert ist, kann nur vermutet werden, dass damals – kurz nach den beiden [Neuchâteler] Vorträgen der Inkarnations-Zusammenhang von Lazarus-Johannes und Christian Rosenkreutz zum ersten Mal mitgeteilt worden ist.» (Nicht in dem erwähnten Band 265, aber in einem Vortrag über das Lazarus-Johannes-Motiv, von Hella Wiesberger am 27. Dezember in Zürich gehalten und veröffentlicht in Nr. 49 der «Mitteilungen aus der anthroposophischen Bewegung», Ostern 1971 – wird von der Rednerin gesagt: im zweiten von drei Berliner Vorträgen, die noch ungedruckt seien, am 18. Juli 1904 «spricht Rudolf Steiner zum ersten Mal nachweislich aus, dass der Verfasser des Johannes-Evangeliums Lazarus ist».)

Als Begründung für diese Vermutung kann H. Wiesberger noch anführen, dass das Triptychon «Gral» der Malerin Anna May[8] nach einer Bemerkung Marie Steiners nach den Neuchâteler Vorträgen entstanden ist und dass Rudolf Steiner der Künstlerin dafür Angaben gemacht habe. Auf diesem Triptychon sind im linken Seitenfeld Salomo, die Königin von Saba und Hiram Abiff dargestellt und im rechten Seitenfeld die Einweihung von Christian Rosenkreutz im 13. Jahrhundert. (In der Mitte die Kreuzigung, bei der Josef von Arimathia das Blut Christi in einer Schale auffängt.)

Als eine Wiederverkörperung des Christian Rosenkreutz wird dann der Graf von Saint Germain im 18. Jahrhundert angegeben, sodass wir nun hier vor folgender Inkarnationenreihe stehen:

Hiram Abiff – Lazarus – Johannes der Evangelist und Apokalyptiker – Christian Rosenkreutz im 13. und 14. Jahrhundert und zuletzt – Graf Saint Germain[9].

Wir erinnern auch die andere, vorher besprochene Inkarnationenfolge noch einmal:

Pinehas – Naboth *Elias* – Der Täufer Johannes – Raffael – Novalis.

Und nun kommen wir zu dem Ereignis jener Ansprache vom 28. September 1924 in Dornach, in welcher die einem Großteil der Mitglieder bekannte Reihenfolge plötzlich wie aus den Angeln gehoben wird, indem Rudolf Steiner an die Stelle des Täufers Johannes den Namen Lazarus-Johannes setzte.

Die Stunde dieser Ansprache im Schreinerei-Saal neben dem im Neuaufbau befindlichen Goetheanum war allein schon dadurch eine besonders herausgehobene, als der durch eine Fülle von Vorträgen im September schwer erschöpfte und bereits kranke Rudolf Steiner sich am Vorabend von Michaeli aufgerafft hatte, aus Anlass dieser Festeszeit zu den Mitgliedern zu sprechen. Man zitterte darum, ob er die nötige Kraft behalten würde, man war erschüttert, den immer so souveränen Rudolf Steiner derart von physischer Schwäche bedroht zu erleben, dass man um seine irdische Existenz bangen musste. Dennoch konnte niemand wissen, dass es die historische Stunde der *letzten* Ansprache war. Bis zu seinem Tode am 30. März 1925 verließ er sein Krankenlager nicht mehr.

In die dichte, bewegte, aufnahmebereite Stimmung hinein, in diese bangenden und hoffenden Seelen der Mitglieder, denen plötzlich so stark zum Bewusstsein kommen musste, dass es nicht mehr selbstverständlich war, Rudolf Steiner am Rednerpult stehen zu sehen und an der Fülle seiner Gedanken und Einsichten teilzunehmen, versenkte er zum letzten Male die Geheimnisse der Inkarnationenreihe von Raffael und Novalis. Aber jetzt wird dieses Thema gleichsam exkarniert, wird über Zeit und Raum hinausgehoben, indem er die Zwischenzeit beschreibt, die sich zwischen dem Raffael- und dem Novalis-Leben im Geistigen abgespielt hat.

Nach einigen erinnernden Worten an das, was er bereits über Elias in den vorangegangenen Jahren gesagt hat, kommt wie selbstverständlich der Satz: «Und wir haben ja darauf hingewiesen, wie im Laufe der Zeit an den wichtigsten Punkten der irdischen Menschheitsentwickelung die Wesenheit, welche in Elias da war, wiedererschienen ist, wiedererschienen ist so, dass ihr die Initiation, die sie haben sollte für die Menschheitsentwickelung, der Christus Jesus selber geben konnte, wie die Wesenheit des Elias wiederum erschienen ist in *Lazarus-Johannes* ...»

Niemand unter den Mitgliedern konnte sich erinnern, davon in der Vergangenheit etwas gehört zu haben. Die Bestürzung, der Schock hat wohl die Seelen der Zuhörer noch um einiges tiefer geöffnet, als das sonst der Fall gewesen wäre.

Rudolf Steiner, der im Nachfolgenden noch einmal darauf zurückkommt, setzt diesen Schock *vor* seine Darstellung des übersinnlichen, nachtodlichen Weges von Raffael, bevor er das Thema gewissermaßen über die Wolken erhebt. Dann beginnt er zu beschreiben, wie Raffael sich nach seinem Tode zuerst in der Mondensphäre aufhält unter den «geistigen Individualitäten der einstigen großen Urlehrer der Menschheit», wie er verbunden ist «mit denjenigen, mit denen er im Elias-Dasein am liebsten zusammen war, weil sie diejenigen waren, die am Ausgange des Erdendaseins diesem Erdenleben das Ziel gesetzt haben».

Die Identität Elias-Raffael klingt durch diese Zeilen und vielleicht auch ein Hinweis auf Adam.

In der Merkursphäre kommt er in Zusammenhang «mit den großen kosmischen Heilern», er, der «unendlich Gesundes» in seiner malerischen Kunst, «in Farbe und Linie» auf Erden hatte geben können.

Dann nimmt ihn die Venussphäre auf, ihn, «der ganz in der Liebe zu der Farbe und zu der Linie aufgegangen ist», und trägt ihn ins «Sonnendasein, das gelebt hat in seinen bisher uns bekannten Inkarnationen, zu jenem Sonnendasein, durch das er als Prophet Elias der Menschheit durch sein Volk die großen, die zielstrebenden Wahrheiten beigebracht hat».

Wieder ist die Identität Raffael-Elias betont, wird gewissermaßen von Rudolf Steiner geschaut auf ihrem Sphärenwege; und dann schließt sich noch einmal die so bestürzende Aussage an:

«Wir sehen, wie er in der Sonnensphäre wiederum intim zu leben vermag, jetzt auf eine andere Art als damals, als er des Christus Jesus Genosse auf Erden war, dasjenige, was er durchgemacht hatte, als er von Lazarus durch die Initiation des Christus Jesus zu dem Johannes geworden ist.»

Da die zwei Sätze über Lazarus-Johannes als Elias nicht nur behauptende, sondern auch die Situation ausführende Sätze sind, die auf die Einweihung des Lazarus anspielen, kann kein Versprechen, keine Verwechselung im Spiele sein.

Rudolf Steiner folgt dieser Wesenheit mit geistigem Blick weiter in die Jupitersphäre, sieht sie dort zusammen mit den Geistern des späteren Goethe, aber auch des späteren Eliphas Lévi und Swedenborg «in Weisheit zusammenzufassen» das, was er als «magischen Idealismus» als Novalis dann auf die Erde bringt.

Dann geht Rudolf Steiner auf Hermann Grimms Versuch ein, eine Raffael-Biographie zu schreiben, was diesem nicht befriedigend gelingt, weil Raffael sich eigentlich nur als in seinem Werk erfassbar erweist. Man kann über seine Bilder sprechen und ganz von seiner irdischen Persönlichkeit absehen, als wären die Bilder gemalt «von einer übersinnlichen Wesenheit, die eigentlich gar nicht mit ihrem irdischen Leben die Erde wirklich berührt hätte».

In dem folgenden Satz wird Raffael nun nicht in betontem Zusammenhang mit Elias gesehen, sondern vielmehr in Zusammenhang mit Lazarus-Johannes. Es wird dabei nicht darauf eingegangen, dass hinter Lazarus der Tempelerbauer Hiram Abiff steht, aber für denjenigen, der diesen Zusammenhang kannte, tritt diese Linie eines Exponenten der bildenden Kunst deutlich ins Bewusstsein, wenn Rudolf Steiner sagt:

«Diese irdische Persönlichkeit Raffaels, sie war ja auch ganz hingenommen und ganz nur da durch dasjenige, meine lieben Freunde [hier wendet er sich in direkter Anrede an seine Zuhörer, als wolle er ihnen das besonders nahebringen], was Lazarus-Johannes dieser Seele gegeben hatte, damit es ausfließe in Farbe und Linie für die Menschheit.» (Also nicht Elias-Johannes.)

Und dann kommt wieder eine Zusammenfassung. Nämlich die Zusammenfassung von Raffael und Novalis als einer Einheit:

«Und dann lebte dieses Wesen, es lebte so, dass es gewissermaßen dieses Raffael-Leben, wiederum nur mit einer dreißigjährigen Lebenszeit, noch einmal in Novalis absolvieren konnte. Und so sehen wir Raffael jung sterben, Novalis jung sterben, eine Wesenheit, die hervorging aus Elias-Johannes, in zwei verschiedenen Formen sich der Menschheit darstellend, vorbereitend dadurch in künstlerischer, in dichterischer Weise die Michael-Stimmung, heruntergesandt als Bote von der Michael-Strömung zu den Menschen auf Erden.»

So wie in dem Satz vorher der Zusammenhang Raffael-Lazarus betont war, so erscheint hier hervorgehoben der Zusammenhang Novalis und Elias-Johannes. Und wiederum kann für den wissenden Zuhörer oder Leser die so stark im Wort lebende Strömung von Elias über Johannes den Täufer zu Novalis im Innern aufleben.

Nach einigen Sätzen noch in Bezug auf das Raffael- und dann das Novalis-Leben lenkt Rudolf Steiner ganz auf das Michaels-Thema hin, auf die Michael-Strömung, mit der die besprochene Individualität eng verbunden ist, und er nennt Novalis «einen glänzenden Vorboten jener Michael-Strömung», um die es auch Rudolf Steiner immer gegangen ist. In einem Michaels-Spruch fasst er diese Schlussgedanken mantrisch zusammen und muss dann die verhältnismäßig sehr kurze Ansprache beenden, weil die Kräfte ihn verlassen. Wie nun in den entsprechenden Publikationen (GA 238 und GA 265) vermerkt, konnte der ihn mitbehandelnde Arzt Dr. Ludwig Noll Rudolf Steiner die Frage stellen, die sich in allen Mitgliedern nach der Letzten Ansprache bewegte: wieso anstelle des Täufers die Individualität Lazarus-Johannes von ihm genannt worden sei.

Rudolf Steiner hat darauf geantwortet, dass bei der Auferweckung des Lazarus von oben her bis zur Bewusstseinsseele sich die geistige Wesenheit des Täufers in Lazarus eingesenkt habe und so eine Durchdringung dieser beiden geschehen sei.

In dem neuen Band GA 265 auf Seite 431 fügt Hella Wiesberger noch das Wichtige an, dass als eine weitere Erklärung überliefert ist: die Inkarnation als Lazarus findet statt im vierten nachatlantischen Zeitraum, und zu dieser Zeit wurde menschheitlich die Verstandes- oder Gemütsseele entwickelt. Auch Lazarus konnte aus den Erdenkräften heraus nicht darüber hinausgehen. «Daher musste ihm von einer anderen kosmischen Wesenheit von der Bewusstseinsseele aufwärts Manas, Budhi und Atman verliehen werden. Damit stand vor dem Christus ein Mensch, der von den Erdentiefen bis in die höchsten Himmelshöhen reichte, der in Vollkommenheit den physischen Leib durch alle Glieder bis zu den Geistesgliedern Manas, Budhi, Atman in sich trug, die erst in ferner Zukunft von allen Menschen entwickelt werden können.»

Diese Antworten lassen zwar ahnen, was alles Rudolf Steiner noch hatte mitteilen wollen, aber sie geben keine Hindeutung, wie man die Individual-Linien zu verstehen habe, von denen die eine zu Christian Rosenkreutz, die andere zu Raffael/Novalis geht. Da er bei Raffael-Novalis aber immer *Elias* als wieder inkarnierte Individualität betont hat, niemals aber Hiram sagte, so scheint darin schon zu liegen, dass die Hiram-Lazarus-*Individual*-Linie diejenige ist, die zu Christian Rosenkreutz führt.

Nun ist mir von zwei verschiedenen Seiten eine Zeichnung überliefert worden, ausgehend von alten Mitgliedern aus Rudolf Steiners Zeit. Es ist unklar, ob sie direkt auf Rudolf Steiner zurückgeht oder ob ein Mitglied damals anhand dieser Zeichnung das Vorbesprochene sich klarzumachen versuchte und vielleicht in einem Vortrag mitgeteilt hat. Aber auch wenn diese Skizze nicht direkt auf Rudolf Steiner zurückgehen sollte, drückt sie sehr deutlich die Problemstellung aus und klingt ganz zusammen mit Worten Marie Steiners zu diesem Thema, die noch zitiert werden sollen.

Es geht hier eine senkrechte Linie von Hiram aus, über den Kreuzungspunkt in der Mitte, wo die Namen des Lazarus und des Täufers beieinander stehen, als unterer Kreuzbalken senkrecht weiter verlaufend, und es ist gegen das Ende hin an der Seite das Zeichen des Rosenkreuzes gesetzt. Nicht als Schlusspunkt, die Linie endet hier nicht, aber als Markierungs- und Merkzeichen. Diese senkrechte Linie wird durchkreuzt von einer anderen, waagerechten, die von links nach rechts von dem Namen Elias ausgeht, in den Mittelpunkt einmündet und dann zu Raffael-Novalis weiter verläuft.

Die Beziehung Hiram-Lazarus ist in das Mittelpunktsgeschehen ebenso eingebracht wie die Beziehung Elias-Johannes der Täufer.

Die Zeichnung kann außerordentlich hilfreich sein, um dieses große Thema sich immer wieder vor das innere Auge zu rufen und um es meditativ zu bewegen (die Zeichnung befindet sich nicht in GA 265 – sie war Hella Wiesberger unbekannt – und ist auch sonst nicht veröffentlicht).

Es wird in einem lebendig, wie in Elias die Strömung des «auserwählten Volkes» repräsentiert war, eine Strömung, der die Abkehr von allem Bildnerischen immer und immer wieder zur Pflicht gemacht wurde. Die Anbetung von Götterbildnissen wird zur verbotenen Anbetung des «goldenen Kalbes», Malerei, Skulptur und sogar Architektur werden zur Fähigkeitsbildung zu entwickeln nicht erlaubt. Aber das prophetische Wort, der Hymnus und die Musik begleiten dieses Volk auf seinem Weg.

Stellt man daneben die sogenannte heidnische Welt, die damals die offiziell tragenden Kulturströmungen ausprägte, so fehlten darin Dichtung und Musik zwar nicht, aber vor allem entfalteten sich die Fähigkeiten der bildenden Kunst mit den herrlichsten Werken.

Es ist deutlich, dass auf dem Elias-Wege ganz andere Erfahrungen gemacht worden sind als auf dem Inkarnations-Wege eines Hiram, in dem die vorchristlichen Kulturströmungen einen ihrer stärksten Repräsentanten hatten. Wenn diese beiden Strömungen nun in Lazarus zusammenfließen, sich gegenseitig austauschen, ihre Einseitigkeiten ergänzen, ihre Erfahrungen verschwistern, so drückt sich darin zugleich aus, dass in diesem Momente die Besonderheitsmission des «auserwählten Volkes» einerseits zu Ende gegangen ist – zu ihrem Ziele geführt hat –, wie andererseits der Kulturauftrag der heidnischen Welt sich erschöpft hat. Nun hebt eine ganz neue Epoche an, die die scharfe Trennung dieser beiden Kulturwege nicht mehr zur Grundlage haben kann. Die Menschheitswege bis zu diesem Zeitpunkt müssen als Ganzheit vor dem Christus stehen und eine Neuerweckung durch ihn erfahren, wie es durch die Lazarus-Einweihung geschieht.

Blickt man auf Raffael-Novalis, so kann man den Eindruck haben, die Gewalt dieser Durchdringung war so groß, dass sie gar nicht in *ein* Leben hineinzuprägen war und so eine Inkarnation mit Hiram-Betonung und eine Inkarnation mit Elias-Betonung hervorbrachte, wie es in Raffael-Novalis so deutlich zutage tritt. In Raffael die Liebe und Befähigung zur bildenden Kunst bis hin zum Nachklang des Tempelbaumeisters – einst für Salomo, den Priester-König, nun für den Papst – und bei Novalis ein Leben des Wortes und des prophetischen Geistes.

Aber bei beiden, Raffael wie Novalis, schwingt die andere Komponente doch immer mehr oder weniger mit, und Raffael hat in den beiden großen Wandgemälden der Stanzen diese Doppelheit geradezu aus sich herausgesetzt – in der sogenannten «Schule von Athen» die heidnische Welt (mit dem Hereinklang des Christlichen), eingebettet in Architektur und Skulptur – und in der sogenannten «Disputa» die architekturlose, auch bildlose Welt des Altares, der nur von Ornamenten geziert ist und das Zeichen der Monstranz trägt. Im linken Wandgemälde führen die Stufen herab aus der heidnischen Welt, im rechten führen sie hinauf zum Christus-Geheimnis. Beide Gemälde sind durchklungen von unhörbaren Worten und Gesprächen.

Man mag sich Raffael tätig dazwischen denken – zwischen diesen beiden Wänden, die er bemalte, in seinem Innern das Rauschen dieser beiden Strömungen, deren Zusammenweben – auch wenn es urbildlich in der Lazarus-Einweihung bereits geschehen war – noch eine große Aufgabe sein musste. Die große «Brandung», die da zu bewältigen war, konnte sein physischer Leib nicht lange ertragen.

Die verschiedene Gewichtung, die in den beiden Leben des Raffael und des Novalis waltet, zeigt sich in vielen Einzelheiten. Es wurde im ersten Kapitel schon gesagt, dass Raffael sich nicht hingezogen fühlt zur Passion mit ihren «Blut und Wunden»; Novalis aber versenkt sich gerade da hinein mit ganz besonderer Innigkeit. Am stärksten kommt das in seinen «Geistlichen Liedern» zum Ausdruck. Überraschend ist an diesen Dichtungen ihre Unmittelbarkeit, ihre Kunstlosigkeit. Aus dem Innern drängen da Erfahrungen, die er auszusprechen sucht. Ebenso wie er in seinen Tagebüchern die Regungen seiner Seele, die Empfindungen – jetzt mehr bezogen auf das Augenblicklich-Persönliche – auszusprechen strebt und sich dabei vor einer genauen Selbstbetrachtung nicht scheut. Er beobachtet sein Inneres und setzt unmittelbar und «ungeschminkt» aufs Papier, was er an und in sich vorfindet. Diese kindhafte, geradezu himmlische, auf Erden kaum vorzufindende Offenheit, die so unschuldig ist, dass sie weder abgleitet in Schönfärberei noch in krankhaft-zerstörerische Selbstsezierung, diese eigenartige und wohl einzigartige seelische Konstitution ist auch die Grundlage seiner Dichtungen. Es werden da nicht Verse gemacht, um gute Verse zu machen. Manche Zeilen geraten ihm durchaus außer Rhythmus und Form, aber die Engagiertheit der Seele an dem großen Inhalt, von dem er spricht, trägt darüber hinweg, wie eilend dahinfließende Wellen kleine Hindernisse überwinden. Was Novalis in diesen Versen so unmittelbar aus dem Herzen hervorquellen lässt, man könnte sich versucht fühlen, in manchen Zeilen etwas wie eine unbewusste (aber durch die Empfindungen der Seele sich im Bewusstsein meldende) Erinnerung darin zu entdecken.

Es ist zu zart und zu lebendig, um es mit herausgerissenen Zitaten wirklich «belegen» zu können, zumal sich seine Schmerzen und Nöte einerseits ganz gewiss auf das gegenwärtige Novalis-Leben und auf alles, was mit dem Verlust der Sophie zusammenhängt, beziehen. Trotzdem schwingt nicht selten wie ein Unterton uralter Erinnerungen mit, zum Beispiel Erinnerungen, die uns an das Leiden des Lazarus denken lassen, der die Schätze der Vergangenheit in sich wegsinken und ersterben fühlte. Im dritten der «Geistlichen Lieder» heißt es:

> … Wer in das Bild vergangner Zeiten
> Wie tief in einen Abgrund sieht,
> In welchen ihn von allen Seiten
> Ein süßes Weh hinunterzieht; –
>
> Es ist, als lägen Wunderschätze
> Da unten für ihn aufgehäuft,
> Nach deren Schloss in wilder Hetze
> Mit atemloser Brust er greift.
>
> Die Zukunft liegt in öder Dürre
> Entsetzlich lang und bang vor ihm –
> Er schweift umher, allein und irre,
> Und sucht sich selbst mit Ungestüm …

Das alles kann sich auf seinen Zustand nach dem Verlust der Sophie beziehen. Er setzt das ja auch aus sich heraus, als sei es ein anderer, der dieses leidet. Denn er fährt fort:

> Ich fall ihm weinend in die Arme:
> Auch mir war einst, wie dir, zumut,
> Doch ich genas von meinem Harme,
> Und weiß nun, wo man ewig ruht …

Er schreibt dies also, nachdem er die irdische Trauer überwunden hat und seinen Trost in Christus findet:

Was du verlorst, hat er gefunden;
Du triffst bei ihm, was du geliebt;
Und ewig bleibt mit dir verbunden,
Was seine Hand dir wiedergibt.

Man kann das ganz auf das Erlebnis seines diesmaligen Lebens bezogen sehen. Wenn man sich aber fragt, wie hat ein anderer Dichter oder wie haben andere Dichter ähnliche Schmerzen bewältigt, so wird man die Wortwahl bei Novalis eben doch als sehr besonders empfinden, als spülte da eine Erfahrungsschicht in das gegenwärtige Leiden mit herauf, die viel tiefer ist, als es die augenblickliche Inkarnation allein hergeben kann. Was Rudolf Steiner in Bezug auf Lazarus sagt, was wir in dem reichen Jüngling nacherleben können, der in seiner Seelennot zu Christus kommt und dort die zwar in großer Liebe gesprochenen, aber ihn zunächst doch schier zerschmetternden Worte hören muss: Gib weg deinen Reichtum, löse dich davon, erst dann kann ich dir helfen – er, der innerlich so Reiche, sieht die Zukunft in «öder Dürre» vor sich liegen, nichts kann er mehr halten von den Wunderschätzen der Vergangenheit. Da er selbst dies alles zu einem beträchtlichen Teile mitbewirkt hatte, er, dieser Hiram, dieser bedeutendste der Kainssöhne, so sinkt er selbst schier damit in den Tod.

Das anschließende vierte Lied knüpft zweifellos an des Novalis Schmerz um Sophie an und an jenen Augenblick, der ihn wie eine geistige Einweihung traf. Wir wollen es uns hier vergegenwärtigen:

Unter tausend frohen Stunden,
Die im Leben ich gefunden,
Blieb nur eine mir getreu;
Eine, wo in tausend Schmerzen
Ich erfuhr in meinem Herzen,
Wer für mich gestorben sei.

Meine Welt war mir zerbrochen,
Wie von einem Wurm gestochen

Welkte Herz und Blüte mir;
Meines Lebens ganze Habe,
Jeder Wunsch lag mir im Grabe,
Und zur Qual war ich noch hier.

Da ich so im Stillen krankte,
Ewig weint' und wegverlangte
Und nur blieb vor Angst und Wahn:
Ward mir plötzlich, wie von oben,
Weg des Grabes Stein gehoben,
Und mein Innres aufgetan.

Wen ich sah, und wen an seiner
Hand erblickte, frage keiner,
Ewig werd' ich dies nur sehn;
Und von allen Lebensstunden
Wird nur die, wie meine Wunden,
Ewig heiter, offen stehn.

Schon mit dem ersten Vers beginnt dieses Lied so sonderbar, man ist gleich darauf hingewiesen, dass hier von etwas gesprochen wird, das sich irdisch nur paradox ausdrücken lässt. Es ist die Rede von einer Stunde, wo höchster Schmerz und höchste Freude vollkommen zusammenfallen, wie heiß und kalt jenseits der Schmerzgrenze nicht mehr unterscheidbar sind. Die eine *frohe* Stunde ist eben diejenige, wo *in tausend Schmerzen* eine Erfahrung gemacht wurde. Und so endet auch dieses Lied, indem die immer offen stehenden Wunden mit «ewig heiter» verbunden sind. Eine Seelenverfassung, in der die Enden der Extreme zusammengefasst werden, wo der Kreis sich schließt.

Dies war eine Frucht aus dem Leid und dem Schock von Sophies Tod. Geistig wurde ihm dieser Verlust zum Gewinn, indem er begnadet wurde mit der Christus-Tröstung und mit einer großen Schau. Aber wiederum kann uns die Wortwahl erstaunen. In unseren Gegenden ist es nicht gebräuchlich, einen Verschlussstein auf das Grab zu legen, dennoch sagt er:

Ward mir plötzlich, wie von oben,
Weg des Grabes Stein gehoben,
Und mein Innres aufgetan.

Das Wegwälzen oder Heben des Steines – gewiss, es ist ein dichterisches oder geistiges Bild, das auch für sich bestehen kann –, menschheitsgeschichtlich spielt es eine Rolle sowohl bei der Erweckung des Lazarus («Hebet den Stein ab!») wie bei der Auferstehung Christi.

Auch das achte Lied ist ganz grundiert von den Ereignissen der Zeitenwende, in die sich Novalis ungewöhnlich tief zu versenken vermochte.

Weinen muss ich, immer weinen:
Möcht' er einmal nur erscheinen,
Einmal nur von ferne mir.
Heil'ge Wehmut! ewig währen
Meine Schmerzen, meine Zähren;
Gleich erstarren möcht ich hier.

Ewig seh' ich ihn nur leiden,
Ewig bittend ihn verscheiden.
O! dass dieses Herz nicht bricht,
Meine Augen sich nicht schließen –
Ganz in Tränen zu zerfließen,
Dieses Glück verdient' ich nicht.

Weint denn keiner nicht von allen?
Soll sein Name so verhallen?
Ist die Welt auf einmal tot?
Werd' ich nie aus seinen Augen
Wieder Lieb' und Leben saugen?
Ist er nun auf ewig tot?

Tot – was kann, was soll das heißen?
O! so sagt mir doch, ihr Weisen,
Sagt mir diese Deutung an.

Er ist stumm, und alle schweigen,
Keiner kann auf Erden zeigen,
Wo mein Herz ihn finden kann.

Nirgend kann ich hier auf Erden
Jemals wieder glücklich werden,
Alles ist ein düstrer Traum.
Ich bin auch mit ihm verschieden,
Läg' ich doch mit ihm in Frieden
Schon im unterird'schen Raum …

Waren das Empfindungen, die Johannes auf Golgatha unter dem Kreuz beim Anblick des Sterbens Christi durchlitten hat, die hier heraufklingen? «Ewig seh' ich ihn nur leiden, Ewig bittend ihn verscheiden … Werd' ich nie aus seinen Augen Wieder Lieb' und Leben saugen? Ist er nun auf ewig tot?»

Auf jeden Fall ist es ein Nacherleiden eines Zeugen der Kreuzigung, der noch nicht von der Auferstehung weiß und in ratloser Trauer fragt: «Ist er nun auf ewig tot? … Er ist stumm, und alle schweigen, Keiner kann auf Erden zeigen, Wo mein Herz ihn finden kann.»

Und dann, nach dieser Schmerzensstunde, wo der Tod alles zu verriegeln schien, jede Hoffnung, jeden Blick auf die Zukunft, wo jeder Wunsch nur ins Grab hinabführte, klingt der nächste Hymnus auf als ein Osterlied:

«Ich sag es jedem, dass er lebt
Und auferstanden ist,
Dass er in unsrer Mitte schwebt
Und ewig bei uns ist.»

Nochmals: Die großen Fragen

Es erheben sich nun aber wiederum Fragen, die auch vom Inkarnationen-Kreuz nicht beantwortet werden. Denn aus dem Zusammenfluss des Hiram-Lazarus-Wesens mit dem Elias-Täufer-Wesen entstand ja in der Einweihung die Gestalt des Evangelisten und Apokalyptikers. Wie gehen von ihm aus die Individual-

Linien weiter? Das Inkarnationen-Kreuz zeigt schon die Richtung, dass die eine Individual-Linie von Hiram zu Christian Rosenkreutz geht und die andere von Elias-Täufer zu Raffael und Novalis, und es liegt nahe, den Evangelisten als frühere Verkörperung des Christian Rosenkreutz zu sehen, zumal Rudolf Steiner in der Letzten Ansprache in Bezug auf Raffael/Novalis immer von Elias, nie von Hiram und auch nie direkt vom «Evangelisten Johannes» spricht. Dieser Begriff kommt in der Letzten Ansprache nicht vor. Doch musste es uns so scheinen, dass auch Raffael/Novalis Erben sowohl der Hiram-Strömung wie auch der Erfahrungen des Jüngers unter dem Kreuz gewesen sind. Die Verflechtungen und gegenseitigen Bereicherungen sind hier ungeheuer komplex, und man wird das (Doppel-)Wesen des Evangelisten nach beiden Richtungen weiterwirkend finden.

Der Anonymos der Kurt-Walther-Notiz (siehe Anhang, zu Kap. II, S. 224) wusste oder dachte sich da mehr. Dort heißt es: «Bei der Wiedergeburt des Johannes Baptista als Raffael trug Letzterer wieder den Ichträger, das persönliche Ich, die Seele des nathanischen Engels in sich, welche Wesenheit aber nunmehr durch ihr Verweilen im Leibe des Lazarus verwandelt worden war. Es besteht fortan eine nahe Beziehung der Täuferindividualität zur Individualität des Lazarus. Eine Art Verschmelzung beider Seelen, die sich darin zeigt, dass immer nur die eine Seele auf Erden wirken kann, immer nur das eine individuelle Ich, nicht beide Individualitäten zugleich. Das Ich des Lazarus-Johannes wird später als Christian Rosenkreutz inkarniert … Dieser bedarf für sein öffentliches Wirken auf Erden innerhalb der Menschen eines Trägers, den er in dem immer wieder inkarnierten Johannes dem Täufer findet. Das Ich des Letzteren weilt jetzt in den geistigen Welten. Wenn Christian Rosenkreutz seine öffentliche Wirksamkeit wieder anfängt, wird sich das Elias-Ich wiederum auf Erden inkarnieren und den großen Meister Christian Rosenkreutz in sich aufnehmen.» Hier ist also die Rede von dem egoistisch gewordenen Ich aus der Mutterstätte der Menschheit, bei dem es sich um das starke Ich des durch den Sündenfall gegangenen Adam handeln musste, oder, wie hier angenommen, um eine ebenfalls erstmals inkarnierte Teilsubstanz der nathanischen Jesusseele. Es heißt weiter: «Johannes-Raphael-Novalis ist der Lieblingsschüler des Christian Rosenkreutz, ist ein Chela des dritten Grades und als solcher fähig, jederzeit das Ich des großen Meisters Christian Rosenkreutz in sich aufzunehmen …»

Wie gesagt, welcher Eingeweihte diese Einsichten gehabt hat oder gehabt haben will, ist der Notiz von Kurt Walther nicht zu entnehmen. Wir können sie hier lediglich werten als ein Zeugnis, wie intensiv man sich mit diesen Problemen nach der Letzten Ansprache befasst hat.

Was uns offiziell zugänglich ist, sind die Äußerungen von Marie Steiner und Margarete Kirchner-Bockholt. Hinter Letzterer steht als Gewährsfrau Ita Wegman. Am 1. und 8. Dezember 1963 wurde in den Nachrichten für die Mitglieder der Anthroposophischen Gesellschaft («Was in der Anthroposophischen Gesellschaft vorgeht», Beiblatt zur Zeitschrift «Das Goetheanum») ein Vortrag abgedruckt, den Margarete Kirchner-Bockholt am 28. September 1963 im Goetheanum gehalten hatte: «Über die letzte Ansprache». Unter anderem heißt es hier:

«Lazarus war, wie Sie wissen, der reiche Jüngling, war der Bruder von Maria und Martha … Es ist eine große Hilfe zu wissen, dass Lazarus in einer der früheren Inkarnationen der phönizische Baumeister Hiram war, wie es Rudolf Steiner verschiedentlich in esoterischen Zusammenhängen gesagt hat.» Sie gibt dann die Aussage von Ludwig Noll wieder, die ich hier schon angeführt habe (siehe Kap. III, S. 72).

In Bezug auf die Lazarus-Erweckung sagt Margarete Kirchner-Bockholt:

«Die Dynamik dieses Geschehens kann von uns geahnt werden, je mehr wir die sich verbindenden Wesenheiten kennenlernen. In Lazarus lebt die Kraft des Hiram, der die Mittelpunktstiefen der Erde kennt, der danach drängt, aus Erdenkräften den Ursprungsleib wieder aufzubauen. Aus Weltensphärenweiten nähert sich die Elias-Wesenheit in großen Flügelschlägen und neigt sich allmählich zur Erde … Diese Individualität lebt weiter als Johannes der Evangelist; er konnte diese mächtige Polarität in sich vereinigen zu einer schlichten Menschlichkeit, die die Liebe als Erfüllung der Erdenmission darlebt. So begründet er den Strom der Mitte und wird der Evangelist des Wortes.»

Im zweiten Teil wird die Frage gestellt: «Wie verliefen die weiteren Wege dieser Wesenheit? Mit bewegten Worten ist uns in der Letzten Ansprache geschildert, wie Elias nach dem Leben als Johannes der Evangelist weitergeht durch die Sternenwelten …»

Das ist allerdings so nicht in der Letzten Ansprache gesagt. Wie schon bemerkt wird die Bezeichnung «Johannes der Evangelist» dort überhaupt nicht gebraucht. Es wird gesagt, dass die Elias-Wesenheit «wiederum erschienen ist in *Lazarus-Johannes*, was ja eine und dieselbe Gestalt ist, wie Sie schon aus meinem ‹Christentum als mystische Tatsache› ersehen. Wir haben aber des Weiteren gesehen, dass diese Wesenheit wiedererscheint in jenem Weltenmaler ...» – Also Rudolf Steiner geht sofort zu Raffael und Novalis über und lässt sich auf den Evangelisten nicht ein. Es mag sich hier nochmals um ein spezielles Thema handeln, das er wohl später gesondert zu besprechen dachte.

Es ist doch wohl zu beachten, dass Rudolf Steiner einen Satz nicht sagt, in dem es heißen würde: «Wie Elias nach dem Leben als Johannes der Evangelist weitergeht» (Formulierung Margarete Kirchner-Bockholt). An anderer Stelle der Letzten Ansprache sagt er zwar etwas in dem Sinne, das klingt aber eben knapper. Er sprach vorher von «Raffael als Elias» und von «jenem Sonnendasein» des Elias, und es heißt dann: «Wir sehen, wie er in der Sonnensphäre wiederum intim zu leben vermag, jetzt auf eine andere Art als damals, als er des Christus Jesus Genosse auf Erden war, dasjenige, was er durchgemacht hatte, als er von Lazarus durch die Initiation des Christus Jesus zu dem Johannes geworden ist.» – Dieser Johannes ist zunächst der «Jünger, den der Herr lieb hatte», der an der Brust des Herrn beim Abendmahle lag, und es ist noch wieder ein weiterer Schritt, dass dieser Jünger der Evangelien-Verfasser ist. Man sieht, Rudolf Steiner hält das hier zurück, geht darauf nicht ein.

Bei M. Kirchner-Bockholt heißt es dann: «Als Raffael und Novalis blicken sie zurück auf das größte Weltereignis, das sie als Johannes der Evangelist an der Seite des Christus Jesus auf Erden durchmachten, und in ‹ihrem sternenglänzenden, sternendurchleuchteten› Künstlertum können sie nicht genug dies Ereignis in Bildern und inspirierter Sprache verkünden. Nun ist es ein immerwährendes Zurückblicken auf das vorher Verkündete.»

Dies spielt, wie wir an einigen Beispielen aus den «Geistlichen Liedern» uns klarmachten, bei Novalis eine große Rolle. Bei Raffael dagegen fällt ja eben auf, dass er sich zwar an einem Karfreitag geboren werden lässt und an einem Karfreitag stirbt, dass er aber gerade die Darstellung der Passion vermeidet und in seinen Bildern ganz den lebentragenden Kindheitskräften und den Kindheitsschilderungen des Jesus hingegeben ist. Dass er als Johannes unter dem Kreuz stand, wird uns durch seine Kunst nicht in Erinnerung gerufen.

Hingegen werden wir die Individualität des Christian Rosenkreutz ganz verbunden mit den Kreuzesgeheimnissen empfinden und mit jenem Johannes, der zum Apokalyptiker weiterschreitet.

Nun kommen, nach oben erwähntem Zitat, bei M. Kirchner-Bockholt die wichtigen Sätze: «*Aber nicht die ganze Wesenheit Lazarus-Johannes begibt sich in diese Inkarnationen hinein [also Raffael und Novalis]. – Hiram-Lazarus geht nach der Durchdringung mit Elias-Johannes als Johannes der Evangelist seinen Erdenweg mit dem Christus.*» Dieser Erdenweg, wäre hier einzuflechten, besteht allerdings nur noch aus einer sehr kurzen Zeit, denn nach der Lazarus-Erweckung rollen die Ereignisse rasch zur Passion und zum Kreuzestod.

«Viele andere Inkarnationen folgen. Er hat dann eine wesentliche Inkarnation im 13. Jahrhundert, als eine Persönlichkeit, die uns wohlbekannt ist.» Sie weist auf Albert Steffens Drama «Alexanders Wandlung» hin, dessen entsprechende Zitate («Der du dem Kreuz die Rosen zugefügt ...») schon erwähnt wurden. Sie sagt:

«Albert Steffen weist damit hin auf ein Geheimnis, das er und auch andere durch Rudolf Steiner kannten: dass die Individualität des Hiram-Lazarus-Johannes der Evangelist im 13. Jahrhundert wieder eine Einweihung durchmacht und von diesem Zeitpunkt an Christian Rosenkreutz genannt wird.»

In diesen Worten von Margarete Kirchner-Bockholt ist ausgesprochen, was in der Zeichnung als Inkarnationen-Kreuz uns vor Augen steht: Die eine Linie geht von Elias zu Raffael-Novalis, eine andere von Hiram-Lazarus zu Christian Rosenkreutz.

«Die Letzte Ansprache ist nicht ein abgeschlossener Erkenntnisinhalt. Sie weist uns auf eine Wesenheit, die wir suchen sollen. Daher müssen wir sie immer mehr kennenlernen» (M. Kirchner-Bockholt).

Noch deutlicher wird das Inkarnationen-Kreuz in den Worten von Marie Steiner, denn sie gebraucht direkt das Wort «durchkreuzt». Sie hat im Jahre 1925 zu Michaeli – also im Todesjahr Rudolf Steiners, der im März gestorben war, und zur Erinnerung an die Letzte Ansprache im Jahre vorher – in schon genanntem Mitglieder-Nachrichtenblatt zu diesem Thema geschrieben. Sie weist darauf hin, wie Rudolf Steiner immer wieder von den verschiedensten Aspekten aus zu dem Novalis-Raffael-Johannes-Elias-Geheimnis hingeführt hat.

«Das letzte, schwerste, weil von einer anderen Individualitätslinie durchkreuzt, gab er uns am Vorabend jenes Michaelitages – und brach ab. Er brachte den Vortrag nicht so weit, wie er ursprünglich gewollt hatte. Er gab uns den ersten Teil des Mysteriums des Lazarus. Damals sagte er mir nicht nur, sondern schrieb auch später auf den Umschlag der ersten Nachschrift: Nicht weitergeben, bis ich den zweiten Teil dazu gegeben haben werde.»

So weit ist der Sachverhalt bekannt gewesen. Nun aber fügt Marie Steiner etwas hinzu, was nur sie wissen konnte. Rudolf Steiner war sich wohl klar, dass in diesem Bruchstück, das er seiner körperlichen Schwäche abzutrotzen vermochte, das ungelöste Rätsel in den Mitgliedern Ratlosigkeit und Verwirrung auslösen musste, und er hatte das bereits im Echo seiner beiden Ärzte, Ita Wegman und Ludwig Noll, denen er wenigstens etwas Weiterführendes andeuten konnte, erlebt. Deshalb sollte die Wirkung dieses Vortrages zunächst begrenzt bleiben auf diejenigen Menschen, die schicksalsmäßig bei der Letzten Ansprache zugegen gewesen waren. Aber natürlich wurde es dann weitergesprochen und weiter diskutiert – man mag sich vorstellen, wie da im Weitergeben noch herumgerätselt wurde –, sodass er schließlich dann (wie bei den meisten seiner Vorträge) sich sagen musste: es ist besser, meinen originalen Text zu verbreiten, als den verschiedensten Versionen Tür und Tor zu öffnen. Marie Steiner drückt das mit den Worten aus:

«Man hat es ihm dann trotzdem abgerungen, wie so manches. Jetzt wird er diesen zweiten Teil nicht mehr geben. Unseren Erkenntniskräften wird es vorbehalten bleiben, *das Richtige zu unterscheiden zwischen den Inkarnations- und Inkorporationsgeheimnissen, den Durchkreuzungen der Individualitätslinien.*»

Wie wir von Rudolf Steiner im Zyklus über das Johannes-Evangelium (GA 103) erfahren, war dieses Evangelium in der ersten Hälfte bis zur Auferweckung des Lazarus herausgeholt aus dem, was die Elias-Täufer-Individualität als Christuswissen in sich trug. Lazarus selbst konnte für diesen ersten Teil nicht bürgen, weil er da noch nicht eingeweiht war.

Am Schluss des zehnten Kapitels steht, dass viele Leute sprachen: «Johannes tat kein Zeichen, aber alles, was Johannes von diesem gesagt hat, ist wahr.» Unmittelbar danach, im elften Kapitel, folgt die Erweckung des Lazarus. Das heißt aber, dass dieser Ausspruch von Menschen getan wird gegen Ende der drei Wirkensjahre des Christus. Der Täufer starb bereits am Beginn dieser Christusjahre. Seine Worte, auf die hier Bezug genommen wird, waren Prophetie. Trotzdem sieht sie Rudolf Steiner als Bürgschaft für alles an, was sich bis zur Lazarus-Erweckung ereignet hat, weil sie aus Eingeweihtenwissen gesprochen sind.

«Daher unterscheidet der Schreiber des Johannes-Evangeliums wohl, was *vor* der Auferweckung des Lazarus, und das, was *nach* der Auferweckung des Lazarus geschieht. Vor der Auferweckung des Lazarus wird ein alter Eingeweihter angeführt, ein solcher, der gekommen ist zu der Erkenntnis des Geistes, und es wird betont, dass sein Zeugnis wahr ist. – Was aber über die tiefsten Dinge zu sagen ist, über das Mysterium von Palästina, darüber spreche ich selbst, ich, der Auferweckte; darüber kann ich aber erst nach der Auferweckung sprechen. – Daher haben wir in dem ersten Teile … das Zeugnis des *alten* Johannes, in dem zweiten Teil das Zeugnis des *neuen* Johannes, den der Herr selbst eingeweiht hat» (22. Mai 1908).

Die prophetischen Worte des Täufers waren Erkenntnisworte über das Wesen des von ihm Getauften, sie haben aber nicht die Einzelheiten des Christuswirkens, wie sie im ersten Teil des Evangeliums erzählt werden – zum Beispiel die verschiedenen Heilungen und was der Christus dazu gesprochen hat –, zum Inhalt gehabt. Aber in dem vier Jahre später gehaltenen Zyklus über das Markus-Evangelium (15. bis 24. September 1912, GA 139) erfahren wir, dass «die Seele Johannes' des Täufers, die Seele des Elias … die Gruppenseele» der Jünger wurde. «… sie lebt in den Zwölfen und lebt in den Zwölfen weiter», und Christus macht «an seine Zwölf höhere Ansprüche als vorher. Er fordert von ihnen, dass sie Höheres verstehen … Weil er im Sinne hat: Jetzt ist der Geist des Elias frei geworden, er lebt in euch, und ihr müsst euch nach und nach würdig erzeigen, dass er in eure Seele eindringt, dass ihr Höheres verstehen könnt, als ihr früher verstanden habt» (20. September 1912).

Dies im Hinblick auf die Jünger. Das heißt doch aber auch, dass Elias, lebend in den Seelen der Zwölfe, durch sie ein Zeuge auch der weiteren Ereignisse des Christuslebens wird.

Blicken wir nun auf unsere große Fragestellung: Wie verlaufen die Individuallinien? Und wie verhält es sich mit dem Evangelisten und den Erfahrungen, die von ihm aus weitergehen?

Wir können das jetzt so sehen: Der Täufer, ermordet von Herodes, war exkarniert während des Christuslebens, nahm aber teil daran als Gruppenseele der Jünger. Durch die Jünger erfuhr er alle Geschehnisse des Christuswirkens. Lazarus jedoch ist nach seiner Einweihung im Besonderen Zeuge der Kreuzigung und aller Ereignisse danach. Aus dieser verschiedenartigen Erfahrung auf Einweihungsniveau entsteht später das Evangelium. Johannes wird wieder in einen Einweihungszustand versetzt, und es bewirken Elias- und Lazarus-Johannes gemeinsam die Erinnerung an das Christusleben, die Meditation des Christuslebens, wie sie das Johannes-Evangelium darstellt.

So ist das Johannes-Evangelium einmal gespeist aus Johannes dem Täufer und zum anderen aus Lazarus-Johannes. Bei diesem intuitiven Zusammenwirken, das bei der Erweckung beginnt, erfährt jeder der beiden die Erlebnisse des anderen. Wenn Elias dann weitergeht zu den Inkarnationen von Raffael und Novalis, so trägt er in sich, was er in dem Zusammenschmelzen mit Lazarus (in der Intuition wird man eins mit dem anderen Wesen) von der Christuspassion erfahren hat. Durch Lazarus wird ihm vor allem die letzte Wegstrecke (bei welcher die anderen Jünger versagten) selbst erlebnistief eingeschmolzen. In seinem Novalis-Leben steigt das wieder auf, und er verarbeitet in seelischer Erschütterung – nun als inkarnierter Mensch – die letzten Leiden des Christuslebens. So ist zu begreifen, dass Novalis so stark von diesen Erlebnissen geprägt ist, auch wenn die Hiram-Lazarus-Linie zu Christian Rosenkreutz weitergeht.

Zugleich ist die Elias-Individualität aber offensichtlich auch in das Hiram-Wesen des Lazarus eingetaucht, es erschloss sich ihr damit ja eine ganz andere Seite der Entwicklung. Das wird dann im Raffael-Leben irdisch verarbeitet in der Hingabe an die Welt der bildenden Kunst, bis hin zur Berufung als Baumeister «des größten Tempels der Welt».

Wie aber kommt es zu den Fähigkeiten in diesem Raffael-Leben, hatte doch Elias sie in früheren Inkarnationen nicht erübt? Rudolf Steiner schildert Raffael in Vorträgen von 1913 (zwei öffentliche Vorträge: am 11. März 1913 in München und am 19. Mai 1913 in Stuttgart gehalten. Beide Vorträge sind noch nicht im Gesamtwerk veröffentlicht, sie wurden aber Weihnachten 1983 in Heft Nr. 82 der «Beiträge zur Rudolf Steiner Gesamtausgabe» gedruckt) als eine ganz durchchristete Seele, das war selbstverständlich bei ihm, das hatte er sich aus seiner karmischen Vergangenheit mitgebracht. Er trug damit in sich die Verinnerlichung, die mit dem christlichen Impuls in die Welt gekommen war. Aber die Renaissancezeit, in der er lebte, griff auf das Griechentum zurück und holte es neu in die Entwicklung herein. Der Grieche hätte nie die Verinnerlichung erreichen können, wie sie dann etwa deutlich an Augustinus in Erscheinung tritt. Der Grieche empfand «seine eigene Persönlichkeit verwoben mit allem äußeren Dasein ... Er fühlte sich noch im Kosmos, in der Außenwelt ... stehend und fühlte die Gesetze, die durch die Außenwelt leben und weben, in seinem eigenen Wesen ...

Beim griechischen Geist fühlen wir, wie er sich nicht abtrennen kann von dem Äußerlichen, wie er eins ist mit der Außenwelt ... sich selbst als der Außenwelt gehörig wahrnimmt.» Durch den Christusimpuls ist das Äußerliche zum Innerlichen gemacht worden, und diese Verinnerlichung ist seit Augustinus stark eingetreten.

Aber zu Raffaels Zeit sollte nicht diese Verinnerlichung allein bleiben, sondern wieder zu einem äußeren Ausdruck kommen. «Was bis zu seiner Zeit mit einem Charakter der bloßen Innerlichkeit behaftet erscheint, ist wieder zur äußeren Offenbarung geworden.» Und das ist vor allem an Raffaels Werk zu sehen. Rudolf Steiner vergleicht mit Giotto und sagt, dass in dessen Malerei noch alles innerlich bleibt, «es geht nicht über in Form und Farbe. Wir müssen überall auf das innere Geschehnis zurückgehen, und, wenn wir von Giotto auf das innere Geschehnis übergehen, so ist die äußere Darstellung das weniger Interessante. Bei Raffael … fühlen wir nirgends die Veranlassung, hinwegzuschauen von dem, was er uns unmittelbar offenbart … sondern bei Raffael ist alles Innere in das Äußere hineingeflossen. Dazu bedurfte es für Raffael in seiner Seele, wenn er auch mit dem verinnerlichten Impuls des Christentums geboren ist, der Aufnahme des Griechentums.» Dieser frühere Entwicklungszustand war für Raffael neu. Seine Seele hat sich «in einem früheren Erdendasein so entwickelt, dass sie sich nicht zugleich die griechischen Impulse in diesem früheren Dasein aneignen konnte». Im vorhergehenden Erdendasein ist diese Seele «griechenfern» gewesen.

Um seinen künstlerischen Auftrag zu erfüllen, um das Innerliche wieder in äußere Offenbarung zu bringen, aber nun ganz durchchristet, muss er etwas suchen, was er nicht in sich hat, und das kann er nur in seiner Umgebung finden. «Wir sehen ihn zum Beispiel herumgehen unter den ausgegrabenen Ruinen und alten Gräbern in Rom und alles vermessen, wirklich recht von außen aufnehmend dasjenige, was das Eigentümliche der griechischen Kunst ist, das er vermählen muss mit dem, was ihm selbstverständlich ist: christliche Innerlichkeit.»

Als Sucher, Studierender und selbst Schaffender auf dem Gebiet der Architektur und Plastik geht Raffael – so können wir aus den später hinzugekommenen Aspekten sagen, die mit der Lazarus-Einweihung zusammenhängen – wie im brüderlichen Schatten des Hiram-Wesens, sich nun interessierend für jene Welt, welche die Kainssöhne, welche die Hiram-Strömung der Entwicklung eingeflochten hatten. Und was er da aufnimmt als zunächst Äußerliches, das durchdringt er mit der innigen christlichen Kraft, die seinem Wesen eigen ist. Die Einweihung von Bethanien wirkt weiter, mit- und ineinander weben die Impulse. Und jetzt können wir verstehen, warum dieser Schein von Hiram das Raffael-Leben überleuchtet. Das Griechentum hatte als geistige und kulturelle Vergangenheit Ägypten im Rücken. Die Juden waren aus Ägypten ausgezogen, hatten sich von dieser

Kulturwelle getrennt und mussten immer wieder ankämpfen gegen die Gefahr, doch von ihr mitgerissen zu werden. Pinehas-Naboth-Elias war damals der große Streiter für den strengen israelischen Weg. So tritt er zunächst auch noch als der Täufer auf. Das ist vorbei. Nun will er sich gerade die Impulse anverwandeln, die er einmal bekämpfen musste.

Rudolf Steiner macht in den erwähnten zwei Vorträgen eine vielsagende Gegenüberstellung. Er vergleicht nämlich Raffael mit Savonarola.

Als Raffael 1504 nach Florenz kam, waren die Nachwirkungen der fanatischen Bußpredigten des eifernden Dominikanermönches, der zum Prior von San Marco geworden war, noch allenthalben in Erinnerung. Seine Drohungen des göttlichen Zorns hatten die Florentiner gewaltig aufgewühlt. Und als er zum Karneval 1497 die Kinder der Stadt weißgekleidet in die Häuser schickte, um allen «weltlichen Tand» einzusammeln und in einem gewaltigen Autodafé zu verbrennen, da war der Berg, in dem auch kostbare Schätze der Kunst verbrannten, riesig, und manche Florentinerin warf im Rausch der Zeremonie noch ihren Schmuck in die Flammen. Wie bekannt, hat auch Botticelli damals seine Bildthemen geändert, keine Venus oder Athene, nur noch ernste christliche Themen gemalt. Der Maler Boccia della Porta warf seine bisherigen Studien ins Feuer und wurde Mönch. Als Fra Bartolomeo wurde er einer der besten Künstler von Florenz. Er gehörte zum engeren Bekanntenkreise von Raffael.

Savonarola war wortgewaltig, und er scheute vor keiner Autorität zurück. Er griff auch die höchstgestellten Personen und vor allem den Papst an. Im Jahre 1498 wurde er öffentlich in Florenz gehenkt, sein Leib verbrannt und die Asche in den Arno gestreut. Das war päpstliches Edikt, aber auch die Florentiner waren des einseitigen Fanatismus inzwischen müde geworden; trotzdem wird Raffael, als er sechs Jahre nach diesen Ereignissen nach Florenz kam, den Nachklang – und die entsprechenden Diskussionen, was man in der Kunst dürfe und was nicht – noch stark erlebt haben.

«Wenn man eine solche Seele, wie die Savonarolas war, neben Raffael hinstellt als eine sozusagen zeitgenössische Seele, dann merkt man einen Unterschied … diese Seele Raffaels braucht nicht christlich zu werden, braucht nicht fanatisch das Christentum zu vertreten … braucht auch nicht sich irgendwie in christlichen Dogmen zu ergehen; diese Seele … lebt von Geburt an christlich.» Die Seele Savonarolas aber «lebt sich so ein, dass sie Stück für Stück sich erkämpft das Heroische, Große, Bedeutungsvolle, Moralische des Christentums. Sie entzündet sich

Stück für Stück während ihres Entwickelungsganges an dem, was man im Christentum … empfinden kann, eine Seele, die sich erst ins Christentum einlebt, die sich fanatisiert am Christentum, bei der wir sehen können, wie sie … von dem Christentum angezogen wird und so nahe mit dem Christentum zusammenlebt, dass sie die verinnerlichte Christenseele wieder nach außen ergießen muss, kraftvoll und daher einseitig und fanatisch.»

Und nun deutet Rudolf Steiner den Gedanken an (es ist ja ein *öffentlicher* Vortrag), dass die Abgeklärtheit des Raffael daher kommt, dass er «in einem vorigen Leben eine ähnliche Natur war wie später sein Zeitgenosse Savonarola, dass er damals ähnliche charakteristische eigene Kräfte gehabt hat, dass sie ihre Umwandlung gehabt haben».

Raffaels harmonisches Wesen ist aus den Feuergluten des Täuferlebens hervorgegangen. Nun eifert er nicht mehr und kann es fertigbringen, mit den so unchristlichen Päpsten seiner Zeit zu leben. Savonarola, obgleich gar nicht in Rom, konnte das nicht. «Mit solchen Päpsten stößt eine Seele zusammen wie die Savonarola-Seele. Die tritt ihnen entgegen, wie einst in seinen treffenden Worten der Täufer den Menschen entgegengetreten war, nicht aber eine Raffael-Seele, die diese Entwickelung schon früher durchgemacht hat in irgendeinem Leben, wovon wir hier nicht weiter sprechen wollen.»

Wenden wir diese Ausführungen auf unsere Fragestellung an, so könnten sie nicht deutlicher sein, um zu zeigen, dass hier nicht die Individualität Hiram-Lazarus weitergeht, sondern dass wir es mit dem waagerechten Balken des Inkarnationen-Kreuzes zu tun haben, der Elias-Täufer-Linie. Sie verdeutlichen uns aber auch, und wiederum von einer anderen Seite her, warum trotzdem die Spuren des erweckten Lazarus und all seiner Erfahrungen auch bei Raffael und Novalis auftauchen.

So wurde in der Lazarus-Erweckung auch die Kain-Abel-Diskrepanz aufgehoben. Die neue Einweihung in das Christus-Geheimnis gilt beiden. Aber, obgleich geistig schon geschehen, muss es auf Erden nachgearbeitet, muss es hier errungen und realisiert werden – die Arbeit am Guss des Ehernen Meeres, das rechte Zusammenwirken von Kain- und Abelströmung ist Gegenwarts- und Zukunftsaufgabe für alle.

IV

Die senkrechte Linie

Von den Vorläufern des Hiram Abiff bis zu Saint Germain

Unternehmen wir es nun, der senkrechten Linie des Inkarnationen-Kreuzes zu folgen, die über Hiram zu Christian Rosenkreutz und Saint Germain verläuft. Eine Angabe Rudolf Steiners, die am weitesten zurückreicht, ist wohl diejenige, die in dem schon zitierten Vortrag vom 19. April 1909 über die Erweckungen gemacht wird. Es wird da gesagt, dass die Hiram-Abiff-Individualität, die in Lazarus eingeweiht wird, zur persischen Epoche Bezug hat und stellvertretend für Zarathustra steht, dem als salomonischer Jesus eine andere Rolle im Drama der Zeitenwende zugeteilt ist. Es handelt sich um den «bedeutungsvollste[n] der Kainssöhne, der gleichfalls gearbeitet hatte an der Erdenmission vom menschlichen Ich aus, wie es Zarathustra im alten Persien getan hatte».

Wenn man sich die Größe des Zarathustra vor Augen stellt – er, der seine Einweihung vom Sonneneingeweihten der alten Atlantis erhielt, der «zum eigentlichen Führer der zweiten nachatlantischen Kulturperiode» (also Urpersiens) und zum Begründer des ganzen nachatlantischen Mysterienwissens wurde –, so muss diese «merkwürdig … parallel» gehende Entwicklung dieses Kainssohnes ebenfalls eine ganz besondere gewesen sein. Aber Rudolf Steiner belegt sie mit keinem Eigennamen, spricht nur vom Kainssohn und lässt alles andere im Ungewissen. Er macht nur darauf aufmerksam, dass zur Zeitenwende die Stellvertretung für Zarathustra so weit geht, dass er als Lazarus-Johannes mit der Mutter des Zarathustra-Jesus unter dem Kreuz steht und sie ihm von Christus in Obhut gegeben wird.

Ein anderer Hinweis bleibt ebenfalls im Unbestimmten. Rudolf Steiner knüpft an einen Ausspruch des Grafen Saint Germain vor der Französischen Revolution an: «Wer Wind sät, wird Sturm ernten.» Dieser Ausspruch kommt auch beim Propheten Hosea vor (Kap. 8, 7), dessen Lebenszeit ins 8. Jahrhundert vor Christus angesetzt wird. Aber – so Rudolf Steiner – der in Saint Germain wiederverkörperte Christian Rosenkreutz hat dies schon in der Vergangenheit gesagt, bevor es von Hosea aufgegriffen wurde. Wie lange Zeit vor Hosea, präzisiert er nicht, und wiederum erfahren wir auch keinen Namen, mit dem man die «sehr hohe Inkarnation» damaliger Zeit in Verbindung bringen könnte. Die Hiram-Abiff-Verkörperung, die etwa um das Jahr tausend – also auch vor Hosea – zu veranlagen ist, wird es kaum gewesen sein. Es ist nicht anzunehmen, dass ein alttestamentlicher Prophet sich auf das Wort des nichtjüdischen phönizischen Baumeisters beruft.

Die drei Magier

Bevor wir von der Hiram- zur Lazarus-Inkarnation kommen, schiebt sich noch ein anderer Komplex ein. Er hängt wiederum mit jenem schon erwähnten Vortrag Rudolf Steiners zusammen, der in GA 264 auf Seite 227 ff. als «Gedächtnisnotizen von Elisabeth Vreede, ohne Orts- und Datumsangabe» seit 1984 veröffentlicht ist. Von den schon vorher kursierenden Niederschriften sind zwei Fassungen zu mir gelangt, die bis auf kleine Abweichungen gleich sind und auch dem in GA 264 abgedruckten Text entsprechen, nur haben sie eine Überschrift. Und zwar: «Was ist geworden aus den drei Weisen vom Morgenlande?» Ob der Vortrag unter diesem Titel gehalten wurde oder dieser später hinzugesetzt worden ist, spielt praktisch keine Rolle, da Rudolf Steiner am Anfang seiner Ausführungen selbst diese Frage stellt.

Er leitet kurz ein mit dem Blick auf die drei Weisen, die dem wiedergeborenen Zarathustra – dem salomonischen Jesus – Gold, Weihrauch und Myrrhen bringen.

«Sie huldigen ihrem wiederverkörperten Meister, der gewirkt hat in seinen verschiedenen Inkarnationen in den drei vorangegangenen Kulturepochen. Sie sind gleichsam die Bewahrer der alten Weisheitsschätze aus der altindischen, der altpersischen und der ägyptisch-babylonischen Epoche.» Sie legen ihre Gaben bei Jesus nieder und bringen damit zum Ausdruck, dass die «Kulturkeime» jener großen Epochen «für die Menschheit [nur] gerettet werden» können, wenn sie durchzogen werden «von der Christus-Kraft, die einmal dieses Kindlein beseelen wird. Sie selber werden diese Auferstehung der Weisheitsschätze ihrer Kulturepochen nicht mehr erleben. ‹Sie zogen auf einem anderen Weg wieder in ihr Land.›»

Nun stellt Rudolf Steiner die Frage: «Wo bleiben diese drei Weisen später, was wird eigentlich aus ihrer Weisheit?» Er führt dann aus, dass diese Keime nur von der Christuskraft befruchtet werden können, wenn jeweils eine bestimmte Persönlichkeit auferweckt wird, «die durch ihr Schicksal dazu berufen ist, der spezielle Träger dieses Kulturkeimes aus alter Zeit zu sein» und die zugleich auch für seine spätere Fortwirkung Sorge tragen kann. Dann bespricht er die Auferweckungen: der Jüngling zu Nain als der einstige Jüngling zu Sais repräsentiert die ägyptisch-chaldäische Epoche, so wie Jairus' Töchterlein die urindische. Bleibt die persische Epoche, für welche eigentlich Zarathustra der Repräsentant gewesen wäre, für den aber – da er der salomonische Jesus war – der bedeutendste der Kainssöhne eintritt als Lazarus, der gewesene Hiram Abiff.

Rudolf Steiner beantwortet also die von ihm selbst gestellte Frage – was geworden ist aus den drei Weisen – nicht direkt, sondern indirekt so, dass es naheliegt zu verstehen, die Weisen hätten sich als eben jene drei Repräsentanten der genannten drei Zeitalter wiederverkörpert. Damit würde sich zwischen Hiram und Lazarus, der einer der drei Erweckten war, eine Inkarnation als einer der Magier dazwischenschieben. Einen Namen hat Rudolf Steiner nur für einen der drei Weisen ausgesprochen. Als er in Budapest am 31. Mai 1909 beim Internationalen Kongress der Theosophischen Gesellschaft über das Thema «Von Buddha zu Christus» sprach,[10] ist auch ausführlich von Zarathustra die Rede. Dabei heißt es: «Als Zarathas oder Nazarathos wird er wiedergeboren und wird da der Lehrer des Pythagoras, der selbst wiedergeboren wird als einer der drei Weisen aus dem Morgenlande und dann ein Schüler des Jesus von Nazareth wird.» Im Zyklus «Das Matthäus-Evangelium», GA 123, erwähnt er im Vortrag vom 2. September 1910 wiederum den Pythagoras als Schüler des Nazaratos, ohne aber auf die drei Weisen Bezug zu nehmen. Er sagt, dass Zarathustra damals im sechsten vorchristlichen Jahrhundert: «nur in einer Gestalt, die bedingt war durch einen Körper, wie er im alten Babylonien hervorgebracht war … alles dasjenige wieder hervorbringen [konnte], was er übertragen konnte auf Pythagoras, auf die hebräischen Gelehrten und auf die chaldäischen und babylonischen Weisen, die … imstande waren, ihn zu hören».

Es ist zu vermuten, dass Pythagoras, der die alte ägyptische Weisheit ins Griechische herübertrug, der Jüngling zu Nain gewesen ist. Da er ein Schüler des Jesus von Nazareth wird (was für den erweckten Jüngling anzunehmen ist), kann er schon aus Altersgründen nicht das noch kindhafte Töchterlein des Jairus gewesen sein. Für Lazarus aber ist ja gesagt, dass er Urpersien repräsentiert, worauf Pythagoras nur schwer zu beziehen wäre. Wir wissen also den Namen des Weisen, der vormals Hiram war und dann sich als Lazarus verkörperte, nicht. Nach Gesprächsüberlieferungen von W. Klein und Emil Bock aus dem Februar 1924 soll Rudolf Steiner direkt gesagt haben: «Der Jüngling zu Nain folgte nach seiner Auferweckung dem Christus als Schüler nach» (GA 264, S. 239). Albert Steffen spielt in seiner schon zitierten Stelle in «Alexanders Wandlung» offenbar darauf an, dass der Jüngling zu Nain als wiederverkörperter Pythagoras anzusehen sei. In dem Gespräch zwischen Lazarus und dem Jüngling zu Nain wird ja die zukünftige Christian-Rosenkreutz-Inkarnation in Zusammenhang mit Lazarus gesehen.

> «Jüngling zu Nain zu Lazarus:
> Der du dem Kreuz die Rosen zugefügt,
> belehr mich, wie der Tempel meines Leibes,
> der eingerissen wurde, nach drei Tagen
> im Geiste herrlicher als je erstand.»

Zuvor aber hatte es geheißen:

> «Jüngling zu Nain:
> Dein Blick enthüllt mir, was die Zukunft bringt
> [Wobei an die Apokalypse zu denken ist.]

Lazarus:

> Dein Wort erschließt mir die Vergangenheit.»
> [Wobei man an Pythagoras, in dem noch so viel von alter Mysterienweisheit lebte, denken kann.]

Die drei Opfergaben der Magier waren Symbole. Wirklich verkörpert waren die alten Kulturkräfte in ihnen selbst, waren in ihren Persönlichkeiten zu höchster Blüte gekommen, hatten ihre Wesensglieder ausgebildet und sie dadurch zu Repräsentanten dieser Epochen gemacht. Indem sie sich vor dem Zarathustra-Jesus verneigten und ihm Gold, Weihrauch und Myrrhe darbrachten, opferten sie eigentlich die in ihnen liegenden alten Kulturkräfte in der Hoffnung, der Christus würde sie zu neuem Leben bringen. Als sie dann in ihre Länder zurückkehrten, konnten sie – so könnte man denken – gar kein langes Leben mehr gehabt haben, denn sie hatten hingegeben, was sie innerlich wesenhaft waren. Die Schwäche der alten Epochen, die in ihnen ihre höchste Spitze gefunden hatten, zeigt sich in der Erweckungsbedürftigkeit der nächsten Inkarnation, wo die Todeskrankheiten dieser Persönlichkeiten eben die Gebrechen der alten Welt zum Ausdruck bringen.

Nun gibt es Vermutungen darüber, wer wohl die historischen Persönlichkeiten gewesen sein könnten, die außer Pythagoras einstmals Schüler des Nazaratos gewesen waren und sich dann zur Zeitenwende als Magier wieder verkörperten.

Im dritten Band seiner Beiträge zur Geistesgeschichte der Menschheit «Könige und Propheten» spricht *Emil Bock* die Vermutung aus, es könnten der siegreiche Mederkönig Kyros II., der Babylon eroberte und fünfzigtausend Juden aus dem Exil entließ, um in ihrer Heimat den Wiederaufbau ihres zerstörten Tempels in Angriff zu nehmen, und ferner der Jude Daniel, der seinen Eingeweihtenrang durch das Geschehnis in der Löwengrube bewies, Schüler des Nazaratos gewesen sein. Einen direkten Bezug auf die drei Weisen nimmt Bock nicht. Da er aber die Namen Daniel, Pythagoras, Kyros zusammen nennt, ist für den Kenner der damals noch unveröffentlichten Überlieferung klar, warum er sich so bemüht, für Daniel und Kyros eine Schülerschaft bei Nazaratos als wahrscheinlich erscheinen zu lassen.

So greift auch *Hans Gsänger* 1972 in der Zeitschrift «Das Goetheanum» (Nr. 1) und 1975 textgleich in «Die Kommenden» (Nr. 14) das Thema in diesem Sinne auf. Er verweist zunächst auf alte Schriftsteller, die vom Aufenthalt des Pythagoras in Babylon wussten, und auf Legenden, wonach sich Pythagoras in Ägypten aufgehalten habe, als Kambyses II. Ägypten eroberte. So sei Pythagoras als Gefangener nach Babylon gebracht worden. Der Lyder Xanthos (495–424) spricht nicht nur von Pythagoras, sondern erwähnt auch Daniel in Verbindung mit Zaratas. Gsänger zitiert: «Dieser Zaratas war der Lehrer der Chaldäer in Babylon, wo auch der jüdische Prophet Daniel in hohem Alter noch lebte; später wurde Pythagoras auch sein Schüler.» Gsänger führt ferner aus, daß der jüdische Knabe Daniel, als er als Page an dem babylonischen Hof aufgenommen wurde, den Namen Balatsussur erhielt. «Dieser Name ist entstellt worden in Beltsazar, in der Vulgata erscheint er als Balthasar, Daniel trug also den Namen eines der drei Weisen aus dem Morgenlande.» Gsänger geht dann direkt auf das Thema der drei Weisen zu: «Wenn man hinzunimmt, dass dieser Unterricht (durch Zaratas) am Anfang des letzten Michaelzeitalters (601–247 v. Chr.) erfolgte, dann versteht man auch die weltgeschichtliche Bedeutung der Tatsache, dass Zaratas von 599 bis 522 in Babylon lebte und jene Menschen unterrichtete, die in ihrer nächsten Inkarnation als die drei Magier aus dem Morgenlande den wiedergeborenen Zarathustra im salomonischen Jesusknaben aufsuchten ... Alle Umstände sprechen dafür, dass Daniel, Kyros II. und Pythagoras jene drei Schüler des Zaratas waren, die sich fünfhundert Jahre später als die drei Weisen aus dem Morgenlande inkarnierten.»

Es hat zweifellos etwas Verführerisches, zu denken, dass Hiram, der Tempelerbauer im Dienste Salomos um das Jahr 1000 (wovon in den erwähnten Publikationen aber nicht die Rede ist), sich im 6. Jahrhundert als König Kyros II. für die Wiederaufrichtung des Tempels zu Jerusalem einsetzt. Um aber die Hypothese nicht so eng und fast zwingend erscheinen zu lassen, möchte ich zu Emil Bocks Schilderungen des Kyros etwas hinzufügen. Bock schreibt, Kyros sei von Anfang an «in der Glorie eines geheimnisvollen Gottesauftrags gesehen und empfunden worden ... Eine Menschennähe und Humanität, wie sie der Orient noch nicht gekannt hatte seit den Tagen des Utopisten Echnaton, trat mit Kyros auf den Plan.» Bock führt an, dass Kyros Babylon nicht plündern ließ, sondern den dortigen Tempeln und Göttern vielmehr seine Achtung bezeugte und dass er offenbar auch dem Jahwedienst der in Babylon lebenden Juden «Verständnis entgegengebracht» habe.

Nun sind das Eigenschaften, die man dem Lyderkönig Kroisos nachgesagt hat, der älter war als Kyros und von Kyros in Sardes überwunden wurde. So hatte Kroisos sich der Wiederaufrichtung des Tempels der Artemis von Ephesos angenommen, und die reichen Spenden, die er dafür gab, sind der Grund, warum man in der heutigen Archäologie von diesem Tempel als dem Kroisos-Tempel spricht.

Kyros dagegen hatte den überwundenen Lyder bereits mit großem Gepränge auf den Scheiterhaufen gestellt, um ihn vor seinem Heere triumphierend zu verbrennen (was so human uns auch nicht dünken will); als aber auf des Kroisos

Gebet zu Apollo sich plötzlich Wolken zusammenzogen und ein heftiger Regen die Verbrennungsaktion unmöglich machte, wurde Kyros stutzig. Er ließ Kroisos vor sich bringen und bemerkte sehr schnell, welch hohe Weisheit dieser Lyderkönig verkörperte. Er bat ihn um seine Freundschaft, und Kroisos begleitete ihn fortan als Ratgeber. So können wir ihn auch als Rater hinter Kyros denken, wenn dessen Eroberung Babylons und sein Verhalten gegenüber anderen Religionen sich dort so ganz nach dem Muster des Kroisos vollzieht.[11]

Auf jeden Fall sind diese beiden Gestalten, die das Schicksal zu Feinden, deren Weisheit sie aber zu Freunden machte, ganz außergewöhnliche Zeitgenossen. Auch wenn wir im Blicke haben, dass jeder der beiden einen weltbedeutenden Tempel wieder erbauen ließ: der eine denjenigen von Ephesos, der andere den von Jerusalem. Dass zu dieser Zeit ein Knotenpunkt großer Schicksalsbahnen sich geschürzt hatte und in eben diesen Augenblick Zaratas als der große Lehrer in jenem Babylon zu denken ist, wo sich alle diese Wege trafen, gibt uns schon den Geschmack einer ungewöhnlichen Zeitenstunde.

Wollten wir auf die Hypothese von Bock und Gsänger abstellen, so hätten wir für die Hiram-Lazarus-Individualität den siegreichen Großkönig Kyros II. und den jüdischen Propheten Daniel zur Auswahl, der zwar im Perserreich zu hohen fürstlichen Ehren aufgestiegen war, aber doch Jude blieb. Kyros dagegen war Meder von Geburt und eroberte sich ein gewaltiges Reich, er ist die Gründerpersönlichkeit des antiken Persien überhaupt. Zu Lazarus als dem Vertreter der persischen Kulturkeime ließe sich das ohne Schwierigkeiten denken. Aber eben nur denken. Es bleibt Hypothese. Sicher ist mir, dass wir zwischen den Inkarnationen des Tempelerbauers Hiram Abiff und des Lazarus eine Inkarnation zu denken haben, in welcher diese Persönlichkeit Schüler des Zaratas gewesen ist, und jene Inkarnation, die ihn mit zwei anderen früheren Weisheitsschülern des gleichen Meisters zur Anbetung nach Bethlehem führte.

In der Zeitenwende kommen wir dann über Lazarus zu dem *Evangelisten Johannes*. Von ihm, der in hohem Alter in Ephesos starb, wird berichtet, er habe zuletzt, wenn er vor die Gemeinde hintrat, nur noch gesagt – gewissermaßen als Quintessenz alles dessen, was er in seinem langen Leben über das Christentum gelehrt und geschrieben hatte –: «Kindlein, liebet einander.»

V

Flor und Blancheflor

Die nächste Andeutung, die auf eine Spur der nachmals Christian Rosenkreutz benannten Individualität hinweist, wird im Vortrag vom 6. Mai 1909 gegeben.[12] Wiederum ist es eine Angabe, die fast nicht zu greifen ist. Rudolf Steiner hat da zunächst von den Christusmysterien gesprochen, die in der Gralsströmung gehütet worden sind. «Die Ritter des Heiligen Gral waren die späteren Eingeweihten. Ihnen stand gegenüber das exoterische Christentum» ... Dann heißt es, dass der «Fortgang des europäischen Mysterienwesens ... noch in einer anderen Sagenwelt ausgedrückt» ist (also in einer anderen als der des Grals), es sei aber «sehr schwierig, hier hineinzuleuchten». Rudolf Steiner verspricht: «Es soll später geschehen», doch ist das in seinem späteren Werk nicht zu entdecken. Es gehört wohl zu den Dingen, die er gerade in Zusammenhang mit dem Weg des Christian Rosenkreutz immer wieder vorhatte auszusprechen, aber immer wieder zurückstellte.

Er will also jetzt von dem «Fortgang des europäischen Mysterienwesens», das sich noch auf andere Weise ausdrückt als in den Gralssagen, eine «Spiegelung aufsuchen in dem, was nach außen hindurchgesickert und erschienen ist in einer merkwürdigen Sagenwelt». Er verweist auf «die 1230 von Konrad Fleck in dichterische Form» gebrachte provençalische Sage von dem Paar Flor und Blancheflor. Mit dieser Sage habe man früher viel verbunden. «Man sagte sich: Flor und Blancheflor sind Seelen, in Menschen verleiblicht, die schon einmal gelebt haben. Die Sage bringt sie zusammen mit den Großeltern Karls des Großen. In Karl dem Großen aber sahen die, die mit den Sagen sich intimer beschäftigten, die Gestalt, die in gewisser Weise in Beziehung gebracht hat das innere esoterische und das exoterische Christentum ... Geht man zu seinen Großeltern zurück, zu Flor und Blancheflor, so lebten in ihnen Rose und Lilie, die rein bewahren sollten das esoterische Christentum, wie es zurückgeht auf Dionysios den Areopagiten.»

Mit diesem letzten Satz ist der Quellpunkt dieser anderen Strömung deutlich gemacht: der von Paulus eingeweihte Areopagite! Nun sieht man an der Formulierung, in der Rudolf Steiner erzählt, dass nicht *er* es sagt, Flor und Blancheflor seien als irdisch verkörperte Persönlichkeiten die Großeltern Karls des Großen gewesen, sondern er berichtet nur, was «man» damals sagte. Sicher würde er uns aber darauf nicht aufmerksam machen, wenn er uns dadurch auf eine Irrfährte leiten würde.

Rudolf Steiner berichtet weiter: «In den Eingeweihtenkreisen sagte man: Dieselbe Seele, die in Flos oder Flor war und die besungen wird in dem Liede, ist wiederverkörpert erschienen im 13. und 14. Jahrhundert zur Begründung einer neuen Mysterienschule … in dem Begründer des Rosenkreuzertums.»

Zwischen diesen Sätzen aber stehen Ausführungen über die höhere Bedeutung von Rose und Lilie, von Flor und Blancheflor. Und da heißt es dann: «Es ist kein äußerliches Paar.»

Die Angaben sind demnach nicht im platten Sinne historisch zu nehmen; es ist aber doch deutlich, dass eine Inkarnation dieser Individualität damals vorgelegen hat – nur, wie das genauer zu verstehen ist, wollte Rudolf Steiner erst später aussprechen. Es bleibt unausgesprochen, inwieweit es sich um Einwirkungen der Christian-Rosenkreutz-Individualität auf die Großeltern Karls des Großen gehandelt hat.

Versuchen wir, soweit es durch äußere Forschung möglich ist, uns ein Bild von den Zusammenhängen um Flor und Blancheflor zu machen.

In Bezug auf Karl den Großen hören wir, dass die intimen Kenner der Sagenwelt in ihm diejenige Gestalt sahen, «die in gewisser Weise in Beziehung gebracht hat das innere esoterische und das exoterische Christentum. Das ist in der Kaiserkrönung ausgedrückt.»

Auf den letzten Satz soll sehr bewusst hingehört werden, denn hier ist beispielhaft die Umwertung vollzogen von einem historischen Ereignis zu seinem verborgenen Gleichnischarakter. Die Kaiserkrönung hat äußerlich stattgefunden, ist ein historisches Ereignis; im esoterischen Zusammenhange aber hat sie einen ganz bestimmten geistigen Hintergrund (sie steht für das Inbeziehungbringen eines inneren und eines äußeren Christentums). Das ist von Karl und seiner Zeit auch gefühlt worden, wenn man bedenkt, wie gleichnishaft Krone und Herrscherinsignien sowohl hergestellt als auch verehrt worden sind.

In einem Vortrag vom 24. Juli 1915[13] spricht Rudolf Steiner davon, wie die lateinische Kultur in Gefahr war, «vollständig zu verlieren … die Möglichkeit, ein Ich-Bewusstsein auszubilden». Das Hereinfluten des ostgotischen, des langobardischen und des Normannen«blutes» bewahrte die entsprechende Bevölkerung davor. «Vor der Gefahr wäre nämlich die Bevölkerung gewesen, wenn sie römisch geblieben wäre, nicht entwickeln zu können jemals das Element der Bewusstseinsseele.» Mit den Langobarden und Ostgoten ging nach Süden «das Wotan-Element, *Geist und Leben* … Nach Westen ging mit den Franken das Wili-Element, *Verstand und Bewegung* … Nach den britischen Inseln … *Gestaltung und Sprache* … das We-Element …»

Karl hat gegen das verstrohende lateinische Element, mit dem die nördlichere europäische Bevölkerung nichts Rechtes mehr anfangen konnte, ein lebendigeres, frischeres einzuführen versucht. Rudolf Steiner nimmt hier als Beispiel die lateinischen Monatsbezeichnungen, die Karl allgemein gegen verständliche Bezeichnungen der Landessprache einzutauschen suchte.

«Es ist bezeichnend dafür, wie bedeutsam der Geist Karls des Großen war, denn er versuchte damit etwas einzuführen, was bis heute kaum Eingang gefunden hat … Karl der Große war überhaupt eine Persönlichkeit, welche vieles gewollt hat, das über die Möglichkeit des zu Verwirklichenden hinausgegangen ist … Es wäre interessant, wenn ins Auge gefasst würde, was Karl der Große gewollt hat, indem er die Ausstrahlungen des Wili-Elementes nach Westen bringen wollte. Denn die Latinisierung trat dort erst nachher auf.»

Karl wird auch hier, von einem anderen Gesichtspunkt aus, gewissermaßen wie ein Schnittpunkt angesehen, und so, dass seine Intentionen weit hinausgingen über das, was geschichtlich in Erscheinung trat.

Bedenken wir noch einmal den Satz über die Kaiserkrönung als eines Ausdruckes dafür, dass Karl esoterisches und exoterisches Christentum in Beziehung gebracht habe. Der Satz mag ein gewisser Schlüssel sein auch in Bezug auf Flor und Blancheflor, dass die esoterische Schicht, die sich in der Sage ausspricht, einen gleichnishaften Zusammenhang mit der historischen Schicht hat, die auch aufzufinden sein muss, denn Karl hat ja wirklich Großeltern gehabt.

Die Sage von «Flor und Blancheflor» soll im Mittelalter so weit verbreitet gewesen sein, dass sie darin jede andere Sage übertraf. «Unter den Kultursprachen Europas, von Italien bis Island, von Spanien bis Griechenland, fehlt nur die portugiesische und die provençalische. Aber aus diesen beiden Ländern künden zahlreiche Romanzen und sonstige Anspielungen, dass auch dort von den beiden Liebenden gesungen und gesagt ward, sodass Nachdichtungen der Floresage wohl in sämtlichen europäischen Sprachen erklungen sein mögen.»[14]

In die deutsche Literatur trat sie vor allem durch das Versepos von Konrad Fleck ein, der seinen Namen selbst nicht nennt, doch wird er von anderen damaligen Dichtern als Verfasser dieses Epos bezeichnet. Fleck beruft sich auf einen französischen Dichter namens Ruprecht von Orbent, dem er in seinem Werk nachdichte und nacheifere. Doch ähnlich wie bei Wolfram von Eschenbachs Gewährsmann Kyot bleibt auch Konrad Flecks Gewährsmann geheimnisvoll.

Konrad Fleck wird für einen Alemannen, einen Schweizer gehalten. Er sagt in der Vorrede, dass es sein erster dichterischer Versuch sei. Da er, wo von Kollegen zitiert, «Herr Flec» genannt wird, nimmt man an, dass er entweder von ritterlichem oder höherem geistlichen Stande gewesen sei. Es ist ein großes Werk, das er um 1220 herum gedichtet hat. Vermutlich geht es mit seinen achttausendundsechs Versen über das französische Vorbild weit hinaus. Auch schließt man aus dem Vergleich mit drei anderen französischen Quellen, dass Konrad Fleck eine neue Innigkeit und Zartheit und einen sittlichen Ernst in die Behandlung des Themas gebracht habe und ein durchaus eigenständiger Dichter gewesen sei. Sein Werk ist nicht die erste Übertragung ins Deutsche, sondern bereits 1170 hat ein niederrheinischer Dichter «Floyris» aus dem Französischen ins Deutsche übertragen.

Das heißt, die Sage war schon lange bekannt; sie wurde von Troubadouren und anderen Spielmännern weit durch die Lande getragen, wobei sie allerlei Ausschmückungen erfuhr, im Kern aber stets erhalten blieb. Der Kern war die große Treue des Flor zu Blancheflor, die Treue der Rose zur Lilie.

Konrad Fleck lässt in seiner Dichtung die Geschichte bei einem Gartenfest erzählen. Sie wird zwei Frauen in den Mund gelegt, die Nachkommen königlicher Geschlechter aus Karthago sind. Es ist eine bunte, Orient und Okzident umgreifende Erzählung. Überraschend tritt darin gleich am Anfang der historische Hinweis auf den Zusammenhang mit Karl dem Großen auf: Bei dem Gartenfest wurde über Minne gesprochen, und so heißt es:

> Ein Vorbild haben uns gegeben
> zwei Geliebte, deren Leben
> erst war durch Liebe kummervoll

und dann in Wonnen überquoll …
Ich meine Flor und Blanschfluren …
Den beiden ward von steter Treu
die Sorge alt, die Freude neu.
Danach ward auch den lieben Zwein
ein Kind, ein holdes Mägedelein,
das Berchte mit dem Fuße hieß. (altfranzösisch: Berte as grans piés)
Dies Kindlein macht ihr Leben süß,
in Lieb erzogen sie das Kind.
Von dieser Berchte, wie man findt
in alten Büchern und von Pipin
ward später Karl geboren
durch Gottes Gnad und Gunst, der ihn
dazu hatt auserkoren,
dass er gewaltig und heldengleich
aufrichtete das römsche Reich.

So am Anfang.

Und gegen Schluss der achttausend Verse, als für Flor und Blancheflor alle Leiden ausgestanden sind, heißt es noch einmal:

Da ward ein Töchterlein geboren
im Ehebund dem lieben Paar,
als fünfunddreißig jeder war:
Das Kind ward Berchte zubenannt.
Ihr Name wurde weit bekannt,
die König Karl ans Licht gebar.
(Übersetzung Karl Pannier)

Der Inhalt der Sage ist kurz dieser: Kalif (dann auch als König bezeichnet) Fenix von Cordova (also in oder von Spanien) führt ein heidnisches Sarazenenheer nach Spanien, wo sie Pilgerzüge überfallen, die nach Santiago de Compostela unterwegs sind. Dabei wird eine junge Frau – die Tochter eines fränkischen Grafen, die bereits Witwe ist – zur Gefangenen gemacht. Fenix bringt sie seiner Gattin als Geschenk. Die beiden Frauen befreunden sich eng, und es stellt sich heraus, dass beide ein Kind erwarten. Die Königin bringt den Knaben Flor (oder Flos) zur Welt, die Christin am gleichen Tag und zur gleichen Stunde ihre Tochter Blancheflor. Es ist Palmsonntag. Die Kinder wachsen gemeinsam auf und sind unzertrennlich. Als sie älter werden, kommen dem König Bedenken, denn er will seinen Sohn standesgemäß mit einem regierenden Haus in der Ehe verbinden. Da keine Trennung die gegenseitige Zuneigung der Kinder abkühlen kann, will Fenix das Mädchen Blancheflor töten lassen. Die Königin überredet ihn, sie durch Kaufleute in die Ferne zu verkaufen und dem Sohn Flor vorzutäuschen, sie sei gestorben. Es wird ein prunkvolles Grabmal errichtet. Als Flor von einem Studienaufenthalt zurückkommt, wird er dorthin geführt. Sein Schmerz ist so groß, dass er seiner Freundin in den Tod folgen will. Da gibt ihm die geängstigte Königin das Geheimnis preis, dass Blancheflor gar nicht in dem Grabe liege, sondern verkauft worden sei.

Flor zieht in die Welt und sucht, unbeirrt durch alle Schwierigkeiten, seine Blancheflor. Sie aber wird von einem orientalischen Herrscher, genannt der Amiral, mit anderen Mädchen in einem Turm gefangen gehalten und soll später seine Frau werden. Flor gelingt es, sich versteckt in einem Korb voller Rosen zu ihr bringen zu lassen. Als der Amiral sie entdeckt, sollen beide getötet werden. Bei der öffentlichen Gerichtssitzung zeigt sich ihre rührende Liebe. Jeder nimmt allein die Schuld auf sich, jeder drängt den anderen weg und beugt sich selbst unter das Richtschwert. Schließlich bitten alle Anwesenden den Amiral um Gnade, und er gewährt sie. Flor und Blancheflor heiraten und ziehen nach Hause zurück, wo Flors Vater gestorben ist und Flor König wird. Er lässt sich mit seinem ganzen Volk taufen und wird Christ, um mit seiner Blancheflor die gleiche Religion zu haben.

Lesen wir noch einmal Rudolf Steiner:
Die «verhältnismäßig wenig beachtete Sage … [was für die spätere Zeit zutrifft] redet von einem alten Paar ‹Flor und Blancheflor›». Flor bedeutet so viel wie «die Blume mit roten Blättern, oder die Rose», und Blancheflor ist «die Blume mit weißen Blättern …– die Lilie». «Nun sah man in der Rose, in Flor oder Flos das Symbolum für die menschliche Seele, die den Persönlichkeits-, den Ichimpuls in sich aufgenommen hat, die das Geistige aus ihrer Individualität wirken lässt, die bis in das rote Blut hinein den Ichimpuls gebracht hat.»

Flor ist demnach eine Gestalt, die kraftvoll, bis zur Durchwirkung des Blutes im Leibe, die geistige Ichkraft hat herabziehen können. «Rose hat das Selbstbewusstsein ganz in sich …» Anders die Lilie. Sie kann «nur … geistig bleiben … [wenn] das Ich außerhalb ihrer bleibt, nur bis an die Grenze herankommt … [Sie] hat das Selbstbewusstsein … ganz außer sich. Aber die Vereinigung der Seele, die innerhalb ist, und der Seele, die außen als Weltengeist die Welt belebt, ist dagewesen … Es ist kein äußerliches Paar. In der Lilie ist ausgedrückt die Seele, die ihre höhere Ichheit findet …»

«Es ist kein äußerliches Paar», aber die Vereinigung ist dagewesen. Es hat sich also offenbar in einer Seele das vollzogen, was als solche Vereinigung bezeichnet werden kann: dass derjenige, der einerseits den Ichimpuls kraftvoll bis ins Blut aufnehmen kann, andererseits «lilienhaft» die höhere Ichheit im Weltengeist findet.

Es steigt einem da das Bild der Kreuzigung auf, etwa wie es Grünewald gemalt hat: der rote Johannes und die lilienhaft weiße Maria. Es nimmt der Jünger diese Mutter zu sich. In der Flor-Blancheflor-Sage zeigt sich eine neue Stufe der Verbindung des Johannes mit dem Prinzip der Weltseele, der Sophia.

Rudolf Steiner fügt etwas überraschend an die Erläuterung von Flor und Blancheflor den Satz an, dass in «der Vereinigung von Lilienseele und Rosenseele … das gesehen [wurde], was Verbindung finden kann mit dem Mysterium von Golgatha». Und daraus wiederum folgerte «man», dass außer, ja «gegenüber der Strömung», die exoterisches und esoterisches Wissen «zusammenschmiedet» – was durch Karl den Großen herbeigeführt worden ist –, eine Strömung des rein esoterischen Christentums lebendig gehalten werden soll. Es folgt dann: «In den Eingeweihtenkreisen sagte man: Dieselbe Seele, die in Flos oder Flor war … ist wiederverkörpert erschienen im 13. und 14. Jahrhundert zur Begründung einer neuen Mysterienschule … in dem Begründer des Rosenkreuzertums.» So weit legt es Rudolf Steiner «Eingeweihtenkreisen» in den Mund. Da sie zurückblicken auf die Ereignisse auch des 14. Jahrhunderts, muss das also gesprochen und gewusst worden sein in späteren Eingeweihtenkreisen. Er selbst fügt dann an: «Da tritt uns das Geheimnis von der Rose schon in einer verhältnismäßig alten Zeit entgegen. Die Sage wird sogar schon versetzt in die Zeit vor Karl dem Großen.» Er weist also seinerseits darauf hin, dass das Geheimnis der Rose schon aufklingt in dieser Sage, welches dann zum Rosenkreuzertum führt und ihm auch den Namen gibt. So spielt in diesen Ausführungen der Hinweis auf die Großeltern Kaiser Karls immer wieder mit den höchsten christlich-esoterischen

Geheimnissen zusammen. Wie wir gehört haben, macht dieses Rosengeheimnis die Verbindung mit dem Mysterium von Golgatha, also mit dem Kreuz, möglich. Sodass hier, bei Flos, ganz geheim Rose und Kreuz schon zusammenfinden und wohl die erste Grundlegung des späteren Rosenkreuzertums esoterisch entsteht. Deshalb sprachen eben die Eingeweihten davon, dass es sich um dieselbe Individualität handelt, die dann über das Ereignis im 13. Jahrhundert hinüber zum sozusagen «offiziellen» Christian Rosenkreutz des 14./15. Jahrhunderts führt.

Es sind viele Versuche gemacht worden, die Geschichte von Flor und Blancheflor mit all ihren Namen und Ereignis-Verflechtungen zeitlich zu identifizieren, es will aber nie so recht gelingen, zu viele Ungereimtheiten treten auf. Der einzige sichere Punkt im ganzen Gewebe ist Berchte (oder Bertha), die Tochter des Paares, welche zur Mutter Karls des Großen wird. (Sie wird «Berchte mit dem Fuße» oder auch «die Spinnerin» genannt, weil sie durch zu häufiges Spinnen einen großen platten Fuß bekommen habe.) Wenn man also den historischen Vater der Berchte ausmachen kann, dann «hat» man die historische Persönlichkeit des Flor.

Karl der Große hatte ja noch einen anderen Großvater. Über ihn weiß man erheblich mehr, und wir bekommen dadurch die ganze Zeitsituation deutlicher in den Blick. Diese Überlegungen finden sich im Anhang in den Kapiteln über den «historischen Flor».

VI

Die zwölf Meister und der Dreizehnte

Die Inkarnation im 13. Jahrhundert

Die Inkarnation in der Mitte des 13. Jahrhunderts, über die Rudolf Steiner recht viel sagt, ist auf andere Weise so geheimnisvoll, dass man kaum daran zu rühren wagt. Der Vorgang, der da geschildert wird, kann sich nur ereignen, weil kosmische Konstellationen besonderer Art die Voraussetzung dafür geben. Wir sind hier bei den Neuchâteler Vorträgen von 1911/12, wobei es uns jetzt auf den ersten Vortrag vom 27. September 1911 ankommt. Er wird ergänzt durch den Kasseler Vortrag vom 27. Januar 1912.[15]

Es wird da ausgeführt, dass um das Jahr 1250 eine geistige Verfinsterung eingetreten ist, die es selbst höchsten Eingeweihten nicht möglich machte, unmittelbare Einblicke in die geistige Welt zu haben.

«Alles, was damals im 13. Jahrhundert gewusst wurde von geistigen Welten, das wusste man durch Überlieferung oder von schon früher Eingeweihten, die ihre Erinnerung an das, was sie damals erlebt hatten, weckten. Aber für eine kurze Zeit konnten auch diese Geister nicht unmittelbar hineinblicken in die geistige Welt. Diese kurze Zeit der Verfinsterung musste damals sein, um das Charakteristische unseres jetzigen Zeitalters vorzubereiten: die heutige intellektuelle verstandesmäßige Kultur.»[16]

In dieser verfinsterten Zeit lebten zwölf hervorragende Geister, die sich vereinigten, um gemeinsam dem Menschheitsfortschritt zu dienen. Sie konnten in sich Erinnerungen an frühere Einweihungen rege machen. Sieben von ihnen konnten auf die sieben Strömungen in der alten atlantischen Kultur zurückblicken – jeder aber nur auf eine von ihnen. Sie blieben damit nicht nur in der Vergangenheit, sondern überblickten auch, wie diese Strömungen sich weiter fortsetzten bis in die damalige Gegenwart, und konnten daran wirken, sie für die Zukunft fruchtbar zu machen. Vier andere Persönlichkeiten konnten sich die Weisheiten der vier nachatlantischen Epochen (Urindien, Urpersien, ägyptischbabylonisch-chaldäisch-assyrische Epoche und griechisch-lateinische Zeit) gegenwärtig machen. Ein Zwölfter hatte wenig Erinnerungen, er repräsentierte die intellektuelle, der Pflege der äußeren Wissenschaften hingegebene Haltung.

Als die Zeit der Verfinsterung zu Ende ging und das erste zarte Hellsehen wieder aufkeimen konnte, sollte ein Dreizehnter zu einer besonderen Einweihung geführt werden, die für die abendländische Kultur notwendig war.

«Die Umstände sind geheimnisvoll ... Es war nämlich dem Kollegium der zwölf weisen Männer bekannt, dass in dieser Epoche geboren werden sollte ein Kind, das zur Zeit des Christus-Ereignisses in Palästina gelebt hatte und das bei dem Mysterium von Golgatha dabei war.»

So sagt Rudolf Steiner in Kassel am 27. Januar 1912. In Neuchâtel hatte es am 27. September 1911 geheißen: «Er war eine Individualität, die inkarniert gewesen war zur Zeit des Mysteriums von Golgatha.»

Das bleibt unbestimmt. Zur Zeit des Mysteriums sind viele inkarniert gewesen. Aber im Kasseler Vortrag wird präzisiert: «das bei dem Mysterium von Golgatha dabei war.» Sehen wir von den Gegnern und den römischen Landsknechten, von neugierigem Volk und den zwei Mitgekreuzigten – die alle zweifellos nicht gemeint sind – ab, aber wer war denn wirklich dabei? Maria und Johannes. Er ist hier gemeint.

Die Geburt des entsprechenden Knaben bleibt den Weisen nicht verborgen. «Eine außerordentlich spirituelle Individualität war in diesem Kinde verkörpert.» Es war ein körperlich sehr zartes Kind, «daher wirkte die Erziehung, die ihm die Zwölf angedeihen ließen, bis in seinen physischen Leib hinein». Das Kind wurde aus seiner familiären Umwelt herausgelöst und ganz von den Weisen in Obhut genommen, die es an einen bestimmten Ort verbrachten.

«An einem Orte in Europa, von dem noch nicht geredet werden darf, fanden sich diese zwölf Männer zusammen», heißt es in Neuchâtel. In Kassel heißt es: «Es ist heute noch nicht möglich, den Ort in Europa zu nennen ... Aber es wird in nicht ferner Zeit auch dieses geschehen können», doch hat Rudolf Steiner den Ort auch später nicht genannt.

Die zwölf Männer ließen in dem Zusammenleben mit dem Knaben ihre Weisheitswelten in ihn einfließen. Um große intellektuelle Belehrungen hat es sich dabei nicht gehandelt, wohl aber wirkte das Wesen dieser Männer tief auf die Bildung der Seele dieses Knaben ein. Es kamen durch diese Weisen auch planetarische Kräfte ins Spiel. Rudolf Steiner hebt einen Planeten heraus, indem er sagt:

«... zum Beispiel hatte einer dieser Zwölf die Marsweisheit in sich, und dadurch hatte jene Seele ein in ganz bestimmter Weise geartetes Leben in sich, eine besondere Seelenstimmung war ihr geworden durch die Marskultur. Diese Marskultur bestand zum Beispiel ... darin, dass die Seele eine gewisse Fähigkeit bekam, mit Begeisterung die okkulten Wissenschaften zu vertreten. Ähnliche planetarische Beeinflussungen geschahen im Hinblick auf die anderen Seelen. Durch das Zusammenklingen ... wurde die Seele dieses Kindes harmonisch geformt.»

Der Knabe wuchs zum Jüngling heran, «nahe der Zwanzigerjahre». Er ging durch schwere Krankheiten und «wurde ganz durchsichtig». Er gab jetzt die Weisheiten, die ihm zugeflossen waren, wie im Reflex mehr und mehr zurück, aber sie wurden in seinen Worten etwas ganz Neues. Das steigerte sich. Der ganz dem Geiste zugewandte Jüngling zog alles Interesse von der Erde zurück, so weit, dass er schließlich auch die Nahrungsaufnahme verweigerte. «Da trat ein Ereignis ein, das nur einmal in der Geschichte eintreten konnte. Es war eines der Ereignisse, die dann eintreten können, wenn die makrokosmischen Kräfte – der Früchte wegen, die ein solches Ereignis zeitigen soll – zusammenwirken.»

Die Seele des Jünglings löste sich vom Leibe. Dieser lag wie tot durch mehrere Tage – aber leuchtend und durchsichtig. Um ihn versammelten sich in Abständen die Zwölf. Sie sprachen ihre Weisheit, wie in Mantren, wie in Gebeten zusammengefasst, dem Dreizehnten zu, der wie tot in ihrer Mitte lag.

Dann kehrte die Seele in den Leib zurück. Sie belebte den Körper wieder, aber so, «dass diese Belebung des ganz durchsichtigen Körpers mit nichts verglichen werden kann».

In dem Jüngling hatte sich etwas vollzogen, was «wie eine ganz neue Geburt der zwölf Weisheiten» war. Er sprach von Erfahrungen, die erkennen ließen, dass er ein Erlebnis ähnlich dem des Paulus vor Damaskus gehabt hat. In den folgenden Wochen gab der Jüngling die von den zwölf Meistern aufgenommene Weisheit wieder, aber derart verwandelt, dass die Zwölf es so erlebten, als erhielten sie ihr Wissen nun in einer Form, die von Christus selbst gegeben war. «Was er ihnen da offenbarte, das nannten die Zwölf das wahre Christentum, die Synthesis aller Religionen, und sie unterschieden zwischen diesem wahren Christentum und dem Christentum der Epoche, in der sie lebten.»

Der Jüngling, dieser Dreizehnte unter den Zwölf, überlebte diese Zeit nicht lange. Da er «nahe der Zwanzigerjahre» alt war, als die Zeit begann, wo er mehr und mehr die Weisheit seiner Lehrer wie im Reflex wiederzugeben begann und zeitweise durchscheinend wurde, bis zu dem Höhepunkt, wo seine Seele den Leib verließ, und da er «bald darnach starb», um eine neue Christuseinweihung durchzumachen, in welcher er das gesamte Weisheits-Wissen der Erde – in seinem eigenen Wesen versammelt – dem Christus hingeben durfte, muss er etwa einundzwanzig Jahre alt geworden sein.

Rudolf Steiner betont im Neuchâteler Vortrag vom 27. September 1911, dass dieser Dreizehnte «kein Gelehrter im Sinne der damaligen Zeit» wurde, als die zwölf Männer ihm ihre Weisheit zuströmten. Er zeichnet von diesem Jüngling eine ganz andere Seelenverfassung, als die eines Gelehrten wäre. Nach seiner Inkarnation zur Zeit des Mysteriums von Golgatha hatte er «in darauffolgenden Inkarnationen durch ein demütiges Gemüt, durch ein inbrünstiges, gottergebenes Leben sich für seine Mission vorbereitet. Er war eine große Seele, ein frommer, innerlich tief mystischer Mensch, der mit diesen Eigenschaften geboren wurde und sie sich nicht nur erworben hatte. Wenn Sie sich einen jungen Menschen vorstellen, sehr fromm, fortwährend inbrünstig zu seinem Gott betend, so können Sie sich ein Bild der Individualität dieses Dreizehnten vor Augen stellen.»

Nehmen wir alles zusammen, so haben wir von außen gesehen ein zartes, schwächliches Kind, das oft krank ist, das aber seine große innere Energie auf die Versenkung in Gott hinwendet. Nicht von einer Familien-Atmosphäre umhüllt, sondern vielmehr aufgenommen in die Pflege dieser ganz in den Weisheiten der Welt lebenden zwölf Männer, die aber eben verschiedene Strömungen vertreten, erträgt es nicht nur, sondern nimmt es in seine fromme Gesinnung intensiv die Andersartigkeiten und Divergenzen dieser Weltanschauungen auf.

Rudolf Steiner sagt von diesen zwölf Männern, dass sie tief durchdrungen vom Christentum gewesen seien und jeder erfüllt war «von seiner geistigen Aufgabe», aber sie waren sich zugleich «bewusst, dass das äußere Christentum der Kirche nur ein Zerrbild des wahren Christentums war. Sie waren erfüllt von der Größe des Christentums, galten aber äußerlich als Feinde desselben.»

Rudolf Steiner nimmt das ganze Thema kurz nach dem Kasseler Vortrag noch einmal am 9. Februar 1912 in Wien auf (GA 130). Über den Ort sagt er auch hier nur, dass es sich in Europa abgespielt habe und dass der Ort jetzt nicht angegeben werden könne, «aber vielleicht wird es möglich sein, ihn einmal in einem Zweigvortrag bekanntzugeben». Es ist der dritte Vortrag, in dem Rudolf Steiner abtastet, ob ihm das Wort über die Lippen will, oder ob die geistige Welt beziehungsweise sein okkultes Gewissen es festhält. Er spricht es auch jetzt nicht aus.

Über den Zeitpunkt wird jetzt gesagt:

«Der Dreizehnte war in einer für die zwölf hellseherischen Weisen merkwürdigen Art angekündigt worden, als die Dämmerung vorüber war und man die ersten Strahlen des Hellsehertums entfalten konnte, sodass sie wussten, es müsse jetzt ein Kind geboren werden, welches sehr bedeutungsvolle und merkwürdige Inkarnationen hinter sich habe.»

Hieraus ist zu entnehmen, dass ihre Hellsicht in Bezug auf die Geburt des Kindes erst nach 1250 eingetreten sein kann. Es kann sich also erst nach 1250 inkarniert haben.

Die Inkarnation des «unter so eigentümlichen Verhältnissen als Kind Geborenen war so, dass man von ihm nicht sagen konnte, er wäre als eine hochstehende Individualität geboren». – Man konnte es von ihm *nicht sagen*. Er fiel durch nichts in der großen Geschichte auf. Und nun gibt Rudolf Steiner gewissermaßen einen Schlüssel dafür, warum auch er so wenig über die Vorinkarnationen des Christian Rosenkreutz spricht. «Die Geschichte erzählt uns auch recht wenig von den aufeinanderfolgenden Inkarnationen dieser Persönlichkeit des Dreizehnten. Er wurde immer wieder und wieder geboren mit hervorragenden, bedeutsamen Gemütseigenschaften.»

Man hat ihn also – wir sagten es schon im vorigen Kapitel – unter den berühmten historischen Persönlichkeiten nicht zu suchen. Sein Wirken verläuft großenteils im Verborgenen vor dem Scheinwerferlicht der sogenannten Weltöffentlichkeit.

Aber die weisen Männer wussten, dass dieser Jüngling «ausersehen sei, ganz Besonderes für die Menschheit zu bedeuten». Hier wird auch gesagt, dass er schon von den ersten Tagen seiner Geburt an in die Hut dieser Weisheitsmeister hereingenommen worden ist.

Und wieder fügt Rudolf Steiner noch einiges mehr über die Situation hinzu: «Man hätte ihn nicht in lehrhafter Weise examinieren können, aber in seinem Gemüte lebte, in Gefühl und Empfindung verwandelt, was die zwölf Träger der zwölf verschiedenen Typen der Religionen in seine Seele hineinstrahlen ließen. Und die ganze Konfiguration der Seele … war ein harmonischer Widerklang der zwölf verschiedenen Bekenntnisse der Menschheit, die über die Erde verbreitet sind.» So weit haben wir das in anderen Worten schon gehört. Aber jetzt macht er darauf aufmerksam:

«Es hatte allerdings die Seele dieses Menschen dadurch viel zu tragen, und die Folge davon war, dass in einer eigenartigen Weise diese Seele auf den Leib wirkte.» Sein Leib wurde «immer zarter und zarter» (weil die Seele – so erfahren wir jetzt – an dem Gewicht dieses Weltumfanges der Weisheit und ihren Widersprüchen schwer zu tragen hatte). «Und in einem bestimmten Lebensalter stellte sich geradezu heraus … dass er förmlich durchsichtig wurde, dass man durchsehen konnte durch die einzelnen Glieder. Und immer weniger und weniger aß dieser Jüngling, bis er zuletzt ganz aufhörte zu essen. Dann verfiel er durch Tage in einen apathischen Zustand; die Seele war herausgegangen aus dem Leibe und ging nach einigen Tagen wiederum in den Leib zurück.»

Nach der Einweihung sind die zwölf Weisheitsstrahlen in ihm wie zu einem Licht vereinigt. Was diese Männer für möglich gehalten hatten und ersehnten, den Zusammenklang aller religiösen Wahrheiten, hat sich ereignet. Der Jüngling spricht die neue Weisheit aus, als wenn sie «in ihm eben geboren worden wäre».

Und nun heißt es: «Ich habe Ihnen geschildert die erste Schule des Christian Rosenkreutz; denn dieser Dreizehnte ist diejenige Individualität, die wir als Christian Rosenkreutz bezeichnen.»

Wo immer sich dieses Ereignis zugetragen haben mag, es kann sicher nicht ohne Bezug zu den einschneidenden Ereignissen seines Jahrhunderts gesehen werden, und damit nicht ohne Bezug zu dem erbitterten und aufwendigen Kampf der katholischen Kirche gegen die Katharer, von denen sie sich nicht zu Unrecht in ihrer Existenz bedroht sah.

Der Untergang der Katharer bekommt aber durch dieses Ereignis ein neues Licht, gewissermaßen auch eine Tröstung: was da wegen seiner tatsächlich gefährlichen Einseitigkeit mit all seinem hohen Ethos zugrunde ging – es ist im Geheimen aufgenommen worden (denn auch dies gehört unter die zwölf möglichen Strömungen der Religion) in ein größeres Ereignis, das die Entwicklung der Menschheit weiterführt.

Eines kann uns bei dieser Einweihung im 13. Jahrhundert auffallen: Unter den zwölf Weisen ist auch ein Vertreter von Urpersien. Die Seele des Knaben aber hebt sich jetzt über eine so spezielle Aufgabe hinaus.

So wie einstmals Zarathustra diese Aufgabe abgab, als er berufen war, der salomonische Jesus zu sein, so scheint jetzt wieder ein anderer den persischen Kulturkeim im Speziellen zu hüten, indes die Individualität, die sich als Flor die Verbindung mit der Weltseele vom Ich aus hatte erringen können, neue Stufen ersteigt. Ihre geistige Erfahrung als Flor muss nun irdisch realisiert werden, indem die zwölf Weltanschauungs-Spiegelungen der Weltseele von ihm aufzunehmen und zu verbinden sind.

Das Geschehen gehört, wenn wir uns des vorhergehenden Kapitels erinnern, in jene streng esoterische Strömung, die weiterhin geheim bleiben musste – trotz des Brückenschlages, den Karl der Große zwischen esoterischem und exoterischem Christentum erstrebte.

Blicken wir zurück auf alles, was wir von Rudolf Steiner bis zu den Ereignissen um 1250 erfahren haben, so steigt vielleicht ein Verwundern auf, wenn man in dem zarten, weltabgewandten Jüngling, «ein tief mystischer Mensch, der … fortwährend inbrünstig» betet, diejenige Individualität erkennen soll, die einstens als tätiger Kainssohn gewirkt hat. Seit der Zeitenwende scheint die Hiram-Individualität sich ganz neue Ziele gesetzt zu haben, die allem irdischen Regieren und auch künstlerisch-tätigen Wirken entgegengesetzt sind. Rudolf Steiner sagt, er habe sich in den Inkarnationen nach der Zeitenwende «durch ein demütiges Gemüt, durch ein … gottergebenes Leben … für seine Mission vorbereitet … Diese Individualität besaß eine ausgeprägte Herzensbildung, ja, eine ganz besondere intime Liebebildung, die sie sich in entsprechenden Verhältnissen seitdem hatte erwerben können.»[17]

Das kulturschaffende kainitische Feuer kehrt sich jetzt ganz nach innen. In Lazarus ist der christliche Impuls der Verinnerlichung tief eingedrungen. Schon die Milde des greisen Presbyters, der nur noch die Botschaft der Liebe als immer wiederholte Worte vor seiner Gemeinde in Ephesos ausspricht, gibt ein ergreifendes Bild. Doch steht jenseits jedes Fassungsvermögens, was er als Apokalyptiker für geistige Kräfte entwickelt haben musste, um die immer sich steigernden Einweihungen zu ertragen und den immer neuen Anforderungen gerecht zu werden, die mit dem Niederschreiben der Apokalypse zusammenhingen.

Die höchste Verinnerlichung und stärkste Zurückgezogenheit von jeder Art irdischen Wirkens kulminiert in der Inkarnation des schwächlichen Knaben des 13. Jahrhunderts. Seine ausgesprochen fromme und mystische Seelenart mag man geradezu wie eine Umkehrung des Hiram-Wesens empfinden. So spielt sich offenbar auch hier ab, was schon an Novalis und Raffael zu sehen war – das Durchleben einer Daseinsform, die vorher mehr der anderen Inkarnationslinie eigentümlich gewesen ist. Abwendung von der Welt, Askese aus Frommheit, das lag der Elias-Täufer-Linie nahe. Nun «erprobt» es die Hiram-Individualität, aber doch wieder ganz neu, weil durchzogen vom Christusimpuls.

Vor der Zeitenwende waren die Kainssöhne von der Einweihung ausgeschlossen, weil es Jahwe-, Monden-Einweihungen waren. Wir erinnern, was wir auf Seite 60 ff. aus einer Instruktionsstunde zitiert hatten. Hiram Abiff hatte «durch das Leben im physischen Leibe Erkenntnis gesammelt und diese bis zur Weisheit erhoben. Er brachte seine Weisheit zum Ausdruck im Tempelbau. Es war nicht der Gott von innen, der ihm die Weisheit offenbarte … sondern die im physischen Dasein errungene Erkenntnis … [Den] Abel-Seth-Eingeweihten … wurde im Dämmerbewusstsein das höhere Wissen gegeben, unter dem Einfluss der Mondgottheit (Jahwe).»

Hiram Abiff hatte sich auf seinem Inkarnationenwege so weit entwickelt, dass er «bis zur Grenze der Initiation» kam, aber er musste warten, bis die Geistessonne in Christus herabkam. Der Kainssohn konnte nur eine Sonnen-Einweihung bekommen. «Die klare [geistige] Sonne musste ihn bescheinen bei der Einweihung. Er war Lazarus …»

Wenn man sich fragt, was denn der Lazarus-Einweihung, diesem so unendlich hohen Geschehen, noch hinzugefügt worden sein kann, über die Apokalypse-Einweihung hinweg bis zum Geschehen im 13. Jahrhundert, so erweist sich als Charakter der letzteren Initiation wohl sehr deutlich, dass es sich jetzt darum gehandelt hat, die Weisheit der Welt vom Auferstandenen durchdringen zu lassen. Eine Art Paulus-Erlebnis liegt ihr zugrunde. Das war aber bei der Lazarus-Einweihung noch nicht möglich, denn Christus war da noch nicht auferstanden. Schon in der Apokalypse, die ja eine mehrstufige Einweihung ist, enthüllt sich dem Johannes ein Christus, wie er erst nach Tod und Auferstehung sich zeigen kann – als das Menschheits-Ich, das die seelischen und kosmischen Werderhythmen beherrscht bis an das Ende der Erdenzeit.

Wenn man auf das Wundergeschehen mit dem Dreizehnten hinblickt, auf dieses Vermögen, zwölffach verzweigte Weltenweisheit in sich zusammenzufassen und sie dem Welten-Ich zur Erneuerung entgegenzuheben, dann kann es einem wie ein Abbild eines großen kosmischen Geschehens erscheinen: desjenigen, das einst den Christus zum Logos werden ließ.

Am 12. Juni 1912 schildert Rudolf Steiner im letzten der zehn Kristiania-Vorträge[18] den kosmischen Augenblick, in dem die Wege von Luzifer und Christus sich trennen. Während der alten Sonnenzeit erschienen sie noch «als eine Art Brüder».

Christus ist der Sonnengeist und Luzifer der Venusgeist, aber die Sonne war den anderen Planeten noch gleichgestellt. Luzifer, nur auf sich selbst bedacht, entwickelte Hochmut und verlor dadurch die Herrschaft über den Venusplaneten. Christus hingegen war «ein Bild vollster Hingabe an dasjenige, was ringsherum sonst in der Welt ist». Die Welt war noch anders, noch dunkel, die zwölf Sternbilder wären in äußerer Sichtbarkeit nicht zu erleben gewesen. «Dafür waren aber vorhanden zwölf Gestalten, zwölf Wesenheiten, die … aus der Tiefe der Dunkelheit … heraus ihre Worte erschallen ließen … Das waren zwölf Weltinitiatoren.»

Christus gab sich diesem zwölffach erklingenden Weltenwort hin und «nahm es ganz … in sich auf; sodass sie jetzt in der Christus-Seele vereint waren, dass diese Christus-Seele das Vereinigungswesen war der großen … Weltgeheimnisse … und dieses Weltenwort hat die Eigenschaft, dass es sich in der Seele, von der es aufgenommen wird, zu erneuertem Lichte entzündet, sodass … das Weltenwort in dem Christus Licht wurde und der Planet [des] … Christus … sich zum Mittelpunkt des ganzen Planetensystems, zur Sonne, entwickelte.»

Wie ein irdisches Abbild, eine irdische Nachfolge kosmischer Christustaten, erscheint das Ereignis im 13. Jahrhundert. Zu dieser Mission der völligen Hingabe und zur Auferstehung der Weisheit im Lichte der Christus-Sonne in ihm selbst – dazu, dass die zwölf verschiedenartigen Evolutionsgeheimnisse in seiner Seele zusammenfanden und er das «Vereinigungswesen» sein konnte –, hatte sich diese Individualität in Demut und innerer Versenkung vorbereitet. Dass eine Seele, die solches auf sich zukommen sieht, in ständiger Gebetsversenkung leben wollte und musste, wie von dem Knaben und Jüngling gesagt ist, erstaunt nicht mehr. Und die Früchte dieses außerordentlichen Ereignisses strahlten hinüber in die bald danach folgende Inkarnation.

Rückblick und Vorblick

Blicken wir noch einmal auf das Datum 1250 und sein Umfeld zurück. Im Jahre 1230 wird die Sage von Flor und Blancheflor durch Flecks große Dichtung im deutschen Sprachraum bekannt. Was 1230 «erscheint», muss vorher geschrieben worden sein, was bei achttausend Versen schon eine gewisse Zeit in Anspruch nehmen kann. Vielleicht zwischen 1225 und 1230 arbeitet Konrad Fleck an diesem Epos und schreibt die Zeilen hin, Flors Tochter sei die berühmte «Berthe mit dem Fuße» gewesen.

Am Beginn des 13. Jahrhunderts wurden schon andere große Sagen im deutschen Sprachraum gültig gefasst, so Wolfram von Eschenbachs «Parsival» vermutlich zwischen 1200 und 1210 und Gottfried von Straßburgs «Tristan und Isolde» zu etwa der gleichen Zeit. Bevor jene Verdunkelung über Europa hereinbricht, bereiten diese großen Dichtungen für die Menschheit eine Seelenspeise, die sie über die geistige Hungerzeit hinweg ernähren kann.

Wesentliches spielt sich um 1250 im *französischen* Sprachraum ab. Nicht nur musste die Auseinandersetzung mit den Katharern in irgendeiner Form gelöst werden, es disputieren auch im Herzen Frankreichs an der Universität von Paris Persönlichkeiten wie Thomas von Aquin und Siger von Brabant – immer von den argwöhnischen Augen und Ohren der Inquisition bewacht – über die Fragen der Seele, des Geistes, der Individualität und wie alles mit dem Körper zusammengedacht werden kann. Thomas lebt von 1225 bis 1274. Siger, schließlich von der Inquisition verurteilt, wird 1284 ermordet. Sein Geburtsdatum ist nicht bekannt, mag aber etwa um 1235 liegen. Die Kirche, die sich gegen die Katharer so grausam verteidigt hatte, wurde auch in ihrem Kern von Krisen geschüttelt. Diese kurze Datenzusammenschau versetzt uns in die Lage, das Wirken des Thomas von Aquin als zeitgleich zu sehen mit jenem verborgenen Geschehen, in dem Christian Rosenkreutz sich für die nächste Inkarnation vorbereitet hat.

Auf eine Frage stoßen wir in «Exkurse in das Gebiet des Markus-Evangeliums» (GA 124) im Vortrag vom 10. Juni 1911. Dort wird davon gesprochen, wie früher die Weisheit den Menschen nicht durch intellektuelle Erklärungen, sondern durch bildhafte Erzählungen in die Seelen gegossen wurde. Erwähnt wird als Beispiel das Märchen von der Blumenkönigin und sogar noch im 19. Jahrhundert – «Ritter Wahn» von Julius Mosen. Dann heißt es:

«Jetzt ahnen wir, dass immer vorhanden war, was wir selbst pflegen … Woher kamen denn die Rhapsoden des 7., 8. oder des 12. Jahrhunderts, die hinauszogen in die Welt …? Wo war das Zentrum dieser Rhapsoden? Wo hatten sie gelernt, solche Bilder vor die Menschen hinzustellen? – In denselben Tempeln hatten sie es gelernt, die wir als die Schulen der Rosenkreuzer anzusehen haben. Sie waren Schüler der Rosenkreuzer, und ihnen sagten die Lehrer: Heute könnt ihr noch nicht … in Ideen zu den Menschen sprechen, wie dies später der Fall sein wird; heute müsst ihr … von der Blumenkönigin und dem dreifachen Mantel erzählen, damit die Gedankenformen sich bilden, die in den Seelen leben sollen. Und wenn die Seelen wiederkommen werden, dann werden sie verstehen, was sie dann brauchen zum weiteren Fortschritt.»

In diesem Text werden bereits «Schulen der Rosenkreuzer» erwähnt, sogar schon für das 7. Jahrhundert, also für eine Zeit, wo Karl Martell und Charibert lebten (siehe Anhang S. 229 ff.). Obgleich der Name und die entscheidende Einweihung erst im 15. Jahrhundert real werden, ist die Strömung als solche schon vorhanden. «Immerzu senden die geistigen Zentren ihre Abgesandten in die Welt, damit in einem jeden Zeitalter das, was in den Tiefen des Geistes ruht, an die Menschenseelen herangebracht werden kann.»

Im Neuchâteler Vortrag vom 27. September 1911 (GA 130) wird gesagt, dass «die Frucht der Einweihung des Dreizehnten als dessen Ätherleib-Rest innerhalb der Geist-Atmosphäre der Erde erhalten» geblieben ist. «Dieser Rest wirkte auf die Zwölf ebenso wie auf ihre folgenden Schüler inspirierend, sodass aus ihnen hervorgehen konnte die rosenkreuzerische okkulte Strömung. Aber dieser Ätherleib wirkte weiter fort, und er durchdrang dann den Ätherleib des sich wieder inkarnierenden Dreizehnten.»

Hier haben wir die geheimnisvolle Verbindung zwischen der Inkarnation im 13. Jahrhundert und derjenigen, die im 14./15. Jahrhundert folgen wird. Die letztere «eigentliche» Christian-Rosenkreutz-Inkarnation beruht auf den Früchten der Einweihung aus dem 13. Jahrhundert, ebenso ist durch die zwölf Meister und deren Schüler aus dieser Einweihung eine etwas breitere Strömung entstanden.

«Alle Kräfte des wunderbaren Ätherleibes … waren intakt geblieben, und nichts ging nach dem Tode in den allgemeinen Weltenäther über … Dieser selbe feingeistige Ätherleib durchleuchtete und durchstrahlte wieder von der geistigen Welt aus die neue Verkörperung, die Individualität im 14. Jahrhundert … Es ist dies die Individualität des Christian Rosenkreutz … Von dieser Inkarnation an wurde er so genannt. Esoterisch, im okkulten Sinne, ist er Christian Rosenkreutz schon im 13. Jahrhundert, exoterisch wird er erst im 14. Jahrhundert so genannt. Und die Schüler dieses Dreizehnten sind die Nachfolger der andern Zwölf im 13. Jahrhundert. Das sind die Rosenkreuzer.»

Es heißt auch in diesem Vortrag: «Im engeren Sinne nahm die rosenkreuzerische Bewegung im 13. Jahrhundert ihren Anfang. Damals wirkten diese Kräfte [die Kräfte, die von den Ätherleibern großer Individualitäten, insbesondere vom Ätherleib des Christian Rosenkreutz ausgehen] ungemein stark, und seit diesem Zeitpunkt besteht eine Christian-Rosenkreutz-Strömung ...»

Hier wird von den Ätherkräften des Christian Rosenkreutz gesprochen, den es als Christian Rosenkreutz erst nach seiner Einweihung im 15. Jahrhundert gab. Also von dem Ätherleib der Individualität, die auf Erden ihre eigene Strömung hervorruft und sie heranbilden muss, um sich immer deutlicher in ihr inkarnieren zu können. Es ist Christian Rosenkreutz mit seiner Strömung im weiteren Sinn, ist der «himmlische» Christian Rosenkreutz, der offenbar schon im 7. Jahrhundert als geistiger Lehrer (oder zum Teil vielleicht auch als irdischer Lehrer) irdische Schulen geführt hat. Möglicherweise hat er als Flor/Charibert als solcher Lehrer gewirkt. So wie wir ein vorchristliches Christentum, das sich noch nicht irdisch inkarniert hat, kennen, so gibt es offenbar ein vor-rosenkreuzerisches Rosenkreuzertum, das zunächst als geistige Ursache für die irdisch entstehende Strömung wirkt. Ihr Zentrum geht aus von der Individualität, die wir als die Hiram-Lazarus-Johannes-Wesenheit kennen.

In den Aufzeichnungen, die Rudolf Steiner im September 1907 für den Dichter Edouard Schuré geschrieben hat, heißt es: «Christian Rosenkreutz ging in der ersten Hälfte des 15. Jahrhunderts nach dem Orient, um den Ausgleich zu finden zwischen der Initiation des Ostens und jener des Westens. Eine Folge davon war *die definitive* Begründung der Rosenkreuzerrichtung im Westen nach seiner Rückkehr.»[18a]

Die Worte «die definitive» sind im Text hervorgehoben; das heißt, latent war die Rosenkreuzerrichtung auch vorher im Westen schon vorhanden. Ob man aus dem Wort «im Westen» schließen sollte, dass sie zunächst bereits im Osten latent gewesen ist, steht offen, scheint aber der Fall zu sein. Da der Orient hellseherische Weisheitsschulung länger als der Westen bewahren konnte, mögen dort zunächst die Quellpunkte gelegen haben.

Ein weiteres Problem ist der Satz: «Und wenn die Seelen wiederkommen werden.»

Hier wird bei den Rosenkreuzerlehrern ein Bewusstsein der Reinkarnation vorausgesetzt, während doch an anderen Stellen davon die Rede ist, dass dies nicht der Fall war.

«Sie wissen, dass nicht nur in der äußeren, exoterischen Verkündigung des Christentums alles zurücktrat, was mit Reinkarnation und Karma zusammenhängt, sondern es trat dieses auch zurück in den mehr esoterischen Verkündigungen und Offenbarungen der verflossenen Jahrhunderte. Und gar mancher … fragt: Wie kommt es, dass … dieses Rosenkreuzertum bisher, sozusagen bis in unsere Zeit herein die Lehren von Reinkarnation und Karma nicht hatte? Wie kommt es, dass zu dem Rosenkreuzertum in unserer Zeit hinzugefügt werden musste die Lehre von Reinkarnation und Karma?»[19]

In dem Zyklus «Von Jesus zu Christus» (GA 131) bekommen wir am 6. Oktober 1911 eine detaillierte Antwort; wobei die Antwort vor der eben zitierten Frage vom 7. Januar 1913 liegt. Es «gehörte viele Jahrhunderte hindurch zu den äußeren exoterischen Lehren des Christentums nicht dasjenige, was heute schon im Ausgangspunkte unserer geisteswissenschaftlichen Erkenntnis liegen muss: die Lehre von *Reinkarnation und Karma*, von den wiederholten Erdenleben. Diese Lehre … ist daher auch noch nicht im eminentesten Sinne in die ersten Stufen der Rosenkreuzer-Initiation etwa gleich im 13. Jahrhundert eingezogen. Man konnte weit kommen: bis zur vierten, fünften Stufe des Rosenkreuzertums hinauf – man konnte durchmachen, was unter den Stufen der Rosenkreuzer-Initiation genannt wird das rosenkreuzerische Studium, die Aneignung der Imagination, die Aneignung der okkulten Schrift, die Auffindung des Steines der Weisen, und auch schon etwas erleben von dem, was man den mystischen Tod nennt – bis zu dieser Stufe konnte man kommen und konnte außerordentlich hohe okkulte Erkenntnisse gewinnen, braucht aber noch nicht volle Klarheit zu erlangen über die so aufhellenden Lehren von Reinkarnation und Karma.»

Hieraus entnehmen wir, dass die «Strömung» im Ganzen ohne diese Erkenntnisse war und nur die allerhöchsten Führer – vielleicht nur einer – darüber in «voller Klarheit» waren. Rudolf Steiner nimmt als Beispiel für die ersten Stufen der Rosenkreuzer-Einweihung das 13. Jahrhundert, wo wir also zunächst nur von den Zwölfen und dem Dreizehnten wissen. Möglicherweise hatte die kleine Gruppe aber doch einen etwas größeren Umkreis, da die Strömung ja eben doch schon ein paar Jahrhunderte bestand. Es wird anzunehmen sein, dass die zwölf Meister oder einige von ihnen sich auch nicht in «voller Klarheit» – so wie wir das heute verstehen – über den Reinkarnations-Gedanken befanden. Sie wussten zwar, dass der Dreizehnte schon einmal zur Zeitenwende verkörpert gewesen ist, sie wussten aber auch, dass es sich um eine ganz besondere Persönlichkeit – also um eine Ausnahme – handelt. So wie in der Bibel aus der Erwartung auf eine Wiederkunft des Elias nicht auf einen allgemeinen Reinkarnations-Glauben geschlossen werden kann, so mag dies auch hier nicht als ein allgemeines Reinkarnations-Gesetz gewusst worden sein.

Allerdings spricht unsere Ausgangsstelle in den «Exkursen ...» vom 10. Juni 1911 ja bereits vom 7. Jahrhundert an von einer *Ausbildung* der Rhapsoden, denen klargemacht wurde, dass das, was sie bereits in Ideen denken lernten, den Menschen im Allgemeinen noch nicht möglich war. Aus ihrem Wissen mussten sie die Bilder finden, welche gedankenbildend in den Seelen leben konnten, um in einer späteren Inkarnation für den weiteren Fortschritt gerüstet zu sein.

In diesem Jahre 1911 stoßen wir noch einige Male an das Problem Reinkarnation, so heißt es am 28. September 1911 (GA 130), als darüber gesprochen wird, wie der mittelalterliche Alchemist die Salzbildung erlebt: «Es handelte sich um die Höherentwickelung seiner Gedanken. Der mittelalterliche Rosenkreuzer wusste, dass er, wenn er in einer Inkarnation seine Leidenschaften nicht bekämpfte, in die nächste Inkarnation mit Krankheitsanlagen hineingeboren werden würde, dass er aber, wenn er seine Leidenschaften läuterte, in die nächste Inkarnation mit gesunden Anlagen eintreten würde. Der Prozess der Überwindung der zur Verwesung führenden Kräfte durch Spiritualität, das ist mikrokosmische Salzbildung.»

Nach diesen Worten rechnet der mittelalterliche Alchemist nicht nur mit seiner Wiedergeburt, sondern kennt auch Gesetze, die in das nächste Leben hinüberreichen. Aber am 23. Oktober 1911, also kurz danach, heißt es in Berlin (GA 133): «Denn das alte Rosenkreuzertum hatte zum Beispiel nicht die Möglichkeit, die Wahrheiten der Reinkarnation und des Karma einzusehen; denn die Wahrheiten über Reinkarnation und Karma hatte das Rosenkreuzertum des 13./14./15. Jahrhunderts nicht. Das war etwas, was für das Abendland erst später erobert werden konnte.»

Das Leben ist widersprüchlich. Es war es auch damals. Es kommt darauf an, aus welchem Gesichtspunkt das jeweilige Thema betrachtet wird. Eines ist sicher – dass die Klarheit und der Umfang der Einzelheiten, wie Rudolf Steiner sie zum Thema Karma und Reinkarnation erarbeiten konnte, in den früheren Jahrhunderten nicht zu finden gewesen sind.

VII

Christian Rosenkreutz im 14./15. Jahrhundert

Die Schriften des Johann Valentin Andreae: «Fama» – «Confessio» – «Chymische Hochzeit»

Nachdem in den vorangegangenen Kapiteln der innere Weg des Christian Rosenkreutz zu seiner Inkarnation im 14. Jahrhundert aufgeleuchtet ist, soll jetzt zunächst die Situation mehr so betrachtet werden, wie sie der äußeren Forschung erscheint.

Zeugnisse über Leben und Wirken des Christian Rosenkreutz und seine Einweihung sind lediglich in drei Schriften niedergelegt, die alle am Beginn des 17. Jahrhunderts erschienen – also mehr als hundert Jahre nach dem Tode des Christian Rosenkreutz. Sie sind anonym, ohne Verfassernamen, in einer Kasseler Druckerei herausgekommen. Es ist aber verbürgt, dass alle drei Schriften schon Jahre vor ihrer Veröffentlichung in weiteren Kreisen bekannt gewesen sind. Ihre Veröffentlichung erfolgte kurz vor dem Ausbruch des Dreißigjährigen Krieges, und Rudolf Steiner verbindet diese unglückselige Zeit damit, dass jene Impulse nicht aufgenommen wurden, die in diesen drei Schriften ihren Ausdruck suchten.

Als Erste erschien im Jahre 1614 die «FAMA FRATERNITATIS», die das Leben und Wirken des Christian Rosenkreutz erzählt, dann im Jahre 1615 die «CONFESSIO FRATERNITATIS, oder Bekanntnuss der löblichen Bruderschafft des hochgeehrten Rosen Creutzes an die Gelehrten Europae geschrieben».

Beide Schriften sind Darstellung beziehungsweise Bekenntnis einer rosenkreuzerischen Bruderschaft, aber zugleich ein Aufruf an die Weltöffentlichkeit, sich der Weisheit und Wissenschaft des Christian Rosenkreutz zu bedienen und auf diesem Wege forschend zu arbeiten. So richtet sich die erste Schrift ausdrücklich «An die Häupter, Stände und Gelehrten Europae» und die zweite «an die Gelehrten Europae».

Erst im Jahre 1616, zwei Jahre vor Ausbruch des Krieges, erscheint die «CHYMISCHE HOCHZEIT CHRISTIANI ROSENKREUTZ. Anno 1459». Es wird gleich im Titel ein historisches Datum angegeben – 1459 –, durch welches angedeutet ist, dass es sich im Nachfolgenden nicht um ein Märchen, sondern ein geschichtliches Ereignis handelt, erzählt in einer märchenhaft-mythischen Form.

Als Verfasser dieser Schriften kennt man seit dem 18. Jahrhundert den Württemberger Johann Valentin Andreae, später als pietistischer Pfarrer bekannt; denn Andreae hat in seinem Alter eine Autobiographie geschrieben, die aber erst am Beginn des 18. Jahrhunderts publik wurde. Bis dahin blieb er auch als Verfasser der «Chymischen Hochzeit» anonym. «Über die Fama kennen wir von Andreae keine andere Äußerung als seine spätere Ablehnung und Verurteilung, doch innere und äußere Gründe sprechen für die Wahrscheinlichkeit seiner Verfasserschaft» (wir folgen jetzt im Wesentlichen, was die äußere Forschung betrifft, Richard van Dülmen in der Einleitung zu seiner Herausgabe dieser drei Schriften, Stuttgart 1973). Die «Confessio» will man eher einem anderen aus dem studentischen Tübinger Umkreise des Andreae zuschreiben, Rudolf Steiner aber sagt, dass alle drei Schriften von Andreae stammen.

In seiner Vita erwähnt Andreae seine Autorschaft der «Chymischen Hochzeit», indem er angibt, sie sei «um 1605/06» entstanden. Offenbar erinnerte er sich an das genaue Jahr nicht mehr. Rudolf Steiner sagt, sie sei 1603 entstanden. Wieso, warum, aus welchem Antrieb er zur «Chymischen Hochzeit» gekommen ist, darüber lässt Andreae nicht das Geringste verlauten. Dülmen wundert sich: «So ausführlich aber Andreae sonst in seiner Vita seine Jugend- und Studienjahre von 1602–1614 beschreibt, so wenig gewährt er doch erstaunlicherweise Einblick in die Entstehung des Märchens der Chymischen Hochzeit und des Rosenkreuzermythos, wie er in der Fama zum Ausdruck kam.»

In der Zeit 1605/06 war Andreae gerade dem Studentenstande entwachsen und hatte sein philosophisches Studium abgeschlossen; 1603 war er, wie Rudolf Steiner angibt, siebzehn Jahre alt gewesen.

Johann Valentin Andreae wird als Erfinder der Gestalt des Christian Rosenkreutz betrachtet, vielleicht unter Mithilfe seines Tübinger Freundeskreises. Bei Dülmen liest es sich so: Der württembergische Student Johann Valentin Andreae «war der Schöpfer der Figur des Christian Rosenkreutz, wohl sicherlich zusammengesetzt aus Christianus und Rosenkreuz, dem Wappen seiner Familie, das in bewusster Anlehnung an Luther entstand. Bereits in der Namensgebung ‹Rosenkreuz› vereinte sich humanistisch-barocker Spieltrieb mit reformerisch-sinnhaftem Ernst.»

Rudolf Steiner versteht im Vortrag «Wer sind die Rosenkreuzer?», Berlin, 14. März 1907, in GA 55: «Die Erkenntnis des Übersinnlichen in unserer Zeit ...», das Tragen der Kleidung nach Landesart im erweiterten Sinne:

«Der zweite Grundsatz bezieht sich auf die Art des Auftretens und heißt: Gehe auf in derjenigen Volksmasse und derjenigen Kulturströmung, in die du hineingestellt worden bist. Sei ein Mitglied des Volkes und Standes der Bildungs- und der Kulturstufe, in die du hineingestellt worden bist. Trage kein besonderes Kleid, wie es gewöhnlich ausgedrückt wird, trage das allgemeine Kleid, welches die anderen tragen.»

Der Beginn des 17. Jahrhunderts war eine unruhige Zeit. Man suchte nach inneren Werten, nach einer Vertiefung und Neubestimmung des Daseins. «Neben den Schriften der Spiritualisten und Separatisten Caspar von Schwenckfeld und Valentin Weigel wurden jene der Alchemisten und Hermetiker Heinrich Kunrath und Oswald Crollius sowie der Apokalyptiker und Enthusiasten Julius Sperber und Aegidius Gutmann gelesen und verbreitet. Dominierenden Einfluss übte Paracelsus aus, dessen Werk in größerem Umfange 1604 zugänglich wurde. Überdrüssig vor allem der kirchenpolitischen und theologischen Streitigkeiten, enttäuscht von der Wirkung der lutherischen Reformation, erwarteten viele eine neue, zweite Reformation. Eine der bedeutsamsten und folgenreichsten Bewegungen innerhalb dieser heterogenen Gruppe bildeten die Rosenkreuzer, ihre Ideologie war geradezu ein Sammelbecken sowohl paracelsisch-alchemistischer wie spiritualistisch-chiliastischer Ideen» (Dülmen).

Ob «Fama» und «Confessio» ernst gemeinte Schriften aus dem Geiste der Zeit heraus gewesen seien, welche die inneren Sehnsüchte der Menschen sozusagen in der Figur des Christian Rosenkreutz verbildlichten, oder ob Andreae diejenigen verspotten wollte, die leichtgläubig alchemistischen und spiritualistischen Spuren nachliefen, darüber bleibt man sich in der historischen Forschung im Unklaren, besonders, weil sich Andreae selbst in späteren Jahren innerlich von allem distanziert hat und dies auch schriftlich kundtat.

Auf jeden Fall wurden die Aufrufe der zwei Schriften weitherum gehört und «lösten eine überaus große Zahl von Antwortschriften aus ... Das überaus große Interesse in allen Bevölkerungsschichten zwischen 1614 und 1622 zeigt sich an den fast zweihundert Antwortschriften, die an den verschiedensten Orten zumeist anonym veröffentlicht wurden. Sie legen davon Zeugnis ab, mit welchen Erwartungen man der verkündeten neuen Lehre und dem neuen Orden entgegenkam. Selbst Descartes und Comenius konnten sich der zeitweisen Wirkung der neuen Ideen nicht entziehen» (Dülmen).

Es erwuchs natürlich auch sofort Gegnerschaft. Die Rosenkreuzer wurden auf die Seite der Staats- und Kirchengegner gerechnet, und viele – man würde heute sagen «Chaoten» – hängten sich an die Bewegung. Andreae zog sich davon zurück und schrieb später christlich pietistische Schriften. Außerdem überrollte der Krieg alle ernsthaften Möglichkeiten. «Vom ganzen Rosenkreuzertum wurde nur eine unpolitische Theosophie tradiert, die dann im aufkommenden Freimaurertum des 18. Jahrhunderts eine neue Stätte fand» (Dülmen).

Rudolf Steiner war diese äußere Seite der Christian-Rosenkreutz-Forschung wohlbekannt. In seinem Aufsatz über «Die Chymische Hochzeit ...», der 1917/18 in der Zeitschrift «Das Reich» erschien, sagt er: «Einzelne Forscher sind der Meinung, dass Andreae sich mit seinen Rosenkreuzerschriften nur einen literarischen Scherz erlaubt habe, durch den Schwarmgeister, die überall sich zeigen ... verhöhnt werden sollten. Das Rosenkreuzertum wäre dann ein Phantasiegebilde Andreaes, bestimmt, das Irrereden schwärmerischer oder schwindelhafter Mystiker zu verspotten.» In Bezug auf die späteren distanzierten Äußerungen Andreaes, die wirklich nahelegen zu denken, er habe von solcher «Geistesströmung nur fabeln wollen, um die Neugierigen ... zu ‹foppen›», gibt Rudolf Steiner zu bedenken:

«Was er selbst später über sie gesagt hat, kann nur richtig beurteilt werden, wenn man bedenkt, dass er genötigt war zu sprechen, nachdem Gegner aufgetreten waren, welche die gekennzeichnete Geistesrichtung auf das Ärgste verketzerten, dass sich ‹Anhänger› eingestellt hatten ... die alles entstellten, was mit dem Rosenkreuzertum gemeint war. Aber auch, wenn man ... selbst annehmen wollte, dass der später mehr als pietistischer Schriftsteller sich zeigende Andreae bald nach dem Erscheinen der Rosenkreuzerschriften eine gewisse Scheu davor hatte, als der Bekenner dessen zu gelten, was in diesen Schriften zum Ausdruck kommt, eine genügend begründete Ansicht über das Verhältnis dieser Persönlichkeit zum Rosenkreuzertum kann man durch solche Betrachtungen nicht gewinnen.»

Rudolf Steiner stellt eine andere Forschungsmethode neben die historisch-äußerliche. Er will mit ihr das Urteil begründen, «dass durch die von Andreae veröffentlichte Schrift [es handelt sich hier um die ‹Chymische Hochzeit›, deren Besprechung er vorausgeschickt hat] in die Richtung gewiesen werden sollte, die man einzuhalten habe, wenn man von dem wahren Charakter einer höheren Erkenntnisart etwas wissen wollte … Wer den Inhalt dieser Schrift so auffasst, wie der Verfasser dieser Darstellung, für den ist sie eine *geschichtliche Nachricht von einer bis ins 15. Jahrhundert zurückreichenden geistigen Strömung in Europa.*»[20]

Rudolf Steiner meint, dass man das Urteil aus der Sache selbst, in diesem Falle aus Inhalt und Stil der «Chymischen Hochzeit», holen sollte: «Inhaltlich erweist sich diese Schrift als eine aus der *Intuition* heraus verfasste … Die ‹Chymische Hochzeit› als Mitteilung über eine wirklich vorhandene Geistesströmung in dem hier angedeuteten Sinne aufzufassen, das gebietet ihr Inhalt.»

Von dem damals etwa siebzehnjährigen Johann Valentin Andreae ist weder anzunehmen, dass er schon eine solche Reife und Übersicht gehabt haben könne, um die verschiedenen Strömungen seiner Zeit als Schwarmgeisterei in dieser Schrift zu verspotten – wie es die offizielle Forschung sich denkt –, noch ist anzunehmen, dass er Inhalt und Gewicht der «Chymischen Hochzeit» mit vollem Bewusstsein erfasst haben könnte. Er war ein entsprechend veranlagter Mensch, der als Eingebung eine solche Schrift verfassen konnte. Später, mit dem Älterwerden, ist die für Intuitionen zugängliche Geistesart in seiner Seele zurückgetreten. «Er hat später selbst über das philosophiert, was er in seiner Jugend niedergeschrieben hat … Der Zusammenhang zwischen dem späteren Andreae und dem in der Jugend aus Intuitionen schreibenden ist ihm nicht in völliger Klarheit vor die Seele getreten» (Rudolf Steiner, ebenda).

Rudolf Steiner spricht über Andreae einerseits so, dass er in diesem jungen Menschen durchaus eine ernsthafte Suche nach einem geistigen Durchblick seiner Zeit wahrnimmt und anerkennt. Er sagt, dass seine Schriften «einen großen Impuls hatten: den Impuls, zu vertiefen die Naturerkenntnis im Geistigen … Unter anderem ist auch Johann Valentin Andreae einer, der tiefer hineinsehen wollte in diese Zusammenhänge.» So am 30. September 1917.[21] Und am 25. September 1917 hatte er gesagt: «Andreae wollte den Menschen zeigen, dass das, was sie von sich selber glauben … auch nur eine Maja ist, eine große Täuschung, er wollte den Menschen die Möglichkeit geben, sich selbst und andere kennenzulernen. Eine große geistige Bewegung hatte Johann Valentin Andreae im Sinne. Sie war herausgedacht, herausempfunden aus langer Vorbereitung.»[22]

«Sie war … herausempfunden aus langer Vorbereitung.» Diese Vorbereitung lag eben nicht nur bei dem noch jungen Andreae allein, sondern lag in der Zeit und allen ihren Strömungen, lag in den Geistern seines Umkreises, mit denen er disputieren konnte. Hierbei ging die Ernsthaftigkeit und die geistige Durchdringungskraft so weit, wie sie bei dem Menschen Andreae eben gehen konnte, der im Grunde seines eigentlichen Wesens das war, was sich später in dem pietistischen Pfarrer zeigte, der sich von den Werken seiner Jugend distanzierte.

«Die geistige Welt wollte der Menschheit etwas offenbaren, was allerdings mit dem ganzen Empfinden der Zeit zusammenhing» (Rudolf Steiner). Der junge Andreae, lebend in den paracelsischen und ähnlichen Vorstellungen seiner Zeit, war durch sie einerseits eingestimmt und andererseits war er veranlagt, eine solche Offenbarung aufzufangen. Er war «kein Trivialling» (30. September 1917).

Diese innere Disposition und das jugendliche Bestreben, die Welt zu verändern, hat auch in die Erzählung der «Chymischen Hochzeit» hineingewirkt. Rudolf Steiner sagt zum Beispiel in seinem Aufsatz bei Besprechung des dritten Tages, dass Andreae «durch seine Schrift seinen Zeitgenossen zum Bewusstsein bringen will …» oder: ein «unbefangenes Lesen … verrät als eines der Ziele ihres Verfassers …» oder: «Andreae erwartet gerade für seine Zeit … Deshalb lässt er in seiner Schilderung … ein deutliches Licht fallen.»

Alle solche Formulierungen machen deutlich, dass Rudolf Steiner wohl sieht, wie einerseits eigene Intentionen des Andreae hin und wieder in die Erzählung einschießen, aber andererseits betont er, «dass eben die ‹Chymische Hochzeit› nicht von einem Menschen geschrieben ist, oder nur insofern von einem Menschen geschrieben ist … wie der stets angsterfüllte … Sekretär von Napoleon seine Briefe geschrieben hat» (9. Dezember 1923).[23]

Das lässt sich durchaus zusammendenken. Die reine Bilderwelt der «Chymischen Hochzeit» quillt aus einem anderen Born, als Vorstellung und Wille des jungen Mannes hervorbringen könnten. Ebenso lässt sich verstehen, dass seine eigene Seelenstimmung sich nicht immer auf der Höhe des Aufnehmens dieser geheimnisvollen Handlung befunden haben mag und dass seine Verse dann manchmal in «Gesäusel und Geplapper» übergehen, «sie sind im Grunde genommen dennoch gefärbt von den Gehirnen, durch die das durchgegangen ist, und hinter ihnen erscheint das Grandiose».

Sooft Rudolf Steiner sich über die geistigen Vorgänge der «Chymischen Hochzeit» und die Entstehung dieser Erzählung geäußert hat, so sehr vermeidet er, über die in der «Fama» berichtete Lebensgeschichte des Christian Rosenkreutz sich zu äußern. Er spricht über die Orientreise und das Damaskus-Erlebnis des Christian Rosenkreutz, aber es ist nirgendwo ein Hinweis zu finden, ob in Deutschland und wo in Deutschland der Aufbau seines Ordens sich vollzogen hat. Er sagt nicht, dass die «Fama» falsch, er sagt auch nicht, dass sie richtig sei. Über alles, was die irdischen Grundlagen des Christian-Rosenkreutz-Lebens «dingfest» machen könnte, schweigt er genauso wie im Falle des Dreizehnten und der zwölf Meister, wo er den Ort schließlich doch nie angegeben hat. Über eine Spur, die sich finden lassen könnte, soll später gesprochen werden.

Das Leben des Christian Rosenkreutz und seine Einweihung

Das Leben des Christian Rosenkreutz wird in der «Fama Fraternitatis» folgendermaßen geschildert:

Christian Rosenkreutz ist in Deutschland geboren. Er stammt aus einem adeligen, aber armen Hause und wurde im fünften Lebensjahre einem Kloster übergeben, wo er Griechisch und Lateinisch lernte. Auf sein Bitten wird er, obgleich noch sehr jung, einem Pater als Begleiter mitgegeben, der eine Pilgerreise zum Heiligen Land unternehmen will. Der Pater stirbt aber in Zypern. Christian Rosenkreutz kehrt nicht um, «sondern schiffet vollend hinüber und zohe auff Damascum». In Damaskus, von wo er nach Jerusalem weiterreisen will, hält ihn aber eine «Leibesbeschwerlichkeit» fest. Seine Arzneikenntnis macht ihn bei den Türken beliebt, und er hört von weisen Männern in «Damasco in Arabia» (dieses Damasco soll Damcar sein), nun zieht es ihn dorthin mehr als nach Jerusalem, und er «verdinget sich den Meistern Arabern, ine umb gewisses Geld nach Damascon zu liefern, nuhr 16 Jahr war er alt, als er dahin kame».

In «Damasco» wird er, das «starcke teutsche Gewächs», empfangen als einer, auf den man lange gewartet hat. Man kennt ihn mit Namen und berichtet ihm Internes aus seinem deutschen Kloster, sodass er sehr verwundert ist. Er vervollkommnet sich in der arabischen Sprache und bringt gleich im nächsten Jahr «das Buch und librum M. in gut Latein», hat es also aus dem Arabischen übersetzt. «Diss ist der Ort, da er seine Physic und Mathematic geholet.» In Bezug auf das

Librum M. heißt es bei Rudolf Steiner im Vortrag «Wer sind die Rosenkreuzer?», Berlin, 14. März 1907, in GA 55: «Die Erkenntnis des Übersinnlichen in unserer Zeit …»:

«Was nun aus den verschiedenen Mitteilungen als ein gewisser Grundklang hervorgeht, ist dahin zusammenzufassen, dass Christian Rosenkreutz … am Ende des 15. und am Beginne des 16. Jahrhunderts auch Reisen gemacht habe, und dass er auf seinen Reisen durch das Morgenland das sogenannte Buch M… kennengelernt habe, jenes Buch, von dem uns sehr geheimnisvoll gesagt wird, dass *Paracelsus*, der große mittelalterliche Arzt und Mystiker, sein Wissen daraus geschöpft habe. Dies ist wirklich eine wahre Tatsache, doch nur die Eingeweihten wissen: erstens, was das Buch M… ist, und zweitens, was das Studium im Buche M… bedeutet.»

Nach drei Jahren reist er über Ägypten nach Fez, was ihm seine arabischen Lehrer zu weiterem Studium empfohlen hatten. Zwei Jahre bleibt er in Fez, dann fährt er nach Europa zurück, und zwar zunächst nach Spanien (wie sich das ja von Marokko aus anbietet). Besonderen Eindruck hat ihm in der morgenländischen Welt gemacht, dass Abgesandte gelehrter Araber und Afrikaner jedes Jahr zusammenkommen und gegenseitig den Fortschritt ihrer Wissenschaften austauschen. Er hofft sehr, dass dies auch in Europa unter den europäischen Gelehrten Sitte werden möge, und ist bereit, all sein großes Wissen seinerseits mitzuteilen. Er wird aber sowohl in Spanien als auch in anderen Ländern bitter enttäuscht. Die europäischen Gelehrten sind nicht an etwas interessiert, das ihre bisherige Kenntnis und Philosophie umstoßen könnte; sie befürchten Einbuße für ihre großen Namen. So kehrt er nach Deutschland zurück und versucht nun, seinen Plan auf andere Weise in die Tat umzusetzen. Zunächst errichtet er sich ein Haus, in dem er dem Studium vor allem der Mathematik obliegt, Instrumente baut und ein Resümee seiner Reise schriftlich niederlegt. Nach fünf Jahren «begehrt» er aus seinem «ersten Kloster», zu welchem er eine besondere Hinneigung hat, drei seiner «Mitbrüder» als Schreiber und Mitarbeiter. Diese sollten alles zu Papier bringen, wozu er sie anleiten würde, sie sollten aufs Höchste treu, fleißig und verschwiegen sein. «Also fing an die Brüderschaft des R. C. erstlich allein unter vier Personen.» Den drei Mitarbeitern wird die Arbeitsfülle nach einiger Zeit zu groß und der unglaubliche Zulauf von Kranken hindert sie, außerdem ist inzwischen des Christian Rosenkreutz neues Gebäude, «‹Sancti Spiritus›» genennet», vollendet. So beschlossen sie, noch vier weitere Brüder und Mitarbeiter heranzuziehen. Ausgewählt wurde hierzu ein Cousin des Christian Rosenkreutz, nämlich der Sohn des Bruders seines verstorbenen Vaters, ein Fr. (Frater) B., ferner ein «geschickter Mahler G. G. und P. D. ihre Schreiber, alle Teutschen bis an I. A.». Es sind jetzt sieben Mitarbeiter und Brüder, mit C. R. zusammen besteht die Bruderschaft jetzt aus acht Personen, «alle lediges Standes und verlebter Jungfrawschaft». Nachdem sie sich genügend in dem ausgebildet hatten, was Christian Rosenkreutz ihnen weitergab, und das Niederschreiben und so weiter geleistet war, trennen sie sich. Fünf von ihnen gehen in die Welt, um in den verschiedensten Ländern nach dem Stand der Wissenschaft zu forschen. Nach einem Jahr treffen alle wieder zusammen und berichten sich gegenseitig von ihren Erfahrungen. Zwei sind als Mitarbeiter bei Christian Rosenkreutz geblieben, nach einem Jahr werden diese beiden ausgetauscht und ziehen nun ihrerseits aus, sodass ständig fünf in der Welt sind (die sich zugleich nach einem geeigneten Schüler und Nachfolger umsehen) und zwei mit Christian Rosenkreutz leben.

Hier soll nun eingehalten werden, um verschiedene Fragen zu beleuchten, die sich aus dieser Schilderung ergeben.

Nach allem scheint Christian Rosenkreutz, der auch in der «Fama» «Fr. C. R.» genannt wird, also Frater, Angehöriger eines bestimmten klösterlichen Ordens gewesen zu sein. Er hätte sonst auch wohl kaum aus seinem «ersten Kloster» – demnach hat er sich noch in mindestens einem, vermutlich aber in vielen Klöstern auf seinen Reisen aufgehalten – sich Helfer heranziehen können. Diese drei waren gewiss außerordentlich gelehrte und für ihre Aufgabe geeignete Männer – die ersten Auserwählten der rosenkreuzerischen Bruderschaft. Die Tatsache, dass ein großer Zulauf an Kranken war, lässt darauf schließen, dass das Haus, das Christian Rosenkreutz sich erbaut hatte, ebenso wie das zweite Haus «Sancti Spiritus», klösterliche Domizile waren, vielleicht mit einem Spital; jedenfalls aber scheinen diese Männer sich besonders im Heilwesen ausgekannt zu haben, was ja von Christian Rosenkreutz selbst schon bei seinem Damaskus-Aufenthalt gesagt wurde.

Von den als zweite Gruppe erwählten vier Männern ist zumindest der Cousin des Christian Rosenkreutz auch «Frater», alle haben ein eheloses «jungfräuliches» Leben gelobt; ob die restlichen Drei deshalb Mönche waren, bleibt dahingestellt.

Es würde demnach die Bruderschaft vom Rosenkreutz als Geheimorden innerhalb einer katholischen Kongregation entstanden sein. Christian Rosenkreutz selbst müsste, wenn er so viel Spielraum und auch Einfluss hatte, dass er sich aus anderen Klöstern geeignete Mönche heranziehen konnte, ein höheres Amt bekleidet haben oder aber seine Gelehrsamkeit gab ihm ein so großes Gewicht, desgleichen seine Fähigkeit, Kranke zu heilen. Es wird in der «Fama» auch erwähnt, dass Paracelsus zwar nicht der Bruderschaft beigetreten, «aber doch den Librum M. fleißig gelesen und sein scharffes ingenium dadurch angezündet» habe.

Es bietet sich also das Bild, dass die Individualität des Christian Rosenkreutz dergestalt im Leben stand, dass ihre großen Fähigkeiten bis zu einem gewissen Grade bekannt waren und er sie in dem Maße zum Wohle seiner Mitmenschen nutzte, als die Situation es hergab. Dass er darüber hinaus alles Wissen, was zu seinem Leidwesen die europäische Forschung noch nicht hatte aufnehmen wollen oder können, durch die ausgewählten Brüder aufschreiben, aber auch durch Besuche und Gespräche in allen Teilen Europas unter der Hand verbreiten ließ.

Ehe die erste Gruppe der Brüder auszog, gelobten sie untereinander, sich an sechs Punkte zu halten.

1. Keiner sollte einen anderen Beruf ausüben als Kranke zu heilen und dies immer unentgeltlich.
2. Keiner soll genötigt sein, von der Bruderschaft aus ein bestimmtes Kleid zu tragen, sondern sie wollten jeweils auf die im Lande übliche Weise sich kleiden.
3. Alle wollen sich an einem bestimmten Tag jährlich in «Sancti Spiritus» zusammenfinden oder aber Nachricht senden, falls sie ausbleiben müssten.
4. Jeder soll sich nach einer geeigneten Persönlichkeit umsehen, die seine Nachfolge antreten könnte.
5. «Wort R. C. sol ihr Siegel, Losung und Character sein.»
6. Die Bruderschaft soll hundert Jahre verschwiegen bleiben.

Dass ihr äußerlicher Beruf – wir würden heute sagen – Arzt oder Heiler war, sie ihn aber nicht gegen Entgelt ausüben durften, lässt darauf schließen, dass sie auch weiterhin den Rückhalt eines Ordens (also freie Unterkünfte in Klöstern und so weiter) genossen und in Anspruch nahmen. Dass sie sich nach Landesart kleiden sollten, verwundert wiederum, da sie doch wohl ein Ordenskleid tragen mussten, wenn auch der Geheimorden ihnen kein bestimmtes Gewand vorschrieb. Aber vielleicht bezog sich das auf diejenigen, die keine Fratres und vielleicht überhaupt ohne direkte Ordensgelübde waren, was nur auf drei von den sieben zutreffen könnte. (Rudolf Steiner versteht im Vortrag «Wer sind die Rosenkreuzer?», Berlin, 14. März 1907, in GA 55: «Die Erkenntnis des Übersinnlichen in unserer Zeit», das Tragen der Kleidung nach Landesart im erweiterten Sinne: «Der zweite Grundsatz bezieht sich auf die Art des Auftretens und heißt: Gehe auf in derjenigen Volksmasse und derjenigen Kulturströmung, in die du hineingestellt worden bist. Sei ein Mitglied des Volkes und Standes der Bildungs- und der Kulturstufe, in die du hineingestellt worden bist. Trage kein besonderes Kleid, wie es gewöhnlich ausgedrückt wird, trage das allgemeine Kleid, welches die anderen tragen.»)

Die Gründung spielte sich in Deutschland ab, wo auch der Stammsitz blieb. Zeitlich umfasst das Leben des Christian Rosenkreutz die Spanne von 1378 bis 1484, er wurde also etwa hundertsechs Jahre alt.

Christian Rosenkreutz baute sich ein besonderes Gemach, in das er nach seinem Tode gebettet und das dann verschlossen wurde und nach der «Fama» hundertzwanzig Jahre unbekannt blieb. Im Jahre 1604 entdeckten die nunmehrigen Träger des Geheimordens bei dem Versuch, den Bau zu erweitern, dieses Gemach, fanden unter dem Altar den unverwesten Leichnam und viele Schriften und andere Gegenstände. Sie wussten, dass nun die Zeit der Geheimhaltung vorüber sei, und erließen mit der «Fama» und der «Confessio» ihren Aufruf an die Gelehrten Europas, sich nun zusammenzufinden und sich der Weisheit des Christian Rosenkreutz in würdiger Weise zu bedienen.

* * *

Bei den Ereignissen im 13. Jahrhundert wurde das Kind kurz nach der Geburt aus seiner Umgebung herausgenommen und – abgeschlossen von der «exoterischen Außenwelt» – war es nur von dem Kollegium der Zwölf umgeben. «... sie waren seine Erzieher, auch was die leibliche Pflege betrifft» (20. November 1911, München, GA 130). Rudolf Steiner betont, dass es sich hier nicht etwa um ein Musterbeispiel einer Initiation, sondern um eine Ausnahme handele, die nicht wiederholt werden dürfe.

Versuchen wir, uns das Ganze konkret vorzustellen. Nicht denkbar ist, dass in einer mittelalterlichen Stadt oder einem Dorf ein zwölffacher Junggesellenhaushalt ein neugeborenes Kind versteckt hält und über zwanzig Jahre heranerzieht, ohne Aufsehen zu erregen.

Auch auf einer Burg ist das Geschehen schwer vorzustellen, denn dort war das Terrain meist recht klein im Verhältnis zur Anzahl der Menschen, die da wohnten. Außer der Burgherrschaft: Verwalter, Knappen, Diener, Mägde, Köche, Knechte, Gäste und so weiter. Geheimhaltung wäre da nur schwer zu erreichen gewesen. Es könnte aber sein, dass einer oder mehrere, vielleicht sogar alle Mitglieder dieser «hochgeistigen Loge» aus begüterten Geschlechtern stammten und sich ein abgelegenes Haus zu ihrem Zusammenleben einrichten konnten. Wenn sie dort auch die Pflege des Knaben vom Windelkind an selbst besorgt haben (vielleicht war ein Arzt darunter, der ihn in seinen Schwäche- und Krankheitszuständen behandeln konnte), so ist doch kaum anzunehmen, dass sie gekocht, gewaschen, Steintreppen gescheuert und Holzböden gepflegt haben werden. Und so lässt sich eben doch das ganze Unternehmen am ehesten im Schutze eines Ordenshauses vorstellen, wo an Schweigsamkeit gewöhnte Mönche, die über die Klostermauern nicht hinauskamen, die äußeren Dienste besorgen konnten und die Isoliertheit des Knaben am ehesten gewährleistet war. Zumal damals Bildung – allein schon der Unterricht in Griechisch und Latein – praktisch nur in den klerikalen Kreisen zuhause war. Die Zwölf wären dann Angehörige irgendeines Ordens gewesen. Möglicherweise war eine ihrer Familien Land- und ritterlicher Schutzherr dieses Klosters, sodass sie große Privilegien genießen konnten.

Wenn wir uns auf den Bericht der «Fama Fraternitatis» des J. V. Andreae verlassen wollen, so wäre im 14. Jahrhundert in einer erheblich milderen Form etwas Ähnliches geschehen: Die Eltern des Christian Rosenkreutz geben ihr Kind im fünften Lebensjahre in ein Kloster. Das war nicht aufsehenerregend, sondern gehörte zum Lebensgebrauch. Manche Familie sorgte auf diese Weise für das Fortkommen eines ihrer Kinder. Nach der «Fama» wurde für Christian Rosenkreutz wichtig, dass er dadurch sehr jung die Reise in den Orient antreten konnte.

Rudolf Steiner bestätigt das insoweit, als er sagt, Christian Rosenkreutz wurde im 14. Jahrhundert von den Schülern und Nachfolgern der Zwölf in ähnlicher Weise *erzogen, nur nicht so weltfremd* wie in der vorhergehenden Inkarnation («Das rosenkreuzerische Christentum», September 1911, GA 130). Im Vortrag «Intimitäten des Karma» (GA 130, Wien, 9. Februar 1912) heißt es, dass im 14. Jahrhundert einige von den Zwölfen aus dem 13. Jahrhundert wiederverkörpert waren, «andere gesellten sich hinzu». Wir haben also einen ähnlichen Erzieherkreis um den Knaben und wiederum eine Loslösung von der Familie, nur nicht ganz so früh.

Blicken wir voraus zur Inkarnation als Graf Saint Germain, so finden wir Geburt und Kindheit reichlich von Geheimnis umwoben, es scheint sich aber auch hier zugetragen zu haben, dass das Kind – nun aus äußeren Gründen – von seiner Familie fort in eine ganz andere Umgebung gebracht worden ist. Heimatlosigkeit, wenig Verhaftung in Familienzusammenhang und familiärem Gemeinschaftsschicksal scheint ein Charakteristikum dieser Inkarnationen zu sein. Geistbestimmung zeichnet die Lebensläufe von Anfang an.

Wenn jemand wie Christian Rosenkreutz beinahe dauernd inkarniert ist, so fällt ja auch fort, was sonst für normale Inkarnationsgänge die Regel ist. Es inkarniert sich ja der einzelne Mensch jeweils als Angehöriger eines ganzen Generationenschubes. Die karmischen Verflechtungen können sich nur dadurch ausgleichen oder weiter entwickeln, dass die betreffenden Individualitäten sich wieder zur gleichen Zeit auf der Erde befinden. Das ist nicht schematisch starr, es gibt Verschiebungen, und es treten auch neue Menschen in den Lebenskreis. Aber in der Regel bleibt man in ein- und demselben Generationenschub.

Als geistige Individualität bewegt sich Christian Rosenkreutz frei und inkarniert sich so, dass eine eigene Verkörperungs- und Schicksals-Gemeinschaft bei ihm gar nicht mehr erkennbar ist. Die großen, fast immer inkarnierten Meister stehen so zwischen dem gewöhnlichen Menschen und dem Christus Jesus, der überhaupt kein Karma und keine Generationsgebundenheit in die Geburt brachte.

Mit dem Kindheitsbericht in der «Fama» lassen sich Rudolf Steiners Bemerkungen mühelos zusammendenken, ja, man kommt von selber darauf, dass es sich um eine mildere Form der Ereignisse des 13. Jahrhunderts handelt. In Bezug auf die Reisen allerdings scheint sich eine Diskrepanz aufzutun. Nach der «Fama» ist ja der Knabe Christian Rosenkreutz mit einem Klosterbruder schon so früh mitgereist, dass er mit etwa fünfzehn Jahren bereits in Damaskus war und dann weiterzog nach Damcar (Damasco in Arabia), wohin er mit sechzehn Jahren kam.

Im Wiener Vortrag vom 9. Februar 1912 sagt Rudolf Steiner, dass Christian Rosenkreutz im 14. Jahrhundert die «erste Hälfte» des nunmehr langen Lebens «zu großen Reisen» benutzte, «um aufzusuchen die verschiedenen Kulturstätten Europas, Afrikas, Asiens, um kennenzulernen, was in ihm damals im 13. Jahrhundert aufgegangen war. Dann kam er wieder nach Europa zurück.» In Neuchâtel hatte er am 27. September 1911 gesagt: Als dieser Dreizehnte «achtundzwanzig Jahre alt war, bekam er ein merkwürdiges Ideal. Er musste reisen und aus Europa fortziehen. Zuerst ging er nach Damaskus, und dort wiederholte sich noch einmal für ihn das Ereignis, das Paulus dort erlebt hatte. Dieses Erlebnis ist als die Frucht eines Keimes der vorigen Inkarnation zu bezeichnen.»

Es wird dann ausgeführt, dass «die Kräfte des wunderbaren Ätherleibes der Individualität des 13. Jahrhunderts … intakt geblieben» waren und nichts in den Weltenäther sich verflüchtigt hatte. «Dieser selbe feingeistige Ätherleib durchleuchtete und durchstrahlte wieder von der geistigen Welt aus die neue Verkörperung … Daher wurde er getrieben, das Ereignis von Damaskus noch einmal zu erleben.»

Nachdem Christian Rosenkreutz nach Europa zurückgekehrt war, «bestand sein Werk hauptsächlich in der Belehrung der Schüler der Zwölf» (28. September 1911). In der «Fama» ist von sieben Männern die Rede, welche er sich als Mitarbeiter herangezogen hat und denen er sein Wissen zu übergeben trachtet, bei Rudolf Steiner aber handelt es sich wiederum um zwölf. In der vorigen Inkarnation war durch die Zwölfheit des Kollegiums die Weisheit der Welt zu ihm gekommen, umstand ihn nicht nur in bestimmten Augenblicken, sondern umlebte ihn bei Tag und bei Nacht. Nun geht er seinerseits zu den Weisheitsquellen in aller Welt, «bereiste das ganze Abendland und nahezu die ganze damals bekannte Erde, um auf neue Weise wieder alle Weisheit aufzunehmen, von der aus im vorangegangenen Leben die Anregung zu dem neuen Impuls gekommen war, der gleichsam wie eine Essenz einträufeln sollte in die ganze Kultur der damaligen Zeit» (GA 130, Kassel, 27. Januar 1912).

Während der Zeit, da er die Zwölf unterrichtete – das Lehrer-Schüler-Verhältnis hat sich nun umgekehrt und von Christian Rosenkreutz strahlt alles Wissen aus –, «lernten kaum andere Menschen Christian Rosenkreutz kennen außer seinen Zwölf». Zwar ging er «unter anderen Menschen herum», aber sie bemerkten nicht, wer er war. «Das ist im Grunde ähnlich so geblieben bis heute. Aber der Ätherleib des Christian Rosenkreutz wirkte stets im Kreise der Schüler, und seine Kräfte wirkten in immer weiteren Kreisen» (GA 130, 28. September 1911).

Möglicherweise sind sieben unter diesen Zwölf noch eine besondere Gruppierung gewesen, denn in GA 264 heißt es auf Seite 211 f. (Gedächtnisnotizen von E. von Bredow nach einer Esoterischen Stunde in München am 10. oder 11. November 1905), dass Christian Rosenkreutz den Rosenkreuzerorden gründete, um die Menschheit zur Erkenntnis des Sittlichen zu führen. «… seine sieben Schüler legten den Anfang zur Erkenntnis des Gesetzes des Sittlichen, damit dieses nicht in dem von den Religionen Gegebenen in den Menschen nachklingt, sondern damit das Gesetz, als solches erkannt, in jedem Menschen zum individuellen Leben erwache. Die Wahrheit auf den Gebieten der Moral, der Sittlichkeit, der Güte soll als ein Erkanntes und Empfundenes im Menschen erstehen.»

In Berlin, am 4. November 1904, sprach Rudolf Steiner über «Das Mysterium der Rosenkreuzer» (GA 93, S. 58) und sagte: ehe die Inkarnation des 14./15. Jahrhunderts des Christian Rosenkreutz zu Ende ging, «hatte er eine Anzahl von Persönlichkeiten – die kaum die Zahl zehn überstieg – in den Gegenstand, in den er eingeweiht worden war, auch eingeweiht, soweit dies mit europäischen Menschen damals möglich war. Diese kleine Bruderschaft ... trug durch eine größere mehr äußerliche Bruderschaft einen gewissen Mythus in die Welt hinaus.»

Hier handelt es sich um die Weitergabe der Tempellegende und der damit verbundenen Geheimnisse, die Christian Rosenkreutz als Einweihung im Orient erhalten hatte. Es ist die Geschichte von Kain und Abel (die hier aber anders klingt als in der Bibel) beziehungsweise von Salomo und Hiram, dem Tempelbau und dem Guss des Ehernen Meeres.

Diese als Einweihung weiterzugeben war selbst in seinem engsten Kreise schwierig. «Christian Rosenkreutz selbst hatte damals im tiefsten Inneren der Rosenkreuzermysterien gewisse Geheimnisse dargestellt, wie sie nur wahrgenommen werden konnten von Menschen, die die notwendige Vorbereitung erfahren hatten. Aber, wie gesagt, in der kleineren Bruderschaft waren es nicht mehr wie zehn; das waren die eigentlich eingeweihten Rosenkreuzer ... es wurde dann eingekleidet in eine Art von Mythus. Seit seiner ersten Begründung im Anfang des 15. Jahrhunderts ist dieser Mythus vielfach in Bruderschaften erzählt und interpretiert worden. Erzählt wurde er in größerem Rahmen, interpretiert aber nur im engeren Kreis, denjenigen, die reif dafür waren.»

Am 23. Oktober 1905 in Berlin heißt es: «das Freimaurertum schuf ... die Tempellegende» (GA 93, S. 235). Das ließe vermuten, dass in Christian Rosenkreutz im 14./15. Jahrhundert auch das Freimaurertum damals sein Haupt gehabt habe, was aber sehr schwer mit seinem katholischen Ordensstatus in Verbindung zu bringen ist. – Alle diese Verhältnisse sind uns noch Rätsel mit vielen Siegeln.

Es trat uns schon bei dem Versuch, das Leben des Flor historisch genauer zu ergründen, Rudolf Steiners Aussage entgegen, dass die Individualität keine historisch berühmten Verkörperungen gehabt habe. Das trifft auch auf die Inkarnation im 14./15. Jahrhundert zu. Berühmt ist jetzt nur der okkulte Name geworden;

das Wirken als historische Persönlichkeit auf äußerem Felde verschwindet dahinter. Warum das so ist, kommt in Worten zum Ausdruck, die in Berlin am 23. Dezember 1904 gesprochen wurden (GA 264, S. 247): «Die Meister sind in der Regel nicht gerade historische Persönlichkeiten, sie inkarnieren sich manchmal, wenn es notwendig ist, in historischen Persönlichkeiten; aber es ist bis zu einem gewissen Grade ein Opfer. Der Grad ihres Bewusstseins ist nicht mehr vereinbar mit einem Wirken für sich selbst. Und ein Wirken für sich selbst ist schon die Erhaltung des bloßen Namens.»

Christian Rosenkreutz erhielt seine Einweihung – die sich dann spiegelt in dem Bericht von der «Chymischen Hochzeit des Christiani Rosenkreutz», die hundertzwanzig Jahre später von J. V. Andreae intuitiv aufgefangen wurde – im Jahre 1459, als er bereits einundachtzig Jahre alt war. So steht es auf den gedruckten Exemplaren, die anonym erschienen und deren Verfasser erst später identifiziert werden konnte. Rudolf Steiner bestätigt dieses Datum. In einem Vortrag über das Rosenkreuzertum am 15. Dezember 1907 in Düsseldorf (GA 98) beschreibt er, wie im 13./14. Jahrhundert der Umschwung zur materialistischen Epoche eintritt und die Verbindung des Menschen zum Geiste immer schwieriger wird. Das beginnt schon mit der Geburt. Es ist etwas ganz anderes, wenn der Mensch bei seinem Eintritt in die physische Welt von geistigen Gedanken empfangen wird, als wenn ein materialistisch denkender Arzt und eine materialistisch denkende Umgebung das Kind aufnehmen. «Da treten ganz andere Dinge dem Menschen entgegen», als das in früherer Zeit der Fall war, und damit werden schon in den Menschen Voraussetzungen für eine materialistische Denkweise geschaffen. – Solche Sätze lassen uns wiederum rückblickend empfinden, warum die hochgeistige Individualität, die im 13. Jahrhundert nur zu einer geistigen Großtat – nicht zu einem irdischen Werke – berufen war, den entsprechenden Empfang durch die zwölf Weisen erhielt.

Obwohl es notwendig war, dass die Entwicklung diesen Weg in den Materialismus hinein nahm, musste doch eine Methode geschaffen werden, die ein Aufsteigen in die geistige Welt dennoch möglich machte. «Diese Einweihungsmethode ist die rosenkreuzerische», sie war das Werk des Christian Rosenkreutz, sie wurde von ihm inauguriert. Streng geheim blieb der rosenkreuzerische Einweihungsweg durch die Jahrhunderte; am allerstrengsten verschlossen im 19. Jahrhundert. Erst im letzten Drittel des 19. Jahrhunderts konnte begonnen werden, den Schleier zu lüften.

Nun heißt es: «Im Jahre 1459 hat der eigentliche Begründer der Rosenkreuzerströmung selbst jene Stufe erlangt, durch die er die Macht hatte, auf die Welt so zu wirken, dass von ihm aus jene Einweihung der Welt gebracht werden konnte.»

Von jetzt an strömt nicht nur Weisheit, sondern die Kraft zur Einweihung anderer Menschen von Christian Rosenkreutz aus, und dies zu jeder Zeit, ganz unabhängig davon, ob er gerade verkörpert ist oder nicht. Als Leiter dieser Strömung kommt er immer wieder zur Erde und führt ein Leben sozusagen «in demselben Leibe». Was mit diesem Ausdruck gemeint ist, erläutert Rudolf Steiner so: Im physischen Leibe des Menschen findet ca. alle acht Jahre ein Austausch der Substanzen statt, aber der Mensch bleibt derselbe, weil sein Bewusstsein kontinuierlich erhalten bleibt. Des Eingeweihten Bewusstsein bleibt über den Tod hinaus erhalten, er baut sich auch bewusst den neuen Leib auf, wodurch sogar eine physische Ähnlichkeit sich erzeugen kann. «In dieser Weise lebte der höchste Leiter der Rosenkreuzerschulung durch Jahrhunderte hindurch.»

Am 22. Mai 1907 (GA 99) hatte Rudolf Steiner in München formuliert: «Im Jahre 1459 war es, als eine hohe spirituelle Individualität, verkörpert in der menschlichen Persönlichkeit, die vor der Welt den Namen *Christian Rosenkreutz* trägt, als Lehrer zunächst eines kleinen Kreises eingeweihter Schüler auftrat. 1459 wurde Christian Rosenkreutz innerhalb einer streng in sich abgeschlossenen spirituellen Bruderschaft, der Fraternität Rosae crucis, zum … Ritter des goldenen Steines erhoben.»

Hier mag in einem die Frage auftreten – da ja Christian Rosenkreutz selbst der Lehrende in dieser Vereinigung war, wer hat ihn denn «erheben» können, wer hat ihn eingeweiht?

Eine Antwort darauf findet sich im sogenannten, schon einmal zitierten «Dokument von Barr», den Aufzeichnungen, die Rudolf Steiner im September 1907 für Edouard Schuré geschrieben hat. Im II. Dokument wird über Christian Rosenkreutz gesprochen, und dass seine Schule vorbereiten sollte, «was der Esoterik öffentlich als Aufgabe zufallen müsse um die Wende des 19. und 20. Jahrhunderts, wenn die äußere Naturwissenschaft zur vorläufigen Lösung gewisser Probleme gekommen sein werde … Erst wenn *diese* materiellen Erkenntnisse [sie wurden aufgezählt] innerhalb der Wissenschaft ausgereift wären, sollten gewisse rosenkreuzerische Prinzipien aus dem Geheimwissenschaftlichen in die öffentliche Mitteilung eintreten.» Bis dahin wurde dem Abendlande eine christlich-mystische Initiation gegeben, und zwar durch den «Unbekannten aus dem Oberland» (dieser wird andernorts als Meister Jesus, das heißt der frühere Zarathustra-Jesus, bezeichnet).

Nun heißt es: «Als ein ‹höherer Grad› wird innerhalb dieser ganzen Strömung die Initiation des *Manes* angesehen, der 1459 auch Christian Rosenkreutz initiierte: sie besteht in der wahren Erkenntnis von der Funktion des Bösen» (GA 262, S. 23 f.).

Manes also hat Christian Rosenkreutz eingeweiht. Ob er damals im physischen Leibe war oder nicht, geht aus diesen Worten nicht hervor.

Der Gottesfreund vom Oberland und die Zusammenkünfte im Hochgebirge

Über das Wirken des Gottesfreundes vom Oberland (ein bürgerlicher Name ist nie bekannt geworden, ebenso wenig wie bei Christian Rosenkreutz) weiß man aus den erhaltenen Unterlagen im «Grünen Wörth» zu Straßburg. Der Gottesfreund hat vermutlich in der Schweiz, vielleicht im Berner Oberland, gelebt. Eine Überlieferung spricht von der Berges- und Waldeinsamkeit am *Säntis*, wo die Zusammenkünfte stattgefunden hatten. Der Säntis ist der höchste Gipfel (2502 m) der Appenzeller Alpen im Nordosten der Schweiz. Diese Nachricht soll den unveröffentlichten Tagebuchnotizen von Walter Johannes Stein entstammen. (Siehe: H. Wimbauer: «Über die Meister des Westens und die spirituelle Ökonomie»: Mitteilungen aus dem anthroposophischen Leben in der Schweiz, Nr. 2 und 12/2001, Marc Desaules «Auf den Spuren des Gottesfreundes vom Oberland».) Er hat zusammen mit dem Straßburger Bürger Rulman Merswin ein Kloster gegründet, das im Wesentlichen für Laien gedacht war, ein Haus der Zuflucht für Menschen, die ihr Leben der religiösen Vertiefung widmen wollten – dies aber in freierer Weise, als es in den strengen Gebundenheiten der Orden möglich war. Nach vier Jahren übernahmen die Johanniter den Grünen Wörth, beließen ihm aber seine Sonderregelungen, und ihr Komtur war in Freundschaft mit Rulman Merswin und dem Gottesfreund verbunden.[24] An Merswin und an diesen Komtur sendet der Gottesfreund hin und wieder Briefe durch seinen Knecht «Ruprecht». Ihnen schildert er auch die zwei Zusammenkünfte, die im Frühjahr 1379 und 1380 im Hochgebirge stattgefunden hatten. Sieben Eingeweihte aus aller Welt fanden sich am St. Gertrudentag – das ist der 17. März –

in «einem gar wilden, großen Gebirge» ein. Sie hatten den Gottesfreund als achten dazu gebeten, es kann sich aber nicht in dessen Heimstätte abgespielt haben, sondern an einem viel höher gelegenen und viel einsameren Orte. Es wird geschildert, dass dort eine kleine Kapelle in Stein gehauen war; nebenbei lebte in einem kleinen Häuschen ein Priester mit zwei jungen Brüdern. Die acht Persönlichkeiten gingen zu ihren Beratungen in den Wald und saßen dort bei einer Quelle zusammen.

Was diese Männer zusammenführte, war die Sorge vor einer großen Finsternis, die sie über die Welt kommen sahen, die Sorge vor einem göttlichen Ungewitter, um dessen Aufschub sie baten. In einem gemeinsamen geistigen Erlebnis wurde ihnen kund, dass ihre Bitte gewährt und das Unheil um ein Jahr aufgeschoben würde. Sie sollten dann aber nicht erneut bitten. Am Tag Unserer lieben Fraue, wahrscheinlich Mariae Verkündigung am 25. März, gingen sie wieder auseinander.

Zu Weihnachten erhält der Gottesfreund auf geistige Weise eine Berufung für den Hohen Donnerstag vor Ostern. Er soll jetzt der Dreizehnte sein, denn auf ähnliche Weise werden noch zwölf andere Männer berufen. Der Gottesfreund zählt sie auf:

Der eine stammte aus der Gruppe, die mit ihm im Oberland zusammenlebte, ein anderer wurde aus Mailand gerufen. Zwei kamen aus Ungarn und einer aus Genua. Das sind fünf. Ferner heißt es: «Einige von den Sieben, die zuletzt beisammen gewesen waren», wurden auch gerufen. – Das können ja allerhöchstens sechs gewesen sein, dann waren es elf Personen. Es fehlt die Nennung des Zwölften, aber aus dem weiteren Bericht ist ersichtlich, dass auch der «priesterliche Hauswirt» Teilnehmer im engen Kreise war.

Nun hat nach mündlicher Überlieferung Rudolf Steiner in einem Gespräch mit Wilhelm Rath am 16. Oktober 1922 gesagt:

«Sehen Sie, da haben Sie den Übergang zum Rosenkreuzertum. Es handelt sich um dasselbe, worauf Goethe in seinem Gedicht ‹Die Geheimnisse› hingedeutet hat. Seither ist Christian Rosenkreutz die führende Wesenheit im abendländischen Geistesleben. Er ist seitdem in jedem Jahrhundert inkarniert, ebenso wie auch der Meister Jesus, der Gottesfreund vom Oberland. Beide lösen einander in jedem Jahrhundert ab und der Meister Jesus wirkt seither auch im Sinne von Christian Rosenkreutz» (GA 264, S. 238).

Ebenso ist aus Gesprächen mit W. Klein und Emil Bock vom Februar 1924 überliefert, dass Rudolf Steiner auf die entsprechende Frage betonte: Der Gottesfreund ist nicht Christian Rosenkreutz, aber dieser «war in dem Kreise der zwölf Gottesfreunde, von deren geheimen Zusammenkünften der Gottesfreund vom Oberland berichtet» (ebenda).

Es besteht nun die Möglichkeit zu denken, dass von den vormals sieben nur fünf berufen worden wären, was auf «einige von den Sieben» auch besser passen würde – oder aber es ist doch nicht so gemeint, dass Christian Rosenkreutz zu den Zwölf selbst gehört hat, obgleich man das aus der mündlichen Formulierung annehmen möchte. Aber wie gesagt, es ist eine mündliche Überlieferung und könnte im Original in Nuancen anders geklungen haben. Nuancen, welche die Hörenden damals nicht verstanden. Denn Christian Rosenkreutz war 1380 ein kleines, zweijähriges Kind. Seine Teilnahme kann auf keinen Fall auf normale Weise physisch gedacht werden. Auch könnte er aus diesem Grunde die Versprechen nicht auf sich genommen haben, die der Gottesfreund von den Dreizehn berichtet. Nach einem übersinnlichen Erlebnis verpflichten sich alle Dreizehn, sich während dreier Jahre in strenger Klausur von der Welt zurückzuziehen; dann, so das göttliche Versprechen, würde das Unheil um weitere drei Jahre verschoben werden. Danach würde ihnen der Heilige Geist weitere Weisung geben.

Es ist also diesen Menschen auf dem mystischen Wege zwar eine Vertröstung, aber nicht eine Erleuchtung derart gegeben worden, dass sie den neuen Weg durch die Finsternis schon hätten finden können. Aber während sie sich in so großer Seelennot um die Menschheit zusammenfanden, war derjenige gerade geboren worden, der diesen Weg begründen sollte. Wir sehen ein Beispiel, wie sich Meister Jesus und Christian Rosenkreutz ablösen. Ihre Wirkenszeit läuft nicht parallel, aber ihre Inkarnationszeit überschneidet sich leicht; der Gottesfreund ist schon sehr alt, als sich all dieses zuträgt. Es ist der letzte Brief und Bericht, den er an den Grünen Wörth sendet. Er verabschiedet sich darin, und obgleich man ihn zwei Jahre später, anlässlich des Todes von Rulman Merswin, sucht, hat niemand ihn gefunden.

Wie wir in dem Bericht hören, waren unter den ersten Sieben, mit denen der Gottesfreund zusammenkam, drei Priester. Auch unter den Zwölfen sind zumindest zwei Priester gewesen (der priesterliche Hausherr und der Begleiter des Gottesfreundes), wahrscheinlich aber waren es viel mehr. Bei dem Brief, den die Dreizehn bei einem gemeinsamen Geisterlebnis erhalten, wird ausdrücklich darauf hingewiesen, dass er in allen Sprachen lesbar ist. Das macht uns darauf aufmerksam, dass die Teilnehmer ja aus verschiedenen Ländern stammen. Bei ihren gewöhnlichen Beratungen wäre eine Verständigung nicht möglich gewesen, wenn nicht wenigstens die meisten einer gemeinsamen Sprache mächtig gewesen wären. Das kann damals nur das Latein gewesen sein, das aber außerhalb der kirchlichen Kreise nur wenige sprachen. Man kann daraus ersehen, dass okkult Eingeweihte zu damaliger Zeit sich durchaus als Tätige innerhalb der Kirche befunden haben können. Wenn sie auch ein vertieftes Christentum pflegten und Einsichten hatten, die über die offizielle Lehre weit hinausgingen, wurden sie bei genügender Geheimhaltung und bei dem damals ohnehin stark mystischen Zug, der vielen Klosterleuten geistige Erfahrungen bescherte, durchaus nicht ketzerverdächtig.

Rudolf Steiner zog eine Parallele zu Goethes Gedicht «Die Geheimnisse». Dort erscheint der junge Bruder Markus bei den Zwölfen, die ahnen, dass sie ihren Dreizehnten bald verlieren werden. Wenn es sich um die Ablösung durch das Rosenkreuzertum gehandelt hat, dann tritt der eben verkörperte Christian Rosenkreutz nun als Dreizehnter an die Stelle des Gottesfreundes. So gesehen kann er zwar unter den Zwölf, aber nicht als einer von ihnen gedacht werden.

In den Ausführungen über die drei Erweckungen, die wir hier besprechen konnten, war der Blick auf den Jüngling zu Nain und auf Lazarus gelenkt worden. Die Inkarnationslinie des Lazarus führt zu Christian Rosenkreutz, der Jüngling zu Nain wurde als Manes wiedergeboren. Der Zarathustra-Jesus tritt uns hier als Gottesfreund vom Oberland entgegen. Christian Rosenkreutz löst den mystischen Geistesweg durch den naturwissenschaftlich-«chymischen» ab, und seine Einweihung leitet Manes. Das große Zusammenspiel der Meister tritt, wie durch den Spalt eines Vorhangs, in unseren Blick.

Versucht man sich die Situation im wilden Hochgebirge genau vorzustellen, so fragt man sich, wie in dem kleinen Häuschen, in dem der Priester mit zwei Mönchen lebte, zuerst weitere sieben und später sogar zwölf untergebracht worden sein mögen. Man kann nur hoffen, dass die Nächte im März damals mild gewesen sind, denn es hat wohl mancher im Freien schlafen müssen. Solche Überlegungen führen dazu, der großen körperlichen Mühsal zu gedenken, welche alle Beteiligten auf sich nahmen, denn diese sind auch für die heiligen Männer durchaus vorhanden.

Der Gottesfreund lässt in seinem Bericht erkennen, wie schwer körperlich leidend er war: «Auch wundert es mich, was Gott damit meinen mag, dass ich dorthin fahren soll, und er weiß doch gut, dass ich vom Reisen krank geworden bin und alle Tage zu Mittag und zur Mitternacht von Frost und Hitze befallen werde. Nun ist es doch über mich verhängt, dass ich vor diesen Ostern in großer Krankheit reisen muss. Da es nun Gott also haben will, so tröste ich mich darin: was ich nicht vermag, das vermag Gott wohl.»

Die irdischen Verkörperungen liegen mit ihren physischen Bedrängnissen als schweres Kreuz auch auf den großen Meistern. Christian Rosenkreutz war im 13. Jahrhundert in seinem ganzen kurzen Leben schwach und krank, und in der «Fama» hören wir von «der Leibesbeschwerlichkeit», die ihn später in Damaskus festhielt. Die Leiber, welche die immer mehr materialistisch werdende Zeit hergeben kann, sind wenig geeignet, hohe Individualitäten in sich zu bergen und ihnen für ein stark geistdurchwobenes Leben die rechte Hülle zu sein. Die Meister trösten sich aber, dass sie in diesem Leiden Christus nachfolgen, der ein noch schmerzlicheres Los mit seiner Verkörperung auf sich genommen hatte. Wenn man bedenkt, dass es sich bei Christian Rosenkreutz um dieselbe Individualität handelt, die als Evangelist Johannes unbeschadet dem siedenden Öl entstieg, so mag ein Teil Zeitenkarma und ein Teil dieser Leiden wohl auch stellvertretendes Opfer sein, das die Meister zur Erfüllung ihrer Mission freiwillig auf sich nehmen.

Obgleich die rosenkreuzerische Bruderschaft sich in den kommenden Jahrhunderten von der Außenwelt abgeschlossen hielt und nach strengen Regeln, aber unauffällig, lebte, suchte sie doch ihrer Mission nachzukommen, in die Kultur Mitteleuropas Spirituelles einfließen zu lassen. Rudolf Steiner bezeichnet einige Wegmale eines solchen Aufleuchtens rosenkreuzerischer Gedanken, indem er Lessings «Erziehung des Menschengeschlechts» und Goethes Gedicht «Die Geheimnisse» und sein Märchen «Von der grünen Schlange und der schönen Lilie» nennt. Er spricht aber auch von «einer Art Verrat», der begangen wurde, indem «gewisse Vorstellungen rosenkreuzerischer Weisheit exoterisch hinausdrangen in die große Welt». Dieser Verrat einerseits und andererseits die Notwendigkeit, während des 19. Jahrhunderts die Entwicklung von Esoterik unbeeinflusst zu lassen, führten zum scheinbaren Zurücktreten der rosenkreuzerischen Impulse.

VIII

Rosenkreuzertum und Rosenkreuzerschulung

In die Zeit zwischen dem 13. und 15. Jahrhundert – exakt gesagt zwischen 1200 und 1500 – eine Spanne, in welche zwei Inkarnationen des Christian Rosenkreutz (ca. 1255–1275 und 1378–1484) einverwoben liegen – ist hineinzudenken, was Rudolf Steiner in dem Dornacher Zyklus über die «Mysterienstätten des Mittelalters, Rosenkreuzertum und modernes Einweihungsprinzip» 1924 sagt (GA 233a). Da wird am 5. Januar von einer Initiationsart gesprochen, die in der Zeit «um das Jahr 1200» auftreten konnte. Sie lag also vor dem Dunkelheitseinbruch in der Jahrhundertmitte. Sie war Nachzügler der alten Mysterieneinweihungen, die an bestimmte dafür geeignete Stätten gebunden waren.

Das konnte es jetzt nicht mehr geben, denn es waren keine erkennbaren Mysterienstätten mehr vorhanden. Aber wenn ein junger Mensch nach höherem Wissen strebte, so konnte es sein, dass er einem älteren Mann begegnete, der ihn in seinem Streben anleitete.

Dieser Lehrer «führte ... eines Tages» den Schüler auf «einen hohen Berg»; die irdische Welt lag unter einer Nebeldecke sehr weit entfernt, und die Worte des Lehrers entrückten den Jüngling auch innerlich immer mehr seinem bisher gewohnten Leben, das ihm nur noch wie ein Traum dünkte. Da hatte er das Erlebnis, dass «ihm aus einer Felsenspalte ... ein ... Knabe» entgegentrat – «der Geist seiner Jugend». Es findet in einem innerlichen Austausch eine Art «Gespräch» statt, in dem der Jüngling den einstigen «kindlichen Vorstellungen» nun von seiner Reife abgibt, während «der Geist der Jugend [ihm] ... von seiner Frische» zuströmt. Das von dem Lehrer geleitete Gespräch befasst sich hauptsächlich mit der Schöpfungsgeschichte des Alten Testamentes und mit der «Menschwerdung Christi». Wie «in Ätherhöhen» gehoben, begreift der Schüler, «dass die Götter den Menschen die Offenbarung gegeben haben, weil die Menschen in der Lage, in der sie auf der Erde sind, durch die Werke der Natur hindurch nicht die Werke der Götter erforschen können». Den Wert der religiösen Offenbarung hat der Schüler begriffen.

Ein anderes Mal führt der Lehrer ihn in eine Höhle. Er dringt nun «in die Erdentiefe»; wiederum entfernt sich das irdische Leben. Hier kommt «dem Schüler ein Greis entgegen … Er fühlte sich selber im zukünftigen Greisenalter.» Dadurch beginnt er, seine eigene physische Organisation kennenzulernen, sein Eins-Sein mit der Natur und dem Kosmos zu erleben. Jetzt lernt er durch die Naturprozesse hindurch auf das Wirken der Götter zu schauen.

So geschehen um 1200. Von Erlebnissen dieser Art ging dann die mittelalterliche Mystik aus, die Suche nach Selbsterkenntnis als Weg zum Göttlichen.

Dann wird bei Rudolf Steiner gesagt, dass an «einer Lehrstätte … der ersten ursprünglichen Rosenkreuzer» (es muss hierbei wohl an das 14. Jahrhundert gedacht werden, da vorher die Mystik und Raimundus Lullus [1234–1315] besprochen sind) wie eine «Fata Morgana» aufgetaucht seien die Lehrer-Schüler-Szenen auf dem Berge und in der Höhle. Sie kamen «wie als Gespenst wieder» und «spiegelten [sich] als Vision innerhalb einer Rosenkreuzer-Lehrstätte». Dort erkannte man, dass mit dem Schüler auf dem Berge eine starke «Loslösung des astralischen Leibes» vor sich gegangen war. Und in den Erdentiefen «war der astralische Leib … zusammengezogen» worden, «sodass der Schüler die Geheimnisse des eigenen Menscheninnern wahrnahm». Nun erarbeitete man «innerhalb der Rosenkreuzerei … Übungen … die in symbolischen Figuren bestanden, denen man das Gemüt hingab, über die man meditierte», und erreichte damit dasselbe, was einst mit dem Gang auf den Berg oder in die Höhle erreicht worden war.

Am 6. Januar 1924 hören wir dann von Versammlungsstätten, in denen in schlichtester Weise Erkenntnis suchende Menschen «in … einer Atmosphäre von Frömmigkeit» versammelt waren. «Und bei einer solchen Versammlung … in dem einfachen Wohnraum eines schlossartigen Hauses», wo in denkerisch-meditativer Stimmung wenige Menschen beisammen waren, «geschah es, dass zu ihnen ein Wesen trat, aber jetzt ein Wesen, das nicht Fleisch und Blut hatte … sondern ein Wesen, das eigentlich nur im ätherischen Leibe in dieser kleinen Gemeinschaft erscheinen konnte. Und dieses Wesen enthüllte sich als dasselbe, das jenen Schüler um das Jahr 1200 geführt hatte. Aber es war im Post-mortem-Zustande. Es war aus der geistigen Welt zu diesen Menschen herniedergestiegen, die es angezogen hatten durch ihre fromm-mystisch, meditativ-denkerische Stimmung.»

Hier merkt man, dass bei der Szene um 1200 in dem damals leibhaftig verkörperten Lehrer auf eine bestimmte Individualität hingeblickt wird, die sich dann später leibfrei um die Weiterentwicklung bemüht, die sich nun in den Rosenkreuzerkreisen abspielt.

«… dieses Wesen sagte: … ich bin unter euch … ohne physischen Leib, weil … Eingeweihte der alten Art … [jetzt] im physischen Leibe nicht erscheinen können. Diese Zeit wird wieder kommen, wenn die Michael-Periode anbrechen wird.»

Es kann sich bei diesem Wesen, das als Eingeweihter alter Art bezeichnet, aber mit keinem Individual-Namen vor uns genannt wird, um Christian Rosenkreutz nicht handeln, auch nicht um Meister Jesus.

Nun wird geschildert, dass «drei aus dem Kreise» der Versammelten ihre «mystisch-meditativ[e] … Stimmung» besonders stark ausbilden konnten. Sie kamen dabei «von Zeit zu Zeit [in] eine Art Geistesabwesenheit [und] … wurden in Bezug auf ihre äußerliche Körperlichkeit wunderschön, erlangten etwas wie ein glänzendes Antlitz, sonnenleuchtende Augen». In «dieser Zeit schrieben sie symbolische Offenbarungen [nieder], die sie aus der geistigen Welt … erhielten … Diese symbolischen Offenbarungen waren die ersten Bilder, in denen den Rosenkreuzern geoffenbart worden ist, was sie wissen sollten über die geistige Welt. In diesen symbolischen Offenbarungen war enthalten eine Art Philosophie, eine Art Theologie, eine Art Medizin.»

Die anderen behüteten und «pflegten innig» diese drei Auserwählten. Es handelte sich aber nicht – das betont Rudolf Steiner immer wieder – um mediale Kräfte. Gerade diese «kleine Gemeinschaft … hätte … jede Verwendung medialer Kräfte, auch jeden Anklang an mediale Kräfte als etwas tief Sündhaftes betrachtet».

Nun zeigte es sich, dass die drei Brüder die symbolischen Bilder zwar aufzeichnen, aber nicht in irdischer Sprache erklären konnten. Das konnten die anderen. «… es scheint mir, als ob … [es] viere gewesen wären, sodass das Ganze eine Gemeinschaft von sieben gewesen war», sagt Rudolf Steiner. Die anderen hatten durch das Erlebnis der Verwandlung ihrer drei Freunde, durch den Anblick ihrer sonnenglänzenden Augen, die Fähigkeit erlangt, zu verstehen und in irdische Worte zu prägen die Botschaft dieser symbolischen Bilder. «… vieles von dem, was dann übergegangen ist in die philosophisch-theologische … nicht … in die kirchlich-theologische, sondern in die profan-theologische und in die medizinische Literatur, ist ursprünglich diesem eben gekennzeichneten Quell entsprossen.

Und in kleineren Kreisen, die durch die ersten Rosenkreuzer organisiert worden sind, ist dann dasjenige verbreitet worden, was an solchen Symbolen aus der geistigen Welt erhalten worden ist.»

Die Schwierigkeit bei diesen so gewonnenen Offenbarungen war, dass sie als höchste Erkenntnisse gegeben und anerkannt wurden, man aber an den geistigen Ursprungsquell selbst nicht mehr herankam. Es musste den Menschen «eigentlich allmählich unheimlich» werden. Das gewöhnliche Bewusstsein reichte nicht in die Sphären dieser Geheimnisse. Dadurch mengte sich Schwindel und Scharlatanerie ein. Scharlatanhaftes und Höchstes in der Offenbarung ist nie «so nahe beieinander gewesen wie in dieser Zeit … das Echte vom Falschen zu unterscheiden», ist äußerst schwierig – «daher auch von vielen die ganze Rosenkreuzerei als eine Scharlatanerie angesehen wird».

Interessant im Rückblick auf unsere Betrachtung des Lebens des Christian Rosenkreutz und die Satzung seiner allerersten Bruderschaft ist, dass hier gesagt wird: diejenigen, die allmählich «von den ersten Rosenkreuzern zu einer größeren Bruderschaft» gesammelt wurden, erschienen da und dort in der Welt meistens im Arztberuf, und indem sie Kranke heilten, verbreiteten sie gleichzeitig vieles an Erkenntnissen. Aber: «Es hat die Verbreitung einen etwas peinlichen Charakter, weil ja die Menschen … gar nicht sagen konnten, wie der Zusammenhang mit der geistigen Welt ist, in dem sie standen.» Die Allgemeinheit wurde ängstlich in Bezug auf geistige Offenbarungen, da man Gutes und Böses so schwer unterscheiden konnte.

Als Beispiele gibt Rudolf Steiner zwei Persönlichkeiten an. Einmal *Raimund von Sabunda*, einen spanischen Philosophen, um 1430 geboren, der in Toulouse lehrte. In seinen Werken ist als Hintergrund etwas zu spüren von jener Offenbarung, die einst «jener Berg- und Erdenklüftelehrer seinem Schüler um das Jahr 1200 übermacht hat …

Und doch wiederum, das Ganze ist in unbestimmtere und unpersönlichere Redensarten getaucht.» Der Grund ist, «dass Raimund … seine Offenbarungen … auf dem Umweg durch die wahre Rosenkreuzerei» empfangen hatte. In ihnen wirkte «der große Eingeweihte vom 12. Jahrhundert» weiter inspirierend fort. «Denn im Grunde genommen ging von ihm und denjenigen, die mit ihm in der geistigen Welt waren, all jene Offenbarung aus, die dann durch die Rosenkreuzerei so zog, wie ich es für die Rosenkreuzerei öfters beschrieben habe. Die Stimmung gab er.» – Die Stimmung ist jene Bruderschaftsgesinnung, die so schlicht und innig war und die darauf beruhte, dass man wie jene sieben erlebte, dass man aufeinander angewiesen war. Die einen können mehr das Geistige erreichen, die anderen können es umsetzen in Erdengedanken. «Und sie empfanden allmählich immer mehr und mehr, dass die Entwickelung der Menschheit zur Freiheit hin so ist, dass das Band zwischen den Menschen und den Göttern ganz zerreißen würde, wenn es nicht aufrechterhalten würde durch solche Bruderschaft, wo wirklich einer auf den andern angewiesen ist.» Gewissermaßen als Beauftragter der Götter scheint dieser unbekannte Meister auf der geistigen Seite das Band zu halten, und zugleich die Menschen lehrend, wie sie auf ihrer Seite sich verhalten können. Er inspiriert sie zur mystisch-meditativen Stimmung, die sich in kleinen Gemeinschaften entwickeln kann. Und er gibt in diese Stimmung hinein die entsprechenden Offenbarungen. «Aber Ängstlichkeit bemächtigte sich doch nun solcher Geister. Raimund von Sabunda war ein mutiger, ein kühner Geist», anders ist es zum Beispiel bei *Pico de Mirandola*, der gleichfalls im 15. Jahrhundert, von 1463 bis 1494, das heißt auch teilweise zeitgleich mit Christian Rosenkreutz, in Italien lebte.

Auch bei ihm spürt man, sagt Rudolf Steiner, «die Fortsetzung der Weisheit jenes alten Eingeweihten auf dem Umwege durch die Rosenkreuzerströmung». Pico sieht den Ursprung von allem, was auf der Erde geschieht, das Entstehen der Pflanzen ebenso wie etwa die Begegnungen unter Menschen, nicht auf der Erde, sondern in den Sternen. Aber er zieht sich gleichzeitig von diesem Wissen zurück und sagt, man solle es nicht gebrauchen. Er bekämpft sehr heftig die alte Astrologie. Er sagt, zwar ist alles auf der Erde aus «kosmischen Ursachen [her] bewirkt, aber der Mensch soll verzichten, diese kosmischen Ursachen zu erkennen. Der Mensch soll sich auf die Erde beschränken. – Und so tritt uns im 15. Jahrhundert der freiwillige Verzicht auf die höchste Erkenntnis bei einer so charakteristischen Persönlichkeit wie Pico de Mirandola entgegen.» Diese Tatsache «von der denkbar weittragendsten Bedeutung» ist das erste Auftreten eines Postulierens der «Grenzen der Erkenntnis». Aber diese Tendenz tritt nicht umsonst und unbegründet in jenen Jahrzehnten auf. Sie hat einen spirituellen Hintergrund. Eine bewusst vollzogene Kultushandlung hatte in der zweiten Hälfte des 15. Jahrhunderts stattgefunden. Ihr Inhalt war, das Opfer der Sternenerkenntnis zu bringen.

Rudolf Steiner versetzt uns «in eine … jener anspruchslosen Versammlungswohnungen». Darin standen «Menschen … vor einer Art von Altar» in größter Feierlichkeit versammelt. Sie vollzogen eine Kultushandlung, indem sie sich sagten: wir wollen uns verantwortlich fühlen für die gesamte Menschheit. Diese hat durch ihren zu tiefen Sturz in die Materie den Rang der vierten Hierarchie verloren. Damit sie wieder zu den Göttern und diesem ihrem Rang aufsteigen kann, «sei geopfert die höhere Erkenntnis für eine gewisse Zeit». – Das Opfer wurde von der geistigen Welt angenommen. «Den Menschen aber wurde dafür der Impuls zur Freiheit aus der geistigen Welt möglich.»

Das vollzog sich also in jener zweiten Hälfte des 15. Jahrhunderts, in der auch «anno 1459» die Erhebung des Christian Rosenkreutz zum Ritter vom Goldenen Stein durch (den verkörperten?) Manes geschah und jene Einweihung, von der in der «Chymischen Hochzeit» berichtet wird. Es ist ein außerordentlich reiches geistiges Gemälde, das sich durch Zusammendenken vor uns entfaltet und die Impulse angibt, die damals durch die Rosenkreuzerströmung gingen.

Es zeigt sich dabei, wie einerseits noch eine Offenbarungswelle die Rosenkreuzerei durchströmte, inspiriert von dem nicht verkörperten Eingeweihten der alten Art, der die «Stimmung» in die Seelen gab, dass andererseits aber Christian Rosenkreutz nach seiner «chymischen» Einweihung das Erkenntnisleben auf ganz neue Weise befruchten wollte.

Aus der ersten Strömung gingen auch für die späteren Jahrhunderte, bis in den Beginn des 19. Jahrhunderts hinein, Menschen von der Art des Felix Balde hervor[25] – einfache Menschen, Pflanzensammler und dergleichen, die aber ein Herzenswissen hatten, das kaum in Worte gebracht werden konnte. Es war dies nicht Sternenweisheit, sondern ein Einfühlen in die Natur und ein Erleben des Göttlichen darin. Es handelt sich dabei um einen «der Wege neben den andern, die ich Ihnen geschildert habe, wie auf gefühlsmäßige Weise … Menschlichkeit, Göttlichkeit in weiten Kreisen … verbreitet worden ist».

Was früher «in einer konkreten, wenn auch instinktiven Erkenntnis da war», das lebte sich in der Zeit vom 15. bis in den Beginn des 19. Jahrhunderts mehr aus als ein «gefühlsmäßiges Hingegebensein an das Geistige der Welt» (GA 233 a, Vortrag vom 11. Januar 1924).

Im 15. Jahrhundert vollzog sich hinter den Kulissen der sichtbaren Welt auf vielen Gebieten ein geistiger Umschwung. Christian Rosenkreutz und seine

Schüler versuchten, in der Neuorientierung, die jetzt zwischen Menschen- und Götterwelt eintrat, die neue Haltung des Menschen zu finden und durch ihr eigenes Verhalten zu begründen. So hörte um diese Zeit, als die Naturwissenschaft das Szepter ergriff und als Folge davon auch das kopernikanische Weltbild seinen Siegeszug antreten sollte (Kopernikus 1473–1543), eine «bedeutsame Vorstellung des mittelalterlichen Menschen» auf, die Seelen und die Gedanken zu durchdringen. Diese Vorstellung ist ausgedrückt in dem Wort: «Die Sonne, der unrechtmäßige Fürst dieser Welt.»

Zugrunde liegt dem die Anschauung, dass die Gestirne geistige Intelligenzen haben, welche alles regeln, was mit dem betreffenden Fixstern oder Planeten im Dasein des Weltganzen überhaupt zusammenhängt. Sie haben auch jeweils Widersacher, das sind die sogenannten Dämonen des Gestirns. Für die Erde war der Mensch vorgesehen, die Intelligenz dieses Gestirns zu sein, durch seinen Sturz aber ging er der Fähigkeit dazu verlustig. Des Menschen bemächtigte sich jetzt der Dämon der Erde und gebrauchte ihn als sein Werkzeug. «Dadurch aber, dass der Mensch seine Aufgabe … nicht gefunden hat, dadurch hat die Erde auch nicht ihre würdige Stellung im Kosmos.» Der Erde fehlte ein rechtmäßiger Regent, dadurch fiel der Sonne die Aufgabe zu, von außen zu regulieren, was «eigentlich auf Erden verrichtet werden» sollte. «Die Sonnenkräfte sollten [eigentlich nur] … durch den Menschen für das Dasein der Erde wirken.» In diesem Sinne ist die Sonne «der unrechtmäßige Fürst» der Erde.

Durch diese Anschauung bekam die Christustat eine ganz große Dimension für den Gläubigen, denn Christus zog von der Sonne weg, um einzuziehen in Menschen- und Erdengeschick. «Damit war für den mittelalterlichen Menschen der Christus die einzige Wesenheit, die im Kosmos die Aufgabe des Menschen auf Erden gerettet hat … nun können Sie wissen, warum in der Rosenkreuzerzeit dem Schüler immer wieder eingeschärft wurde: O Mensch, du bist ja nicht das, was du bist. Der Christus musste kommen, um dir deine Aufgabe abzunehmen, um für dich deine Aufgabe zu verrichten.» Mit dem 15. Jahrhundert ging diese auf instinktiver Geistesschau beruhende Auffassung zugrunde. Aber in den einsamen, von der Welt kaum bemerkten Stätten der Rosenkreuzerschule wurde den Zöglingen gezeigt, wie im ptolemäischen Weltsystem die Erde für den Menschen der Mittelpunkt ist, der Mittelpunkt des Weltenalls. Sie trägt die Kräfte in sich, ihren Gang durch den Kosmos von sich aus zu bestimmen und die anderen

Gestirne zu ihrer entsprechenden Umkreisung um die Erde zu dirigieren. Es «wurde dem Schüler gesagt: Wenn man dasjenige, was der Erde beste Kräfte sind, wirklich studiert, so kommt man zu keinem anderen Weltsystem als diesem. Aber so ist es eben nicht. Es ist nicht so durch die Schuld des Menschen ... die Erde [ist] unberechtigterweise in den Sonnenbereich übergegangen», und so kann das kopernikanische Weltsystem entstehen, in dem die Erde sich um die Sonne dreht. Das ist «ein durch menschliche Schuld bewirkter Weltenirrtum».

Und es legten die Lehrer dem Schüler dar, dass die «Wissenschaft ... durch die Schuld des Menschen» gestürzt und darum «eine Wissenschaft des Dämonischen geworden» ist.

Einerseits ging vom 15. Jahrhundert bis in den Beginn des 19. Jahrhunderts eine das Gemüt durchziehende Sehnsucht nach dem Göttlichen im Allgemeinen durch die europäische Menschheit und hat manche Blüte zutage treten lassen, die vom «Zauberhauch des Spirituellen» umweht ist. «Aber neben alledem geht eine sich verknöchernde Saat auf des Unverstandes alter spiritueller Wahrheiten», sie zeigt sich als Unvermögen, an das Geistige heranzukommen «in einer der Zeit entsprechenden Weise». «... in diesem 19. Jahrhundert ist das, was man noch mit einem gewissen ... Abscheu vor seinem dämonischen Charakter im 18. Jahrhundert angesehen hat, etwas Selbstverständliches geworden. Man hatte nicht die Kraft, sich zu sagen: Kopernikus – sehr schön, aber eine Anschauung, die nur dadurch hat kommen können, dass der Mensch eben nicht das geworden ist auf der Erde, was er ... hätte werden sollen, dass die Erde regentenlos dastand und das Erdenregiment an den widerrechtlichen Fürsten der Welt ... übergegangen ist, weshalb ... Christus die Sonne verlassen hat und sich mit den Erdengeschick vereinigt hat.»

Erst mit dem Beginn der Michaelzeit am Ende des 19. Jahrhunderts ist es wieder möglich geworden, «in diese Dinge mit ursprünglicher menschlicher Klarheit hineinzusehen».

Am 12. Januar 1918[26] heißt es: «Lesen Sie nach bei *Thomas von Aquino*. Sie werden überall finden, dass er in jedem Planeten die englische Intelligenz sieht – nicht engländische, die engelische Intelligenz. Und so in den übrigen Sternen ... Man musste aber, um fortzuschreiten, eine Zeitlang ... die Seele aus dem Weltenall heraustreiben, um das Skelett, die reine Maschinerie des Weltenalls, vorzustellen. Die kopernikanische, die galileische, die keplersche Weltanschauung musste kommen. Aber nur Toren sehen sie als etwas letztlich Gültiges an. Sie sind ein Anfang, aber ein Anfang, der sich weiter entwickeln muss.»

Rudolf Steiner bringt noch zwei sehr eindringliche Beispiele von sehr «einsamen», einsiedlerischen Kreisen, wo sich um einen bedeutenden Lehrer wenige Schüler scharten und etwas von dem untergegangenen Wissen durch die Jahrhunderte weitertrugen. Das hat sich vom 16. bis in den Beginn des 19. Jahrhunderts zugetragen. Für die frühe Zeit nennt er zwei Namen: Faust und Paracelsus (um 1493–1541). «... es ist ganz gewiss, dass sowohl diejenige Persönlichkeit, die Ihnen bekannt ist unter dem Namen Faust, wie auch die andere, die Ihnen bekannt ist unter dem Namen des Paracelsus, dass diese beiden Persönlichkeiten auf ihren Wanderungen an solche einsamen, man möchte sagen, seelische Höhlenbewohner gestoßen sind und von ihnen manches erfahren haben, was sie dann durch eine innere Fähigkeit, die auch gerade bei diesen Persönlichkeiten mehr instinktiv war, weiter ausgebildet haben.»

Es ist ihm wichtig, auch für die späte Zeit, nämlich für die ersten Jahrzehnte des 19. Jahrhunderts, noch Beispiele zu geben von «einer solch einsamen Schule Mitteleuropas. Da gab es in einem ganz kleinen Kreise eine sehr eindringliche Lehre von dem Menschen.» Rudolf Steiner betont, dass er die Existenz dieses kleinen Kreises geistig gefunden hat, da er ja dazumal nicht in der physischen Welt war. «Es ist seit langem auf einem geistigen Wege mir bewusst geworden, dass es in einem gewissen Orte Mitteleuropas eine solche kleine wissende Gemeinschaft gegeben hat.» Rudolf Steiner hat durch eigene Forschung Wesentliches von diesem Wissen selber gefunden, und erst dadurch ist ihm klar geworden, «was sich [da] aus alten Zeiten wirklich wie eine überwältigend große Weisheit erhalten hat». Er schildert das dann näher, «wie da ein ... meisterhaft durchgebildeter, man kann schon sagen, Geheimwissenschafter seine Schüler darin unterrichtet, dass man mit den alten Symbolen ... die da bestehen aus gewissen geometrischen Formen ... so unmittelbar nichts anfangen könne». Auf die Bedeutung dieser Symbole kommt man nicht durch «Herumreden» und Deuteln, sondern nur, «wenn man sie im Wesen der eigenen menschlichen Organisation wiederfindet». Er führt das dann sehr ausführlich aus im fünften Vortrag des Dornacher Zyklus vom 12. Januar 1924, bei dem ich immer noch bin (GA 233a).

Im sechsten Vortrag vom 13. Januar 1924 entwickelt Rudolf Steiner ein ganz bedeutsames Beispiel für die Veränderungen, die zwischen geistiger und Menschenwelt nun um das 15. Jahrhundert herum vorfallen und wie Christian Rosenkreutz es ist, der die größten und schwerwiegendsten Fragen, die sich daraus ergeben, einsieht und stellt. Er ist dadurch «tonangebend ... für die Art und Weise, wie beim Heraufkommen der neueren Menschheitsimpulse ein erleuchteter Geist, ein erkennender Geist in ein Verhältnis zur geistigen Welt sich setzen kann». Zugleich mit dem Rosenkreuzertum, das mit einem «faustischen Streben» seinen Sinn zur geistigen Welt hin lenken will, kommt mächtig die naturalistisch denkende Wissenschaft herauf, und ihre Träger stehen anders zur Welt, als das bisher überhaupt je der Fall war, auf jeden Fall anders, als die Träger des Rosenkreuzer-Impulses das wollen konnten.

Nun wurden einst in den vergangenen Epochen die in den Mysterien gewonnenen Erkenntnisse ins «Astrallicht, in die feine Substantialität des Akasha» eingetragen. Als Widerlager diente in der urpersischen Zeit das Feste der Erde, in der ägyptisch-chaldäischen das Flüssige, in der griechisch-lateinischen die Luft. Bis ins 12./13. Jahrhundert waren Nachklänge davon vorhanden. «Als aber die abstrakte Erkenntnis kam ... die [sich] auf die logische Gedankenfolge und ... Sinnesbeobachtung [stützte] ... da boten nicht Erde und nicht Wasser und nicht Luft einen Widerstand für das Astrallicht, sondern einzig und allein das Element des Wärmeäthers.»

Auch abstrakte Gedanken schreiben sich ins Astrallicht, in die Gedächtnishülle der Erde ein, da aber jetzt nur der Widerstand des Wärmeäthers benutzt werden kann, geschieht etwas ganz anderes als zu früherer Zeit. Als man das Feste benutzte, strahlte das ins Astrallicht Geschriebene bis zur Mondensphäre und wurde von dort zurückgespiegelt. Als man das Flüssige nutzen konnte, ging es bis zur Saturnsphäre, diese drückte und hielt auf, sodass der Mensch mit seinen Schauungen zusammenbleiben konnte. In der Periode, die bis ins 13. Jahrhundert hineinklang, «waren die Schauungen ... durch die Luft eingetragen», und das strahlt, «bis zum Ende der Weltensphäre, dann kehrt es um. Es ist am flüchtigsten, es ist am undichtesten, aber es ist doch noch so, dass der Mensch vereinigt bleibt mit seinen Schauungen.» Die Eingeweihten konnten bis dahin immer wissen: was da eingetragen ist, «das gibt es». Der Wärmeäther aber «trägt alles ... in die Weltenweiten hinaus. Es ist nicht mehr da.» Beim Wärmeäther geht alles «gleich durcheinander. Die Dinge gehen hinaus in die Weltenweiten.»

Vor diesen Tatsachen stand ein Geist wie Christian Rosenkreutz. Selbst die modernen Erkenntnisse und Ideen, die sich ja – auch wenn sie naturalistisch sind – einschreiben ins Erdgedächtnis, entschwinden. «Die Leute konnten jetzt Ideen finden über die Natur, das kopernikanische Weltensystem konnte entstehen, alle Ideen konnten gefunden werden: sie versprühen im Wärmeäther in die Weltenweiten hinaus.»

An diesem Beispiel beginnt man zu ahnen, was es heißt, Christian Rosenkreutz stellte die großen Fragen seiner Gegenwart, die ganz andere sind gegenüber den Erfahrungen anderer Zeiten.

Diese Fragen waren auch von der geistigen Welt her gar nicht so leicht zu lösen, denn es handelte sich um eine Übergangszeit, die all das noch nicht möglich machte, was erst mit der Michael-Epoche reif werden konnte.

Christian Rosenkreutz fand durch «die Eingebung eines höheren Geistes» den Weg, die Rückstrahlung alles dessen, was die damals moderne Zeit mit ihrem Denken einschrieb, dennoch wahrzunehmen, also in der Akasha-Chronik zu lesen. Man musste aber dazu schlafähnliche Zustände zu Hilfe nehmen. Die Rosenkreuzer nahmen alles in sich auf, was ihre Zeitepoche neu hervorbrachte, verarbeiteten es in sich, so gut sie konnten. Sie trieben, was für andere nur Wissenschaft war, bis zur Weisheit. «Dann bewahrten sie es in ihrer Seele und versuchten, in einer möglichsten Reinheit nach intimen Meditationen hinüberzuschlafen. Und dann geschah es, dass ihnen die geistig-göttlichen Welten – nicht das Weltenende, aber die geistig-göttlichen Welten – zurückbrachten dasjenige, was in abstrakten Ideen erfasst wurde, in einer geistig konkreteren Sprache.»

So trugen sie auch das kopernikanische Weltsystem den geistigen Welten entgegen, und es kam ihnen die Weisheit darüber zurück, wie hier schon besprochen.

«Sodass in der Tat gerade von den Rosenkreuzern eingesehen wurde, dass dasjenige, was man zunächst in der modernen Erkenntnis erhält, erst gewissermaßen den Göttern entgegengetragen werden muss, damit sie es in ihre Sprache umsetzen und es den Menschen wiedergeben.»

Das vorher Besprochene hat noch eine andere Seite: Als die Urperser in das Astrallicht einzuschreiben begannen, war das für die Menschheit bestimmte Astrallicht noch wie eine unbeschriebene Tafel. In der griechischen Zeit, die bis ins 13. Jahrhundert nachklang, war die Tafel, soweit sie die Elemente der Natur Erde, Wasser, Luft hergeben können, vollgeschrieben. Man schrieb dann – auch wenn sich die modernen Wissenschafter dessen nicht bewusst sind – bis ins 19.

Jahrhundert in den Wärmeäther hinein. «Der aber versprüht.» Seit dem Ende des 19. Jahrhunderts ist die Zeit gekommen, wo die Menschheit lernen muss, diese vollgeschriebene Tafel zu lesen. «Dann wirkt inspirierend gerade dasjenige, was man aus dem Wärmeäther heraus bekommt.» Die Götter kommen einem entgegen und tragen einem die Realität dessen zu, «was man sich hier auf der Erde erarbeitet hat». Und das wirkt dann wiederum zurück auf die Akasha-Chronik.

«Und so ist tatsächlich heute die Naturwissenschaft die Grundlage für das Schauen. Lernt man erst durch Naturwissenschaft die Eigentümlichkeiten von Luft, Wasser, Erde kennen und erlangt man die inneren Fähigkeiten, dann ... strömt heraus das Astrallicht ... Wir lesen heute als Menschheit dasjenige, was wir selber hineingeschrieben haben.» Denn wir waren es, die in den alten Epochen in früheren Erdenleben die Tafel vollgeschrieben haben. Wir müssen ein «Evolutionsgedächtnis» entwickeln. Der Umschwung liegt darin, dass «die alte Einweihung ... auf das Subjektive» ausgerichtet war. Subjektiv ist, was Götter in die äußere Welt und in den Menschen hineingeheimnisst haben. Was sie in Empfindungsleib, Empfindungsseele und Gemüts- und Verstandesseele eingeschrieben haben, das ist in den entsprechenden Epochen herauszuholen möglich gewesen. «Aber die Bewusstseinsseele, die wir nun entwickeln sollen, sie ist selbständig, sie setzt nichts mehr aus sich heraus. Aber sie steht gegenüber demjenigen, was schon da ist. Wir müssen als Menschen unsere Menschheit im Astrallichte wiederfinden.»

Diese Situation ist aber erst seit der Michaelzeit gegeben. Die Rosenkreuzer lebten in der schwierigen «Übergangszeit», sie mussten dabei stehenbleiben, «in gewisse traumhafte Zustände hineinzukommen und ... die höhere Wahrheit desjenigen zu träumen, was die Wissenschaft nüchtern hier in der Natur findet». Seit den siebziger Jahren des 19. Jahrhunderts kann das «nun in bewusster Weise erreicht werden ... Es braucht nicht mehr jenen ... Zustand, der halbbewusst ist, aber es braucht einen höheren bewussten Zustand ... dann kann man mit den Naturerkenntnissen, die man sich erwirbt, hineintauchen in die höhere Welt» und findet als Realität «das im Astrallicht Eingeschriebene wieder ...».

Also gemeint ist: man nimmt in sich auf, was «naturalistische ... Kunst», naturalistische Wissenschaft und Religion einem hier entgegenbringen. Wenn man die Fähigkeit entwickelt, das den Göttern entgegenzuheben, so begegnet man Michael. «Und so kann man sagen: Die Rosenkreuzerei ist dadurch gekennzeichnet, dass ihre erleuchtetsten Geister eine starke Sehnsucht hatten, Michael zu begegnen. Sie konnten es nur wie im Traume. Seit dem Ende des letzten Drittels des 19. Jahrhunderts können die Menschen in bewusster Weise dem Geiste Michael begegnen.»

Die geheimen Figuren

In Bezug auf das, was man «Die geheimen Figuren der Rosenkreuzer» nennt, macht Rudolf Steiner, wie wir gesehen haben, verschiedene Angaben. Da ist einmal die Schilderung, dass bei den «ersten ursprünglichen Rosenkreuzern» – das heißt, es müsste sich handeln um Christian Rosenkreutz selbst und die ersten von ihm berufenen Mitarbeiter – eine beinahe gespensterartige, Fata-Morgana-hafte Erinnerung an die Berg- und Höhle-Initiation um 1200 auftaucht. Nachdem man sich klargemacht hat, was mit dem damaligen Schüler geschehen ist (Loslösung und Zusammenziehung des Astralleibes), entwickelte man symbolische Figuren, die das Gleiche bewirken konnten, wenn man sich ihnen in meditativer Versenkung hingab.

An anderer Stelle wird geschildert, dass zu einem Kreis von vermutlich sieben Personen der einstige Lehrer um 1200 nun selbst hinzutritt, und zwar so, dass die Versammelten offenbar erschrecken, denn er sagt zur Einleitung: «Ihr seid ja gerade auf mein Erscheinen nicht vorbereitet.» Er sagt das, obgleich die kleine Gemeinde in eine solch dichte meditative Stimmung gekommen war, dass sie diesen entkörperten Weisen eben dadurch angezogen hatte. Die sieben haben also ein gemeinsames geistiges Erlebnis, sie sehen alle «jenes rein geistige, aber menschliche Wesen in diesem Kreis».

Es war «rein die mystisch-meditative Stimmung und jene Verstärkung … die durch die Gemeinsamkeit der Seelen erzeugt wird, welche hereinzauberte durch die eigene Willkür jenen entkörperten Menschen».

Dieser Eingeweihte der alten Zeit gibt dem kleinen Kreis eine entscheidende Unterweisung: Zwar kann das Menscheninnere, wenn es sich in der richtigen Weise verhält, den Weg zum Göttlichen finden, aber «es wird eine Zeitlang der menschliche Verstand so beschaffen sein, dass er unterdrückt werden muss, damit Geistiges zur Menschenseele wird sprechen können. Darum bleibet in eurer mystisch-frommen Stimmung.»

Darum, weil die Michaelzeit noch nicht gekommen, die Bewusstseinsseele noch nicht genügend ausgebildet war, musste als Zwischenlösung der Weg durch die mystische Stimmung gesucht werden. In anschließender Zeit nach diesem Besuch des entkörperten Eingeweihten beginnen – wie wir gehört haben – Versammelte in Zuständen besonderer Geistnähe symbolische Offenbarungen aufzuzeichnen, welche die anderen dann in die «gewöhnliche Menschensprache» umzusetzen vermochten. Das ist in den Rosenkreuzerkreisen weiter verbreitet worden und ist auch in die äußere philosophische oder medizinische Literatur teilweise eingedrungen. Der Ursprung dieser symbolischen Offenbarungen (hier heißt es Offenbarungen oder Bilder, nicht Figuren) lag bei den «alten Lehrern des Geheimwissens», welche die drei Auserwählten gefunden hatten, als «sie gewandelt sind unter Sternen und Sternengeistern».

Von diesem Ereignis heißt es: «Diese symbolischen Offenbarungen waren die ersten Bilder, in denen den Rosenkreuzern geoffenbart worden ist, was sie wissen sollten über die geistige Welt. In diesen symbolischen Offenbarungen war enthalten eine Art Philosophie, eine Art Theologie, eine Art Medizin.»

Und schließlich spricht Rudolf Steiner von einem bedeutenden Lehrer im Beginn des 19. Jahrhunderts, der einer einsamen, verborgenen Rosenkreuzerschule in Mitteleuropa vorstand. Dieser Weise stand in einer Tradition, die bis weit in die Vergangenheit zurückverfolgt werden kann, «die aber allerdings nicht direkt über Griechenland gekommen ist, sondern über Asien herein durch dasjenige, was von Mazedonien aus durch Alexander nach Asien gebracht worden ist» (12. Januar 1924). In dieser Schule wird nun gesagt: mit den alten Symbolen, «die da bestehen aus gewissen geometrischen Formen», kann man nicht unmittelbar etwas anfangen. Man kommt also nicht weit durch darüber Nachsinnen und Meditieren, sondern die muss man ganz anders angehen. Man muss diese Figuren mit dem Körper nachbilden – zum Beispiel den sogenannten Salomonischen Schlüssel, das Sechseck, das man zu zwei «ineinander verschlungenen Triangeln» auseinanderziehen und durch Körperhaltung nachbilden kann, wobei man sich dann der entsprechenden Strömungen bewusst werden muss. Als die Übung «Licht strömt aufwärts, Schwere lastet abwärts» wurde die Figur später in die Eurythmie hineingenommen.

Nun ist aber bereits im Vortrag von Neuchâtel vom 27. September 1911, in dem Wesentliches über die Inkarnation im 13. Jahrhundert gesagt wird, von Rosenkreuzer-Offenbarungen gesprochen worden. Nach dem Tode des Jünglings, den die zwölf Weisen in ihrer Mitte gepflegt hatten, «widmeten sie sich der Aufgabe, in Imaginationen – denn nur so konnte es geschehen – aufzuzeichnen, was der Dreizehnte ihnen geoffenbart hat. So entstanden die symbolischen Figuren und Bilder, die in der Sammlung des Hinricus Madathanus Theosophus enthalten sind, und die Mitteilungen der Blavatsky in dem Werke ‹Die entschleierte Isis›.»[27] – Offenbar handelt es sich um ein immer wieder erneutes Herabholen dieser speziellen Figuren. Da es von dem kleinen Kreis der Sieben, zu denen der entkörperte Weise getreten war, heißt, die nachfolgenden symbolischen Offenbarungen «waren die ersten Bilder, in denen den Rosenkreuzern geoffenbart worden ist, was sie wissen sollten», jedoch die Offenbarungen im 13. Jahrhundert bereits als die Ersten gelten, kann man für möglich halten, dass die Figuren in der Zwischenzeit verloren gegangen sind. Allerdings geht ja eine ungebrochene Kontinuität von den Zwölfen über deren Schüler bis zu denen, die im 14. Jahrhundert sich um Christian Rosenkreutz scharen. Möglicherweise handelt es sich auch noch um immer wieder neue und andere Bilder und Zeichen.

Die «chymischen» Naturprozesse

Nun hatte ja Christian Rosenkreutz selber sich nicht die Entwicklung der mystischen Strömung zur Aufgabe genommen, sondern wie wir hörten, war dies durch Meister Jesus (Gottesfreund) geschehen und offenbar durch den unverkörperten Eingeweihten alter Art ganz speziell weiter betreut worden. Der Unterricht des Christian Rosenkreutz in der damaligen Zeit war ein mehr naturwissenschaftlicher. Heute, sagt Rudolf Steiner, ist er mehr von geisteswissenschaftlicher Art.

Die Betrachtung von Naturprozessen war eine der Hauptschulungsmethoden des aktiven Rosenkreuzers – das heißt, er wurde Alchemist. So wie es für den mittelalterlichen Rosenkreuzer an der Zeit war, die Erdvorgänge auf dem Felde der Natur zu studieren, so ist es heute an der Zeit, an den aufeinander folgenden Kulturepochen die Seelenentwicklung der Menschheit kennenzulernen.

Nicht im heutigen Sinne war das Naturstudium der Rosenkreuzer ein rein äußerliches, sondern der Mensch erlebte dabei die Entsprechungen zu seinem eigenen moralischen Innenwesen. Und nur wenn er sie so mit religiöser Gesinnung, mit gebetartiger Andachtsempfindung begleitete, erlebte er wirklich, um was es bei seinen Untersuchungen und Experimenten ging. Man sprach von drei großen grundlegenden Naturprozessen. Das Erste war die Salzbildung. «Alles, was in der Natur aus einer Auflösung als fester Stoff sich niederschlägt, sich setzen, herausfallen kann, nannte der mittelalterliche Rosenkreuzer: Salz.» Zugleich sagte er sich: in der menschlichen Natur wirken Begierden und Leidenschaften wie Fäulnisprozesse; welche Art von «Salzbildung» kann der Mensch als Gegengewicht in sich erzeugen? Er wusste, nur durch reine, zum Geist hingewendete Gedanken kann er solche Gegenkraft in sich erwecken, und zwar nicht nur für dieses Leben, sondern vor allem, um für seine nächste Inkarnation nicht mit schweren Krankheitsanlagen geboren zu werden. Wenn er sein Leidenschaftswesen läuterte, würde er mit gesunden Anlagen in die nächste Inkarnation eintreten. «Der Prozess der Überwindung der zur Verwesung führenden Kräfte durch Spiritualität, das ist mikrokosmische Salzbildung» (GA 130, 28. September 1911).

Der zweite Prozess, dem der Rosenkreuzer seine Aufmerksamkeit zuwandte, war derjenige «der Auflösung». Alles, was auflösend wirken kann, nannte man «Quecksilber oder Merkur». In der menschlichen Seele entspricht diesem die Liebe. Von beidem gibt es «niedere und höhere» Prozesse. Der Alchemist dieser Art «sagte sich: Es hat die Liebe des Gottes draußen Jahrtausende lang so gewirkt, wie in meinem Innern die Liebe wirkt.»

Das Dritte war der Prozess der «Verbrennung». Die innere Entsprechung war die «Hingabe an die Gottheit ... alles, was in der Flamme aufgehen kann, [nannte man] Schwefel oder Sulphur». Alle Erdenprozesse begriff der Alchemist als «Arbeit der Götter, die zu noch höheren Göttern aufschauen». Im Verbrennungsprozess empfand er eine Opferhandlung dieser weniger hohen Götter gegenüber höheren Göttern. Sie opferten sich gewissermaßen selbst in der Flamme, im Feuerprozess. Einen Verbrennungsprozess in seinem Laboratorium zu erzeugen, das bedeutete für den Rosenkreuzer, dass er dessen nur würdig sei, wenn auch er in sich eine solche Opfergesinnung gegenüber dem Göttlichen entzünden könne. So rief das dreifache Experimentieren bei ihm hervor: Göttergedanken, Götterliebe, Götteropferdienst. Auf diese Weise fühlte er sich mit den Kräften des Kosmos verbunden.

«... wenn man ... als Hellseher einem solchen Experiment beigewohnt hätte, so hätte man eine Veränderung der Aura des betreffenden Menschen, der das Experiment ausführte, wahrgenommen.» Aus der zunächst vielleicht sehr gemischten, von Trieben und Begierden tingierten Aura wurde eine einfarbige. Beim Salzprozess wurde sie «kupfern» («reine Gottesgedanken» hatten sich entwickelt), beim Auflösungsprozess wurde sie «silbern» («Götterliebe» war nachempfunden), und schließlich wurde sie bei der Verbrennung, wo Opferliebe sich entfaltet, golden. «… die Alchemisten sagten dann, sie hätten aus der Aura das subjektive Kupfer, das subjektive Silber und das subjektive Gold gemacht.» Diese innerlich-äußerlichen Experimente «bereiteten … ein gewisses Hellsehen vor». Der Blick durchdrang die Maja insoweit, dass der Alchemist «Entstehungs- und Verwesungskräfte» und das Gesetz der Aufwärts- und der Abwärtsentwicklung kennenlernte. Jetzt heißt es noch einmal: «Die Wissenschaft, die er dadurch sich aneignete, drückte er in gewissen Zeichen, in imaginativen Bildern und Figuren aus … Was gestern charakterisiert worden ist als ‹Die geheimen Figuren der Rosenkreuzer›, ist ein Resultat aus dem eben Besprochenen.»

Hier haben wir abermals eine Quelle dieser Figuren und Bilder angegeben. Auch auf diesem Wege kamen Rosenkreuzer zu den entsprechenden Einsichten. Hier ist nicht die Rede davon, dass verschiedene Menschen da sein müssen, von denen die einen die Offenbarung aus dem Geistigen holen, die anderen sie umsetzen, wie es im 13. Jahrhundert und auch bei der kleinen Siebenergruppe der Fall gewesen ist. Hier geht der chymische individuelle Weg durch die Stufen starker innerer Erlebnisse, die mit naturwissenschaftlicher Forschung korrespondieren.

Rudolf Steiner nennt es eine «moralische, ethische, intellektuelle Arbeit», die da geleistet worden ist. Über sie liegt nichts Gedrucktes vor. Was veröffentlicht wurde, das stammt von falschen Alchemisten, die darauf aus waren, «Stoffe zu formen». Sie suchten «den Gewinn des materiellen Ergebnisses. Der rechte Alchemist aber gab» darauf wenig, und es war «ein strenges Gesetz», dass er – wenn er «bei den Experimenten Gold und Silber erzeugte» – diese so entstandenen Metalle nur verschenken konnte. Für sich selbst durfte er keinen Gewinn daraus ziehen. Dass Gold und Silber zu erzeugen möglich ist, wird hier keinen Augenblick infrage gestellt. Dem subjektiven Gold in der Aura entspricht auch eine objektive Goldwerdung. Wichtig aber waren dem Alchemisten, der ein Geistsucher war, die großen «Seelendramen, [die er] in seinem Laboratorium erleben» konnte.

«Wären damals diese Dinge nicht geschehen, so könnten wir heute nicht im geisteswissenschaftlichen Sinne Rosenkreuzerei treiben … Alles das … ruht jetzt in den innersten Untergründen des Menschen, alles, was ihm damals dort hineingelegt wurde.

Wie finden wir nun diese verborgenen Kräfte … wieder …? … dadurch, dass wir Geisteswissenschaft studieren und uns durch ernste Meditation und Konzentration ganz dem inneren Leben der Seele hingeben. Durch solche innere Entwickelung wird allmählich die Beschäftigung mit der Natur wieder ein Opferdienst.»

Dies hören wir im zweiten Neuchâteler Vortrag vom 28. September 1911; im ersten Vortrag aber wurden wir noch auf etwas anderes hingewiesen. Da war die Rede vom immer mächtiger Werden des Ätherleibes von Christian Rosenkreutz und «den Ausstrahlungen», die davon wachsend ausgehen. Da heißt es, «die äußere Arbeit hatte den Zweck … was hinter der Maja der Materie liegt, zu ergründen». Dann wird gesagt, «dem gesamten Makrokosmos liegt ein Äther-Makrokosmos … zugrunde, wie der Mensch einen Ätherleib hat. Es gibt einen … Übergang von der gröberen zur feineren Substanz … was zwischen der physischen und der ätherischen Substanz liegt, [dem] ist nichts anderes auf der Welt ähnlich. Es ist weder Gold noch Silber, noch Blei, noch Kupfer. Da haben wir etwas, was nicht mit … einer anderen physischen Substanz vergleichbar wäre, sondern es ist die Essenz von allem. Wir haben da eine Substanz, die in allen anderen physischen Substanzen enthalten ist, sodass die anderen physischen Substanzen als Modifikationen dieser einen Substanz betrachtet werden können. Diese Substanz hellseherisch anzuschauen, war das Bestreben der Rosenkreuzer.» Die Aktivierung ihrer «moralischen Kräfte» konnte die Seele zu solchem Schauen bringen, was auch tatsächlich erreicht worden ist. Die Rosenkreuzer entdeckten diese Essenz; sahen, dass sie in der Welt lebt, sowohl im Menschen wie außerhalb. «Draußen in der Welt … verehrten sie sie als das große Gewand, als das Kleid des Makrokosmos. Im Menschen sahen sie sie entstehen, wenn eine harmonische Wechselwirkung zwischen Denken und Wollen vorhanden ist.» Was im Menschen «die Kräfte des Wollens» sind, sahen sie draußen «im Donner und Blitz»; sie sahen «die Kräfte des Denkens … in dem Regenbogen und in der Morgenröte. Die Kraft, solche Harmonie zwischen Wollen und Denken zu erreichen in der eigenen Seele, suchten die Rosenkreuzer in den Ausstrahlungen dieses Ätherleibes des Dreizehnten, des Christian Rosenkreutz.»

Hier ist ein noch heiklerer, viel sensiblerer Prozess beschrieben. Entdeckt wird ein Geheimnis zwischen den Dingen, zwischen physischer und ätherischer Welt, eine Essenz, in der alles ungeschieden beieinander ist und aus der alles werden kann. «Modifikationen» dieser geheimnisvollen Substanz sind die verschiedenen

Metalle. Eine «erhöhte Wirksamkeit der moralischen Kräfte der Seele» konnte diese Substanz sichtbar machen. Es kam dann offenbar die Seele in den Ausstrahlungsbereich «des wunderbaren Ätherleibes des Christian Rosenkreutz» und konnte sich dadurch zum Schauen dieser Essenz erheben. Die rosenkreuzerischen Alchemisten wussten, dass das möglich ist, suchten es zu erreichen, aber auch hier wird es viele Stufen der wirklichen Erreichnisse gegeben haben.

Sehen wir diese Stelle im ersten Vortrag noch genauer an. Vorausgehend wird gesagt, dass Christian Rosenkreutz sieben Jahre durch die Welt gereist ist. Nach den Ereignissen im 13. Jahrhundert wurde es ihm leicht, in sieben Jahren die ganze Weisheit der damaligen Zeit in sich aufzunehmen. Nach Europa zurückgekehrt, «nahm er die entwickeltsten Schüler und Nachfolger der Zwölf zu Schülern an und begann dann die eigentliche Arbeit der Rosenkreuzer.

Eine ganz neue Weltbetrachtung konnte man beginnen, dank den Ausstrahlungen des wunderbaren Ätherleibes des Christian Rosenkreutz. Was nun bis zu unserer Zeit von den Rosenkreuzern gearbeitet wurde, ist äußere und innere Arbeit.» Nun heißt es: «Die äußere Arbeit hatte den Zweck ... was hinter der Maja der Materie liegt, zu ergründen. Man wollte die Maja der Materie untersuchen.» Dann heißt es aber nicht: «die innere Arbeit ...», sondern es geht gleich weiter mit: «Dem gesamten Makrokosmos liegt ... ein Ätherkosmos zugrunde», sodass man nicht weiß, ob Rudolf Steiner das nun Folgende, die Entdeckung der Essenz, zur äußeren oder inneren Arbeit rechnet. Möglicherweise ist hier eine Lücke im Vortragsstenogramm, denn von einer inneren Arbeit ist nicht mehr die Rede. Man kann aber bemerken, dass bei der Entdeckung der Essenz von keinerlei äußeren Versuchen und Experimenten die Rede ist, sondern nur von den gesteigerten moralischen Kräften der Seele. So dürfte dies wohl als der innere beziehungsweise innerste Weg der chymischen Forschung angesehen werden.

IX

Die Konferenz-Inkarnation

Als Christian Rosenkreutz im Jahre 1484 im hohen Alter von hundertundsechs Jahren starb, war zwar schon die Anschauung in den Seelen verblasst, die zu dem Begriff der Sonne als unrechtmäßigem Herrscher geführt hatte, aber der Kopernikanismus war noch nicht ausgebrochen. Erst 1543 erschien das Werk des Kopernikus über die Umdrehung der Weltkörper «De Revolutionibus Orbium Coelestium Libri VI». Es erschien in Nürnberg. Dass Christian Rosenkreutz zu dem Zeitpunkt vermutlich nicht inkarniert war, spielt keine Rolle. Er stand, wie Rudolf Steiner sagt, vor der Tatsache dieser Weltanschauung. Was macht nun vom Okkultismus her gesehen den Charakter der kopernikanischen Weltanschauung aus? «... die kopernikanischen Ideen sind das schlechteste Instrument, das jemals in der Menschheitsentwickelung da war, um die geistigen Untergründe zu begreifen. Das rührt davon her, dass alle diese Begriffe und Ideen ... von Luzifer inspiriert sind. Denn der Kopernikanismus ist eine der letzten Attacken, der letzten großen Angriffe, die Luzifer auf die menschliche Entwickelung gemacht hat ... Seit[dem] hat der Mensch nicht nur in der sinnlichen Anschauung um sich die Maja, sondern die Begriffe und Ideen sind selbst Maja» (Neuchâtel, 18. Dezember 1912, GA 130).

«Christian Rosenkreutz ... hatte Stellung dazu zu nehmen», er «musste den Okkultismus retten» gegenüber einem Weltsystem, das mit seinen materiell gedachten Kugeln im Raume schon vom Begriff her Illusion war.

«Gegen Ende des 16. Jahrhunderts fand daher eine jener Konferenzen statt, wie wir sie hier vor einem Jahr kennengelernt haben: als nämlich im 13. Jahrhundert Christian Rosenkreutz selbst eingeweiht wurde. Diese okkulte Konferenz der führenden Individualitäten vereinigte Christian Rosenkreutz mit jenen zwölf Individualitäten von damals und noch einigen anderen bedeutsamen Individualitäten der Menschheitsführung. Es waren dabei anwesend nicht nur Persönlichkeiten, die auf dem physischen Plan inkarniert waren, sondern» unter anderem der nicht mehr verkörperte frühere Gautama Buddha.

Es wird nirgendwo definitiv gesagt, ob Christian Rosenkreutz selbst bei jener von ihm einberufenen Konferenz im Erdenleibe inkarniert war oder nicht. Da Rudolf Steiner aber den Vergleich mit den Ereignissen vom 13. Jahrhundert heranzieht und auch nach anderen Formulierungen ist anzunehmen, dass dies seine neue Verkörperung war, die also wohl mindestens um 1570 begonnen haben müsste.

Es überrascht, dass Rudolf Steiner den Bogen immer wieder zum 13. Jahrhundert zurückschlägt und jenes geheimnisvolle Geschehen des Knaben und Jünglings, um den die Zwölf versammelt waren, nicht nur als Einweihung, sondern auch als «Konferenz» bezeichnet, vergleichbar dem, was sich am Ende des 16. Jahrhunderts wiederum als Konferenz vollzieht. Die zwölf Weisen von damals sind auch jetzt um Christian Rosenkreutz versammelt und werden offenbar auch zu den «führenden Individualitäten» gerechnet.

Zur Vorbereitung einer noch gewichtigeren Konferenz Anfang des 17. Jahrhunderts rief Christian Rosenkreutz einen zunächst größeren Kreis von Menschen zusammen und stellte dieser Vorversammlung etwas Bestimmtes vor Augen. Sie sollte angeregt werden, darüber nachzudenken. Bis zur eigentlichen Konferenz sollten dann noch einige Jahre vergehen. Christian Rosenkreutz legte dar, wie die Entwicklung dahin treibe, in Zukunft nur noch zwei Arten von Menschen möglich zu machen: die einen, eingespannt in Industrie und Technik, werden wie Lasttiere sein; das werden die «praktischen» Menschen sein; die anderen aber, die sich der inneren Entwicklung hingeben wollen, werden unpraktisch und weltfremd sein. Gegen dieses Auseinanderfallen in zwei Menschenklassen gäbe es auf Erden kein Gegenmittel.

Rudolf Steiner schaltet eine Ausführung über das nachtodliche Wirken des Gautama Buddha ein, das sich besonders im 7. und 8. Jahrhundert in einer Einweihungsstätte am Schwarzen Meer gezeigt hatte, wo Buddha als übersinnlicher Lehrer wirkte. Einer seiner Hauptschüler wurde als Franz von Assisi wiedergeboren. An ihm zeigt sich deutlich, dass der Charakter der Buddha-Schulung zum Unpraktischen und Weltabgewandten führt. Dann wurde im Jahre 1604 von Christian Rosenkreutz die Hauptkonferenz einberufen. Ihm war klar, wo der Grund zur unglücklichen Zukunftsentwicklung auf der Erde lag und auch, was als einziges Hilfsmittel dagegen eingesetzt werden könnte.

Die Inspirationen bei Kopernikus, Galilei und Giordano Bruno stammen vom Mars. Kopernikus war in seiner vorherigen Inkarnation der «tiefe Mystiker» Nikolaus Cusanus (1401–1464) gewesen. «Wie sind die Kräfte in diese Individualität hineingekommen, die den Kopernikus so ganz anders gemacht haben als den Nikolaus Cusanus?»

In seinem nachtodlichen Gang durch unser Sonnensystem wird der verstorbene Erdenmensch auch eine Zeitlang Bewohner des Mars. Die Marskultur aber hat während des 15. und 16. Jahrhunderts einen katastrophalen Sturz getan. «Wir blicken also auf eine … Dekadenz der Marskultur. Vorher waren es gute Kräfte gewesen, die vom Mars ausgeströmt waren. Jetzt aber strömten von dort immer mehr Kräfte aus, die den Menschen immer tiefer in die Maja hineingeführt hätten. Geistreich zwar waren die Errungenschaften, die vom Mars stammten in jener Zeit, aber doch eben Maja.»

Die Marskultur war an einen Punkt gelangt, wie ähnlich die Erde ihn zur Zeit des Christus-Erdenwirkens erreicht hatte. Hier wurde «das eigentliche Ich des Menschen geboren», auf dem Mars jene Geistesrichtung, die im Menschen zu jenem Majawissen führen musste. Die Bewohner des Mars, die beständig in einer kriegerischen Stimmung lebten, bemerkten ihren Niedergang nicht und hätten auch nicht wissen können, wie er zu einem neuen Aufgang umzuwenden sei. Das konnte man nur auf der Erde wissen.

Hier mag man einhalten und über den angesprochenen Zusammenhang nachsinnen. Auf der Erde hatten die Menschen zur Zeitenwende keine Ahnung davon, dass der Entwicklung dringlich ein neuer Aufstiegsimpuls gegeben werden musste. Das wusste man auf der Sonne. Von dort kam Christus, um durch sein Opfer die Wende zum Aufstieg möglich zu machen. Das wird von Rudolf Steiner mehrfach in Vergleich gesetzt mit der Situation jetzt auf dem Mars, wo von der Erde her Christian Rosenkreutz die Situation überschauen kann und einen geeigneten Abgesandten beauftragen muss.

Wie weit dehnt sich hier das Erdendenken auf eine kosmische Verantwortung aus! Wie intensiv aber ist auch der Zusammenhang – denn das Heil der Erde hängt jetzt auch wiederum mit der Entwicklung auf dem Mars zusammen. Rudolf Steiner gibt am Schluss dieses Dezembervortrags in Neuchâtel im Jahre 1912 eine Meditation für diejenigen, die wissen möchten, ob sie «Schüler des Christian Rosenkreutz werden» könnten. Er rät, sich Christian Rosenkreutz vorzustellen «inmitten seiner Zwölf», wie er in den Weltenraum hinaus, wie er zum Mars einen Beauftragten sendet, nämlich den Gautama Buddha. Wenn man sich dieses Bild vor die Seele stellt, wenn man erschüttert diesen Weltenumfang, diese Weltenweite empfindet und fühlt, dass der Mensch nicht nur ein irdisches, sondern ein kosmisches Wesen ist, «dann darf man getrost glauben: Ich kann ein dem Christian Rosenkreutz nachstrebender Schüler werden.»

Der Buddha wird der Erlöser für den Mars. Sein Friedewesen gibt sich als «Opferlamm» an die wilden, kriegerischen Emotionen der Marsbewohner hin; er läutert die Kräfte des Mars. Er geht «im Dienste des Christian Rosenkreutz». Und Christian Rosenkreutz erscheint uns «als der große Diener des Christus Jesus».

Die Sternenschrift des Jahres 1604

Das Ereignis wird von einer besonderen Gestirnskonstellation begleitet. Paul Regenstreif[28] macht darauf aufmerksam, dass eine nur alle achthundert Jahre sich wiederholende Konstellation – nämlich die Konjunktion von Jupiter und Saturn im Feuerzeichen des Schützen – sich im Jahre 1604 zutrug. Kepler schrieb über dieses Ereignis im Traktat «Über das feurige Triangel». Ein feuriges Himmelszeichen leuchtet auf, als 1604 der Buddha auf den feurigen Mars geht, um als Friedefürst dort zu wirken.

Die Sternenschrift des Jahres 1604 wurde aber noch gesteigert durch das Aufleuchten einer Nova, bei deren Anblick (also nicht bei der Konjunktion, wie man fälschlicherweise meistens sagt) Kepler an den Stern von Bethlehem denkt. Wir folgen hier Suso Vetter in seinem Artikel in der Zeitschrift «Das Goetheanum», Nr. 2/1983:

«1603 konnte Kepler von Prag aus eine Begegnung der beiden Planeten Jupiter und Saturn im Sternbilde des Skorpion beobachten. Besonders eindrucksvoll war der Anblick, als im Jahre darauf (also 1604) Mars zu den einander noch Nahestehenden hinzutrat und über diesen drei Planeten eine sehr helle Nova aufleuchtete.» In Keplers «Discurs von der großen Konjunktion und allerlei Weissagungen über das 1623. Jahr» heißt es:

«Dass Gott dieserlei große Konjunktionen mit sichtbaren extra ordinari Wundersternen am hohen Himmel, auch mit namhaften Werken seiner göttlichen Providenz selber zeichne. Inmassen er die Geburt seines Sohnes Christi, unsers

Heilandes, gleich zur Zeit der großen Konjunktion im Zeichen der Fische und des Widders, circa punctum aequinoctialem geordnet, und beides, sowohl dieses Geschenis auf Erden, als auch die Konjunktion am Himmel, mit einem neuen Stern gezeichnet: Durch Vermittlung desselben hat er die Weisen oder Magos aus Morgenland … diese, sprech ich, hat Gott durch den Stern nach dem jüdischen Land und in dessen kleines Städtlein Bethlehem zu der Krippen und Geburt des neugebornen Königs der Juden geleitet, wie denn diese Chaldäer in ihren Regeln gefunden, dass bei solchen Konjunktionen große Leute geboren werden.»

Fast ein Gleiches hat sich auch 1604 begeben, als die drei höchsten Planeten Saturn, Jupiter und Mars im Oktober zusammen in das «Zeichen des Schützen gerücket, gerade auf den Tag, an welchem der schnellste, der Mars, zu dem Jovi als dem weiteren gekommen, und also die Konjunktion ganz und gar vollkommen gemacht: Da hat Gott abermals am hohen Himmel, und zwar gerade an dem Ort, da die 3 Planeten beieinander standen, einen ungewöhnlichen neuen Stern angeflammet, und über ein ganzes Jahr also stehen lassen, ohne Zweifel anzuzeigen, dass abermals etwas Seltsames in der Welt anfange, so zu seiner Zeit soll ans Tageslicht herfür kommen …»

Kepler hat bemerkt, dass an dem Tag, als Mars zur Konjunktion Jupiter/Saturn hinzutrat, über diesen drei Planeten ein neuer Stern, eine Nova, aufflammte, und er zieht daraus den Schluss, dass zur Zeitenwende über der großen Konjunktion der «Stern von Bethlehem» ebenfalls als eine Nova am Himmel erschienen sei. Die Nova von 1604 ist ein Jahr lang zu sehen, und Kepler ist sicher, dass «abermals etwas Seltsames in der Welt anfange», welches später, «zu seiner Zeit … ans Tageslicht» kommen wird. – «Zu seiner Zeit», das ist unsere Zeit, ist die Zeit seit Rudolf Steiner, durch dessen Worte sich die irdisch-kosmische Besonderheit dieses Jahres enthüllt hat. Es ist das Jahr der Aussendung, beziehungsweise die Zeit der «Geburt» des Buddha auf dem Mars, welche von einer Nova angezeigt wird, wie einstmals bei der Jesusgeburt des Zarathustra geschehen. Der Vergleich, den Rudolf Steiner zwischen Christus- und Buddha-Opfer zieht im Hinblick auf das Mysterium von Golgatha, wird hier ergänzt durch eine Parallelität, die sich schon bei der Geburt bemerkbar macht. In seinem Vortrag vom 4. Juni 1924[29] spricht Rudolf Steiner von der Sternenwelt. Der Äther wird durch die Himmelsbläue wahrnehmbar, das Astralische des Kosmos dagegen «guckt» herein, wo Sterne glänzen. «In dieser wunderbaren Leuchtekonfiguration macht sich der unsichtbare, der übersinnliche Astralleib des Kosmos sichtbar … Sodass also in dem Sternenhimmel eine Seelenäußerung des Weltenastralischen zu sehen ist ... Sterne sind der Ausdruck der Liebe, mit der der astralische Kosmos auf den ätherischen Kosmos wirkt!» Und jetzt kommt ein Satz, der ganz direkt das Thema der Nova aufgreift:

«Aber nun denken Sie an die rätselhaften, nur durch physische Dinge, bei denen man ja eigentlich doch nichts begreift, erklärten Vorgänge des Aufleuchtens gewisser Sterne zu bestimmten Zeiten. Sterne, die noch nicht da waren, sie leuchten auf, sie verschwinden wiederum ... In Epochen, in denen ... die Götter hereinwirken wollen aus der astralischen Welt in die ätherische Welt, da sieht man solche aufleuchtenden und gleich wiederum sich abdämpfenden Sterne.»

Ein besonderes, ein verstärktes, ein momentan aktuelles Hereinblicken der Weltseele, des «Astralempfindens des Kosmos» zeigt sich demnach in einer Nova an.

Auch auf Erden macht sich ein Lichtwurf dieser besonders starken und mit Christian Rosenkreutz verbundenen Einwirkung bemerkbar. Denn 1603/04 schreibt Johann Valentin Andreae «Die Chymische Hochzeit des Christian Rosenkreutz» nieder und im gleichen Jahre wird – nach seinem Bericht in der «Fama» – das Grab des Christian Rosenkreutz entdeckt, der 1484 verstorben war.

Die Läuterung des Mars bringt dem Menschen auf seinem nachtodlichen Weg andere Impulse als im 15. und 16. Jahrhundert; es wirken aber diese buddhadurchdrungenen Marskräfte auch direkt auf die Erde. Wenn nämlich der Mensch sich hier im rosenkreuzerischen Sinne der Meditation ergibt, strömen ihm Kräfte zu, «die der Buddha als Marserlöser in die Erde hereinschickt» (18. Dezember 1912).

Was auf der Erde nicht gut wäre, weil es zur Weltabgewandtheit führt, das ist für die menschlichen Seelen im Nachtodlichen das Geeignete – Schüler des Buddha auf dem Mars zu werden! Auf der Erde aber ist gerade das Wesentliche der Rosenkreuzerschulung, dass sie neben dem alltäglichen Leben mit allen seinen Pflichten einhergehen kann, dass der Mensch nicht herausgerissen werden soll aus seinen Erdentätigkeiten, die das irdische Karma von ihm verlangt. (Weiteres zur Mission Buddhas auf dem Mars: siehe Anhang.)

Es bleibt uns am Schluss dieses Kapitels noch, die Aufmerksamkeit auf einen Hinweis zu richten, der sowohl von Johann Valentin Andreae wie von Rudolf

Steiner gegeben wird – der Hinweis auf das unbedingte hundertjährige Schweigen, das einer Inkarnation des Christian Rosenkreutz folgt, Schweigen darüber, welche physische Persönlichkeit sein Träger und Ausdruck gewesen ist, und auch ein entsprechendes Schweigen zu seinen Lebzeiten. Rudolf Steiner drückt das im Vortrag vom 17. April 1912 in Stockholm (GA 143)[30] so aus:

«Die Pflege der christlichen Initiation, sie wurde übertragen denen, die Pfleger waren des Heiligen Grals, und später den Pflegern der Gemeinschaft des Rosenkreuzes ... Alles Persönliche sollte dabei ausgeschlossen sein; denn das Persönliche hat nur Streit und Hader in die Menschheit gebracht und wird es in der Zukunft immer mehr bringen. Daher ist es ein strenges Gesetz für diejenigen, die – symbolisch gesprochen – dem Heiligen Gral dienen, oder – wirklich gesprochen – der Pflege der christlichen Initiation dienen, dass keiner von denen, die eine führende Rolle erster Ordnung zu spielen haben innerhalb der Bruderschaft des Heiligen Grals oder der Gemeinschaft des Rosenkreuzes, weder sie noch die in ihrer Umgebung leben, von den Geheimnissen, die in ihnen walten, sprechen dürfen, bevor hundert Jahre nach ihrem Tode verflossen sind. Es gibt keine Möglichkeit, zu erfahren, was es für eine Bewandtnis mit einer führenden Persönlichkeit erster Ordnung hat, bevor hundert Jahre nach ihrem Tode verflossen sind.

Das ist ein strenges Gesetz innerhalb der Rosenkreuzergemeinschaft seit ihrer Gründung. Wer ein Führer innerhalb der Rosenkreuzergemeinschaft ist, davon erfährt exoterisch nie jemand etwas, bevor nicht hundert Jahre verflossen sind nach seinem Tode. Dann ist das, was er gegeben hat, schon übergegangen in die Menschheit, ist ein objektives Gut der Menschheit geworden ... Niemals wird es möglich sein, auf eine Persönlichkeit im irdischen Leibe hinzuweisen als Träger des christlichen Geheimnisses ... Nie wird ein Rosenkreuzerbruder hinweisen auf eine lebende Persönlichkeit als auf einen Führer ... in alten Zeiten [war das umgekehrt, da hatten die] Propheten ihre Vorläufer», die auf sie hinwiesen, und sie selber wiesen auf kommende Religionsstifter hin, so wie der Täufer auf einen Kommenden hinwies, der dann aber zugleich Zeitgenosse war. Danach, seit dem Mysterium von Golgatha, kehrt sich das Gesetz um. Nicht mehr voraus, sondern rückwirkend, hundert Jahre nach ihrem Tode, wird auf «die Träger ... des christlichen Geheimnisses» hingewiesen, nachdem diese Tatsache «geprüft [worden] ist von den Menschenherzen» (ebenda).

Ein anderer Rhythmus ist die Zeitspanne, die jeweils zwischen den Verkörperungen des Christian Rosenkreutz liegt. Hier heißt es, er ist «in jedem Jahrhundert» verkörpert; wobei die Länge der Inkarnationen, wie wir gesehen haben, sehr unterschiedlich sein kann und auch die Zwischenzeiten entsprechend variieren mögen. Der «klassische Fall» wäre sozusagen hundert Jahre. Nehmen wir ihn einmal an und blicken auf die einzige uns bekannte feste Lebensspanne – die von 1378 bis 1484 – hin und rechnen vom Geburtsjahr 1378 hundert Jahre zurück, so kommen wir auf 1278 als dem ungefähren Todesjahr jenes Jünglings des 13. Jahrhunderts. Das heißt, er müsste ca. 1257 (also kurz nach dem Einschnitt von 1250) geboren worden sein, was sich ja aus den Betrachtungen auch als wahrscheinlich ergeben hatte.

Die nächste Inkarnation ist nur dadurch bezeichnet, dass Christian Rosenkreutz gegen Ende des 16. Jahrhunderts die erste Konferenz einberuft und 1604 die zweite. Sollte er, wie anzunehmen ist, dabei im physischen Leibe gewesen sein, so wird sich kaum ein rundes Jahrhundert zwischen Tod und neuer Geburt eingefügt haben, denn dann fiele die neue Geburt auf ca. 1584. Dann aber wäre der Einberufer vieler auch irdisch verkörperter Führergestalten erst zwischen zehn und fünfzehn Jahre alt gewesen.

Auch das Todesdatum der Inkarnation um die Wende vom 16. zum 17. Jahrhundert kennen wir nicht. Blicken wir zur Inkarnation als Saint Germain voraus, so ist diese von ca. 1696 bis 1784. Es kann auch hier kein rundes Jahrhundert angenommen werden, da ja 1604 die Konferenz mit der Sendung auf den Mars stattgefunden hat. Wir wissen nicht, ob Christian Rosenkreutz vielleicht kurz darauf gestorben ist oder ob er noch, und wie lange, gelebt hat. Diese Datenunsicherheit spielt deshalb eine große Rolle, weil sich offenbar zwischen die Inkarnation um 1600 und die Saint-Germain-Inkarnation noch eine andere eingeschoben hat – falls diese nicht vielleicht zusammengefallen ist mit der Inkarnation um 1600! (Die holländische Inkarnation: siehe Anhang.)

X

Die Inkarnation als Graf Saint Germain

Die Inkarnation des Christian Rosenkreutz als Graf Saint Germain nennt Rudolf Steiner eine exoterische Inkarnation. Sie erscheint als absolutes Gegenbild zu der Verkörperung im 13. Jahrhundert, die völlig zurückgenommen war. Man kann sie als die esoterischste oder okkulteste bezeichnen, die ganz nur aus Geheimnis und übersinnlichen Ereignissen bestand.

Das Leben des Saint Germain (siehe Abb. S. 199) dagegen ist ganz nach außen gewandt, rastlos eilt er durch die Welt, durchaus nicht nur in Europa, sondern bis in fernste Länder, teils als Gesandter von Fürsten und Königen, teils in eigenen Aufgaben.

Da er zu seiner Zeit sehr berühmt war, kommt er in den Memoiren verschiedenster hochgestellter Persönlichkeiten vor; da er mit Politik zu tun hatte und eine Menge Erfindungen auf wirtschaftlich-technischem Gebiet in die Tat umsetzen wollte, wird über ihn korrespondiert, etwa zwischen dem Gesandten des Königs von Preußen, Friedrich II., und dem König und mit dessen Bruder ob Russland, England, Holland – Saint Germain war überall bekannt. Aus den vielfältigen Geschichten, die über ihn kursierten und bei denen Wahrheit und Legende nur schwer zu trennen sind, ergeben sich aber doch bestimmte, immer wieder bemerkte Züge, die ein Bild dessen durchschimmern lassen, der hier als Saint Germain auftritt.

Der äußerlichen Erscheinung nach wird Saint Germain als ein Mann von mittlerer Größe geschildert, von wohlproportionierter Gestalt und angenehmem Aussehen. Seine Gesichtsfarbe war etwas bräunlich, sein Haar schwarz, wenn es nicht gepudert war. Er war stets schlicht gekleidet, aber die Stoffe waren von bester Qualität. Besonders seine Augen beeindruckten sehr, und wer ihn sah, war für ihn eingenommen. Er wurde im Allgemeinen auf etwa fünfundvierzig Jahre geschätzt. Er schien das Geheimnis der ewigen Jugend zu besitzen.

Bekannt waren seine ungewöhnlich großen Sprachkenntnisse. Er soll viele Sprachen, auch Arabisch und Chinesisch, beherrscht haben, und zwar so, dass er in jedem Lande für einheimisch gehalten wurde.

Mehrfach wird berichtet, dass er imstande war, mit beiden Händen zu gleicher Zeit zwei verschiedene Blätter mit ganz verschiedenen Texten zu beschreiben.

Wo er hinkam, war er ein angenehmer Gesellschafter, der Interessantes zu erzählen wusste, aber an keiner Tafel, wo immer er auch eingeladen war, nahm er etwas zu sich. Er ließ die anderen speisen, beteiligte sich selbst aber in keiner Weise daran. Ganz selten soll er ein paar Schluck Wein zu sich genommen haben. Er sagte, er könne nur vertragen, was er sich selber zubereite. Und das sollen ganz einfache Haferspeisen gewesen sein, zuweilen bereichert durch etwas weißes Fleisch vom Huhn und durch Gemüse.

In Frankreich trat er zur Hauptsache als Diplomat und Alchemist in Erscheinung. In England brillierte er als Violinist in großen Konzerten, trat auch als Dirigent auf und dirigierte Symphonien ohne Partitur. Er komponierte, und die Schönheit seines Gesanges wurde gepriesen. Violinkonzerte gab er auch in Versailles und in Italien; dort spielte sich das mehr bei Gesellschaften des höheren Adels ab und drang weniger in die Öffentlichkeit, als das in England der Fall gewesen sein soll.

Den Damen braute er Schönheits-Elixiere, von denen er betonte, sie vermöchten das Aussehen im augenblicklichen Zustand über lange Zeit festzuhalten; verjüngen könne er aber nicht.

Nachdem es sich herumgesprochen hatte, dass er minderwertige oder kleine Edelsteine in große und kostbare umzuwandeln vermochte, wurde er vielfach darum angegangen. Wenn er sich herbeiließ zu malen, staunte man über die Schönheit seiner Farben. Wenn er Juwelen malte, sahen sie wie echte Steine aus. Er soll Perlenstaub unter die Farben gemischt haben.

Ludwig XV. richtete ihm in Chambord ein Laboratorium ein. Mit Madame Pompadour war er gut bekannt. Es wurde von ihm gesagt, dass er es trefflich verstünde, seine Gesprächspartner aufs Glatteis zu führen, dass er aber nie die Unwahrheit sage. Er mag sich in dieser oberflächlichen, auf okkulte Sensationen gierigen Hofgesellschaft wohl manchmal mit Witz und leiser Ironie aus heiklen Situationen gezogen haben.

Als Okkultist ähnlich berühmt waren damals Cagliostro und bis zu einem gewissen Grade auch Casanova. Da alle drei unter den verschiedensten Namen auftraten, liegt schon hier eine Quelle für Vermutungen und Verwechslungen vor. Casanova war durchaus ein gelehrter, gebildeter und vielfältig begabter Mann, auch ein gutherziger, und kein vulgärer Herzensbrecher, aber er war doch eher ein Abenteurer mit Hang zur Scharlatanerie. Er bekennt in seinen Memoiren ganz offen, wie er die okkulte Leichtgläubigkeit reicher Damen weidlich ausnützte und daran seinen Spaß hatte. Sein berühmter Ausbruch aus den angeblich ausbruchssicheren Bleikammern von Venedig zeigt aber nicht nur seine Phantasie, sich aus den unmöglichsten Situationen zu retten, sondern auch eine gute Portion festen Willen und Wagemut. Er traf einige Male mit Saint Germain zusammen und wurde von ihm, wenn wir Casanova trauen können, bevorzugt behandelt. Es scheint, als habe Saint Germain den Versuch gemacht, Casanova zu fördern. Aber so beeindruckt Casanova – gegen seinen Willen – immer wieder von Saint Germain war, so konnte der Scharlatan in ihm doch auch in dem anderen nichts als den Scharlatan vermuten. Seine eigene Oberflächlichkeit und seine okkultistischen Betrügereien machten ihn unfähig, an ernste Alchemie zu glauben.

Merkwürdig ist, dass Casanova zwei verschiedene Male von dem gleichen Experiment berichtet, das Saint Germain vor seinen Augen vollführt – ein Geldstück zu Gold zu machen. Man hat den Eindruck, Saint Germain will ihm etwas Bestimmtes zur Erkenntnis bringen oder wartet auf eine Frage. Beide Male zeigt er sich dem Casanova auf eine Weise, wie andere davon nicht berichten – nämlich mit Bart. Das eine Ereignis kommt anlässlich des Dürerbildes zur Besprechung. (Siehe Anhang, zu Kap. X.) Ein zweites Zitat über eine ähnliche Szene – wo aber nicht vom Elfenbeinstab die Rede ist – soll hier folgen.

Casanova schildert in Band V seiner Memoiren, wie er auf seinen Reisen eines Tages nach Tournai kam. Er sah, dass Reitknechte einige schöne Pferde ausritten, und erkundigte sich, wem die Tiere wohl gehörten. Er erfährt, dass sie dem Grafen Saint Germain gehören, der seit einem Monat in dieser Herberge logiert, aber niemals ausgeht. «Alle Durchreisenden wünschen ihn zu sehen, aber er ist unzugänglich.»

Casanova schickt ihm ein Billet zu, dass er ihn gerne sehen würde. «Ich teile hier seine Antwort wörtlich mit, denn ich habe sein Briefchen aufgehoben:

‹Meine Beschäftigungen nötigen mich, keinen Menschen zu empfangen. Sie machen jedoch eine Ausnahme. Kommen Sie, wann es Ihnen am besten passt, man wird sie in mein Zimmer führen. Sie brauchen weder meinen Namen noch den Ihrigen zu nennen. Ich biete Ihnen nicht die Hälfte meines Mittagsmahles an, denn meine Nahrung ist für keinen Menschen geeignet und für Sie noch weniger als für jeden anderen, wenn Sie noch Ihren früheren Appetit haben.› – Ich ging um neun Uhr zu ihm, und er empfing mich mit einem zwei Zoll langen Bart.» Offenbar hat Saint Germain sich zuweilen einen Bart wachsen lassen, wenn er abgeschlossen nur mit Experimenten beschäftigt war. (Siehe auch Anhang, zu Kap. X.)

«Er hatte etwa zwanzig Retorten voller Flüssigkeiten um sich herum. Einige davon lagen auf Sandhaufen von natürlicher Wärme. Er sagte mir, er arbeite zu seiner Belustigung an Farben und richte, um dem Grafen von Cobenzl, dem Gesandten der Kaiserin Maria Theresia in Brüssel, einen Gefallen zu tun, eine Hutfabrik ein ... Als er erfuhr, an welcher Krankheit ich litt, bat er mich, drei Tage in Tournai zu bleiben, während dieser Zeit werde er alle Drüsenschwellungen beseitigen, hierauf werde er mir fünfzehn Pillen geben, die ich in fünfzehn Tagen einzunehmen hätte, diese würden mir völlige Genesung bringen und mir alle meine Kräfte wiedergeben. Er zeigte mir seine Urkraft, die er Atoëter nannte, es war eine weiße Flüssigkeit in einem sorgfältig verschlossenen Fläschchen. Er sagte, diese Flüssigkeit sei der Universalgeist der Natur, dies werde dadurch bewiesen, dass dieser Geist sofort aus dem Fläschchen entweiche, wenn man das Wachs nur ganz leicht mit einer Nadel durchsteche. Ich bat ihn, mir das Experiment zu zeigen. Er gab mir ein Fläschchen und eine Nadel. Ich stach ganz leise in das Wachs hinein, und das Fläschchen war wirklich im Augenblick vollständig leer. ‹Das ist ja herrlich, sagte ich, aber wozu ist das gut?› – ‹Das kann ich Ihnen nicht sagen, das ist mein Geheimnis.›»

Nun fragt Saint Germain wieder, ob er etwas Kleingeld bei sich habe. «Ohne mir zu sagen, was er machen wolle, stand er auf und nahm eine glühende Kohle, die er auf eine Metallplatte legte. Hierauf bat er mich um ein Zwölfsousstück. Er legte ein schwarzes Körnchen auf die Münze und diese auf die Kohle, die er mit einem Blasrohr anblies, in kaum zwei Minuten war das Geldstück glühend.» Nach einer Minute war die Münze kalt und Saint Germain gab sie Casanova. «Nehmen Sie sie mit, denn sie gehört Ihnen.» Casanova sieht, dass seine Münze jetzt aus purem Gold ist. Aber er glaubt, es sei ein Taschenspielertrick und wirft Saint Germain vor, dass er ihm nicht vorher gesagt habe, was er machen wolle, dann hätte er besser aufpassen können. Saint Germain: «Wer an meiner Wissenschaft zweifelt, der ist nicht würdig, mit mir zu sprechen.» Casanova hat ihn offenbar wieder enttäuscht. Es ist die letzte Begegnung zwischen den beiden. Casanova schenkte das Goldstück zwei Monate später in Berlin dem Feldmarschall Keith, der es gerne haben wollte.

Zu seinem eigenen Schaden hatte Casanova auch das Heilungsangebot nicht angenommen und war aus Tournai gleich wieder abgereist. Es ging ihm dann so schlecht, dass er noch nach Jahren sich nur mit Schaudern an seinen damaligen Zustand erinnerte.

Von Saint Germains diplomatischen Bemühungen um den Frieden in Europa kann man kaum etwas Sicheres wissen, da es stets Geheimmissionen waren. Manche Streiflichter ergeben sich aus den Korrespondenzen anderer Diplomaten untereinander oder mit ihren Fürsten. Vor allem auch war Saint Germain bemüht, der Armut weiter Kreise durch Eröffnung neuer Arbeitsfelder entgegenzuwirken. Viele Anregungen oder auch Kenntnisse hatte er aus Konstantinopel, Ägypten und anderen Ländern mitgebracht und sie dann weiter entwickelt und neue Erfindungen hinzugesellt. Sie greifen zum Teil so weit in Chemie und Technik voraus, dass die angesprochenen Fürsten nicht wagten, Geld darein zu investieren, und sich seine Bemühungen so meistens im Sande verliefen. Das äußerlich glänzende Leben mag innerlich ein bitteres gewesen sein.

An den König von Preußen, Friedrich II., ließ er durch dessen Botschafter einen Katalog von Angeboten senden, die er dem König vorzuschlagen hätte:

1. Verfahren, das allen Sorten von Häuten und Leder eine bisher unbekannte Festigkeit, Güte und Haltbarkeit gibt.
2. Verfahren zur Veredlung von Wolle.
3. Verfahren zur äußersten vollständigen Bleichung von Leinwand, Hanf, Flachs und deren Gespinsten, das die Stoffe nicht angreift und nur kurze Zeit beansprucht.
4. Verfahren zum Waschen von Seide, durch welches die italienische Seide den allerschönsten Seiden der Welt überlegen, glänzender und stärker wird …

Die Liste wird bis zu Nr. 29 fortgesetzt, mit Färbemitteln, die echten Purpur ersetzen, Stofffarben, die im Wasser nicht auslaufen, er bietet die Herstellung von künstlichem Papier und Elfenbein an, außerdem ein ganz neues Metall von überraschenden Eigenschaften. Hochfeines Olivenöl könne man in Deutschland innerhalb von zwölf Stunden erzeugen.

Dieses Angebot machte Saint Germain unter dem Namen Graf Welldone.

Dass sich dahinter Saint Germain verbarg, war den meisten und jedenfalls dem Botschafter Alvensleben, der diese Liste weitergab, bekannt.

Auf ein recht undurchsichtiges Feld gerät man bei den vielen Geschichten, die Saint Germain über seine früheren Verkörperungen in Umlauf gesetzt haben soll. Er verblüffte seine Gesprächspartner mit Bemerkungen von seiner Teilnahme an historischen Ereignissen, die lange zurücklagen. Letzteres kann verblüffen, wenn man bedenkt, dass das Todesjahr der «eigentlichen» Christian-Rosenkreutz-Inkarnation 1484 war und das Todesjahr als Saint Germain genau dreihundert Jahre später – 1784. Dabei soll er von den beteiligten Personen nicht nur gesprochen, sondern sie in großartigen Imitationen bis auf das Zwinkern der Augen vor seinen Hörern habe erstehen lassen, sodass sie glaubten, in dem Geschehnis dabei zu sein.

Das Rätsel der Abstammung

Das schwierigste Kapitel ist die Frage nach seiner Abstammung. Auch hier gab es schon zu seiner Zeit verschiedenartige Gerüchte, aber niemand wusste wirklich, woher der «Graf von Europa» seiner blutsmäßigen und geographischen Herkunft nach kam. Nach einer Version war er der erstgeborene Sohn Franz II. (siehe Abb. S. 181) von Transsylvanien, des Magnaten von Ungarn-Siebenbürgen aus dem Hause Rakoszy, und dessen deutscher Gemahlin Prinzessin Charlotte Amalie von Hessen-Rheinfels. Die Rakoszys residierten unter anderem auf der berühmten Feste Saros Patak, und Franz II. war das Haupt der ungarischen Freiheitsbewegung, die sich vom katholischen Kaiserhof in Wien trennen wollte. Franz II. hatte sich von 1703 bis 1711 als König von Ungarn und Siebenbürgen bezeichnet, musste aber vor den Habsburgern fliehen und ging ins Exil. Er starb als Ehrengast des türkischen Sultans in Rodosto am Marmarameer am 8. April 1735. Er war ein schöner, stattlicher

Mann, und das nie ruhende Freiheitsbedürfnis der Ungarn spann um ihn Legenden etwa der Art: er sei nur weggegangen und halte sich verborgen, er komme wieder; er lebe noch, denn er sei ein Eingeweihter. Ganz offenbar hat dieser Franz II. sich mit Protestantismus, Katholizismus und dem Islam sehr tiefgründig auseinandergesetzt, war aber vor allem wohl ein feuriger Tatmensch. Seine Mutter Ilona war die Tochter des berühmten Freiheitshelden Zriny, der nach einem Aufstand 1671 in Wiener Neustadt enthauptet worden war. (Schon sein Urgroßvater hatte den Namen Zriny berühmt gemacht im Kampf gegen den türkischen Sultan Soleiman, von dem er dann gefangen genommen und getötet wurde.)

Franz II. soll als Kind mit seiner Mutter Ilona im Turmgefängnis von Wiener Neustadt eine Zeitlang festgehalten worden sein. Erwachsen, nahm er dann selbst den Freiheitskampf auf. Unabhängig vom nationalen Freiheitswillen spielte auch das Religiöse eine Rolle, denn Ungarn-Siebenbürgen war schon lange protestantisch. An seinem weitausstrahlenden calvinistischen Kollegium hatte 1650–1654 auch Amos Comenius gewirkt. Die Türken waren religiös tolerant gewesen, aber von dem katholischen Österreich konnte das nicht gesagt werden. Um das ungarische Feuer zu dämpfen, hatte Franz II. auf Betreiben der europäischen Fürsten um eine katholische Prinzessin gefreit. Man hoffte davon eine Entspannung und ein besseres Verhältnis zum Kaiserhofe. Diese Hoffnung erfüllte sich nicht.

Am 28. Mai 1696 soll nun diesem Franz II. und seiner deutschen Gemahlin ein erster Sohn geschenkt worden sein, der in der Taufe den Namen Leopold Georg erhielt – immer noch in der Hoffnung, mit Kaiser Leopold in ein besseres Verhältnis zu kommen. Als aber die Freiheitsbewegung wieder aufflammte, fürchtete man für das Leben dieses Sohnes. Franz II. habe ihn für tot erklären lassen und betrauert, heimlich aber nach Florenz zum kinderlosen letzten Medici Johann Gaston geflüchtet. Der Knabe sei vier Jahre und drei Monate alt gewesen. Er habe die beste Erziehung genossen und als Jüngling eine Zeitlang in Siena auf der Universität studiert.

Bei der Firmung soll sich der Knabe den Namen San Germano gegeben haben, den der Medici in Saint Germain umwandelte. Der Anstoß habe darin gelegen, dass die beiden nachgeborenen Söhne Joseph und Georg nach der Flucht ihres Vaters Franz II. am Kaiserhof in Wien erzogen wurden und dort eines Tages die Namen St. Karl und St. Elisabeth erhalten hätten, damit der Name Rakoszy verschwände.[31]

Die Frage des dritten Sohnes, welcher der Erste gewesen wäre, ist noch immer im Zwielicht. Ausführliche Forschung in den Archiven betrieb seinerzeit die Theosophin Isabella Cooper-Oakley (verstorben 1914) und verarbeitete sie in ihrem Buch «The Comte de Saint Germain», das 1912 erschien. Sie will in einem genealogischen Archiv aus dem Jahre 1736 gesehen haben, dass tatsächlich ein dritter Sohn von Franz II. erwähnt ist.

In Ungarn ist bis heute dieser dritte Sohn durchaus bekannt.

So findet sich zum Beispiel in einem Buch, das 1939 zum zweihundertsten Todesjahr von Franz II. erschienen ist, folgende Aufstellung der Kinder aus der Ehe des Fürsten mit Charlotte Amalie von Hessen-Rheinfels:

1. Leopold Ludwig Georg, geboren am 28. Mai 1696 in Ungarn, gestorben vier Jahre später im Winter 1700,
2. Joseph, geboren am 17. August 1700 in Wien,
3. Georg, geboren am 8. August 1701 in Wien,
4. Charlotte, geboren am 16. November 1706 bei Karlsbad, nach ein paar Wochen verstorben.

Hier ist also jener erste Sohn durchaus vorhanden, der für tot erklärt und nach Italien verbracht worden sein soll.

Joseph war ein Jahr alt, als der Vater ins Gefängnis nach Wiener Neustadt kam, Georg wurde gerade in diesen Tagen geboren, ihn hat der Vater erst nach sechsundzwanzig Jahren gesehen, als Georg ihn in Rodosto aufsuchte. Diese beiden Söhne sind am Wiener Hof erzogen worden. Sie lernten die ungarische Sprache nicht, auch ihre Mutter durfte keinen Einfluss nehmen. So versuchte man zu verhindern, dass sie in die Fußstapfen ihres rebellischen Vaters traten. Sie erhielten neue Namen – San Carlo und San Elisabetha, die an das österreichische Kaiserpaar erinnern sollten –, und es wurden ihnen Güter in Italien zugewiesen.

Die Lebensgeschichte dieser beiden Söhne ist bekannt, was aber nicht ausschließt, dass sich auch hier Geheimnisse verbergen.

Vor allem ist auch Joseph in den Verdacht gekommen, Saint Germain gewesen zu sein. Offiziell starb er 1738 während des Siebenbürgener Feldzuges an Malaria. Er hatte nach seines Vaters Tod die ungarische Kolonie in Rodosto besucht, war vom Sultan mit hohen fürstlichen Ehren empfangen worden, und der Kreis um Franz II., der mit ihm in die Verbannung gegangen war, erhoffte in ihm den neuen Fürsten und Freiheitsträger Ungarns. Er erließ einen Aufruf an das ungarische Volk, seiner Freiheit zu gedenken, worauf der kaiserliche Hof in Wien einen Preis von zehntausend Florinen auf seinen Kopf setzte und alle des Majestätsverbrechens für schuldig erklärte, die mit ihm Kontakte pflegten. Auch der Papst schleuderte seinen Bannstrahl gegen ihn.

Der jüngere Bruder Georg, der noch zu Lebzeiten seines Vaters 1727 und 1729 in Rodosto gewesen war, soll gehofft haben, das Rakosky-Erbe anzutreten. Als sich dies nicht realisierte, kehrte er nach Frankreich zurück, wo er schon vorher gelebt hatte.

Schließlich gibt es auch noch die Version, Franz II. selbst sei der wiederverkörperte Christian Rosenkreutz und der Begründer des Rosenkreuzertums gewesen. Man sieht, ein wahres Gestrüpp von Legenden und Spekulationen! Am hartnäckigsten hält sich die Vermutung, Saint Germain sei der erstgeborene Sohn gewesen, der mit vier Jahren und drei Monaten seiner Familie entrückt und weit entfernt erzogen wurde. Sollte sie stimmen, so würde sein Leben zum dritten Male den uns schon bekannten Zug aufweisen, dass Christian Rosenkreutz einer familiären Bindung früh entzogen wurde und sein Lebensweg sich kaum beeinflusst von Familienbanden gestaltete. Sein Verbergen unter vielen Namen wird dann auch aus politischen Gründen verständlich, weil er sich immer vom österreichischen Kaiserhofe verfolgt fühlen musste. In einer Denkschrift heißt es[32]:

«Er gestand auf den ihm gemachten Vorhalt, den er sehr gelassen anzuhören schien, dass er alle oben bemerkten Namen, bis auf den von Soltikow, von Zeit zu Zeit angenommen habe; dass er aber allenthalben unter diesen Namen als ein Mann von Ehre bekannt sei, und dass, wenn ein Verleumder sich etwa erlauben sollte, ihm schlechte Handlungen aufzubürden, er bereit sei, sich auf eine genügende Art auszuweisen, sobald er wisse, wessen man ihn beschuldige und wer der Ankläger sei, der gegen ihn anzutreten gedenke. Er fürchte keine Verfolgungen, als diejenigen, welchen ihn sein Name aussetzen könne. – Die Beweise seiner Herkunft befänden sich aber in den Händen einer Person, von der er abhängig sei; eine Abhängigkeit, die ihm in dem Laufe seines Lebens die größte Verfolgung zugezogen. Eben diese Verfolgungen und Attentate, wie er sich ausdrückte, hätten ihn verhindert, die großen Kenntnisse, die er besitze, werktätig zu benutzen.»

Am 18. Mai 1988 erschien in der Budapester Zeitung «Magyar Nemzet» ein

Artikel über «Das wunderbare Leben des Grafen Saint Germain». Der Verfasser A. Varannai war dem Namen Saint Germain begegnet, als er in London mit einer Freimaurer-Loge in Berührung kam, die den Namen Rákószi trägt. Zu seinem Erstaunen war damit aber nicht Franz II. gemeint, sondern die Mitglieder der Loge behaupten, «Rákószi Ferenc II. hätte noch einen dritten Sohn gehabt, der die Inkarnation des Grafen Saint Germain war. Er sei auf den höchsten Grad freimaurerischer Würde gestiegen und von ihm eingesetzte Ritualien und Symbole würden in dieser Londoner Rákószi-Loge bewahrt und gepflegt.»

Anschließend an diesen Artikel gibt der Redakteur einen Überblick über die verschiedensten Theorien, den Zusammenhang Rakoszi – Saint Germain betreffend. Dort heißt es: «In dieser Frage können nur wir Ungarn uns zurechtfinden, und die Welt darf das von uns mit Recht erwarten. Aber der Sache, wer eigentlich dieser falsche Saint Germain war, konnten wir selber noch nicht auf den Grund kommen. Eines aber ist sicher: er ist nicht der Sohn des Fürsten … Als die Lösung des ‹dritten Sohnes› zu wanken anfing, hat man selbst den älteren Sohn des Fürsten, Joseph, mit ihm identifiziert. In diese Falle ist auch der bereits erwähnte Leadbeater in seinem Buch ‹The Hidden Life in Freemasonry› geraten.»

Saint Germain und die Französische Revolution

Oft wird Saint Germain in Zusammenhang mit der Französischen Revolution genannt, vor welcher er den französischen König rechtzeitig zu warnen versuchte. Hätten seine Bemühungen um eine neue friedliche Ordnung in Europa und um eine wirtschaftliche Besserstellung der Bevölkerung zum Erfolg geführt, dann wäre die Französische Revolution überflüssig geworden. An ihre Stelle wäre eine Evolution getreten. Jedoch die Sorglosigkeit und die Widerstände waren zu groß. Gelang es ihm, einen Fürsten seinen Plänen geneigt zu machen, so durchkreuzten ehrgeizige und egoistische Berater, für die der fremde Graf ein rotes Tuch war, alle Vorhaben mit Erfolg. So blieb ihm schließlich nur noch übrig zu warnen – zu warnen vor allem den französischen Hof vor der kommenden Katastrophe. Aber man tanzte auf dem Vulkan und hörte seine Stimme nicht.

Ferenc Rákószi, der Prinz Franz II.
(gemalt 1710 von Ádám Mányoki. Museum der Bildenden Künste, Budapest)

Die Erinnerungen der Comtesse d'Adhémar

Bei den Überlieferungen dieser Ereignisse spielen die Erinnerungen einer Hofdame der Königin Marie Antoinette, die sogenannten «Souvenirs» der Comtesse d'Adhémar, eine besondere Rolle. Sie sind – natürlich – umstritten, da sie auch von höchst geheimnisvollen Dingen berichten. Sie wurden und werden für die romanhaften Erfindungen des Schriftstellers Lamothe-Langon gehalten, von dem auch andere historische Romane stammen. Karl Heyer hat sich bei Abfassung seines Buches über die Französische Revolution gründlich damit befasst.[33] Er hebt hervor, dass die Hofdame und ihre näheren Lebensumstände geschichtlich eindeutig nachweisbar sind und dass der fragliche Schriftsteller bei seinen Arbeiten stets auf authentischen Überlieferungen aufbaute. Die Schriftstellerin Isabella Cooper-Oakley habe von der Familie d'Adhémar die Auskunft bekommen, dass sich Dokumente über den Grafen Saint Germain in ihren Familienpapieren befinden. Weiter heißt es: «Frau H. P. Blavatsky hat die Familie besucht und sich 1884 im Schlosse d'Adhémar aufgehalten. Dies war eine der zahlreichen aristokratischen Familien, die in der Revolution ruiniert wurden. Die gegenwärtige Comtesse d'Adhémar ist Amerikanerin, die Dokumente sind in Amerika.» Rudolf Steiner nimmt im Vortrag vom 4. November 1904 auf die Erinnerungen dieser Hofdame Bezug und bestätigt die Warnungsversuche, die Saint Germain immer wieder an den französischen Hof trieben. Er sah voraus, dass die großen Ideen in Blut und Wirrnissen untergehen werden. Er selbst war der Ansicht, «die Menschen müssten in ruhiger Weise von der weltlichen Kultur zu der wahren Kultur des Christentums geführt werden. Die weltlichen Mächte wollen sich aber die Freiheit im Sturm, in materieller Weise erobern. Zwar sah er die Revolution als notwendige Konsequenz an, aber er warnte doch davor. Er, Christian Rosenkreutz, in der Inkarnation vom 18. Jahrhundert, als Hüter des innersten Geheimnisses vom Ehernen Meer und vom heiligen Goldenen Dreieck, trat warnend auf: die Menschheit sollte sich langsam entwickeln» (GA 93).

Mit der Anspielung auf das Eherne Meer und das Goldene Dreieck ist hier der Bogen zurück geschlagen zu Hiram, der das Eherne Meer schuf, nachdem er das Goldene Dreieck von seinen geistigen Urahnen erhalten hatte.

«Dieser Initiierte [nämlich Hiram] wurde missverstanden, verraten, getötet. Dieses Geheimnis kann noch nicht herauskommen. Es bleibt das Geheimnis von wenigen [Initiierten] des Christentums. In dem Guss des Ehernen Meeres und dem Heiligen Dreieck liegt es verschlossen. Es ist kein anderes als das Geheimnis des Christian Rosenkreutz, der vor Christi Geburt in einer sehr hohen Inkarnation verkörpert war und damals einen merkwürdigen Ausspruch getan hat.

Lassen Sie mich nun noch mit einigen Worten die Szene ausmalen, wie jener Christian Rosenkreutz vor der Französischen Revolution diese Äußerung wieder getan hat. Er sagte: Wer Wind sät, wird Sturm ernten. – Dies hatte er schon damals gesagt, bevor es dann von Hosea gesagt und aufgeschrieben wurde. Aber es ist von Christian Rosenkreutz herrührend.

Dieser Ausspruch: Wer Wind sät, wird Sturm ernten, ist der Leitspruch der vierten und fünften Unterrasse unserer Wurzelrasse und sollte bedeuten: Ihr werdet den Menschen frei machen, es wird sich das inkarnierte Buddhi selbst mit dieser eurer Freiheit verbinden und die Menschen gleichmachen vor Gott. Aber der Geist (Wind bedeutet Geist = Ruach), er wird zunächst zum Sturm werden (Kampf aller gegen alle)» (GA 93).

Rudolf Steiner muss hier noch in der Terminologie der alten theosophischen Strömung sprechen, auch sind diese Notizen unvollständig, wie aus den Formulierungen deutlich ersichtlich ist. Der Ausspruch: «Wer Wind sät, wird Sturm ernten», dieses Schlüsselwort, was die gleiche Individualität einst in einer hohen Verkörperung schon geäußert hatte, kommt auch in den Erinnerungen der Comtesse d'Adhémar vor. Man könnte dies als eine Bestätigung ansehen, dass sie es mit dem echten Saint Germain zu tun hatte und ihre Erinnerungen keine Erfindungen sind.

Am Schluss eines Gesprächs mit der Comtesse, das am Vorabend der Revolution in einer Seitenkapelle der Recollectenkirche in Paris stattfindet, sagt die Comtesse: «Sie sind ein schrecklicher Prophet; wann werde ich Sie wiedersehen?»

Saint Germain: «Noch fünfmal. Wünschen Sie nicht das sechste.»

Darunter stehen in den «Souvenirs» Anmerkungen «von der Hand der Frau Gräfin geschrieben, durch eine Stecknadel am Originalmanuskript befestigt und datiert vom 12. Mai 1821. Sie ist im Jahre 1821 verschieden.»

Die Anmerkungen lauten: «Ich habe M. de Saint-Germain – und zwar immer zu meinem außerordentlichen Erstaunen – wiedergesehen bei der Ermordung der Königin [das wäre der 16. Oktober 1793 gewesen], beim Herannahen des 18. Brumaire [9. November 1799], am Tage nach dem Tode des Herzogs von Enghien [dessen Tod: 21. März 1804], im Jahre 1815 im Monat Januar und am Tage vor der Ermordung des Herzogs von Berri [am 13. Februar 1820]. Ich erwarte das sechste Mal, wann Gott will.»

Die Nachricht, dass Saint Germain beim Landgrafen von Hessen in Eckernförde 1784 gestorben sei, kannte man auch in Frankreich. Comtesse d'Adhémar sieht ihn indessen immer wieder bis zum «sechsten Male» im Jahre 1821, wo sie gestorben ist.

Die Aussagen des Prinzen Karl von Hessen

Greifen wir zu der, wie man meinen sollte, authentischsten und zuverlässigsten Quelle, die wir finden können: den Erinnerungen des Prinzen Karl von Hessen-Kassel, der als amtierender Landgraf von Schleswig-Holstein Saint Germains letzter Gastgeber in Eckernförde gewesen ist. Bei diesem protestantisch-frommen, mutigen und redlichen Manne, der später ein bedeutender Freimaurer geworden ist, hoffen wir auf Wahrheit zu treffen – nicht auf Übertreibung, Schwatzhaftigkeit oder dergleichen. Seine Erinnerungen – «Denkwürdigkeiten» genannt – sind von ihm vom 23. Dezember 1816 bis zum 5. April 1817 in französischer Sprache diktiert worden, das heißt erheblich später, als die Eckernförder Ereignisse um Saint Germain und dessen Tod sich abgespielt haben. Doch da der Prinz seine ganze Lebensgeschichte mit allen persönlichen und politischen Verwicklungen (er war der Schwiegersohn beziehungsweise Schwager dänischer Könige und hat dort am Hofe eine große Rolle gespielt) genauestens beschreibt (und das Saint-Germain-Kapitel dabei nur eines unter vielen ist), scheint er sich genaue Aufzeichnungen im jeweils aktuellen Zeitpunkt gemacht zu haben. Das Buch, 1866 in Kassel auf Deutsch herausgegeben, ist im normalen Buchhandel längst nicht mehr erhältlich, es sollen deshalb die betreffenden Partien ausreichend ausführlich hier wiedergegeben werden:

«Bei meiner Rückkehr sah ich in Altona den berüchtigten Grafen Saint Germain, welcher mir seine Freundschaft zuzuwenden schien, besonders als er hörte, dass ich kein Jäger sei und auch keine anderen Liebhabereien habe, welche dem Studium der höheren Naturwissenschaften hinderlich sind. Er sagte mir damals: ‹Ich werde Sie in Schleswig besuchen, und Sie sollen sehen, was wir zusammen für große Dinge ausrichten werden.› Ich gab ihm zu verstehen, dass ich viele

Gründe hätte, die Gunst, welche er mir erweisen wolle, für den Augenblick nicht anzunehmen. Er entgegnete: ‹Ich weiß, dass ich zu Ihnen kommen muss, und ich muss Sie sprechen.› … Ich hatte übrigens bei der preußischen Armee viele Erkundigungen über diesen ungewöhnlichen Mann eingezogen und hatte besonders mit meinem Freund, dem Obersten Frankenberg, über ihn gesprochen. Dieser sagte mir: ‹Sie können überzeugt sein, dass er kein Betrüger ist und dass er große Kenntnisse besitzt.›

Saint Germain kam bald darauf nach Schleswig. Er sprach mit mir von großen Dingen, welche er zum Besten der Menschheit tun wolle etc. Ich hatte keine Lust dazu, aber zuletzt machte ich mir ein Gewissen daraus, Kenntnisse, die in jeder Hinsicht wichtig waren, auf Grund einer vermeintlichen Weisheit oder aus Geiz zurückzuweisen, und ich wurde sein Schüler. Er sprach viel von der Verschönerung der Farben … von der Verbesserung der Metalle, indem er hinzufügte, dass man durchaus kein Gold machen müsse, selbst wenn man es verstände, und diesem Grundsatz blieb er unbedingt treu … Es gibt fast nichts in der Natur, was er nicht zu verbessern und nützlich zu machen verstand. Er vertraute mir alle seine Kenntnisse von der Natur der Dinge an, aber nur die Anfangsgründe, und ließ mich dann durch Versuche die Mittel zur Erreichung des Zwecks selbst suchen und freute sich ungemein über meine Fortschritte … die Farben teilte er mir wirklich mit sowie einige andere sehr wichtige Kenntnisse. Man wird vielleicht neugierig sein, seine Geschichte kennenzulernen, und ich will sie durchaus wahrheitsgetreu mit seinen eigenen Worten wiedergeben und nur die nötigen Erklärungen hinzufügen.

Er war achtundachtzig Jahre alt, als er hierher kam, und starb in einem Alter von zwei- oder dreiundneunzig. Er sagte mir, er sei der Sohn des Prinzen Ragotzky von Siebenbürgen und dessen erster Gattin, einer Tekely. Er wurde unter den Schutz des letzten Medici gestellt, der ihn als Kind in seinem eigenen Zimmer schlafen ließ. Als er hörte, dass seine beiden Brüder, Söhne der Prinzessin von Hessen-Rheinfels oder Rotenburg, wenn ich mich nicht irre, sich dem Kaiser Karl VI. unterworfen und nach dem Kaiser und der Kaiserin die Namen St. Karlo und St. Elisabetha erhalten hätten, sagte er zu sich selbst: ‹Gut, dann will ich mich Sanktus Germanus, den heiligen Bruder nennen.› Ich kann allerdings seine Herkunft nicht verbürgen. Aber dass er von dem letzten Medici außerordentlich begünstigt wurde, das habe ich auch von anderer Seite gehört … Er kannte die Kräuter und Pflanzen aus dem Grunde und hatte Arzneien erfunden, deren er sich ständig bediente und welche sein Leben und seine Gesundheit verlängerten. Ich habe noch alle seine Rezepte, aber nach seinem Tode eiferten die Ärzte sehr heftig gegen seine Wissenschaft … Die Farbenfabrik wollte Saint Germain hier im Lande gründen. Die des verstorbenen Otte in Eckernförde stand leer und verlassen. Ich hatte somit Gelegenheit, diese Gebäude von der Stadt billig zu kaufen, und setzte den Grafen Saint Germain dorthin. Auch kaufte ich Seidenzeuge, Leinen etc. … Ich sah dort nach der Art, wie ich es gelernt und in einer Tasse selbst versucht hatte, fünfzehn Pfund Seide in einem großen Kessel färben. Das gelang vollkommen. Man kann also nicht sagen, dass es im Großen nicht gehe. Das Unglück wollte, dass der Graf Saint Germain, als er nach Eckernförde kam, unten in einem feuchten Zimmer wohnte, wo er einen sehr starken Rheumatismus bekam, von welchem er sich, trotz aller seiner Heilmittel, nie wieder ganz erholte. Ich besuchte ihn oft in Eckernförde und kehrte nie ohne neue, höchst interessante Belehrungen zurück, da ich mir häufig die Fragen aufschrieb, welche ich ihm vorlegen wollte. In seiner letzten Lebenszeit fand ich ihn eines Tages sehr krank und, wie er glaubte, auf dem Punkt zu sterben. Er schwand zusehends dahin. Nachdem ich in seinem Schlafzimmer das Mittagessen eingenommen hatte, musste ich mich allein vor sein Bett setzen, und er sprach dann viel rückhaltloser über viele Dinge, sagte mir Vieles voraus und ersuchte mich, so bald wie möglich wiederzukommen, was ich auch tat; aber ich fand ihn bei meiner Rückkehr weniger krank, indessen war er sehr schweigsam. Als ich 1783 nach Kassel ging, sagte er mir, dass ich, im Fall er während meiner Abwesenheit sterben sollte, ein versiegeltes Billet von seiner Hand finden würde, welches mir genügen werde. Aber dieses Billet fand sich nicht, vielleicht hatte er es ungetreuen Händen anvertraut. Mehrere Male bin ich in ihn gedrungen, mir noch während seines Lebens das mitzuteilen, was er mir in diesem Billet hinterlassen wollte. Dann ward er traurig und rief: ‹Ach, wie unglücklich würde ich sein, mein lieber Prinz, wenn ich zu sprechen wagte!›

Er war vielleicht einer der größten Weltweisen, welche je gelebt haben. Er liebte die Menschheit, Geld verlangte er nur, um es den Armen zu geben; er liebte selbst die Tiere und sein Herz beschäftigte sich nur mit dem Glück anderer … Ich habe nie einen Mann von klarerem Geiste gesehen und dabei besaß er eine Gelehrsamkeit, besonders in der alten Geschichte, wie ich selten gefunden habe. Er war in allen Ländern Europas gewesen … In Konstantinopel und in der Türkei war er oft gewesen. Frankreich schien jedoch das Land zu sein, das er am meisten liebte … Ludwig XV. hatte viel Vertrauen zu ihm. Er benutzte ihn unter der Hand, um einen Frieden mit England zu unterhandeln, und schickte ihn nach dem Haag. Es war die Gewohnheit Ludwigs XV., ohne Vorwissen seiner Minister Emissäre zu benutzen, die er jedoch im Stiche ließ, sobald sie entdeckt wurden. Der Herzog von Choiseul … wollte ihn festnehmen lassen. Er flüchtete aber noch beizeiten. Er vertauschte nun den Namen Saint Germain mit dem eines Grafen Weldon (= wohl getan).

Seine philosophischen Grundsätze über Religion waren der reine Materialismus, den er aber so scharfsinnig vorzutragen wusste, dass es schwer war, ihm siegreiche Beweisführungen entgegenzustellen; aber ich hatte öfters das Glück, die Mängel der seinigen darzutun. Er war nichts weniger als ein Verehrer Jesu Christi, und da er sich in Bezug auf diesen Äußerungen erlaubte, die mir unangenehm waren, so sagte ich zu ihm: ‹Mein lieber Graf, es hängt von Ihnen ab, ob Sie an Jesus Christus glauben wollen oder nicht; aber ich gestehe Ihnen offen, dass Sie mir vielen Kummer verursachen, wenn Sie bei mir gegen Den sprechen, welchem ich so gänzlich ergeben bin.› Er blieb einen Augenblick nachdenkend und antwortete: ‹Jesus Christus ist Nichts, aber Ihnen Kummer verursachen, das ist Etwas, also verspreche ich Ihnen, nie wieder darüber mit Ihnen zu reden.› – Auf seinem Sterbebette, während meiner Abwesenheit, trug er eines Tages Lossau auf, mir, wenn ich von Kassel zurückkäme, zu sagen, dass Gott ihm die Gnade erwiesen habe, ihn seine Ansicht noch vor seinem Tod ändern zu lassen, und fügte hinzu, er wisse, wie viel Freude mir das machen und dass ich in einer andern Welt noch viel für sein Glück tun werde.»

Zunächst einmal entnehmen wir diesem Bericht, dass, entgegen der gängigen Meinung, der Landgraf Karl beim Tode Saint Germains nicht selbst zugegen gewesen ist. Wie es scheint, war bei dem Tode Saint Germains in Eckernförde nur der Arzt Lossau gegenwärtig. Über ihn heißt es bei L. A. Langeveld[34]: «Dieser Arzt, zugleich Apotheker, war ein eingeweihter Freimaurer, welcher alles ausführte, was Saint Germain ihm aufgetragen hatte. Er erhielt dessen Rezepte und eine Auszahlung von 1.200 Reichstalern jährlich, um nach den Vorschriften der Rosenkreuzer die Armen unentgeltlich zu behandeln und Medizin zu verschaffen.»

Ferner heißt es: «Niemand war bei seinem Tode anwesend oder bei dem Begräbnis, außer Lossau, welcher die Eintragung in das Totenregister der St. Nikolaus-Kirche in Eckernförde besorgte: ‹Gestorben am 27. Februar 1784, der sich so nennende Graf von Saint Germain und Weldone, in hiesiger Kirche beigesetzt ohne Reden des Geistlichen. Weitere Nachrichten sind nicht bekannt.› – In Eckernförde zweifelte man an dem ‹ehrlichen Tode›.»

Es ist auch nützlich, sich klarzumachen, dass der im Dezember 1744 geborene Prinz im Jahre seiner Begegnung mit Saint Germain, 1779, knapp fünfunddreißig Jahre alt war, also in der Mitte seines Lebens stand. Die Erinnerungen schrieb er mit zweiundsiebzig Jahren.

Wenden wir uns zuerst dem zu, was Saint Germain ihm selbst über seine Abstammung erzählt haben soll und was der Prinz mit dessen eigenen Worten «durchaus wahrheitsgetreu» wiedergegeben haben will.

Da heißt es, er sei der Sohn des Prinzen Ragotzky und dessen erster Gemahlin, einer Tekely. Franz II. war aber nur einmal verheiratet. Seine Gemahlin war jene Charlotte Amalie von Hessen-Rheinfels-St. Goar-Wanfried (siehe Langeveld, Anm. 34). Die Eheschließung fand 1694 statt, als Franz II., 1676 geboren, achtzehn Jahre alt war.

Im Jahre 1696 wird jener erste Sohn geboren, der offiziell 1700 starb, inoffiziell aber beim Medici aufgewachsen sein soll. Eine Tekely war die Mutter Franz II. durch ihre zweite Ehe mit Imre Tökely geworden; sein Vater, Franz I., war in seinem Geburtsjahr 1676 gestorben, und Imre Tökely wurde so der Ziehvater Franz II., aber dieser selbst war in keiner ersten Ehe mit einer Tekely verheiratet.

Die Rätsel, die diese Unstimmigkeit aufgibt, haben schon zu dem Gedanken geführt, Saint Germain wäre dann vielleicht ein unehelicher Sohn. Da er 1779, wie der Prinz angibt, achtundachtzig Jahre alt war, könnte er ohnehin nicht der 1696 geborene Sohn sein, sondern müsste ca. 1691 geboren worden sein. Franz II. wäre dann ein vierzehn- oder fünfzehnjähriger Vater gewesen.

Kurz: Die Version, die der Prinz von Hessen als Wahrheit weitergibt, stimmt mit den historischen bekannten Tatsachen nicht überein und auch nicht mit der Version eines 1696 geborenen «Bambino».

Wie ist es mit dem, was der Prinz von Saint Germains Weltanschauung verstanden, begriffen oder im Gedächtnis behalten hat? Mit dem «reinen Materialismus», mit dem angeblichen Nicht-Christentum und schließlich mit seiner Bekehrung kurz vor dem Tode? Das alles passt zu einer Christian-Rosenkreutz-Verkörperung wahrlich nicht. Haben also diejenigen recht, die sagen, der Eckernförder Saint

Germain war nicht der Echte? Aber dann wieder die bewundernden Worte des Prinzen über den großen Menschenfreund, den Weltweisen von klarstem Geist und größter Gelehrsamkeit, der seinesgleichen nicht hatte?

Versetzt man sich in die Situation der Gespräche des fünfunddreißigjährigen Prinzen mit dem neunzigjährigen Weisen, der ihm geistig so ungeheuer überlegen ist und als dessen Schüler er sich nur fühlen kann, so macht die herablassende Art des Jüngeren auch stutzig, wenn er den Grafen angeredet haben will mit «Mein lieber Graf».

Hat Karl von Hessen wirklich eine Ahnung davon gehabt, wem er da gegenübersaß? Er, dem sich Saint Germain geradezu hatte aufdrängen müssen und der sich mehr aus Pflichtgefühl als aus tiefer Betroffenheit und Verehrung auf den Umgang mit ihm eingelassen hatte? – Auch hier, wie überall viele Fragezeichen.

Saint Germains Erscheinen in Wien

Am 16. Dezember 1904 kommt Rudolf Steiner wiederum auf die Erinnerungen der Gräfin d'Adhémar zu sprechen und auf das Wort: «Wer Wind sät, der wird Sturm ernten.» «Er [Saint Germain] hat dazumal das große Wort gesprochen, das auf Wahrheit beruht: ‹Wer Wind sät, der wird Sturm ernten›, und er setzte hinzu, dass er dieses Wort schon vor Jahrtausenden gesagt und es dann Christus wiederholt hat. Das war ein Wort, das für jeden Außenstehenden unverständlich ist.

Aber der Graf Saint Germain hatte recht. Nur noch ein paar Züge will ich hinzufügen, die durchaus richtig sind. In Büchern über den Grafen Saint Germain können Sie lesen, dass er 1784 am Hofe des Landgrafen von Hessen gestorben ist, der dann einer der vorgerücktesten deutschen Freimaurer gewesen ist. Er hat ihn bis zu seinem Tode gepflegt. Die Gräfin d'Adhémar erzählt aber in ihren Memoiren, dass er lange nach dem Jahre 1784 ihr erschienen sei, dass sie ihn noch sechsmal lange nach dieser Zeit gesehen habe.

In Wahrheit ist er damals im Jahre 1790 bei einigen Rosenkreuzern in Wien gewesen [dieser Anschluss in der Nachschrift ist offenbar unvollkommen, denn aus dem Duktus der Texte gewinnt man nicht den Eindruck, dass Rudolf Steiner dieses Wiedererscheinen in Wien als Gegendarstellung zu den Erinnerungen der Comtesse erzählen will] und hat das gesagt, was auch richtig war: dass er sich auf fünfundachtzig Jahre nach dem Orient zurückzuziehen habe, und nach fünfundachtzig Jahren werden jene seine Tätigkeit in Europa wieder wahrnehmen können. 1875 ist das Gründungsjahr der Theosophischen Gesellschaft. Diese Dinge hängen alle in einer bestimmten Weise zusammen» (GA 93). Hier kommt es auf die Betonung des Jahres 1790 an. Fünfundachtzig Jahre hinzugezählt ergibt 1875, das markiert ist durch die Begründung der Theosophischen Gesellschaft. Sie hat sich allerdings bald völlig der östlichen Weisheit ergeben und den rosenkreuzerischen Strom nicht weitergetragen. Dies wurde aber das Anliegen Rudolf Steiners.

Die Geschichte von der Erscheinung des Saint Germain in Wien ist in Band I der «Kleinen Wiener Memoiren» von Franz Gräffer enthalten, einem Wiener Buchhändler, der auch literarisch tätig war. Er lebte von 1785 bis 1852. Wie dem Band «Die Tempellegende ...» (GA 93) in der Anmerkung zu Seite 107 zu entnehmen, hat Rudolf Steiner die Geschichte vermutlich durch einen Aufsatz von Isabella Cooper-Oakley kennengelernt, der im Dezember 1903 in der Zeitschrift «Gnosis» erschienen war.

Ich will dieser Geschichte etwas nachgehen, indem ich den Aufsatz mit den besagten Memoiren selbst vergleiche und auch das Umfeld der Geschichte etwas ins Auge fasse. Isabella Cooper-Oakley schreibt: «Franz Gräffer hinterließ uns die seltsame Schilderung einer Durchreise Saint Germains nach Wien. Leider vermag uns die Schilderung nicht vollauf zu befriedigen. Gräffer gesteht selbst, dass sie lange nachher, am 15. Juni 1843, geschrieben wurde.» Diese Worte sind zu unterschreiben; aber nicht nur, weil sie sehr viel später aufgeschrieben wurde, erscheint die Geschichte nicht ganz glaubwürdig, sondern weil Gräffer seine kleinen Wiener Erinnerungen in Form von kurzen Geschichten schreibt, in denen er Wiener Kuriositäten in einem lockeren, publikumswirksamen, journalistischen Stil darbietet. Er sagt auch in seiner Einleitung, dass ein Teil des Inhalts seiner Sammlung novellistisch sei: «Der Kenner, ja selbst der nur obenhin gebildete Leser wird die Fiktion vom Faktum recht gut zu unterscheiden wissen.» Diese Vorbemerkung gibt ihm Freiheit zu Übertreibungen und humoristischen Ausmalungen, aber es dürfte nicht zu bezweifeln sein, dass jeweils der *Kern* seiner historischen Skizzen auch historisches Faktum ist. So werden wir bei der Schilderung dieses Saint-Germain-Besuches mit beidem zu rechnen haben – mit dem tatsächlichen Besuch einerseits und mit dieser oder jener Ausschmückung andererseits. Franz Gräffer selbst war nicht (wie Isabella Cooper angibt) der Bruder des Rudolf Gräffer, der in der Geschichte eine Hauptrolle spielt, sondern dessen Neffe. Er war zur Zeit des Begebnisses, das sich 1790 zugetragen haben soll, selbst erst fünf Jahre alt. Er mag das Ereignis also von den unmittelbar Beteiligten (vielleicht oft und immer wieder) vernommen haben, gehörte aber selbst nicht zu jenem von ihm beschriebenen Wiener Adeptenzirkel. Cooper-Oakley fährt dann fort: «Trotzdem das Datum des obenerwähnten Zusammentreffens nicht angegeben ist, so klärt uns eine Stelle derselben Schrift annähernd darüber auf. Dort lesen wir: ‹Saint Germain kam 88, 89 und 90 nach Wien, woselbst wir die unvergessliche Ehre hatten, ihn zu treffen›» (GA 93).

Diese Stelle habe ich in Band I der «Kleinen Wiener Memoiren» nicht gefunden, obgleich ich alle Stichworte, die mit Saint Germain zusammenhängen, durchgesehen habe. Jedoch entdeckte ich in Band II im Artikel «Der Saint-Germain-Tee und sein Urheber» folgenden Passus:

«Der Verfasser des in Rede stehenden Artikels (aus einem Handbuch) lässt den Marquis Saint Germain sterben, so was man sagt, sterben auf gewöhnliche Weise. Was aber bei dem Marquis ‹sterben› bedeutet, ist uns und den Lesern dessen, was über diesen Mann bekannt ist, recht wohl bewusst: es ist wohl sein seit Tausenden von Jahren künstlich herbeigeführter, so und so viele Jahre währender Schlaf. Saint Germain, heißt es, starb zu Eckenpforte im Schleswigischen bei dem Landgrafen Karl von Hessen, anfangs des Jahres 1780 am Schlagflusse. Nun, da hätte er freilich gegen 1790 zu nicht in Wien gewesen sein können, denn bloß wegen ein paar Jahren wird er sich schwerlich zu Bett gelegt haben: es müssten denn plötzlich sehr pressante Veranlassungen eingetreten sein, ihn zu wecken. In der ersten Auflage jenes Handbuchs steht aber als Todesjahr 1795.» Hier entnehmen wir also das Datum des Wiener Besuches von ca. 1790. Da Franz Gräffer aber von dem Tod in Eckernförde hört, wird er stutzig und schlägt die erste Auflage jenes «großen deutschen Handbuches» nach, dort steht als Todesdatum 1795. In der zweiten Auflage ist das offenbar verändert worden in 1780, was auch nicht stimmt, sondern unter dem 27. Februar 1784 ist in Eckernförde der Tod des Grafen vermerkt. Also bis in die Handbücher hinein herrscht Unsicherheit oder Geheimnis um das Todesdatum.

An der eben zitierten Stelle aus dem II. Band ist schon deutlich, in welchem Stil Franz Gräffer seine Geschichten an den Leser bringt. Man weiß nicht, was er ernst oder was er ironisch meint. Dass ein ernster Rosenkreuzer damaliger Zeit so über das Geheimnis des sogenannten Todes bei großen Individualitäten spricht, ist eigentlich nicht anzunehmen. Er ist ein Plauderer, der manches weiß, sich vor allem aber dem Leser durch seinen lockeren Ton angenehm machen will.

Auf diese Art stellt er auch die Mitglieder des Wiener Adeptenzirkels vor, aber es handelt sich um durchaus wirkliche Persönlichkeiten, deren genaue Lebensumstände in den Anmerkungen vom Herausgeber aufgearbeitet sind. Da wäre also zuerst sein Onkel, der sehr wohlhabende Buchhändler Rudolf Gräffer, «ein Mann von vielen Kenntnissen, von Reiseerfahrungen, von Weltbildung. Er war in Verbindung mit den notabelsten Männern, nicht nur in Europa ... Unter anderem fabrizierte er, der Erste in Österreich, das Velinpapier.» So weit Gräffer. Der Anmerkung entnehmen wir noch Folgendes: «R. Gräffer war ein engagierter Freimaurer und Alchymist, wobei er auch einen Teil seines Vermögens zugesetzt haben mag. 1771 war er mit seinen alchymistischen Freunden Calvi, Stubitza, Linden und Bacciochi Mitglied der Loge zum Hl. Joseph, 1776 bis 1781 war er Schatzmeister der Loge zur Gekrönten Hoffnung.»

Baron Linden war nach Gräffer «ein unermüdliches Genie in technischen Sachen, er passionierte sich mit dem Türkisch-Rot, trieb auch Medizin, ließ allerhand Arkana drucken, auch Handschriften für Freunde geheimer Wissenschaften». Über Calvi sagt er weniger Freundliches: «Groß, mager, dürr wie ein Zaun, aber gefräßig wie ein Wolf ... ein Mann von Geist, aber ein armer Teufel, ein Scharlatan, einer der ärgsten und interessantesten Aufschneider. Er war eine männliche Hexe, voll erstaunlicher Kunststücke.» Stubitza war «ein exaltierter Kopf, nicht ohne Kenntnisse, von unendlich reicher Erfahrung ... Er erzeugte einen Karfunkelrubin von der Größe eines Spielwürfels.» Dann kam da noch zuweilen Gräffers Schwager hinzu, «ein großer, dicker Mautbeamter, Bacciochi, ein Mann von Einsicht, der zum Beispiel das noch jetzt berühmte Goldsalz fabrizierte, ein unsichtbares Fläschlein zu zwei Gulden». Hier muss man wieder tief aufatmen und sich fragen, auf welchem Boden man sich bewegt. Ein *unsichtbares* Fläschchen ...? Die Anmerkung sagte über diesen Bacciochi, dass er als der Vater der Wiener Rosenkreuzer geschildert wird. Er habe als Mitglied der Wiener Loge zur Hoffnung rosenkreuzerische Tendenzen einschmuggeln wollen, «für welche er zahlreiche Mitglieder gewann. Doch wurde er entlarvt und auch im Jahre 1771, wahrscheinlich zugleich mit Stubitza, Calvi und anderen ausgeschlossen. Er dürfte nun selbst eine Winkelloge begründet und dort den Orden zum goldenen Rosenkreuz eingeführt haben.»

Das also war der Wiener Umkreis, in den wir uns folgende Geschichte hineinzudenken haben. «Eines Tages verbreitete sich das Gerücht, Marquis Saint Germain, der Rätselhafteste aller Unbegreiflichen, sei in Wien. Ein elektrischer Schlag durchfuhr alle, die seinen Namen kannten. Unser Adeptenzirkel war bis in das innerste Mark durchzuckt ... Saint Germain! Ohne Zweifel ist er unseren Lesern bekannt. Aber was sage ich? Ich wollte sagen: Ohne Zweifel haben die meisten unserer Leser ihn schon wieder vergessen. Was ist da zu tun? Nichts anderes, als ihrem Gedächtnis ein wenig zu Hilfe zu kommen.

Zuerst von seinem Alter. Ja, Saint Germain hat kein Alter. Er ist zwar sechzig, das heißt er sieht so aus wie ein Mann von sechzig Jahren, aber er ist schon ein paar tausend Jahre alt ... Er macht Gold, aber aus nichts, nicht Nichts aus Gold, wie die anderen ... er verfertigt ein Lebenselixier ... er hat ein ganz eigenes Geheimnis, ganz für sich, ein kleines Arkanum. Das nimmt er etwa alle hundert Jahre. Da steckt es. Montaigne, der vor dreihundert Jahren gelebt hat, spricht von ihm als von seinem Zeitgenossen. Was will man mehr? ... Also, ‹nach Wien zu reisen›. Da haben wir es. Das Wann ist nicht ausgedrückt. Das Wann ist jetzt. Gut.»

Nun wird erzählt, dass Rudolf Gräffer (sein Onkel) in aller Eile ein Empfehlungsschreiben herbeiholt, das er sich einmal von Casanova an Saint Germain erbeten hatte. Man sucht den Grafen, findet ihn aber zunächst nicht, bis man ihn überrascht im (eigenen) Laboratorium antrifft. Nachdem man die Türe aufgeschlossen hat, entfährt den beiden – nämlich Gräffer und Baron Linden – ein Schrei der Überraschung, als sie Saint Germain, ruhig lesend in einem Paracelsus-Folianten, dort sitzen sehen. «Sie stehen starr an der Schwelle. Der geheimnisvolle Gast macht das Buch langsam zu und erhebt sich langsam ... Es war, als umflösse ein heller Schein die ganze Gestalt. Würde und Hoheit verklärten sie. Sie sind keines Wortes mächtig.» Der Marquis redet sie in französischer Sprache an, «mit einem unbeschreiblich wohlklingenden, die innerste Seele bezaubernden Tenor». Er sagt zu Gräffer: «Sie haben ein Empfehlungsschreiben von Herrn von Seingalt (Casanova), aber es bedarf dessen nicht. Dieser Herr ist Baron Linden ...» Saint Germain weiß es nach kurzer Zeit einzurichten, dass Linden sich entfernt. Er will nur mit Gräffer sprechen. Diesem sagt er, er werde sich mit seinen Goldpräparaten zugrunde richten. Er habe etwas anderes für ihn. Er zeigt ihm eine Nadel mit einer haselnussgroßen Perle und sagt unter anderem: «Ein angehender Dichter der deutschen Nation, den man fast über alle Posten stellen wird, trägt jetzt schon den Plan zu einem Drama im Kopfe, in welchem eine Prinzessin Eboli sagen wird: ‹Dem reichen Kaufmann gleich, der, ungerührt von des Rialto Gold, die reiche Perle dem reicheren Meere wiedergab, zu stolz, sie unter ihrem Werte loszuschlagen.› (Das stammt aus Schillers Drama ‹Don Karlos›). Jene Perle war ebenfalls durch mich entstanden. Kurz gesagt, ich allein unter allen lebenden Menschen verstehe die Kunst, das Muscheltier zu zwingen, so große Perlen abzusetzen, als ich will.» Der höchst erstaunte Besucher erinnert sich dann aber, in Schweden gehört zu haben, dass der Naturforscher Karl von Linné diese Kunst ebenfalls verstanden hätte. «Saint Germain erwiderte lächelnd: Ich war sein Freund. Ich hatte ihm mein Rezept kopieren lassen, er nahm sich aber nicht die Zeit, es mit dem Originale zu vergleichen. Die Kopie war ungenau.» Er übergibt jetzt Gräffer das Rezept zum Kopieren, und Linden, der danach ausgeschickt worden war, bringt ein Schächtelchen, in dem das dazu nötige Pulver sich befindet.

Inzwischen ist Saint Germain in eine feierliche Stimmung übergegangen und wird dann für ein paar Sekunden starr wie eine Bildsäule. «Seine über allen Ausdruck energischen Augen waren matt und farblos.» Dann belebt er sich wieder, macht mit der Hand ein Zeichen der Entlassung und sagt: «Ich scheide. Enthalten Sie sich, mich zu besuchen. *Einmal* werden Sie mich noch sehen. Morgen nachts reise ich. Man bedarf meiner in Konstantinopel, dann in England, wo ich zwei Erfindungen vorzubereiten habe, die Sie im nächsten Jahrhundert haben werden: Eisenbahnen und Dampfschiffe … Gegen den Schluss des Jahrhunderts verschwinde ich aus Europa und begebe mich nach Asien in die Gegend des Himalaya. Ich will ruhen. Ich muss ruhen. Genau nach fünfundachtzig Jahren werden die Menschen mich wieder erblicken. Leben Sie wohl. Ich liebe Sie.» Die beiden Adepten verlassen das Zimmer «im Zustande völliger Betäubung». Aber in dem Augenblicke ertönt ein Donnerschlag und ein Platzregen bricht nieder. Instinktiv wenden sie sich zurück, um im Laboratorium Schutz zu suchen. «Sie öffnen die Tür. Saint Germain war nicht mehr da.» Es heißt dann noch: «Tage darauf die Begegnung auf dem Stephansreithofe.» Der alte Stephansreithof ist der heutige Stephansplatz, welcher früher aber durch mehrere Gebäude verstellt war. Ob das Wort Freit- oder Freid-hof identisch mit unserem Friedhof ist, bleibt unersichtlich. Aber darüber wird nichts berichtet. Vielmehr endet der Erzähler nachdrücklich die Geschichte und sagt, sie sei aus dem Gedächtnisse niedergeschrieben. Ein eigenes, unwiderstehliches Gefühl habe ihn angetrieben, den Vorgang nach so langer Zeit doch noch niederzuschreiben, «eben heute, den 15. Juni

1843. Noch merke ich dieses an: Es sind Gründe vorhanden, welche machen, dass dieses Begebnis noch von niemandem hat berichtet werden können. Und somit habe ich die Ehre, mich zu empfehlen.»

Ergänzendes zum Wiener Besuch des Saint Germain findet sich im bereits erwähnten Buch von L. A. Langeveld. Es handelt sich bei dieser 1930 erschienenen und von Walter Johannes Stein mit einem Vorwort versehenen Publikation um eine Sammlung von Dokumenten oder deren Referat über eine große Anzahl von Persönlichkeiten, die aus den verschiedensten Gründen Saint Germain unter einem Decknamen gewesen sein könnten – oder eben auch nicht. Wie Stein im Geleitwort bekennt, ist dem Verfasser «eine wirklich kritische Scheidung zwischen dem, was ihn selbst angeht, und dem, was die Träger der Namen angeht, die er benutzt hat, in diesem Werke noch nicht möglich gewesen, aber diese Namen sind hier gesammelt und die Lebensgeschichte ihrer Träger skizziert».

Es ist da auch die Rede von einem Manne namens Rivarol. Da heißt es – unter Bezug auf ein Humanitär und Freimaurer Wochenblatt vom 1. März 1908, genannt «Der Zirkel» und «Reichspost», 12. Januar 1908, beide in Wien – folgendermaßen: «Unter dem Namen Saint Germain verweilte er einige Zeit in Wien, um Logenbesuche abzustatten (1788). Er stieg ab im Laszia-Haus am Lugeck, im Federlhof (wie auch bei Gräffer erwähnt), wo er bekannt war als der ‹Amerikaner› wegen seiner interessanten Beschreibung jenes Landes, welches er während des Krieges mit England besucht hatte. Zumeist war er zu finden im Laboratorium der Rosenkreuzer an der Landstraße, hinter dem Hospital, wo er den Brüdern Experimente orientalischer Wissenschaft zeigte.» – Siehe dazu den Abschnitt «Das Rätsel der Abstammung» (Kap. X). Rivarol / Dr. Robertson wird auch als *Joseph* Rakoscy erwähnt.

Dem modernen Bewusstsein ist es schwierig, gegenüber solchen Erzählungen seine Stellung zu finden. Man möchte nüchtern bleiben und nicht in einen mittelalterlichen Wunderglauben verfallen. Die Skepsis, die man berechtigterweise aufbringt, entsteht vor allem durch den Ton, in welchem uns diese Geschichten nahegebracht werden. Der Ton trägt die Wirksamkeit einer Sache in sich und trägt sie an unsere Seele heran. Der Ton des Casanova ebenso wie der Ton des Franz Gräffer aber werden den dargestellten Ereignissen nicht gerecht. Sie ziehen alles auf eine Ebene, auf der es sich nicht zugetragen haben kann, wenn es Wahrheit ist.

Würde Rudolf Steiner nicht auf die Memoiren d'Adhémar und das Wiener

Erscheinen eingegangen sein, es wäre hier gar nicht zur Erwähnung gekommen. Das Misstrauen wäre zu groß. Nun ist es an uns, die oberflächliche Art, in der uns die Geschehnisse vermittelt werden, wieder abzuschütteln. Das heißt – wir sollten nicht glauben, die Wiener Geschehnisse nun wirklich zu kennen, selbst wenn die äußere Form richtig wiedergegeben ist. Was, vor allem aber *wie* Saint Germain mit Gräffer gesprochen hat, bleibt beider Geheimnis. Franz Gräffer hebt den Schleier eher wie ein Gaukler, der mit lockeren Reden die Sache in die Nähe eines Zaubertricks rückt. (Zugegebenermaßen könnte dahinter auch ein Stück Absicht liegen.)

Interessant ist sein Bericht, in der ersten Auflage eines großen deutschen Handbuches sei Saint Germains Tod auf 1795 angegeben worden. Es könnte ein Indiz dafür sein, dass sein verschiedentliches Auftreten in den neunziger Jahren sich herumgesprochen hatte. Rudolf Steiner ist, wie schon erwähnt, besonders in den frühen Jahren der noch theosophisch geprägten gesellschaftlichen Sitten und Gedanken, oft über die Meister – von denen Blavatsky so viel sprach – befragt worden. Er hat darüber stets Auskunft gegeben, aber doch mehr und mehr das Interesse auf andere Bahnen gelenkt. In «Zur Geschichte und aus den Inhalten der ersten Abteilung der Esoterischen Schule» (GA 264) heißt es auf Seite 248, Friedrich Rittelmeyer habe mit Rudolf Steiner einmal ein Gespräch über Inkorporationen der Meister gehabt: «Besonders lebendig ist mir in der Erinnerung ein Gespräch nach einem Berliner Zweigabend. Dr. Steiner erzählte von den vorhergehenden Inkorporationen der Meister. ‹Da tritt jemand zu ihnen ins Zimmer. Sie geben ihm die Hand und sprechen mit ihm, der verlässt das Zimmer wieder, aber sie werden nicht bemerken, dass er das Haus verlässt.›» Seitens der Herausgeberin Hella Wiesberger wird dazu angemerkt: «Friedrich Rittelmeyer berichtet dazu aber auch noch, dass Rudolf Steiner, so bereitwillig er ihm auch auf solche Fragen antwortete, doch allmählich in doppelter Richtung davon abgelenkt habe: auf der einen Seite auf die heute wichtigste Aufgabe, nämlich das Denken zu spiritualisieren, auf der anderen Seite auf die geschichtlichen Zusammenhänge.»

Wie in den Erinnerungen der Madame d'Adhémar das Schlüsselwort: «Wer Wind säht, der wird Sturm ernten», eine Legitimation gibt, dass es sich bei ihrer Begegnung um den echten Saint Germain gehandelt haben muss, so können wir bei der Wiener Begegnung durch eine kurze Bemerkung stutzig werden und gerade darin eine Bürgschaft empfinden, dass es sich hier um eine ernste Meisterbegegnung handelt. Es kommt so plötzlich und man sieht keinen Sinn darin, dass Saint Germain diesen beiden Männern, die er zum ersten Male sieht und denen er sich auch sehr schnell wieder entzieht, zum Schluss sagt: «Ich liebe Sie.» Man ist vielleicht geneigt, gerade das für einen Schnörkel zu halten, den der Berichterstatter übertreibend hinzufügt. Man erinnere sich aber – im Sinne eines Urbilds und Vorbilds – an alles, was Rudolf Steiner in Bezug auf Christus und Lazarus sagt. Wie er immer wieder auf das Wort «den der Herr lieb hatte» zu sprechen kommt und betont, da handelt es sich natürlich nicht um ein gewöhnliches Liebhaben oder Bevorzugen des einen vor den anderen Jüngern, sondern um die Erkenntnis des Meisters, hier einen intimen, echten Schüler zu haben.

So mag gerade diese in der ganzen Geschichte so überraschende Bemerkung uns eine Andeutung der Sphäre geben, in der sie sich abgespielt hat. Saint Germain erkennt die beiden als Schüler an. Er bestätigt ihnen, dass ihr Suchen und Forschen ernsthaft und in der richtigen Richtung sich vollzieht.

Auf dieser Ebene ist auch der «helle Schein», den die beiden Adepten um die Gestalt Saint Germains bemerken, und die Wirkung von Würde und Hoheit, die von ihm ausstrahlt, eher verständlich.

Zu der sonst geschilderten Wesensart des Grafen passt auch, dass seine ernste Würde gemildert wird durch die Art, wie er sie anspricht und ihnen den Schrecken über seine Erscheinung dadurch auflöst. Er spricht mit einer schönen, wohlklingenden Stimme, und seine Art zu reden bezaubert die innerste Seele. Er spricht also nicht nur ein elegantes Französisch, glatt und geistreich, sondern es schwingt darin ein Tenor, der die «innerste Seele» berührt.

Der siegende Schwan

Wenn wir in den Berichten über Saint Germain lesen, dass er zu den offiziellen Namen noch Ordens- oder Logen-Namen trug, wovon einer hieß: «Eques a Cygno Triumphante», so führt dieser «Ritter vom siegenden Schwan» unsere Gedanken zum Rembrandt-Bild in Glasgow (siehe im Anhang: zu Kap. X), und die Frage entsteht – hat der Maler im direkten oder symbolischen Sinne mit dem Glasgower «Mann in Waffen» einen «Ritter vom siegenden Schwan» porträtiert? «Dem Schwanenorden haben sich diejenigen gewidmet, welche wollten, dass die Gralsritter durch sie hier in der physischen Welt wirken können. Und man nannte einen Schwan solch einen Menschen, durch den ein solcher Gralsritter in der physischen Welt wirkte.» (Vorausgehend war davon gesprochen worden, dass im Mittelalter besonders auserwählte Verstorbene als Gralshüter erlebt wurden.) «Und nun denken Sie an die Lohengrin-Sage. Denken Sie, wie diese Sage berichtet, dass, als Elsa von Brabant in großer Not ist, der Schwan kommt. Es ist der Schwan, das heißt der Angehörige des Schwanenritterordens, es ist der Schwan, der aufgenommen hat einen Mitgenossen aus der Runde des Heiligen Grals, der da erscheint; man darf ihn um sein eigentliches Geheimnis nicht fragen» (GA 214, Das Geheimnis der Trinität, 23. Juli 1922). (Bei R. Wagner heißt es in der Oper «Lohengrin»: «Des Ritters will ich wahren, er soll mein Streiter sein.») (In einem Brief vom 11. April 1905 – in: GA 262, Briefwechsel und Dokumente 1901–1925 – berührt Rudolf Steiner das Thema des Schwanes in ganz direkter Weise. Er schreibt an Marie von Sivers: «In den Meditationsformeln und Konzentrationsübungen, die Du jetzt hast, liegt der Schlüssel zu vielem. Sie sind seit uralten Zeiten geprägt von den … Adepten, und wer sie in Geduld in seiner Seele lebendig macht, saugt aus ihnen die Wahrheit von sieben Welten. Es sind eben die Geheimnisse der Wissenden in sie gelegt. Und wer sie richtig anzuwenden vermag, hat die Möglichkeit, die Hüllen der drei unteren Weltformen abzustreifen und allmählich sogar bis zum Zustand des ‹Schwanes› heranzureifen.»)

Nach Tetzlaff und anderen Autoren war eine der Aufgaben, die sich Saint Germain selbst auferlegt hatte, Licht in die Ereignisse um die Vernichtung des Templerordens zu bringen. Er habe dieses Ziel trotz vielfacher Warnungen verfolgt. Darüber hinaus habe er aber die aktive Wiedererrichtung des Templerordens angestrebt und die Einführung der Templerüberlieferungen in die Freimaurerei, denn er war einerseits der Meinung, nur auf diese Weise könne neue Substanz in die Maurerei kommen, und andererseits müsste die Templerbewegung – die offenbar noch im Geheimen viele Anhänger hatte, auch gab es an bestimmten Orten gerettete Dokumente und sonstige Schätze der Templer – vorläufig noch unter die Decke der Maurerei schlüpfen. Das Ganze war ein heißes Eisen, denn ihre katholische Majestät Maria Theresia von Österreich strebte ein totales Verbot aller Freimaurerlogen in Europa an.

Dass der echte Saint Germain eine Erneuerung des Abendlandes vonseiten der geistigen Substanz angestrebt hat, die er selbst mit den Weisheitsschätzen des Orients durch mehrere Inkarnationen verbunden und angereichert hatte, dürfte außer Frage stehen. Was wir davon erfahren können, ist höchstens die alleräußer-

Graf Saint Germain (Kupferstich)

lichste Außenseite, die uns stark irritieren kann, wenn wir nicht in Erinnerung halten, welche geistmächtige Individualität sich hier verkörpert hat und dass das Wesentlichste sich auf eine Weise abgespielt haben müsste, die sich allen Dokumenten entzieht.

Gerade dadurch aber mag diese exoterische Inkarnation ein mühsames Opferleben gewesen sein, dass Saint Germain sich über die Wissenschaft hinaus auf die öffentlichen Felder der Wirtschaft und Politik einließ, um für eine geistige Ordnung und Grundlegung zu kämpfen.

Unter dem Namen Gugomos soll Saint Germain bei drei großen Freimaurerkongressen in Wiesbaden 1776, in Leipzig 1777 und in Wilhelmsbad bei Frankfurt 1782 eine bedeutende Rolle gespielt haben. «Bei der Eröffnung des Kongresses machte er sich bekannt als Theophilus Eques a Cygno Triumphante (Schwanenritter) und zeigte seine im Lateinischen geschriebene Vollmacht, datiert Valle Josaphat, Florenz, 16. Dezember 1775, welche anfing mit den Worten: ‹Wir, Prior, Kanzler … unseres Heiligen Stuhles, ermächtigen unseren Abgeordneten in den Provinzen von Deutschland, Dänemark, Schweden und Polen, unseren treuen Bruder des Heiligen Dienstes, den liebenswürdigen Theophilus, Ritter des Siegreichen Schwanes, um unsre wahre und sehr alte Religion wiederherzustellen und zu verbinden mit den Logen der Freimaurer, um das Glück der Menschen zu fördern. Seine Hand, seine Worte und sein Segen sind, wie diejenigen von Johannes dem Täufer, geheiligt, und wer von ihm eingeweiht wird, hat seine Füße schon auf die Schwelle des Tempels gesetzt›» (Langeveld).

In seiner Eröffnungsrede soll er gesagt haben: «Nach meiner Aufnahme in den Orden der Freimaurer kam ich zu der Entdeckung, dass in den Logen in vielen Hinsichten Verwirrung herrschte und die Tableaus [Darstellung von Symbolen] ebenso viele Rätsel waren ohne Zusammenhang. Dennoch wird die Freimaurerei *die Form* bleiben, worin der Templerorden sich verstecken wird und aus der er seine Mitglieder rekrutieren muss.»

Nach dem Wiesbadener Kongress, so berichtet Langeveld weiter, «herrschte im Lager der Templer ein lebhaftes Treiben. Der Großmeister Ferdinand von Braunschweig (General) und der Provinzial-Großmeister Karl Landgraf von Hessen-Kassel [das ist eben der letzte Gastgeber Saint Germains in Eckernförde] knüpften Beziehungen an mit Dänemark und Schweden, welche zu einer gegenseitigen Verbrüderung im Templerorden führten …» «In Auvergne, in Florenz und in der Bretagne gibt es noch Kapitel des Templerordens, wo man Geheimnisse bewahrt», heißt es in einem Brief Ferdinands an Friedrich August. Ebenso vermerkt Langeveld, dass Saint Germain seine «Aufmerksamkeit der Wiederherstellung des Rosenkreuzes schenkte».

Hier zeigt sich wiederum eine ganz andere Schicht der Geschehnisse – die Welt der Geheimorden. In Einzelheiten zu gehen, würde ein Studium für sich bedeuten, das uns gleichwohl keine Sicherheiten bieten könnte, ob und unter welchen Namen Saint Germain da führend beteiligt war.

Da höchste Fürsten zugleich auch höchste Stellen in dieser geheimnisvollen Logenwelt besetzten (so Friedrich II. von Preußen bei den Freimaurern oder der König von Frankreich bei den Maltesern), ließ sich eine Verquickung mit der Politik nicht vermeiden. Alles war mit allem verbunden, für- oder gegeneinander – das Gewebe lässt sich nicht durchschauen, und wo hier falsche oder richtige Grafen Saint Germain agieren, bleibt Frage.

Indem wir dem allen nachzutasten versuchen, gehen wir seltsame Wege. Saint Germain als Siegender Schwan führt uns zurück ins Rembrandt-Jahrhundert und zu der Frage, ob er auch dort schon ein «Ritter vom siegenden Schwan» gewesen ist. Dürers Zeichnung von Oxford erinnert ans 18. Jahrhundert, wo Casanova Saint Germain so erleben wird, wie Dürer ihn lange vorher gezeichnet hat (S. 261).

Die Zeiten rücken zusammen, als wäre alles *ein* Leben, von *einem* Bewusstsein überwacht, als ginge jemand durch die Epochen, diese und jene Erscheinung annehmend; ob inkarniert oder nicht inkarniert geistige Bewegungen und Bruderschaften überwachend und kontinuierlich begleitend. Eine geheimnisvolle Alchemie trennt Wesensglieder und fügt sie wieder zusammen – der Tod spielt eine geringe Rolle. In Bezug auf die Bemühungen des Cagliostro, des Zeitgenossen von Saint Germain, sagt Rudolf Steiner am 16. Dezember 1904 (Die Tempellegende und die Goldene Legende, GA 93): «Der Stein der Weisen hat einen bestimmten Zweck, der von Cagliostro angegeben wurde: er sollte das menschliche Leben auf 5527 Jahre verlängern. Das erscheint dem Freigeist lächerlich. Tatsächlich ist es aber möglich, durch besondere Schulung das Leben ins Unermessliche zu verlängern dadurch, dass der Mensch lernt, nicht mehr in seinem physischen Körper zu leben. Derjenige, der sich aber vorstellen wolle, dass den Adepten kein Tod im gewöhnlichen Sinne des Wortes treffe, der würde sich etwas Falsches darunter vorstellen ... Das würde allerdings nur dann gewöhnlich eintreten, wenn der Adept es zulässt ... Der physische Tod desjenigen, der für sich selbst den Stein der Weisen erkannt und ihn verstanden hat, ist für ihn nur ein scheinbares Ereignis. Für die anderen Menschen ist er ein wirkliches Ereignis, das einen großen Abschnitt in ihrem Leben bedeutet. Für den, der in der Weise, wie Cagliostro es mit seinen Schülern gewollt hat, es versteht, den Stein der Weisen zu benützen, ist der Tod nur ein scheinbares Ereignis. Er bildet nicht einmal einen besonders wichtigen Abschnitt im Leben; er ist nämlich etwas, was nur für die anderen da ist, die etwa den Adepten beobachten können und die sagen, dass er stirbt. Er selbst stirbt aber in Wirklichkeit gar nicht. Die Sache ist vielmehr so, dass der Betreffende gelernt hat, überhaupt nicht in seinem physischen Körper zu leben; dass er gelernt hat, alle diejenigen Vorgänge, die im Momente des Todes im physischen Körper plötzlich vor sich gehen, nach und nach während seines Lebens vor sich gehen zu lassen. Es hat sich mit dem Körper des Betreffenden alles schon vollzogen, was sich sonst im Tode vollzieht. Dann ist der Tod nicht mehr möglich, denn der Betreffende hat längst gelernt, ohne den physischen Körper zu leben. Er legt den physischen Körper in ähnlicher Weise ab, wie man einen Regenmantel auszieht, und zieht einen neuen Körper an, wie man einen neuen Regenmantel anzieht.»

Da «ein neuer Regenmantel» aber derjenige eines kleinen Kindes sein muss, das nach der Einrichtung unserer Welt noch gar nicht oder nur sehr wenig handlungsfähig ist, darf man sich wohl vorstellen, dass ein solch souveräner Geist in der Erscheinungsform seines vorigen Lebens oder in irgendeiner Erscheinungsform auftreten kann, sowohl in der Zwischenzeit zweier Inkarnationen als auch in Zeiten, da er als kleines Kind physisch noch nicht handlungsfähig ist. Das würde zum Beispiel zutreffen, wie ich schon besprochen habe, bei der eigentlichen Christian-Rosenkreutz-Inkarnation im 14. Jahrhundert, wo er erst zwei Jahre alt war und bei der Zusammenkunft im Oberland dabei gewesen sein soll.

Wie Rudolf Steiner mehrfach betont, ist Christian Rosenkreutz immer für uns erreichbar, ob inkarniert oder nicht inkarniert – eine Individualität, an die wir uns zu allen Zeiten wenden können. Was uns bei diesem Saint-Germain-Kapitel aber besonders bewegt, ist das Thema der physischen Erscheinungsformen entweder an verschiedenen Orten zu gleicher Zeit (was Saint Germain auch nachgesagt wird) oder nach dem physisch vermutlich in Eckernförde am 27. Februar 1784 eingetretenen Tode.

Nach den vorliegenden von Rudolf Steiner bestätigten Ereignissen ist selbst das Zurückziehen in den Orient am Ende des 18. Jahrhunderts nur als ein Zurücknehmen aus aktivem Eingreifen zu verstehen, nicht aber als ein Zurücknehmen aus der Anteilnahme an den Geschehnissen, denn Madame d'Adhémar sieht ihn ja noch bis 1821 immer wieder auftauchen. 1836, als Prinz Karl von Hessen mit zweiundneunzig Jahren starb, wollen viele Menschen den Grafen Saint Germain in seiner für diese Zeit schon etwas wunderlichen Kleidung im Trauerzuge gesehen haben.

Ferdinand von Hompesch

Zu einem schwierigen Problem führen auch die mündlichen Überlieferungen, Rudolf Steiner habe Fotos, die Ferdinand von Hompesch zeigten, als Saint Germain bezeichnet beziehungsweise Ferdinand von Hompesch als eine Christian-Rosenkreutz-Inkarnation genannt (siehe Anhang: zu Kap. X).

Ferdinand von Hompesch, geboren auf Schloss Bollheim bei Düsseldorf, lebte etwa zeitgleich mit Saint Germain, nämlich von 1744 bis 1805, war aber ganz erheblich jünger (Saint Germain geboren ca. 1696). Er trat früh in den Johanniter-Orden ein und wurde dessen letzter Großmeister. Als solcher residierte er auf Malta, nachdem er lange Zeit als Gesandter des Ordens in Wien gelebt hatte. Im Sommer 1798 zog Napoleon vor Malta. Hompesch ergab sich, da die französischen Johanniter nicht kämpfen wollten. Er verlor nicht nur seine Stellung und seinen ganzen privaten und den Ordens-Besitz, er wurde auch noch verleumdet. Von Triest aus erhob er durch Proklamation Protest: «Der Großmeister des Ordens St. Johannes und des Heiligen Grabes von Jerusalem, sowohl in seinem als auch im Namen des ganzen Ordens, dessen rechtmäßiger Chef und Repräsentant er ist, protestiert vor Gott und allen Souveränen, im Angesichte der ganzen Welt gegen die Wirkungen der inneren Revolution, welche die französische Republik auf der Insel Malta veranlasst hat ...» (E. Leu, Ein Gralsimpuls im Osten, Dornach 1980, S. 49).

Rudolf Steiner muss mündlich mehrfach darauf zu sprechen gekommen sein.

«Rudolf Steiner äußerte sich, dass im anthroposophischen Kreise erkannt werden sollte, was in Wahrheit der Großmeister von Malta, Ferdinand von Hompesch, erlebt und wie er selbst gehandelt hat. Denn seine Absichten wurden von den Gegenmächten untergraben, seine Persönlichkeit verleumdet, seine Maßnahmen verfälscht dargestellt» (E. Leu). Nachdem Zar Paul I. sich selbst zum Großmeister des Ordens erhob und Hompesch von allen Seiten nur Schwierigkeiten, aber keine Hilfen bekam, dankte er schließlich ab. Er war handlungsunfähig geworden. Ende 1804 ging er nach Frankreich und starb am 12. Mai 1805 im Kloster der «Blauen Büßer» von Montpellier (E. Leu).

Hompesch war beim Tode von Saint Germain gerade vierzig Jahre alt. Seine hauptsächliche Wirksamkeit als einflussreicher Mann lag nach dem Eckernförder Tode von Saint Germain. Großmeister wurde er 1797 und verlor Amt und Würden bereits ein Jahr später.

Versuchsweise denken wir hier zunächst einmal daran, dass im Sinne der «spirituellen Ökonomie» die Wesensglieder hoher Individualitäten nicht nur für dauernd erhalten bleiben, sondern auch gesondert verschiedenen Persönlichkeiten – denn hier tritt auch die Möglichkeit der Vervielfältigung ein – verliehen werden können. Es kann der Astralleib oder ein Abdruck des Astralleibes einer Persönlichkeit einverleibt werden, die dem Ich nach nicht der betreffende hohe Meister ist.

Denken wir an die Sätze, die am 12. September 1908 in Leipzig gesprochen wurden: «Die Menschen, auch die Theosophen, stellen sich die Geheimnisse der Reinkarnation gewöhnlich viel zu einfach vor. Man darf sich nicht vorstellen, dass irgendeine Seele, die heute in ihren drei Leibern verkörpert ist, einfach in einer vorhergehenden Inkarnation sich verkörperte und dann wieder in einer vorhergehenden Inkarnation … immer nach demselben Schema. Die Geheimnisse liegen viel komplizierter … Wir können oftmals eine historische Gestalt nicht in ein solches Schema bringen …» (Ägyptische Mythen und Mysterien, GA 106).

Bevor Rudolf Steiner in dem Zyklus über die Spirituelle Ökonomie (GA 109/111) genauer auf dieses Thema eingeht, schickt er voraus, dass über solche intimeren Fragen des Reinkarnations-Prinzips nur vor vorbereiteten Menschen gesprochen werden könne, die sich durch anthroposophische Arbeit ihr «Empfindungsvermögen herangebildet haben. Denn wir alle erinnern uns, dass durch dieses Mitarbeiten Veränderungen vorgegangen sind in unseren Empfindungen und Gefühlen für die Wahrheit. Was wir heute nicht nur glauben, sondern als *über* allem Glauben stehend betrachten, das war auch uns früher unglaubhaft und ist heute noch phantastisch, Unsinn, Träumerei für die Fernstehenden.» Er bringt

Graf Ferdinand Hompesch (Großmeisterpalast, La Valetta, Malta)

in diesem Vortrag vom 21. Januar 1909 ein Beispiel, das auch sonst unser Thema berührt. Wir hatten von Kopernikus als von einem gesprochen, der in der vorherigen Inkarnation Cusanus gewesen ist, entsprechend den Sätzen Rudolf Steiners: «Bedenken Sie, dass die Individualität des Kopernikus kurz vorher, 1401–1464, in *Nikolaus Cusanus*, der ein tiefer Mystiker war, verkörpert war ... Wie sind die Kräfte in diese Individualität hineingekommen, die den Kopernikus so ganz anders gemacht haben als den Nikolaus Cusanus?» Hier, am 18. Dezember 1912 (GA 130), macht er es kurz und spricht von Wieder-Inkarnation der Individualität, obgleich er bereits vorher – eben am 21. Januar 1909 – das Geschehen in folgender Weise ausgeführt hatte: Es «lebte im 15. Jahrhundert eine merkwürdige Persönlichkeit: *Nikolaus von Cues* – Cusanus. Wir sehen hier den merkwürdigen Fall, dass dieser Mann in seinen Forschungen die ganze Lehre des *Kopernikus* im 16. Jahrhundert sozusagen vorbereitet hat. Sie ist zwar in seinen Büchern noch nicht so richtig reif wie bei Kopernikus, aber sie ist doch darin in allem Wesentlichen enthalten, eine Tatsache, welche der gewöhnlichen Forschung ganz unerklärlich ist. Tatsächlich ist der Astralleib des Cusanus auf den Kopernikus übertragen worden, obwohl das Ich des Kopernikus ein ganz anderes war als das des Cusanus. Dadurch erhielt Kopernikus die Grundlagen, alle Vorbereitungen seiner Lehre.

Ähnliche Fälle kommen öfter vor. Immer wird das besonders Wertvolle erhalten, nichts vergeht. Aber Verwechslungen kommen dadurch natürlich oft vor, besonders auch, wenn die früheren Leben eines Menschen vermittels spiritistischer Medien erforscht werden sollen.» Auch am 7. März 1909 kam er in München darauf zu sprechen (GA 109): «Wenn Sie andere seiner [Cusanus'] Schriften lesen, so werden Sie finden, dass in merkwürdiger Weise hineinverwoben ist die prophetische Vorherverkündung des Weltbildes des *Kopernikus*. Ganz drinnen ist es für den, der da lesen will. Bei Kopernikus erst war die Sache so, dass die Welt reif war, in der unmittelbaren Gestalt dieses Weltenbild entgegenzunehmen. Wenn man den Zusammenhang durchforscht, so bekommt man Folgendes heraus. In dem Nikolaus von Kues steckte in einem seiner Wesensglieder eine sehr hohe alte Individualität. Dadurch war es möglich, dass der Astralleib des Nikolaus von Kues aufbewahrt wurde ... so, dass er eingewoben werden konnte dem Nikolaus Kopernikus, so dass dieser einverwoben hatte den Astralleib des Nikolaus von Kues. Daher konnte in ihm gleichsam auferstehen, was Nikolaus von Kues in sich hatte.» Hier ist nochmals differenziert, indem auch bei Cusa-

Graf Ferdinand Hompesch (Großmeisterpalast, La Valetta, Malta)

nus so gesprochen wird, als habe er schon in seinem Astralleib gewissermaßen das Geschenk einer «sehr hohe[n], alte[n] Individualität» einverwoben. (In GA 109/111 sind im Anhang einige Notizen vermerkt, bezogen auf einen Vortrag vom 19. Februar 1909, der also zwischen den beiden hier im Text erwähnten Vorträgen lag, aber nur bruchstückweise mitgeschrieben wurde. Darin heißt es in Bezug auf Nikolaus Cusanus: «In ihm lebte der astralische Leib Christi und dieser ging später über auf *Nikolaus Kopernikus*.» Auch findet sich im gleichen Anhang von GA 109/111 eine Notiz über einen Vortrag vom 25. Februar 1909, dort heißt es über den «Astralleib des Nikolaus von Kues», der übergeführt wird in «Nikolaus Kopernikus»: «Ein Stück des ägyptischen Hermes war darin enthalten, ein wichtiges Stück.»)

Das ist zu bedenken, wenn wir vor die Überlieferung gestellt werden, Rudolf Steiner habe zuweilen auch Hompesch als Saint Germain bezeichnet. «Wir sehen also, dass nicht nur die Iche sich wiederverkörpern, sondern dass auch die niederen Glieder in einem gewissen Sinne einen ähnlichen Vorgang durchmachen. Dadurch bekommt der Gesamtvorgang der Wiederverkörperung eine viel kompliziertere Gestaltung, als man gewöhnlich annimmt» (21. Januar 1909, GA 109/111).

Wie Langeveld schreibt, nahm Saint Germain mit Genehmigung des Markgrafen in Karlsruhe den Namen Baron Gugomos an. Er machte auf die Heilquellen aufmerksam und regte die Unternehmung an, die dann zum weltberühmten Baden-Baden führte. «Er erwies sich als ein tüchtiger Mineraloge und Entdecker von Mineralquellen.» Auch «bei Budapest wurden von ihm Kohlensäure- und Bitterwasserquellen eröffnet (1737), ferner eine Heilquelle in Kissingen, 1765 … welche Rakóscy genannt» wurde. In diesem Zusammenhang bereiste er verschiedene schon bestehende Bäder, um sich deren Einrichtung anzusehen, und machte daraufhin einen großen Entwurf in neunzehn Kapiteln über alle Dinge, die zur Begründung eines Heilbades bedacht werden müssen: Wege, Bade- und Krankenhäuser, Wohnungen, Bedienung … Ärzte, Speisehäuser und dergleichen. Langeveld schreibt nun, dass er diesen Entwurf im Landesarchiv in Karlsruhe entdeckt habe, und er fährt fort:

«Im selben Archiv befinden sich die folgenden nicht veröffentlichten Briefe, gefunden von Joseph Baron von Hompesch (dieser Baron wird heute ohne weiteres identifiziert mit unserem Grafen Saint Germain), Großmeister von Malta in Triest an den Markgrafen von Baden:

15. September 1798.

‹Die innere Revolution auf Malta, durch welche die Macht über diese Insel auf Frankreich übergegangen ist, hat mich genötigt, eine Zufluchtstätte zu suchen oder den Hauptort meines Ordens zu verlegen.

Ihre Hoheit wird nicht aufhören, sich für unsre Existenz zu interessieren. Die Kaiserliche und Königliche Hoheit [Franz II.] haben geruht, uns Ihren hohen Schutz zu gewähren, indem Sie mir vorläufig den Aufenthalt meines Ordens in Triest erlaubten. Ich sehe dem vertrauensvoll entgegen, was die Souveräne, unsre Schirmherren hinsichtlich unsrer Rückkehr beschließen werden.

MALTHESER ORDEN.

Sacro Militae Ordine de S. Giovanni de Jerusalem me del San Sepolcro. Protesta contro la pressa del Isola di Malta fatta 12 Giugno 1798 dall'armata Francessa Sotto gl'ordini del Generale in capo Buonaparte.

Trieste 12 Oct. 1798
Sigillum
F. DE HOMPESCH.›»

Wir haben hier einen der Hilferufe, die Ferdinand von Hompesch von Triest aus an die Fürsten Europas sandte. Es ist aber ganz unerfindlich, was der von Langeveld erwähnte Baron Joseph von Hompesch dabei für eine Rolle spielt. Zunächst glaubt man, dieser Joseph sei ein Nachfahre, der die Briefe gefunden hat, doch gibt die Anmerkung an, *er* sei mit Saint Germain identifiziert worden. Es gibt aber gar keinen Malteser-Großmeister *Joseph* von Hompesch. Leider wieder ein Beispiel für die Ungenauigkeiten und Seltsamkeiten im Langeveldschen Buch. Das Ganze sei hier nur als ein Beispiel angeführt, dass der Zusammenhang Hompesch/Saint Germain nicht unbekannt ist. Bei Langeveld wäre es möglich, dass er diesen Hinweis durch Walter Johannes Stein (der ja das Vorwort zu diesem Buche schrieb) erhalten hat.

Wir haben die Möglichkeit einer Einwirkung oder teilweisen Inkorporation des Saint Germain in Bezug auf Hompesch durchdacht, es ist diese aber insofern nicht befriedigend, als Rudolf Steiner das Hompeschbild als ein Bild von Saint

Germain direkt bezeichnet haben soll, und dies war so fest bei den alten Mitgliedern verankert, dass Karl Heyer das Hompeschbild mit der Bezeichnung «Graf Saint Germain» seinem Buch über die Französische Revolution voransetzte.

Aufklärung brachte mir schließlich eine Überlieferung, die mir von mehreren Seiten mitgeteilt wurde. Rudolf Steiner habe von einem Reitunfall des Grafen Hompesch gesprochen. Hompesch sei vom Pferd gestürzt, habe tief bewusstlos gelegen und sein Leben sei da eigentlich zu Ende gewesen. Wie er sich wieder erhob und aufs Pferd setzte, sei er nicht mehr Hompesch gewesen, sondern Saint Germain.

XI

Zur Gegenwart

Es wird sich im Leser die Frage regen, was man denn über das Fortwirken des Christian Rosenkreutz in unsere Gegenwart hinein wissen kann, da seine Bemühung um die Menschheit und sein fast ständiges Wirken in Inkarnationen ja nicht gerade in der Entscheidungszeit nach dem Jahrtausendende aussetzen werden.

Vor einem zu frühen Erkennen für die Allgemeinheit schützt, wie wir wissen, die Hundert-Jahr-Regel des Schweigens. Rudolf Steiner soll hin und wieder Andeutungen gemacht haben, dass Christian Rosenkreutz zu seiner Zeit auch inkarniert war, ohne dass man daraus die betreffende Persönlichkeit hätte erraten können.

Wir wollen es unterlassen, darüber zu spekulieren, wer der oder die Meister gewesen sein können, die ihm in jungen Jahren am Beginn seiner Laufbahn Hilfen und Hinweise gegeben haben. Dass Rudolf Steiner mit Christian Rosenkreutz sein Leben lang in Kontakt gestanden hat, dürfte selbstverständlich sein. Rufen wir uns dazu einige Worte von Friedrich Rittelmeyer in Erinnerung, der so eindrucksvoll wie kaum einer von seinen Begegnungen mit Rudolf Steiner erzählt hat («Meine Lebensbegegnung mit Rudolf Steiner», Stuttgart 1953).

«Das Eindrucksvollste war, wie er von den großen Lehrern sprach, die seinen Weg kreuzten. Außerordentliche Geistesmenschen, der Öffentlichkeit völlig unbekannt, waren zur rechten Stunde zur Stelle, halfen ihm in den entscheidenden Jahren zum Erkennen und Entwickeln seiner Fähigkeiten, standen gewissermaßen Pate beim Aufleuchten seiner Lebensmission ... Das Leben eines Menschheitsführers ist ein Kunstwerk, an dem Engel und Menschen zusammenarbeiten. Merkwürdig war es, so unmittelbar in den Einzelheiten zu hören, dass es wirklich solche Geistesführer der Menschheit gibt, die wohlgeschützt in ihrer Verborgenheit vorausschauend und leitend hinter der Menschheitsgeschichte walten ... Unvergesslich ist mir besonders der Blick, mit dem Rudolf Steiner von dem einen dieser beiden Geistesmenschen sagte: ‹Das war eine sehr bedeutende Persönlichkeit!› Sein Auge schaute ihm gleichsam lange nach, und in dem Blick lag die Verehrung, die ein großer Wissender einem anderen Großen zollte. Dass er einmal von einem ‹Meister› plötzlich gerettet wurde, als er etwas zu tun im Begriff war, das ihm den Tod gebracht hätte, hat er mir später erzählt. Auf meine Frage, ob einer von diesen beiden noch lebe und ob er ihn manchmal sehe, antwortete er: ‹Das brauche ich nicht.›»

Als Rudolf Steiner sich (nach dem Brand des ersten Goetheanum) in der Weihnachtstagung 1923 mit der Anthroposophischen Gesellschaft selbst verband und die entscheidungsvollen Tage mit den Rhythmen des Grundsteinspruches begann, in welche der Rosenkreuzer-Spruch einverwoben ist, da soll er geäußert haben, «dass Christian Rosenkreutz mit seinen Scharen bei der Weihnachts-Grundsteinlegung in die Schreinerei einzog».[35]

In Bezug auf die ständige Gegenwart des Christian Rosenkreutz und/oder seine Inkarnation zur Zeit Rudolf Steiners ist auch seine Ausdrucksweise bemerkenswert, die wir im Vortrag vom 23. Mai 1904 (GA 93) finden. Der Vortrag bezieht sich auf das Pfingstfest: «Was ich nun heute sagen werde, entstammt einer alten okkulten Tradition.

Wofür eigentlich das Pfingstfest Symbol ist ... das ist nur aufgeschrieben in einem Manuskript, das sich im Vatikan, in der Vatikanischen Bibliothek befindet und in der sorgfältigsten Weise behütet wird ... Eine Kopie davon besitzt eine Persönlichkeit, welche von der Welt sehr verkannt worden ist, die aber heute für den Geschichtsbetrachter anfängt interessant zu werden. Ich könnte auch ebenso sagen ‹hat besessen› statt ‹besitzt›, aber es entstände eine Unklarheit dadurch. Deshalb sage ich: eine Kopie besitzt der *Graf von Saint Germain*, von dem wohl die einzigen Mitteilungen stammen, die es in der Welt davon gibt.»

Da er hier nicht Christian Rosenkreutz, sondern Saint Germain sagt, handelt es sich offenbar bei der Persönlichkeit, die er meint und die zugleich gegenwärtig wie vergangen ist, eben um die unmittelbar nächste Inkarnation, die offenbar noch vom Saint-Germain-Wesen stark geprägt war. Auch scheint aus den Worten mehr am Anfang des Vortrags hervorzugehen, dass er selbst, da er den Inhalt kennt, ihn von demjenigen empfangen hat, «von dem wohl die einzigen Mitteilungen stammen». Im Fortgang des Vortrags relativiert er das etwas, indem er sagt: «Die uralten Lehren darüber sind in geheimen Manuskripten enthalten, die in verborgenen Räumen kaum jemand gesehen hat. Einigen wenigen, die sie im Astrallichte zu sehen vermögen, und sonst noch einigen Eingeweihten sind sie zugänglich.»

Über das Verhältnis zwischen Anthroposophie und Rosenkreuzertum hat Rudolf Steiner sich öfter geäußert. Was bindet sie zusammen und was unterscheidet sie?

Am 3. Juni 1909 in «Das Prinzip der spirituellen Ökonomie ...» (GA 109/111) heißt es:

Es war «im Beginn unserer Zeit notwendig, die Urweltweisheit in neue Formen zu gießen. Das war die Arbeit der Rosenkreuzer: die Urweltweisheit so zu gestalten, dass sie nach und nach die Anpassung finden konnte an den modernen Geist und die moderne Seele ... Die Rosenkreuzer hatten zu arbeiten für ein Zeitalter, das mathematisch denken muss ... Aus alledem ersehen Sie, dass, wenn wir den heutigen Menschen Theosophie vortragen, wir ihnen Rosenkreuzertheosophie vortragen müssen ... Eine so geartete Zeit, die eine solche Kultur mit solchen Mitteln über den Erdball hin gesponnen hat, die braucht andere spirituelle Methoden als frühere Zeiten. Der Okkultist weiß dieses. Es reicht einfach das heutige Denken nicht aus, um das Chaos der äußeren Verhältnisse und Aufgaben, in die der Mensch immer mehr hineingeraten wird, zu bezwingen. Das Denken wird erstarren ... bald wird das Denken nicht mehr flüssig und geschmeidig genug sein, um die komplizierten Verhältnisse einzufangen und umzugestalten ... Theosophische Gedanken machen das Denken elastischer, flüssiger, ermöglichen raschere Überschau über größere Zusammenhänge ... Rosenkreuzertheosophie ist nicht da für den Salon oder den Einsiedler, sondern für die ganze Menschheitskultur.» Es heißt aber auch: «... so wahr es auf der einen Seite ist, dass sich diejenigen, welche durch die Mittel unserer heutigen anthroposophischen Vertiefung eindringen in die Quellen des Rosenkreuzertums, sich Rosenkreuzer nennen können, so sehr muss es aber auf der anderen Seite betont werden, dass namentlich Außenstehende kein Recht dazu haben, die Art der anthroposophischen Strömung, die wir vertreten, die Rosenkreuzerströmung zu nennen, einfach aus dem Grunde, weil damit ... unsere Strömung mit einer ganz falschen Marke bezeichnet wird. Wir stehen nicht mehr auf dem Standpunkte, auf dem die Rosenkreuzer vom 13. Jahrhundert durch die folgenden Jahrhunderte hindurch gestanden haben, sondern wir rechnen mit dem Fortschritt der menschlichen Seele. Deshalb darf das, was in meiner Schrift ‹Wie erlangt man Erkenntnisse der höheren Welten?› als der geeignetste Weg hinauf in die geistigen Sphären gezeigt ist, auch nicht ohne weiteres verwechselt werden mit dem, was man als Rosenkreuzerweg bezeichnen kann. So kann man also durch unsere Strömung in das wahre Rosenkreuzertum eindringen, darf aber die Sphäre unserer Geistesströmung, die ein viel weiteres Gebiet als das der Rosenkreuzer umfasst, nämlich das der gesamten Theosophie, nicht als eine rosenkreuzerische bezeichnen; es muss unsere Strömung schlechthin als ‹die Geisteswissenschaft von heute›, als die anthroposophisch orientierte Geisteswissenschaft vom 20. Jahrhundert bezeichnet werden.»[36]

Er erläutert dann, dass das Entscheidende, welches veranlasst, die Rosenkreuzer-Initiation zu modifizieren, darin liegt, dass heute schon in den Grundelementen jede wahre Geistesströmung mit der Lehre von Reinkarnation und Karma rechnen muss. «Diese Lehre von Reinkarnation und Karma ist daher auch noch nicht im eminentesten Sinne in die ersten Stufen der Rosenkreuzer-Initiation … eingezogen. Man konnte weit kommen … und konnte außerordentlich hohe okkulte Erkenntnisse gewinnen, brauchte aber noch nicht volle Klarheit zu erlangen über die so aufhellenden Lehren von Reinkarnation und Karma.»

Ich habe das schon an bestimmten Stellen erwähnt, wo Rudolf Steiner von der Kenntnis der Reinkarnationsidee spricht, etwa bei der Schulung der Barden oder bei den Alchemisten. Wir konnten uns auch sagen, dass es nicht mit dem zu vergleichen sein kann, was erst in unserer Zeit durch Rudolf Steiner zu einem wirklichen geistigen Durchbruch gelangt ist. Hier stehen wir auf geisteswissenschaftlich ganz neuem Boden, und die Vorzeichen von Reinkarnation und Karma verändern ja unsere Haltung gegenüber allem, sei es Studium, Erfahrung und auch Lebensprüfung.

Das Wichtigste, was wir heute von Christian Rosenkreutz wissen müssen, liegt in den Worten des Neuchâteler Vortrags vom 27. September 1911 (GA 130). Darin spricht Rudolf Steiner auch direkt aus: «Heute ist Christian Rosenkreutz wiederverkörpert.»

Er weist in diesem Vortrag hin auf die jederzeit mögliche Verbindung mit dem Ätherleib des Christian Rosenkreutz, ja auf die Aufgabe, die gerade unser Jahrhundert hat, von diesen Kräften nicht nur zu nehmen, sondern durch die eigenen Bemühungen ihnen auch zum weiteren Wachstum zu verhelfen. Im 19. Jahrhundert konnten die Inspirationen, die von diesem heiligen, wunderbaren, gewaltigen Ätherleib ausgehen, nur in gebrochenen Strahlen wirksam werden. Aber seit 1899 «ist der Zugang zur geistigen Welt … leichter [geworden] und die geistige Wirkung [dieses Ätherleibes ist] in … viel größerem Maße möglich. Die Hingabe an den mächtig gewordenen Ätherleib des Christian Rosenkreutz wird den Menschen das neue Hellsehen bringen können und wird hohe spirituelle Kräfte zutage fördern ... Das 20. Jahrhundert hat die Mission, diesen Ätherleib so mächtig werden zu lassen, dass er auch exoterisch wirken wird ...

Wenn Sie ein Werkzeug des Christian Rosenkreutz werden sein können, dann können Sie versichert sein, dass Ihre kleinste Seelenarbeit für die Ewigkeit da sein wird.»

Auch heißt es: «Alles, was als Theosophie [Anthroposophie] verkündet wird, wird vom Ätherleib des Christian Rosenkreutz gestärkt, und diejenigen, die Theosophie verkündigen, lassen sich überschatten von diesem Ätherleib, der auf sie wirken kann, sowohl wenn Christian Rosenkreutz verkörpert ist als auch wenn er nicht inkarniert ist.»

Das ist das Wichtige, was wir für Gegenwart und Zukunft wissen müssen und worauf wir uns in Schulung und Leben einstellen können.

Ich bin am Ende dessen angekommen, was in diesem Buch als ein Nachzeichnen und Nachtasten der zwei Ströme des «Inkarnationen-Kreuzes» versucht werden sollte. An den Fragen, die offenbleiben mussten, kann bewusst werden, wie viel auch auf diesem Gebiet uns und den folgenden Generationen an geistiger Arbeit noch aufgegeben ist. Anthroposophie ist grundsätzlich ein Geistes-*«weg»* und niemals etwas, das sich getrost nach Hause tragen lässt, ohne dass sich nicht gleich dahinter neue Fragen erheben würden. Mit den Problemen intensiv zu leben kann allein uns davor bewahren, eine Schlagwort-Anthroposophie hervorzubringen, mit der wir Antworten auf alle Fragen zu haben meinen. Aber, wie Rudolf Steiner sagt, es bildet sich durch anthroposophisches Arbeiten unser Gefühls- und Empfindungsvermögen so aus, dass Zusammenhänge, die uns vorher unglaublich schienen, uns mehr und mehr einsichtig werden. Sosehr wir einerseits danach streben, die Dinge zu verstehen, so ist es andererseits ein Glück, dass wir damit nicht fertig werden, dass wir nie zu Ende sind. Solange die Entwicklung der Menschheit währt, gibt es kein Ende.

Zugleich mögen die Fragen, die hier offenbleiben mussten, Anregungen sein, zu ergänzen und fortzuführen, was hier bruchstückhaft und ungenügend bleiben musste.

Anhang

Zu Kapitel I

Begegnungen von Goethe und Novalis

Am 29. März 1798 lernte Novalis, in Begleitung von A.W. Schlegel, Goethe persönlich kennen.

Goethe trug darüber nur eine kurze Notiz in sein Tagebuch ein. Ein zweites Zusammentreffen fand bei Schiller statt, über das Novalis danach an Schiller schrieb:

«Mein Glück würde vollkommen sein, wenn es bei dieser Gelegenheit [er hofft offenbar auf ein neues Zusammentreffen] dem Manne, dem ich so viel verdanke, den ich so unaussprechlich verehre, Ihrem Freund Goethe, gefiele, einmal offen und mitteilend zu sein, wenn ich dabei wäre, dass ich ein Bild von seinem persönlichen Umgang hätte, das dem Bilde vom Schriftsteller entspräche. Verzeihn Sie diesen frei geäußerten Wunsch – er fiel mir, indem ich schrieb, ein, bei der Erinnerung an den Abend, wo ich letzthin bei Ihnen war, und mein Unstern wollte, dass ich Ihren Freund nicht in der Stimmung fand, wie ich ihn mir so sehnlich gewünscht hätte.»

Am 21. Juni 1799 war Novalis mit Schlegel und Tieck zum Mittagessen eingeladen, und nochmals trafen beide in einem Freundeskreise in Jena am 14. November 1799 zusammen. Ob sich des Novalis oben geäußerter Wunsch dabei so erfüllte, wie er es gehofft hatte, ist zweifelhaft. Offenbar versagte bei Goethe der Zauber von des Novalis freiem offenen Wesen («er wird gleich mit jedermann bekannt», Friedrich Schlegel); auch wird der Jüngere vor dem verehrten Dichter zurückhaltend gewesen sein.

Etwas, wovon Goethe selbst wohl nichts wusste, rührte das Herz des Novalis besonders. Er erwähnt es am 14. April 1797 (also nach dem Tode der Sophie) in einem Brief an Professor Wollmann in Jena: «Goethes Anhänglichkeit an das erhabene Bild Sophiens hat mir ihn lieber gemacht, als alle seine trefflichen Werke.

Jetzt hab ich ihn wahrhaft lieb – er gehört zu meinem Herzen. Ich verhehle Ihnen nicht, dass ich Goethe nicht für den Apostel der Schönheit halten könnte, wenn ihn nicht schon das bloße Bild ergriffen hätte.» Solche Empfindungen lagen in des Novalis Seele, noch bevor er Goethe zum ersten Male gegenübertrat.

Goethe hatte allerdings nicht nötig, sich nur an das Bild zu halten, hatte er doch Sophie bei seinem Krankenbesuch in Jena selbst gesehen und mag von der Gefasstheit und Schönheit des todkranken Mädchens beeindruckt gewesen sein.

Sophies Krankheit

Sophie «litt an einem gefährlichen Lebergeschwür» (Tieck). Sie wurde mindestens zweimal operiert, die Wunden wollten nicht heilen, sie hatte oft hohes Fieber. «Mit hohem Mut und unbeschreiblicher Geduld ertrug Sophie alle diese Leiden» (Tieck). In ihrer Todesanzeige allerdings hieß es, sie starb «von den Folgen einer Lungensucht». G. Schütz vermutet: «Möglicherweise hat es sich um einen Senkungsabszess in Verbindung mit einer tuberkulösen Erkrankung des Brustraumes gehandelt» (rororo). In der Zeit, in der sie in Jena operiert wurde, besuchte sie auch Goethe. Friederike von Mandelsloh, die ältere Schwester der Sophie, die sie dort pflegte, schreibt am 16. September 1796:

«Vor einigen Tagen ist unsere kleine Stube so glücklich gewesen, den großen Geist Goethens in sich zu fassen. Er war charmant, hielt sich aber nicht lange bei uns auf, machte uns aber die Hoffnung, dass wir bald wieder so glücklich sein würden, ihn von Angesicht zu Angesicht zu schauen. – Verwundert war ich sehr, dass unsere kleine Stube keinen Spalt bekam, ich hatte aber auch bei Goethens Ankunft sogleich die Vorsorge, die Fenster zu öffnen.»

Die große Verehrung, die Goethe entgegengebracht wurde, spricht hier ebenso wie der Humor einer selbständigen Persönlichkeit.

Caroline Schlegel-Schelling

Caroline Michaelis wurde als Göttinger Professorentochter 1763 geboren und lebte von Kindheit an im Kreise der bedeutenden damaligen Geistesträger, schied aber durch ihre erste Ehe mit dem Medikus Böhmer aus diesen Kreisen aus und zog als Arztfrau in das kleine Harzstädtchen Clausthal, wo sie drei Kindern das Leben schenkte. Aber schon nach vierjähriger Ehe starb ihr Mann, kurz danach verlor sie zwei ihrer Kinder und behielt nur ihre Erstgeborene Auguste, von der sie sich in ihrem zeitweise sehr bewegten Leben niemals trennte.

Schließlich gab sie der Werbung ihres langjährigen getreuen Verehrers August Wilhelm Schlegel nach und zog mit ihm nach Jena. Sie half ihrem Mann bei seinen Übersetzungen Shakespearescher Dramen und schrieb – anonym – zuweilen Rezensionen. Ihr Haus in Jena – in engster Nachbarschaft zu Familie Schiller – wurde ein Mittelpunkt damaliger Geisteswelt. Ständiger Kontakt ging nach Weimar zu Goethe hinüber, für dessen Werke Caroline ein frühes und entscheidendes Verständnis bewies. Auch Goethe war damals mancher scharfen Kritik ausgesetzt, so fanden einige seine «Iphigenie» langweilig. Aber Caroline las sie mit Begeisterung vor, und ihr Mann schrieb an seinen Bruder Friedrich, den engsten Freund von Novalis: «Sage mir im Ernst, ist Dir denn jemals Goethes Iphigenie, etwa von Carolinen vorgelesen, monotonisch vorgekommen? Nun, so helfe Dir Gott und Sanct Klopstock.»

Äußerlich ein wenig am Rande dieses Kreises lebte der junge, eifrig seine Salinenwissenschaft betreibende Hardenberg; seine Besuche in Jena waren nicht häufig, aber der Kontakt wurde brieflich aufrechterhalten. 1798 trat in den Jenaer Kreis ein dreiundzwanzigjähriger Professor: Schelling. Zunächst ist kein Gedanke daran, dass Caroline und der zwölf Jahre jüngere Schelling ein Paar werden – eher denkt Caroline an eine Verbindung mit ihrer Tochter Auguste, die aber noch ein Kind ist. Ganz überraschend stirbt Auguste im Jahre 1800 – fünfzehnjährig wie Sophie von Kühn – und hinterlässt tiefe Betroffenheit und großen Schmerz in vielen Seelen, so besonders auch bei ihrem Stiefvater August Wilhelm Schlegel. Caroline selbst fühlt sich durch diesen Verlust so schwer betroffen, dass sie ganz hinfällig wird und mit ihrer Seele mehr bei ihrer Tochter im Jenseits lebt als im hiesigen Dasein. Dies spiegelt sich in den hier zitierten Briefen über Novalis.

Des jungen Schellings Liebe, die schon lange Caroline gegolten hat, wird in dieser Zeit noch intensiver und leidenschaftlicher. Er vermag ohne Caroline nicht mehr zu leben und denkt an Selbstmord. Auf Carolines Bitten schaltet sich Goethe ein, der Schelling sehr schätzt. Goethe verwendet sich auch beim Herzog, so kann die Ehe Schlegel ohne große Prozessführung geschieden werden. Caroline heiratet Schelling. Eine glückhafte Verbindung, aber die verstorbene Tochter bleibt wie dauernd gegenwärtig mit im Bund. Nach sechs Jahren Ehe stirbt Caroline – erst sechsundvierzigjährig – ihrer Tochter nach. Schelling überwindet nur unter größter Anstrengung diesen Schicksalsschlag.

Die geheimnisvollen Märzdaten

Diese Märzdaten haben wirklich etwas Geheimnisvolles, das in des Novalis Unterbewusstsein schon eingezeichnet war, ehe er ihre Bedeutung kannte. In einem Brief an Karoline Just, am 25. März 1795 in Grüningen geschrieben, entwirft er in seinem jungen Glück eine vorausgenommene Vermählungsanzeige:

«Unsern wechselseitigen Verwandten und Freunden machen wir hierdurch unsere Verbindung am 19. März dieses Jahres bekannt und versichern uns im Voraus Ihrer freundschaftlichen Teilnahme. Schlöben: am 25. März 1798

Friedrich von Hardenberg und Sophie von Hardenberg geb. von Kühn.»

Darauf nimmt er am 24. März 1797 nach dem Tode der Sophie Bezug, als er an Karoline schreibt:

«Den 15. März sagte Sie mir zum ersten Male, dass Sie Mein sein wollte. Den 17. war Sie geboren – den 19. ist Sie heimgegangen – den 21. erhielt ich die Nachricht; sollt' ich nicht ahnden dürfen, dass ich den 23. Ihr nachkäme?» Mit dem 23. bezieht er sich hier offensichtlich auf den Schritt der Daten, der jeweils einen Tag auslässt. Er stirbt aber nicht an einem 23., sondern genau an einem 25. März, dem Datum der fiktiven Hochzeitsannonce.

Zu Kapitel II

Rudolf Steiner über Elias

Am Ende des gleichen Jahres 1911 sprach Rudolf Steiner innerhalb einer Serie von sechzehn öffentlichen Vorträgen in Berlin am 14. Dezember ausführlich über Elias, ohne die Wiederverkörperungen zu erwähnen (GA 61, Menschengeschichte im Lichte der Geistesforschung). Er stellt hier dar, dass sich Elias als Erster eine neue Seelenverfassung erringen musste. Sie bezog sich auf den Jahve-Gedanken, der bis dahin in eher kindlicher Art so aufgefasst worden war: Jahve ist gnädig, wenn es seinen Anhängern gut geht, und er zürnt, wenn zum Beispiel eine Hungersnot herrscht, wie das damals der Fall war. Ein Jahveverständnis sollte in den Seelen aufgehen, das durch keinerlei Äußerlichkeiten bekräftigt oder irritiert wird, sondern aus innerer Gewissheit sagen kann: «Er ist!»

Ein solcher Umschwung muss zunächst von *einer* Individualität geleistet werden, die dann mit ihren Erfahrungen auch ganz allein dasteht.

«Dazu war notwendig, dass in der Seele dieser Persönlichkeit ganz besondere Kräfte aus den verborgenen Untergründen und Tiefen aufstiegen, die vorher nicht bei den Menschen, auch nicht bei den Lehrern der Menschheit waren. Eine Art mystischer Einweihung erster Art, durch welche die Kunde von einem solchen Gott hereinziehen konnte, musste sich in der Wesenheit des Elias abspielen.»

Er führt hier auch aus, dass die Schilderungen, etwa wie Elias als Einsiedler am Bache Krith lebt und von Raben gespeist wird – oder seine Begegnung mit der Witwe und ihrem Sohn, deren Mehlbehälter und Ölkrug nicht leer wurden und deren Sohn er erweckte –, innere Bilder, Ausdrücke einer inneren Realität sind, die anzeigen, dass Elias in seinen inneren Prüfungen immer weiter fortschreitet. Auch die sogenannte Tötung der vierhundertfünfzig Baalspriester ist mehr innerlich zu nehmen. «Sie waren in ihren Seelen getötet durch Elias-Naboth.» – Er spricht weiter über König Ahab und Isebel, die hellsichtig war und deshalb durchschaute, dass Naboth der Träger des Eliasgeistes war. Ferner wird der Übergang des Eliasgeistes auf seinen Schüler Elisa ausführlich behandelt.

Adolf Arenson zum Elias-Problem

Man sieht sich nach Vorgängern um, nach Literatur, in der es auch schon um diese Fragen gegangen sein könnte. Da kann einem ein Vortrag von einem alten Mitglied entgegenkommen. *Adolf Arenson*[1] hatte ihn am 30. März 1931, also sechs Jahre nach dem Tode Rudolf Steiners, am siebenten Todestage innerhalb einer Gedenkfeier in Stuttgart erstmals gehalten. Er wiederholte ihn am 15. April in Dornach. Er ist wieder veröffentlicht worden im Verlag Die Kommenden unter dem Titel «Ergebnisse aus dem Studium Rudolf Steiners», Heft 3, Freiburg/Brsg. 1980.

Hier stoßen wir auf Formulierungen, die stark mit dem zusammenklingen, was sich uns als Frage und Vermutung ergeben hat. Arenson formuliert sehr vorsichtig. Nach einführenden Gedanken kommt er zu Elias:

«Elias war nicht, wie wir aus der Bibel aufzufassen geneigt sind, eine menschliche Persönlichkeit, die auf Erden wandelte. Sondern Elias war eine hohe geistige Wesenheit, die durch einen Menschen hindurch ihre Kräfte in das Erdgeschehen einfließen ließ ... Diese Persönlichkeit, die also der Träger des Elias in der physischen Welt war, ist der Naboth im ersten Buch der Könige. Rudolf Steiner schildert ihn als einen einfachen Menschen, der selbst nichts von seiner Beseelung durch Elias wusste, der aber durch Träume, Visionen, zu Handlungen veranlasst wurde, die dem Willen des Elias entsprachen ... Nun spricht Rudolf Steiner gewöhnlich von Johannes dem Täufer als dem wiederverkörperten Elias. Aber wir müssen uns klar sein, dass es sich auch hier nicht um eine Verkörperung im gewöhnlichen Sinne handelt, sondern dass *in* dem Täufer und *durch ihn* der Geist des Elias wirkte, ähnlich wie bei Naboth, insofern das Geistige des Elias nicht ganz einzog in Johannes ... Aber dennoch wieder ganz anders wie bei Naboth. Denn das Ich des Johannes war im Gegensatz zu Naboth ein starkes, ein besonderes Ich.»

Und später:

«Wir haben also gesehen, dass im Wesentlichen der Eliasgeist Johannes den Täufer ergriffen hatte. Aber wir betonten, dass Johannes der Täufer selbst eine starke Ichheit hatte. Diese Ichheit war so stark, dass Johannes alle seine Kräfte, die er ursprünglich besaß und die bereichert, verstärkt waren durch seine besondere Initiation – die Wassermann-Initiation – einem Wesen aus der Hierarchie der Angeloi zur Verfügung stellen konnte, sodass dieses Engelwesen durch ihn, aus ihm heraus sprechen konnte ... Sie sehen, wie sich die Dinge komplizieren, wenn wir zusammentragen, was an den verschiedensten Orten und zu den verschiedensten Zeiten aus der Akasha-Chronik berichtet wird ... auch die Buddhaweisheit sprach ja aus Johannes dem Täufer. Rudolf Steiner weist uns darauf hin, wie die Predigt des Johannes eine wiedererweckte Buddha-Predigt ist.»

Auf die Einwirkung des Buddha in Bezug auf Johannes will ich jetzt nicht weiter eingehen, sondern unser Augenmerk darauf richten, wie deutlich Arenson die starke Ichheit des Täufers hervorhebt. Er setzt sie in Vergleich mit Naboth, der auch ein persönliches, aber weniger starkes Ich gehabt habe. Wir sehen hier deutlich getrennt Täufer-Ich, Engel und Eliasgeist. Das wäre eine klare Antwort auf die aus einigen Texten Rudolf Steiners auftauchende Frage, wie sich denn das zum lukanischen Jesus gehörige Adam-Ich zur gleichzeitigen Inkarnation des Elias im Täufer verhält.

Arenson spricht von dem besonders starken Ich des Täufers, und wenn es sich dabei um Adam, den Stammvater der Menschheit, handelt, so ist dies ja ein ganz besonders starkes Ich (wodurch es sich damals auf der Erde halten konnte), ein für die Menschheitsentwicklung so gewichtiges Ich, dass man nicht wüsste, was man dem an die Seite stellen sollte (außer Eva, die ein Sonderfall ist). Im heutigen Sinne schuldig geworden waren diese ersten Menschen ja nicht, denn sie konnten sich gegen die Macht Luzifers nicht wehren und ihn nicht durchschauen. «Von andern erschuldete Selbstheitsschuld.» Als Adam die Folgen seines Versagens gewahrte, hat er sich – müssen wir annehmen – auf irgendeine Weise (wobei eben offensteht, ob es sich dabei um Inkarnationen gehandelt hat und, wenn ja, um welche) geläutert und kommt schließlich als Persönlichkeit des Täufers zur Welt (Aus dem kosmischen Vaterunser, Vortrag vom 8. Dezember 1913, GA 148).

Arensons Ausführungen scheinen auf diesem Gedanken zu beruhen, und so weit wären wir zu einer gewissen Klarheit gekommen. Nehmen wir seinen Text aber genau, so finden wir darin ein neues Problem verborgen. Arenson sagt nämlich in Bezug auf den Zusammenhang von Jesus und Johannes als gemeinsam herkommend aus der Mutterloge der Menschheit:

«Wir müssen begreifen, dass jene seelisch-geistige Substantialität, die vor dem luziferisch niederziehenden Einfluss bewahrt wurde in der großen Mutterloge der Menschheit, wiederum ihre Nuancierungen hatte. Das rein Seelische, das keine Egokräfte in sich trug, wurde zu der Wesenheit des nathanischen Jesus hingelenkt – eine im erschöpfendsten Sinne ‹junge Seele›. Das Ich, das zu dieser Seele gehörte, das, wie Rudolf Steiner sich ausdrückt, ‹im Grunde genommen dem Jesus des Lukas-Evangeliums vorenthalten wird›, das wird zu dem Körper des Täufers hingelenkt – ein Ich, das wir uns so vorzustellen haben, dass sein ‹Egoismus' nicht dem heute gangbaren Begriffe des Wortes entspricht, sondern vielmehr dem der Ich-heit, der Egoheit.»

Er gliedert die Substantialität, die vor dem Sündenfall *bewahrt* wurde, in Nuancierungen und verteilt die *bewahrte*, also aus dem Ur-Adam herausgenommene Substanz, die nicht dem Sündenfall unterlag, an Jesus und Johannes. Da bleibt einmal unerklärt, was denn mit dem nicht-bewahrten Adam-Ich geschehen ist, das bei Rudolf Steiner so deutlich als mit dem luziferischen Einfluss infiziert in Erscheinung tritt, und zum anderen bemüht sich Arenson, das egoistisch gewordene Ich (wie es bei Rudolf Steiner heißt) herunterzuspielen zur Egoheit. Aber, wenn wir uns ein Ich vorstellen sollen, dessen Egoismus nur Ego-heit – also Ichheit – ist, dann bleibt das eine Tautologie.

Wohl verständlich wäre, wenn Arenson sagen würde, die Adam-Ursubstanz hatte ihre Nuancierungen; der mehr seelisch-ätherische Teil wurde in Jesus gelenkt, der mehr zum Ich prädestinierte Teil wird durch die Einwirkung Luzifers in seiner Egoheit gesteigert, unterliegt dem Sündenfall. Auch ist es selbstverständlich, dass «egoistisch» noch nicht im heutigen engen Sinne genommen werden darf. Der jahrtausendelange Weg der Sonderung begann ja erst.

Das Problem liegt also hier in dem Wort «bewahrt». Wenn beides – die reine ätherische Substantialität in Jesus und die Ichheit in Johannes – vom Sündenfall bewahrt geblieben wären, dann hätten sie ja auch miteinander vereint werden können, und es hätte nicht der hochgeläuterten Zarathustra-Ich-heit bedurft, um mit Jesus vereint zu werden. Wäre aber dieses reine Adam-Ich vorhanden, so wäre ja die Christustat gar nicht notwendig, denn wo bliebe dann der Sündenfall?

Man könnte annehmen, dass es sich hier um ein Versprechen oder um einen Fehler in der Nachschrift handelt, wenn mir nicht die Notiz eines alten Mitgliedes vorläge, in der in diesem Punkte noch viel detaillierter vorgegangen wird. Es ist dies eine Aufzeichnung von *Kurt Walther*[2], Berlin, die mir privat zugegangen ist. Dieses bekannte alte Mitglied hat sich da offenbar Notizen über einen Vortrag gemacht, der aber *nicht von Rudolf Steiner* stammen kann, denn es wird die «Letzte Ansprache» erwähnt und auf Rudolf Steiner hingeblickt als auf den «großen Meister, der von uns gegangen ist». Möglicherweise war auch dies ein Gedächtnisvortrag zum Todestage Rudolf Steiners, vielleicht gehen Arenson und der Anonymos auf eine gemeinsame Quelle zurück oder es handelt sich sogar auch hier um einen (den) Vortrag Arensons. Das muss offen bleiben.

Es heißt da:

«Der Ichträger, das persönliche Ich des Johannes Baptista entstammt der nathanischen Engelwesenheit, war deren astralischer Leib. Das individuelle Ich Johannes' des Täufers war früher Naboth-Elias, noch früher in Pinehas inkarniert, dann in Raffael, später in Novalis ... Bei der Wiedergeburt des Johannes Baptista als Raffael trug Letzterer wieder den Ichträger, das persönliche Ich, die Seele des nathanischen Engels in sich ...» So weit für unser Thema.

Hier wird wieder klar unterschieden das *persönliche* Ich des Johannes (jetzt auch als Ichträger bezeichnet) vom *individuellen* Ich, das als Elias verstanden ist.

Was uns bei Arenson Schwierigkeiten machte, klingt hier zwar anders, scheint aber auf dasselbe hinauszugehen. Hier wird gesagt, das persönliche Ich «entstammt» der nathanischen Engelwesenheit, also dem rein erhaltenen Teil der Urseele, die in Jesus versenkt wurde. Rudolf Steiner bezeichnet den himmlisch-ätherischen Teil der Urseele, der in Jesus später versenkt wird, als Engelwesenheit oder engelartig, auch erzengelartig, für die Zeit *bis* zur Einkörperung in Jesus, als dieses Wesen dem kosmischen Christus zu übersinnlichen Taten vor der Zeitenwende gedient hat. Es ist bei ihm nirgendwo davon die Rede, dass der in den Täufer versenkte Ich-Teil dem engelhaft-reinen Teil «entstammt», sondern beide entstammen der einheitlichen Substanz des Ur-Adam.

So lesen wir im Vortrag vom 1. Januar 1913:

«...bevor innerhalb der Menschheitsentwickelung ein physischer Mensch entstand, [hat man es] zu tun mit einer Seele, die sich dann in zwei teilte. Der eine Teil, der eine Nachkomme der gemeinsamen Seele, verkörpert sich in Adam, und dadurch geht diese Seele in die Inkarnation hinein, unterliegt dem Luzifer und so weiter. Für die andere Seele, gleichsam die Schwesterseele, wird von der weisen Weltenregierung vorausgesehen, dass es nicht gut ist, wenn sie sich auch verkörpert. Sie wird zurückbehalten in der seelischen Welt ... Diese Seele nimmt also auch nicht ... das Ich-Erlebnis in sich auf, weil dieses ja erst durch das Einkörpern in den Menschenleib erlebt wird» («Die Bhagavad-Gita und die Paulusbriefe», GA 142). Wenn der in den Täufer geleitete Ich-Teil der Urseele jenem engelhaften Unschuldsteil «entstammen» würde, so müsste er ja genauso «jung» und erdenunerfahren sein. Rudolf Steiner charakterisiert den Täufer aber ganz anders. So heißt es, dass des Täufers Vorverkündung darin besteht, dass er «mit einer unendlich starken Kraft alles zusammenfasst, was im äußeren Gesetz, was in der alten Verkündigung lag ... was alt geworden ist in der Kultur, was die Menschen aber vergessen haben, was reif ist, was die Menschen aber nicht mehr beachten, das will ihnen der Täufer bringen. Er muss daher vor allem die Kraft in sich haben, die eine Seele hat, die reif, überreif in die Welt hineingeboren wird. Er wird geboren von einem alten Elternpaare, wird so geboren, dass sein astralischer Leib von Anfang an ... rein und geläutert ist, weil Leidenschaft und Begierde bei einem alten Elternpaar nicht mitwirken» (GA 114, Vortrag vom 19. September 1909).

So wie junge, erdenunerfahrene Seele das Kennwort für den lukanischen Jesus ist, der auch von einer ganz jungen Mutter geboren wurde, so ist alt, reif, sogar überreif, das Kennwort für die Johannes-Seele.

Die Texte von Arenson und dem Anonymos haben uns gezeigt, wie sehr dieses Thema in den Jahren nach dem Tode Rudolf Steiners bewegt worden ist, aber auch, wie schwer es ist, dabei Klarheit zu gewinnen. Es spielte bei Arenson ja auch die Frage eine Rolle, wie die Egoität aufzufassen ist, die sich mit dem in den Täufer versenkten Wesensteil verbunden hat.[3]

Emil Bock und Rudolf Meyer zu Elias

Wir müssen den Autoren Emil Bock und Rudolf Meyer zugestehen, dass auch ihre Auffassung, Elias sei selbst der Engel, der Bote, bei Rudolf Steiner eine Stütze hat. Er sagt im Zyklus «Christus und die geistige Welt. Von der Suche nach dem heiligen Gral», GA 149, am 31. Dezember 1913: «Sehen wir denn nicht, wie er schon in Elias seinen Boten voranschickt, und wissen wir nicht, wie dieser Bote in seiner nächsten Inkarnation wiedererscheint als Johannes der Täufer? Und wird uns nicht von diesem mit einem wunderbaren Zusammenklange der Worte ausdrücklich gesagt: Er schickte seinen Engel voran, dass er ihn verkündigte? Das kann man sagen sowohl von Johannes wie von Elias. Von Elias noch besser – was diejenigen verstehen werden, die sich an meine Schilderung des Elias erinnern, wo ich dargestellt habe, dass Elias in geistigen Höhen geblieben ist und nur einen Repräsentanten hatte, durch den er wirkte, sodass er nie selbst auf der Erde herumgegangen ist. Wenn Sie das nehmen, so passt der Ausdruck: Er schickte seinen Engel vor ihm her, noch besser auf Elias als auf Johannes.

Solche Boten waren immer Boten des von Westen nach dem Osten gezogenen Christus.»

Zu Kapitel V

Der historische Flor

Blicken wir zunächst zur väterlichen Linie Karls des Großen, in die ja Berchte eingeheiratet hatte, als sie die Gattin Pippins wurde. Die geschichtlichen Überlieferungen lesen sich so:

Ursprünglich saßen die Franken – das heißt «die Freien» – zu Seiten der beiden Rheinufer vom Main bis an die Nordsee hinauf. Unter ihrem blutjungen König Clodowech brachen sie um das Jahr 481 zur Eroberung Galliens auf, das damals römisch-gotisch war. «Etwa fünfzehn Jahre später war ganz Westeuropa, von den Pyrenäen bis nach Thüringen, von der Nordsee bis an die Alpen, fränkisch geworden.»[4] Chlodowech entstammte einem altfränkischen Adelsgeschlecht, den Merowingern. Etwa dreihundert Jahre blieb dieses Königsgeschlecht an der Herrschaft. Aber seine eigentliche Macht ging ihm langsam an den Adel verloren, der einen sogenannten «Hausmeier» ernannte, der mehr und mehr die Regierungsgeschäfte übernahm, ohne jedoch den «langgelockten König» seiner Würde zu entsetzen. Pippin II. (635–714) war ein solcher Hausmeier, ihm gelang es, das mehrfach zerfallene Frankenreich neu unter germanischer Führung zu einigen.

Dieser Pippin hatte der Überlieferung nach zwei rechtmäßige Frauen, von denen aber die eine doch noch rechtmäßiger zu sein schien als die andere. Die eine war reich – Plektrudis, und die andere war schön – Alpheida. Diese «zweite Gemahlin» brachte einen Sohn zur Welt, der aber nicht als erbberechtigt gelten sollte und der bei seiner Geburt nicht einmal einen besonderen Eigennamen bekam. Es wird erzählt, dass Pippin mit Plektrudis zusammensaß, als ein Bote die Nachricht von der Geburt eines Sohnes durch Alpheida brachte. Der Bote sagte, das sei ein «Kerrl». Das hieß im damaligen Sprachgebrauch, dass es ein kräftiges männliches Kind war – eben ein «prächtiger Kerl». Pippin lachte und sagte, dann solle der Sohn auch Kerrl heißen: Kerrl beziehungsweise Karl.

Plektrudis hatte zwei Söhne, aber sie starben noch vor ihrem Vater. Es bot sich für Pippin vom Schicksal her an, den Sohn der Alpheida zum Erben zu machen; er tat das aber nicht, sondern bestimmte testamentarisch ein kleines Kind, einen Enkel, zum Erben der Hausmeierwürde (die inzwischen erblich geworden war). Plektrudis sollte das Frankenreich bis zu seinem Mündigwerden in Vormundschaft führen. «Dadurch geriet die eben erst von ihm selbst gegründete Hausmacht der Arnulfinger wieder in Verfall, denn die Franken erkannten diese unter Plektrudis' Einfluss zustande gekommene Bestimmung nicht an» (Wahl).

Jetzt brachte sich Kerrl ins Spiel, den Plektrudis hatte einkerkern lassen, der sich aber befreien konnte. Gegen alle widrigen Umstände gelang es ihm, die Stellung seines Vaters Pippin einzunehmen und das zerfallene Reich wieder zu einen. Seine «überragende Kraftentfaltung» machte noch auf die Nachwelt so großen Eindruck, dass man ihm einen Beinamen gab: Karl Martell. Das heißt: Karl, der

Hammer. Was war die größte Tat dieses Hammers, der da wie mit ehernen Schlägen in die Geschicke Europas eingriff?

«Seine größte Tat von weltgeschichtlicher Bedeutung war die Zurückwerfung der Mohammedaner (= Sarazenen) bei Tours und Poitiers, die also schon mitten in Frankreich standen. Wäre damals, 732, Karl Martell nicht gewesen, die christliche Idee wäre vielleicht untergegangen und Europa islamisch geworden» (Wahl).

Papst Gregor III. bot Karl Martell an, ihn, den Hausmeier, zum König von Frankreich zu erheben. Aber Karl setzte sich die Krone nicht auf. Er blieb standhaft gegen des Papstes immer erneute Versuche, schon um der Bedingung willen, die dabei im Spiel war. Karl sollte dem Papst Hilfe leisten gegen die Langobarden, die Norditalien beherrschten und für Rom eine Gefahr wurden. Aber die Langobarden hatten mit ihm gegen die Sarazenen gekämpft, und Karl kündigte seine Freundschaft gegenüber dem anderen germanischen Stamm nicht auf. Dafür reformierte er in seinen eigenen Landgebieten die Kirche und griff, wenn bei den vielen Kriegen das Geld ausging, durchaus auch Kirchengut an.

Das Reich erbten zwei seiner Söhne: Karlmann und Pippin (ein dritter Sohn, Grifo, soll von ihnen ausgeschaltet worden sein). Karlmann ordnete nach seines Vaters Tode die Rückgabe des Kirchengutes an und ging später ins Kloster. Damit war die Verständigung mit der Kirche wieder in Gang gekommen, und auch Pippin III., der nun die Regierungsgewalt allein besaß, ging auf diesem Wege weiter. Er nahm schließlich auch vom Papst die Krone an und gelobte ihm Schutz gegen die Langobarden.

Jetzt war dieses Geschlecht eine neue Dynastie geworden. Ursprünglich hatte man sich nach dem Begründer Arnulf von Metz (583–641) Arnulfinger genannt; nach Karl Martell aber nannte man sich die Kerrlinge oder die Karolinger. Nach ihm wurde auch jener Enkel Karl genannt, der es dann zum Kaiser brachte und den Beinamen der Große erhielt.

Mit Karl Martell sind wir in der großen Zeitgeschichte, sozusagen auf der exoterischen Seite der Vorfahren Karls des Großen. Sehr viel verborgener ist die andere Linie, die den esoterischen Strom zu hüten hatte. Aber die Verbindung ist sehr eng, allein schon dadurch, dass Martells Gattin Hrothrudis eine Schwester des Vaters der Berchte (also des historischen Flor) gewesen sein soll.

Wir werden noch hören, dass Rudolf Steiner sagt, die Inkarnationen des

Christian Rosenkreutz nach der Zeitenwende wären keine historisch berühmten Persönlichkeiten gewesen. Hier, an diesem Punkte, wo das ja auch zutrifft, kann es einem aber scheinen, als ob dafür in dessen Schwager Karl Martell etwas von der Mächtigkeit vorchristlicher Inkarnationen hereinragt – von jenem Hiram mit dem Hammer. Freilich, der Hammer des Hiram diente zum Aufbau, diente zur Rettung des Gusses vom Ehernen Meer. Wie eine nach außen gesetzte, irdisch-handgreifliche Replik wird der Hammer in Karl Martell äußerlich-kriegerisch. Aber die Schicksalsmächte, die diesen Hammer schwingen, bedürfen seiner zur Rettung des Christentums. Was Karl Martell äußerlich tut, hat seine stillere Seite in Flor. Denn was hilft der äußere Sieg, wenn die Substanz des Christentums nicht weiterentwickelt wird?

Charibert von Laon und Bertha mit dem Fuße

Die historische Gestalt, die als Vater von Berchte bekannt ist, heißt Comte (Graf) Charibert von Laon. Der Name seiner Gattin ist unbekannt. Die folgende Tafel (entnommen Rudolf Wahl) zeigt als Mutter von Charibert und Hrothrudis eine vermutliche Bertha oder Bertrada, nach der die Tochter Chariberts genannt sein könnte. Über sie weiß Walter Johannes Stein in seinem Buch «Weltgeschichte im Lichte des Heiligen Gral» (Stuttgart 1986) Verschiedenes zu sagen, indem er E. Munding O. S. B. zitiert, und zwar aus dessen Werk «Abt-Bischof Waldo, Begründer des goldenen Zeitalters der Reichenau». Demnach hat Bertrada I. das Kloster von Prüm gegründet. Es liegt in der Eifel und gehörte später der jüngeren Bertha, der Gemahlin Pippins III.

Wie sich aus der Geschlechtertafel ergibt, sind Pippin und Bertha nahe verwandt, sie sind Cousin und Cousine. «Beide erben von ihren Eltern Teile derselben Besitzungen, und selbst ihre übrigen Güter liegen vermischt miteinander» (Munding). Bertha II. «und wahrscheinlich auch ihre Großmutter gleichen Namens sind ansässig in der Gegend nördlich von Trier, zwischen Sauer und Kyll. Bertha und ihr königlicher Gemahl Pippin haben Besitzungen von Trier bis Prüm und selbst bis Blankenheim und Rheinbach bei Bonn, besonders in dem Landstreifen zwischen den Flüssen Prüm und Kyll, sowie nordöstlich von Trier, nahe der Mosel» (Munding).

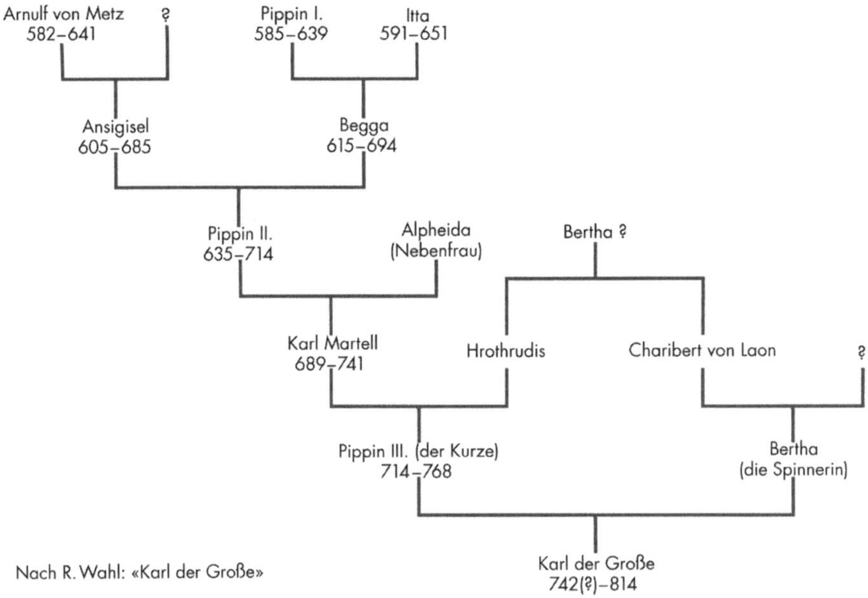

Nach R. Wahl: «Karl der Große»

Das heißt, in dieser Gegend hätten wir auch den Vater von Bertha zu suchen, der den Titel eines Grafen der Stadt Laon trug und vermutlich auch dort Besitzungen hatte.

Die Verbindung von Pippin III. mit Bertha ist von Geheimnis umwoben. Die Sagen, die sich darum gebildet haben, müssen einen historischen Kern treffen, denn merkwürdigerweise ist von Karl dem Großen nichts über Geburtsjahr und Geburtsort bekannt. Seinen Chronisten, denen er bereitwillig aus seinem Leben erzählte, hat er seine frühe Jugend verschwiegen. Selbst Einhard, sein vertrautester Sekretär, muss am Anfang seiner Chronik eingestehen, dass er nichts darüber wisse.

Nach damaligem Recht war eine Ehe zwischen Vetter und Base streng verboten, aber Pippin hat um Berchte unerschütterlich gefreit. Etwa 742 ist Karl der Große geboren, aber erst mehrere Jahre später gab der Papst die Erlaubnis zur Eheschließung. Karl ist also vorehelich geboren und sein Bruder Karlmann der eheliche Erstgeborene.

Die Sage um die Verbindung Pippins mit Berchte macht diese zu einer bretonischen Prinzessin. Pippin habe seinen Hofmarschall ausgesandt, um seine Braut zu holen, der aber habe sie im bayerischen Wald töten lassen wollen, um seine eigene Tochter zur Königin zu machen. Berchte entrann ihren Mördern und suchte in einer einsamen Mühle Zuflucht. Um den Müllersleuten nicht zur Last zu fallen, half sie zum Unterhalt durch unermüdliches Spinnen. Eines Tages kam Pippin auf der Jagd zu dieser Mühle.

Er hatte einen Astrologen bei sich, der ihn darauf aufmerksam machte, er werde in dieser Nacht bei seiner rechten Ehefrau liegen und sie werde ein Kind empfangen. Der Müller leugnet aber, außer seinen beiden Töchtern jemanden im Haus zu haben. Nun müssen sich nacheinander die Töchter zu Pippin legen, aber der Sterndeuter behauptet, sie seien nicht die rechten. So kommt schließlich Berchte hervor, und der Sterndeuter ist zufrieden: «Es leit Kunigs Kind an Kunigs Arm» (nach Wahl).

Karl ist 741 oder 742 geboren. Zu dieser Zeit starb sein Großvater Karl Martell, nach dem er den Namen erhielt. Sein Großvater Charibert soll seiner Tochter als Mitgift einen Teil von Rumersheim überlassen haben.

All diese äußeren Zusammenhänge über Abstammung und Ansässigkeit des Charibert sind mit dem Epos nicht in Einklang zu bringen.

Über Berchtes Leben sagt das Epos nichts aus. In den Überlieferungen liest man über Berchte/Bertrada, dass sie von sanftem und leutseligem Charakter gewesen sei und dass niemand mit solcher Würde wie sie einen glänzenden Hof zu führen verstand. Sie hatte mit Pippin sechs Kinder, drei Söhne und drei Töchter. Im Jahre 751, also etwa zehn Jahre nach der Geburt Karls des Großen, wurde Pippin von den Franken zum König gewählt und Papst Zacharias erteilte seinen Segen und ließ Pippin durch die Bischöfe in seiner Nähe salben. Es war dies die erste derartige Zeremonie in Franken, Pippin war nun christlicher König «von Gottes Gnaden». Childerich, der letzte noch lebende Merowingerkönig, der ohnehin nur Machtlosigkeit geerbt und besessen hatte, wurde auf Anordnung des Papstes in ein Kloster geschickt.

Indessen hatte der Langobardenkönig Aistulf seine Macht immer weiter ausgedehnt. Im Jahre 754 reiste der nunmehrige Papst Stefan II. zu Pippin und bat ihn um Hilfe. Es kam zu einem Vertrag mit der sogenannten Pippin'schen Schenkung, in dem der Franke als Gegenleistung für die Krönung versprach, der Kirche alle Länder zu schenken, welche von den Langobarden den Byzantinern entrissen worden waren, und noch einige Herzogtümer dazu. Nach diesem Schutzvertrag des Pippin zugunsten des Papstes und gegen die Langobarden wurde in der Abtei von St. Denis nochmals eine feierliche Salbung – jetzt durch den Papst selbst – veranstaltet. Auch Bertrada wurde (was bisher nicht üblich war) in die Inthronisierung einbegriffen und gesalbt, ebenso die beiden Söhne Karl und Karlmann. In einem Krieg gegen die Langobarden löste Pippin dann seine Versprechungen ein. Einmal soll Pippin die Anwandlung gehabt haben, sich von Bertrada zu trennen, doch auf das Zureden des Papstes hin ließ er von diesem Vorsatz ab. Das Auswechseln von Frauen gehörte, wie bei seinen Vorgängern, auch sonst bei den höheren Herren der damaligen Zeit zu einer nicht seltenen Gepflogenheit. Ihre robusten Seelen kümmerten sich in diesem Punkte wenig um die Gesetze der Kirche.

Nach Pippins Tode hat Bertrada selber in einem Handel eine unglückliche Rolle gespielt. Nur durch ihre Autorität konnte sie nach Pippins Tode ihre beiden Söhne Karl und Karlmann einigermaßen von zu großen Streitigkeiten abhalten. Erst als Karlmann 771 plötzlich starb, löste sich dieser Zwist und Karl wurde Alleinherrscher. Inzwischen aber hatte sich vieles begeben. Bertrada, beunruhigt über die wachsende Macht der Langobarden, die sich durch Heirat mit den Bayern verbündet hatten und in Italien wieder ihre Herrschaft ausdehnten, hat für einige Jahre mit überlegener Staatskunst die Fäden geführt, ist zum Papst nach Rom, ist zu den Langobarden nach Pavia gereist. Um mit den unzuverlässigen Langobarden in ein besseres Verhältnis zu kommen, plante sie die Hochzeit ihres Sohnes Karl mit Desiderata, der Tochter des Langobardenkönigs Desiderius. Das ist hier sehr kurz gesagt, und es stehen viele staatspolitische Ereignisse und Bedrängnisse dahinter. Karl war wenig geneigt zu dieser Heirat, beugte sich aber schließlich ihrem Willen. Nur – Karl war schon verheiratet mit der vornehmen und schönen Himiltrud und hatte mit ihr einen Sohn, der als Erstgeborener den Namen Pippin erhalten hatte. Er war von Angesicht schön, aber seine Gestalt war durch einen Buckel entstellt. Karl verließ also nach dem Willen seiner Mutter Himiltrud und heiratete Desiderata. Der Papst empörte sich über dieses Bündnis der Langobarden mit den Franken und den Ehebruch Karls und drohte den Bann an. Damit aber hatte er vermutlich Karls Trotz hervorgerufen, der ihm als Antwort die Heiratsanzeige mit Desiderata schickte.

Den Erfolg, den sich Bertrada erhofft hatte, konnte sie nicht ernten. Die Langobarden verständigten sich nun heimlich mit dem Papst gegen die Franken, was zur Folge hatte, dass die unglückliche Desiderata von Karl höhnisch nach Hause geschickt wurde. Gleich darauf vermählte er sich mit einer dreizehnjährigen

Schwäbin aus vornehmem Hause – mit Hildegard. Bertrada verließ darauf seinen Hof, und Karlmann nannte seinen Bruder einen eidbrüchigen Heiden, der überdies unehelich geboren und zu Unrecht zum König gesalbt sei. Für Karl nahm die Stimmung im Lande gefährliche Formen an, da brach er überraschend auf und stand an der Grenze der Gebiete seines Bruders. Wenige Tage später starb der noch nicht zwanzigjährige Karlmann.

Karlmann hatte seinen Bruder in gefährlicher Kriegssituation im Stich gelassen und viele intrigante Mittel gegen ihn eingesetzt, das hatte Karl nicht aus der Ruhe gebracht. Aber jetzt ging es um alles. Es ist wohl nie geklärt oder auch nur ernsthaft hinterfragt worden, ob Karlmann eines natürlichen Todes gestorben sei. Bertrada starb 783 in Choisy und wurde in der Abtei von St. Denis neben ihrem Gatten Pippin bestattet. Von den drei Töchtern der Bertrada gingen zwei ins Kloster und eine heiratete in Mailand einen Grafen von Angers. Sie soll die Mutter des Helden Roland gewesen sein.

Aber darüber gibt es noch andere Versionen.

Im Jahre 765 schickte der mit Berchte vermählte Pippin eine Gesandtschaft zum Kalifen Abu Gafar al-Mansur nach Bagdad, die 768 zurückkehrte. In diesem Jahr – wir folgen hier Walter Johannes Stein – hat Charibert nicht mehr gelebt. Stein vermutet aber, dass Charibert, der ja der Schwiegervater Pippins war, der Inspirator dieser ersten großen Orientreise aus dem Frankenlande gewesen ist. Sie hatte zwar einen politischen Grund – sich gegen die in Spanien gelandeten Araber mit dem Kalifen zu verbünden –, aber das schließt nicht aus, dass noch andere Absichten mitgespielt haben könnten. Vielleicht auch Absichten, über die man sich gar nicht so recht klar gewesen ist.

W. J. Stein meint: «Europas Seele musste vom Kalifenhofe retten, was seine eigentliche Seelenbraut war. Dies aber ist ausgedrückt in der Geschichte von Flore und Blancheflur … Was mag in der Seele jener Persönlichkeit vorgegangen sein, in welcher zur Zeit des al-Mansur der Gedanke entstanden ist, die erste Gesandtschaft an den Hof der Kalifen zu senden? Sah er nicht, dass es galt, eine wunderbare Weisheit zu retten und als Geheimnis zu bewahren, die damals noch nicht Gemeingut aller Menschheit werden durfte, weil die Menschheit ihr den rechten Empfang noch nicht bereiten konnte?»

W. J. Stein hatte vorher darauf aufmerksam gemacht, dass al-Mansur Perser aus der Familie der Barmakiden als Berater und Verwalter (Vesire) eingesetzt hatte und dass überhaupt das abbasidische Kalifat stark persisch beeinflusst war. Der Kalif war gewissermaßen der Nachfolger der alten Könige Persiens. «Tatsächlich findet man auch in den Urkunden, welche berichten, dass die Franken Gesandtschaften an die Kalifen gesendet haben, den Kalifen ‹rex Persarum› genannt.» Unter al-Mansur wird das persische Buch der Könige ins Arabische übersetzt. Im Jahre 762 gründet er seine Hauptstadt unter einem persischen Namen: Baghdad (von Gott gegeben), welche genau an der Grenze zwischen arabischem und persischem Gebiet lag. Der Kalif achtete offenbar die Kultur der Perser hoch. Vielleicht hat ein ähnlicher Vorgang stattgefunden wie einst zwischen Griechen und Römern – die äußerlichen Sieger lernten von der Größe der Kultur des besiegten Volkes.

Die Darlegungen bei W. J. Stein erregen unsere Aufmerksamkeit, weil die Verantwortung für die kulturellen Keime der persischen Entwicklung ja, wie wir hörten, jenem König anvertraut waren, der dann Lazarus wurde und dessen Inkarnationslinie wir hier verfolgen. Ob W. J. Stein diesen Gedanken im Hintergrund hatte, ist nicht zu erkennen, man kann es aber für möglich halten.

Dass Charibert nicht ohne Bezug zur Reise nach Bagdad gewesen ist, liegt sehr nahe; er mag an den Beratungen für dieses große Unternehmen mitgewirkt haben. Vielleicht ging die Idee aus politischen Gründen von Pippin, dem Sohne Karl Martells, aus, und Charibert hat den geistigen Gesichtspunkt beigestiftet und auf Männer hingewiesen, die aus solchen Gründen mit auf die Reise genommen werden sollten. Vielleicht hat er selbst in seinem Umkreis dafür infrage kommende Schüler gehabt.

Das alles ist sehr denkbar. Schwierigkeiten macht aber doch die Verbindung mit dem Epos von Flor und Blancheflur. Flor ist darin ja ein spanischer Heide, vielleicht ein halber Orientale, während Blancheflur, die «Seele», die da gesucht wird, Christin ist und aus fränkischem Adel stammt. Durch sie wird Flor schicksalsmäßig sichtlich «erzogen». Indem er ihr immer nachstrebt und zu ihr hingezogen wird, muss er all jene Prüfungen und Fährlichkeiten seiner Reisen bestehen.

Schon in den beiden Müttern hatten sich eine spanische oder orientalische und eine christliche Seele eng befreundet. Die heidnische Königin ist die äußerlich Überlegene, die aber großzügig der christlichen Sklavin ihre Religionsausübung erlaubt, ja von ihr lernt, ihre Sprache zu lieben beginnt und selbst zu sprechen begehrt, was auch im übertragenen Sinne verstanden werden kann.

Der Flor des Epos ist ein heidnisch erzogener, vermutlich spanischer Königssohn, dessen Vater zur Verbindung mit den Arabern neigt (oder Araber ist) und die Christen als Freiwild betrachtet. Historisch gesehen dagegen ist Charibert Franke; ob er durch Verwandtschaft vielleicht mit dem Morgenlande Verbindung hatte, bleibt ganz ungewiss. Möglicherweise spielt das aber ohnehin eine untergeordnete Rolle. Es wäre eher zu denken, dass Charibert eine hohe Bildung und auch Berührung mit arabisch-orientalischer Weisheit hatte. Das kann über Spanien zu ihm gekommen sein, es könnte auch Karl Martell bei seinen Sarazenenkriegen entsprechende Gefangene gemacht haben. Charibert wäre also ein innerer König, reich an Schätzen, gewesen, der aber im Aufwachsen mit dem christlichen Element aufs Engste mit ihm verbunden war, wie Flor mit seiner Blancheflor, der kleinen Christin, deren Wiege neben seiner Wiege stand. Und es mag ein innerer Vorgang gewesen sein, eine Zeitlang über dem hohen, alten Mysterienwissen des Orients die Verbindung mit der christlichen Seele des Abendlandes verloren zu haben. Durch geistige Abenteuer musste er sie wiederfinden, durch Fährnisse, wie sie Flor schließlich bis in den geheimnisvollen Turm des Amiral führen (der, wie W. J. Stein zeigt, durch und durch ein alchemistisches Gleichnis ist). Erst durch all diese Erfahrungen, die im tiefsten Eindringen in die alten Geheimnisse ihm erst zeigen konnten, was dort zu finden und auch was dort nicht zu finden ist, kann er zur rechten Wiedervereinigung mit der durchchristeten Seelenhaftigkeit kommen, einer Seelenhaftigkeit aber, welche die kosmische Weite in sich trägt.

Durch seine Verkörperung im germanischen Blut hat Charibert die Möglichkeit der starken Ichausprägung. Es weitet sich in den Mysteriengedanken des Orients zur Suche nach der Weltseele, die ihr höheres Selbst außer sich hat, das sich gewissermaßen an den entferntesten Grenzen des Kosmos spiegelt. Die Vereinigung der roten Blume mit der Lilie «hat stattgefunden» – aber: «es ist kein äußerliches Paar». Die historisch aufzufindende Inkarnations-Verankerung gibt diesbezüglich nichts preis. Keine Überlieferung berichtet uns etwas von den Intentionen oder einem esoterischen Wirken dieses Charibert. Und seine Gattin bleibt uns als Namenlose völlig verborgen.

Wie relativ man Ausdrücke oft zu nehmen hat, die unsere Sprache hergibt, und wie das Vorzeichen einer jeweiligen Epoche und Kultur immer hinzuzudenken ist, kann einem am Werdegang der Flor-Individualität deutlich werden. Denn Rudolf Steiner sagt in dem hier mehrmals zitierten Vortrag ohne Ort und

Datum, dass die Hiram-Lazarus-Individualität parallel dem Zarathustra auch schon in Urpersien vom Ich aus, ja sogar: vom «menschlichen Ich aus» gearbeitet hatte an der Erdenmission. Damals schon war es dieser Individualität möglich, aus einem derartigen Kernpunkt heraus zu wirken! Nur die bedeutendsten Menschheitsführer konnten damals so hoch entwickelt gewesen sein; denn die normale Entwicklung der Wesensglieder gab das zweifellos noch nicht her. Wie wichtig dieser Gesichtspunkt ist, haben wir an Rudolf Steiners Ausführungen einige Male gesehen: Lazarus konnte nur bis zur Ausbildung der Verstandes- und Gemütsseele gekommen sein – oder: Zaratas in Babylon konnte seine Weisheit nur in einer Form weitergeben, die bedingt war durch den Körper, den Zeit und Ort eben damals hervorzubringen vermochten.[5]

So sehen wir an der Individualität, deren Werdegang ich hier fragmentarisch nachzuzeichnen versuche, wie das Ich-Werden und das Wirken vom Ich aus durch immer neue Stufen hindurchgetragen wird. Mitgehend mit der Entwicklung der Menschheit können Menschen, und seien sie noch so hoch gestiegen, nie ausruhen auf einem sozusagen endgültigen «Haben» einer Fähigkeit oder eines Grades. Es öffnen sich vielmehr bis zum Ende unserer Planetenzeit immer noch neue Möglichkeiten und immer neue Anforderungen.

Es ist möglicherweise auch gleichnishaft zu nehmen, dass Flor unter Rosen verborgen in den Turm des Amiral und zu Blancheflor gelangt. Bei den Römern, im Mittelalter und darüber hinaus bis ins 18. und 19. Jahrhundert gab es den Begriff «sub rosa», das heißt: unter der Rose. Was unter der Rose geschah oder verhandelt wurde, musste geheim bleiben. Sub rosa war das Bildwort für Geheimnis. So wurde zum Beispiel auch in manchen Beichtstuhl eine Rose geschnitzt. Das heißt, was hier ausgesprochen wird, ist «unter der Rose» und niemand sonst erfährt es. Sub rosa, unter Rosen verborgen, findet Flor seine Blancheflor. Das könnte darauf deuten, dass es hier um höhere Geheimnisse geht. Paul Regenstreif sagt in seiner Veröffentlichung «Christian Rosenkreuz und seine Mission», Freiburg i. Br. 1977, auf Seite 18, Rudolf Steiner habe am Abend des 27. August 1909 «in einem kleinen Kreise darauf hingewiesen, dass die altfranzösische Legende von Flor und Blanchefleur zurückgehe auf eine Inspiration des Königs Titurel und dass beim Einweihungswege im Sinne des heiligen Gral Flor und Blanchefleur Mithelfer seien».

Das Rosen- und Lilienmotiv

Manchmal gehen bestimmte Motive mit einer großen Individualität durch die Zeiten. An ihrer Verwandlung kann man gewissermaßen die Schritte ablesen, welche die betreffende Individualität in Ausführung ihrer Mission vollzogen hat. Dass das Hiram-Lazarus-Wesen mit dem Geheimnis von Lilie und Rose verbunden ist, zeigt sich immer wieder einmal in seinen Inkarnationen. Zuletzt geht das Thema Rose in den Namen der betreffenden Persönlichkeit über. Als «Christian Rosenkreutz» verschwindet jeder bürgerliche Eigenname hinter der spirituellen Bezeichnung. Das Thema Rose ist dann beim Kreuz angelangt und hat sich mit diesem zur Einheit verbunden. Ein langer Rosenweg mündet in das Ereignis von Golgatha ein.

Man kann das Thema Lilie aber auch schon vorchristlich auftreten sehen, verbunden mit dem Thema Gold. Gold ist, was der persische König opfert, und Gold, sehr viel Gold war es, womit Hiram beim Tempelbau umzugehen hatte. In der Schilderung dieses Tempelbaues gibt es im Alten Testament eine merkwürdige Stelle. In 1. Könige, 7. Kapitel wird ab Vers 15 geschildert, wie Hiram zwei eherne Säulen machte. Auf sie setzte er zwölf aus Erz gegossene Knäufe, und um jeden Knauf wurden sieben geflochtene Reifen gelegt «wie Ketten». Dann befestigte er zwei Reihen erzene Granatäpfel rundherum an jedem Knauf, «damit der Knauf bedeckt ward». Das wird alles genau geschildert, und dann heißt es: «Und die Knäufe waren wie die Lilien vor der Halle.»

Danach wird noch einmal angesetzt, um zu sagen, dass es zweihundert Granatäpfel gewesen sind, die an dem Reif, der um den Bauch des Knaufes ging, befestigt waren. «An jeglichem Knauf, auf beiden Säulen. Und er richtete die Säulen auf vor der Halle des Tempels. Und die er zur rechten Hand setzte, hieß er Jachin, und die er zur linken Hand setzte, hieß er Boas.

Und es stand also oben auf den Säulen wie Lilien. Also ward vollendet das Werk der Säulen.» (Anschließend kommt die Schilderung vom Guss des Ehernen Meeres.)

Zweimal wird betont, dass die oberen Endigungen der Säulen *wie Lilien* waren, obgleich bei ihrer Herstellung doch offenbar diese Absicht gar nicht vorzuliegen scheint. Hiram macht Knäufe, Granatäpfel, Ketten und Reifen – und am Schluss sieht es aus wie Lilien. Eine wahre Zauberei, die er da vollbringt. Sie muss großen Eindruck gemacht haben oder von großer Bedeutung gewesen sein, da sie in der Bibel zweimal nacheinander betonend erwähnt wird.

Diese Lilien hat der von außen kommende Hiram dem jüdischen *Tempel* eingeheimnisst. Ein großer Bogen über die Zeitenwende hinüber führt zu jener Stunde, wo dann die Frage erhoben werden kann: «Wer hat dem *Kreuz* die Rosen zugesellt?» (Bruder Markus in Goethes Gedicht «Die Geheimnisse»). Dem Kreuz, an dem der «Tempel» zerbrochen und nach drei Tagen wieder aufgebaut wurde. Die erzenen Säulenlilien am Portal, durch die jeder den jüdischen Tempel betrat, haben sich zu den leuchtenden Blutesrosen verwandelt, die Christi Tod und Auferstehung bezeugen.

In der Geschichte von Flor und Blancheflor begegnen sich Lilie und Rose.

Zu Kapitel VI

Vermutungen über Zusammenhänge mit den Katharern

Die Bemerkung Rudolf Steiners, die zwölf Männer, die den zarten Knaben erzogen haben, seien äußerlich als Feinde des Christentums angesehen worden, und die Zeit, in der sich alles abspielt, haben zu der Vermutung Anlass gegeben, es könnte sich bei diesen Männern um Katharer gehandelt haben. Das würde uns in die Provence, nach Südfrankreich, in die Gegend der Pyrenäen führen. Es war die Zeit der Troubadoure, die eine hohe, platonische Minne besangen, um die sich aber auch viel Freude am Leben und an der Kunst verbreitete, und zugleich die Zeit der Katharer, die allem Irdischen abgewandt ihr Leben ganz dem Geistigen zur Verfügung stellen wollten. Diese beiden Strömungen traten nicht nur gemeinsam auf, sie vereinigten sich auch an den Höfen des hohen Adels und waren sich keineswegs feindlich.

An den südfranzösischen Höfen dieser Zeit sind es besonders Frauen, die sowohl als verehrte Herrinnen der Minnesänger wie als Förderinnen des Katharertums hervorragen. Aber auch die Männer – durch ihre ritterlichen Waffenpflichten konnten sie Katharer nicht werden – neigten dem Katharismus so stark zu, dass sie als ihre weltlichen Beschützer auftraten. Unter allen Frauen hervorragend wird der Name der *Esclarmonde da Foix* genannt. Schon ihre Eltern – Roger-Bernard I., Graf von Foix (gestorben 1188), und Cäcilie von Carcassonne – waren den Katharern eng verbunden und zogen ihre vier Kinder: Ramon-Roger, genannt Ramon Drut, Esclarmonde und Cäcilie nebst einer mit Namen unbekannten dritten Tochter, in entsprechendem Geiste auf. Esclarmonde vermählte sich mit dem Vicomte Jordan von Lilie und Gimoez und wurde Mutter von fünf Kindern. Nach dem Tode ihres Mannes wandte sie sich ganz dem strengen Leben der Katharer zu und gelangte bis zur höchsten Stufe. Im Jahre 1204 erreichte sie das Konsolamentum und wurde zur «Vollkommenen» (Parfaite). Ihre Ordination wurde durch den Katharerbischof Guilhabert de Castres vollzogen. Darüber hat sich eine durch die Inquisition erstellte Anwesenheitsliste erhalten. Außer einer unbekannten Anzahl von bürgerlichen Teilnehmern sind darin namentlich siebenundfünfzig Personen des hohen Adels verzeichnet, einschließlich des Grafen von Foix. Die Grafen von Foix waren die Lehensherren der Burg Montségur. Dorthin zog sich auch Esclarmonde im letzten Akt der sogenannten «Kreuzzüge» gegen den Katharismus zurück. Die Legende glaubte nicht an ihren Tod beim Fall von Montségur, sondern schrieb ihr weitere geheimnisvolle Wirkenswege zu.

Zu der sittlichen Verwahrlosung der römischen Kirche dieser Jahre waren die Katharer – die Reinen – das absolute Gegenbild. Ihr Lebenswandel war untadelig und hielt den höchsten moralischen Grundsätzen stand. Der Verfall der Kirche war ihnen ein Abscheu, freilich auch jede Kulturäußerung. So hielten sie selbst das Bauen von Kirchen für falsch. Die irdische Welt hatte für sie keinerlei Wert; Entsagung war ihr Mittel im Kampf gegen das Böse. Die höchste Form dieser Entsagung war die «Endura», der freiwillige Tod. «Die Albingenser (ein anderer Name der Katharer) begehrten nach Empfang des Konsolamentums in der Regel, nicht weiter zu leben, um nicht durch eine unbotmäßige Handlung die Geistestaufe wieder zu verlieren.»[6] Eine der Möglichkeiten war, jede Nahrungsaufnahme einzustellen. «Kein religiöses Brauchtum der Katharer hat in den kirchlichen Kreisen so viel Anstoß erregt wie die Endura. Man sah in ihr nicht nur eine völlig unbegreifbare Handlung, über die man voller Entsetzen war, sondern empfand sie als Beweis für den verbrecherischen Charakter dieser Ketzerbewegung … Aber es ist doch unrichtig, die Endura mit einem gewöhnlichen Selbstmord auf die gleiche Stufe zu stellen. Sie ging bei den Katharern aus der Auffassung hervor, dass Gott nicht im Leibe gedient werden könne, weil die Macht des Bösen zu groß sei … Als glühende Jenseitsmenschen waren die Albingenser von einer unwiderstehlichen Todessehnsucht erfüllt, wie ihr in der modernen Zeit vor allem Novalis berückenden Ausdruck gegeben hat. Der religiöse Todestrieb, der nur den beinahe wollüstigen Wunsch kennt, ‹hinunter zu der süßen Braut, zu

Jesus, dem Geliebten› (Novalis), kann in der christlichen Geistesgeschichte nicht nur bei den Katharern beobachtet werden» (Nigg). Nach Otto Rahn «Kreuzzug gegen den Gral – die Tragödie des Katharismus», Stuttgart 1964, hieß «Endura» das vierzigtägige Fasten vor und nach dem feierlichen Empfang des Consolamentum. Er gebraucht dann aber doch auch für den Freitod diese Bezeichnung. Nach dem Empfang des Consolamentum musste sich der Neophyt in die Einöde zurückziehen und durfte nur von Wasser und Brot leben. «Es ist vorgekommen, dass die Cathari nach Empfang des Consolamentum, während der Endura, Freitod begingen. Ihre Lehre gestattete wie die der Druiden den Selbstmord, verlangte aber, dass man nicht aus Lebensüberdruss, Angst oder Schmerz, sondern in vollkommenem Losgelöstsein von der Materie seinem Leben ein Ende mache … Der Selbstmörder, der aus Angst, Schmerz oder Lebensüberdruss sich entleibte, musste nach catharischer Lehre in derselben Angst … seine Seele weiterschleppen. Da die Ketzer als wahres Leben nur das nach dem Tode anerkannten, lehrten sie, man dürfe sich nur töten, um ‹leben› zu wollen.»

«Die Cathari hatten einen Gefährten, von dem sie sich nie trennen durften. Sie lebten immer zu zweit.» «Sie begingen die Endura [auch] immer zu zweit. Mit dem Mitbruder, an dessen Seite der Catharus … Jahre strebenden Bemühens und intensivster Vergeistigung verbracht hatte, wollte er auch im nächsten wahren Leben an … der jenseitigen Welt … teilnehmen» (Rahn). Siehe zu dem Thema auch: Eugen Roll «Die Welt der Troubadours und das Reich der Minne», Stuttgart 1977.

Bis zur Annahme des Konsolamentums kamen freilich nur wenige Katharer, die meisten erhielten es in ihrer Sterbestunde. Für diejenigen, die auch das nicht erreichten, glaubte man, dass eine neue Inkarnation nötig sei.

Unter dem Vorbehalt, dass so gut wie alles, was über die Katharer überhaupt gesagt werden kann, von der Gegnerseite stammt, weil von ihnen selbst nur wenig Schriftliches erhalten ist, sei dieser kurze Blick in die damalige Zeit getan.

Nun ist ja bekannt, dass seitens der Kirche die unendlich grausamen Katharer- beziehungsweise Albingenser-Kriege entfacht wurden – worein sich viel Machtinteresse der Fürsten mischte –, welche im Jahre 1244 ihren tragischen Höhepunkt fanden. Nachdem Länder, Städte und Dörfer wahllos verwüstet, die Bevölkerung ohne Hinsehen, ob sie Katharer waren oder nicht («Gott wird die Seinen schon herausfinden»), vernichtet worden war, hielt sich als einzige noch die Festung Montségur. Auch sie ergab sich am 28. Februar 1244. Über zweihundert Katharer, Frauen und Männer, lehnten ab, katholisch zu werden, und brachten singend und freudig ihr Lebensopfer auf dem Scheiterhaufen.

Im Jahre 1244 war so das Katharerkapitel in der Geschichte tragisch geschlossen worden. Aber erst nach 1250, nach dem Tiefpunkt der geistigen Verfinsterung, kann die Einweihung des Jünglings erfolgt sein. Wenn man sie hypothetisch jetzt einmal um 1255 annehmen würde, dann könnte dieser Dreizehnte um 1235 geboren worden sein.

Aber das Kollegium der zwölf Weisen samt dem Knaben müsste über den Zeitpunkt der verheerenden Kriege hinweggekommen sein. Freilich blieben, wenn auch politisch und religiös die Bewegung total zerschlagen war, immer noch manche Schlupfwinkel für einzelne Katharer offen. So hatte die Burg Queribus, die damals zu Aragonien gehörte, auf den Höhen der Corbières als Letzte noch Katharer aufgenommen. Sie ergab sich erst 1255. Und bis zum Beginn des 14. Jahrhunderts, zum Teil unter dem Schutz der Templer, erhielt sich die Katharersekte noch im Geheimen.

Aber es gibt noch andere Gründe, die es nicht wahrscheinlich erscheinen lassen, dieses Kollegium als Katharer anzusehen. Zum Charakter dieser Männer gehörte, dass sie keine Fanatiker waren. Sie hatten vielmehr das Ideal, «die verschiedenen Religionen zu einer großen Einheit zu vereinigen … eine Synthesis aller Religionen zu erlangen» (GA 130, 24. 9. 1911). Sie übten so große Toleranz, dass keiner von ihnen den Knaben allein in seiner Richtung beeinflussen wollte. Sie lebten nur sich selber dar in der Art, wie sie als Repräsentanten ihrer Weisheitsströmung eben sein mussten.

Sie mögen der großen zeitgenössischen Strömung des Katharismus vielleicht nahegestanden haben, aber in ihrer Mitte bereitete sich ja etwas vor, was gerade über die Einseitigkeit des Katharismus (und alle religiösen Einseitigkeiten) hinausgehen sollte. Darum vereinigten sie sich und warteten auf die Geburt dieses Knaben. Sieht man das Ereignis innerhalb seines geistigen zeitgenössischen Umkreises, so ist gerade im Hinblick auf die Endura der Katharer zu sehen, dass hier vollzogen wird, woran die Katharer scheiterten. Dieser Jüngling, der auch die Nahrungsaufnahme für eine Zeit verweigert, stirbt nicht, sondern erwacht aus einer neuen Christuseinweihung, die ihn zur Welt zurückführt, sodass er den Weisen ihre Weisheit verwandelt zurückgibt; sie haben nun die Aufgabe, das zu verarbeiten.

An den Formulierungen Rudolf Steiners im Vortrag vom 9. Februar 1912 in Wien (GA 130) wird deutlich, dass eine wie vorhergehend aufgestellte hypothetische Rechnung gar nicht aufgehen könnte.

Zu Kapitel IX

Zur Mission des Buddha auf dem Mars

Wir haben hier wieder ein beachtenswertes Geflecht. Einmal: Die geistige Eingebung, das Weltsystem materialistisch, als seelenlosen Weltenkörper zu erleben, stammt aus der Inspiration des Luzifer. Und zum anderen stammt sie aus der Dekadenz der Marskultur. Es muss da wohl angenommen werden, dass beides zusammenhängt und Luzifer an diesem Niedergang auf dem Mars mitwirkt.

Luzifer, der doch stets in die Höhen entreißen möchte, treibt hier zum geistlosen Denken. Buddha, der die Neigung zur Weltflucht mit Mitleid und Liebe durchdrungen und sich dem Christusimpuls verbunden hat, ist bereit zum Opfer und überwindet dadurch die Einwirkungen Luzifers. Durch Christian Rosenkreutz lernt er kennen, wie er die speziellen Kräfte seines Wesens zum Weltenheil einsetzen kann. Er nimmt Abschied von der Erde und verlegt sein Wirkensfeld auf den Mars. Christian Rosenkreutz entbehrt fortan diesen intimen Schüler und Freund bei der unmittelbaren Arbeit für die Belange der Menschen auf der Erde.

In einem Vortrag vom 22. Dezember 1912 in Berlin[7], also vier Tage nach dem Neuchâteler Vortrag, spricht Rudolf Steiner über das gleiche Thema in wiederum neuen Formulierungen. Hätte Buddha – unverkörpert, aber doch auf der Erde – weitergewirkt, so würden viele Menschen mit der Seelenstimmung des Franz von Assisi erstanden sein. «Sie wären innerhalb des Christentums Buddha-Schüler geworden, wären Buddha-Bekenner geworden … das wäre aber unmöglich mit alledem zu vereinigen gewesen, was die moderne Zeit … an Anforderungen an die Menschheit zu stellen hatte.»

Als neuer beachtenswerter Gedanke wird hinzugefügt, dass auch die anderen Planeten eine Entwicklung haben und wir bei jedem Durchgang zwischen Tod und neuer Geburt deshalb auf ihnen andere Verhältnisse antreffen, ebenso wie wir auf Erden bei jeder Inkarnation in neue Verhältnisse kommen. Wir bringen dadurch in unseren Seelen immer wieder andere Impulse mit. Wer nun gerade im 15./16. Jahrhundert einen nachtodlichen Durchgang durch die Marssphäre hatte, kam dort in die absteigende Entwicklung hinein. Er «brachte sich vom Mars keine Kräfte mit, welche die Seelen im Leben so inspirierten, dass man einen Höhenflug in die geistigen Welten hinauf nahm. Was nur im Physisch-Sinnlichen war, das allein lebte in solchen Seelen, die gerade in jener Zeit den Mars passiert hatten … Durch das aber, was aus dem Niedergange des Mars stammte, ist die moderne Naturwissenschaft geworden.»

Wären auf Erden zwei unvereinbare Klassen entstanden, so hätte nur die im buddhistischen Sinne mönchische in die geistigen Höhen aufsteigen können, aber sie «hätten nicht mitmachen dürfen – wie es Franz von Assisi nicht hat mitmachen dürfen – die äußere materielle Kultur». Christian Rosenkreutz aber fühlte in sich die Mission, jeder Menschenseele die Möglichkeit zu bieten, in spirituelle Höhen aufzusteigen. Die materielle Kultur wäre zwar geistreich, aber auch immer tierischer geworden, die anderen hätten sich immer mehr abgesondert. Das war die große Sorge, und als einziges Heilmittel sah Christian Rosenkreutz die Verwandlung der Marskräfte. Über das Opfer des Buddha wird hier gesagt, dass man es nennen könnte eine Übertragung des Weihnachtsfestes auf den Mars. Auch von einer Art Mysterium von Golgatha wird gesprochen, aber es heißt auch: «Anders war das Mysterium von Golgatha des Mars als jenes auf der Erde: nicht so gewaltig, nicht so einschneidend, nicht zum Tode führend.» – Den Leibestod gibt es auf dem Mars nicht; worin der Buddha sich «kreuzigen» ließ, das waren die «kriegerischen Kräfte … die dort durchaus psychisch-spiritueller Natur sind».

Es ging für Christian Rosenkreutz also darum, einerseits die Menschheit dafür zu gewinnen, gut naturwissenschaftlich zu denken, aber zugleich die Ideen spirituell zu vertiefen, «sodass von einer naturwissenschaftlichen Anschauung der Weg zu einer spirituellen Höhe hinauf gefunden werde».

Um diese Möglichkeit zu schaffen, berief Christian Rosenkreutz «von der Erde her … seine Getreuen … um sie teilnehmen zu lassen an dem, was sich zwar äußerlich räumlich vollzieht von Stern zu Stern, aber dennoch vorbereitet wird in den heiligen Mysterienstätten, da wo gewirkt wird innerhalb der Weltenkörper über diese Weltenkörper hinaus zur Weltenkultur, nicht bloß zur Planetenkultur».

Ob das «von der Erde her» hier als Inkarnation verstanden werden soll, ist nicht ganz sicher, da ja der Gesichtspunkt hier so weltenweit ist. Man würde es wohl trotzdem annehmen, da er fortfährt: «Um sich versammelte Christian Rosenkreutz die, welche auch versammelt waren bei seiner Initiation im 13. Jahrhundert.» Da denken wir an die zwölf Weisen, die mit ihm zusammengelebt hatten. Merkwürdigerweise aber heißt es weiter: «Unter diesen ... war auch einer, der sein Schüler und Freund geworden war seit langer Zeit – der, der einstmals auf Erden inkarniert war, aber nun nicht mehr auf der Erde zu erscheinen brauchte: Gautama Buddha als geistige Wesenheit ...»

Zu den zwölf verkörperten Weisen im 13. Jahrhundert kann der Buddha nicht gehört haben; wir hätten uns also wohl eine Versammlung zum Teil auch unverkörperter Wesen vorzustellen, die damals im 13. Jahrhundert um den Einweihungsvorgang des Christian Rosenkreutz sich teilnehmend, schützend, aber auch lernend geschart hatten.

Um uns den großen Einschnitt, den der Übergang zum Mars für den Buddha bedeutete, noch einmal vor Augen zu stellen, hören wir gegen Schluss des Vortrages die Worte, dass der «große Lehrer des Nirwana, der die Menschen ermahnte, ihre Seelen freizumachen von dem Trieb und Drang nach Wiederverkörperung», nicht dort wirken sollte, wo sich der Mensch zur Wiederverkörperung bereit macht, sondern in jener Sphäre, die «*immer* jenseits von Geburt und Tod steht». – Das ist der große Übergang des Buddha; fort von jeder Einwirkung, die auf Inkarnation zielt, gänzlich in das Weltenleben jenseits von Geburt und Tod.

Christian Rosenkreutz aber hält die Schalen der Waage. Er, der jetzt vor uns steht als ein mächtiges Wesen, dessen Bewusstsein weltenkosmisch ausgedehnt ist von Stern zu Stern.

Am 17. Februar 1913 kommt Rudolf Steiner in Stuttgart auf das Thema zu sprechen (GA 140, «Okkulte Untersuchungen über das Leben zwischen Tod und neuer Geburt»). Er führt aus, dass der Mars in den letzten Jahrhunderten seine Aufgabe geändert habe und dass im kriegerischen Sinne keine neuen befeuernden Kräfte vom Mars mehr ausströmen. Die Marsentwicklung ging durch einen entscheidenden Punkt. Und hier heißt es nun: «Das wusste man innerhalb der Erdenmysterien, da wo für die großen geistigen Angelegenheiten des Erdenseins die Entscheidung getroffen wird. Nämlich seit dem 12. Jahrhundert sind die entscheidenden Vorbereitungen getroffen worden … um der Veränderung der Marssphäre Rechnung zu tragen.»

Das heißt, schon vor den Ereignissen im 13. Jahrhundert um den wunderbaren Knaben war in den Mysterien offenbar eine Entscheidung gefallen und hatten die Vorbereitungen für die Aussendung des Buddha auf den Mars eingesetzt. «Es tritt eine große, entscheidende Sache vom 12. Jahrhundert ab an die rosenkreuzerischen Mysterien heran …» Hier ist auch von «Rosenkreuzermysterien» die Rede, noch bevor Christian Rosenkreutz als solcher auf Erden eingeweiht und wirksam geworden ist. Spirituell ist die Strömung, die sich ab dem 15. Jahrhundert dann rosenkreuzerische nennen wird, demnach längst vorhanden. Wir dürfen wohl ahnen, dass diese Strömung ihren Ursprung überhaupt dort hat, wo die Geheimnisse um die Lazarus-Einweihung und was sich daraus ergibt zu suchen sind.

Auch für Buddha scheint durch lange Zeit eine entsprechende Vorbereitung stattgefunden zu haben. Am 1. April 1913 in Berlin (GA 141, «Das Leben zwischen Tod und neuer Geburt im Verhältnis zu den kosmischen Tatsachen») hören wir, dass der Mensch auf dem Mars umgeben ist von den Urbildern der irdischen Dinge. Der Mensch lernt erfahren, dass er mit allen Dingen verwandt ist. Das drückt sich in der indischen Vedanta-Weisheit mit «tat tvam asi» = «Das bist du» auf Erden aus. Diese Weisheit stammt aus der Marsregion. Der Buddha trat ein halbes Jahrhundert vor der Zeitenwende in eine Inkarnation in Indien ein, jenem irdischen Gebiet, «in welchem Marsweisheit seit uralten Zeiten ertönt hat».

Buddha hat also in seiner letzten Inkarnation seine Verbindung mit den Marsintentionen bereits geknüpft. Es wird noch zweitausend Jahre dauern, bis er zum gewaltigen Opfergang auf den Mars aufgerufen wird. Dies bedenkend, steht vor unseren Augen die Aussendung nicht mehr so isoliert da, nicht mehr als ein unfassliches Ereignis, das abrupt auftritt, sondern wir sehen einen Zipfel von den Geheimnissen der Weltenlenkung, die durch die entsprechenden Mysterien handelt.

Im Vortrag vom 14. Januar 1913 (in: GA 141, «Das Leben zwischen Tod und neuer Geburt») ist eine nochmals andere Sicht auf die Notwendigkeit der Mission des Buddha auf dem Mars dargelegt. Bis zum 13. Jahrhundert und noch darüber habe es etwas nicht gegeben, was man heute die «öffentliche Meinung» nennt. Eine Autorität, welcher sich die Menschen unterwerfen, ohne dass sie auf eine spezielle Persönlichkeit bezogen ist. «Die Wissenschaft» sagt und so weiter.

Diese Entwicklung rühre nicht nur von Menschen her, sondern von zurückgebliebenen Engel- beziehungsweise Erzengelwesen, die luziferisch geworden sind und an den Menschen direkt nicht mehr herankönnen, sondern «sie wirken in einer verschwommenen, durcheinanderflutenden Gedankenmacht der öffentlichen Meinung».

Je abhängiger der Mensch sich von der öffentlichen Meinung macht, desto mehr muss er «zwischen dem Tode und der neuen Geburt etwas aufnehmen, was ihn im nächsten Erdenleben immer freier und freier von der öffentlichen Meinung macht». Diese Kraft erhält er durch das Wirken des Buddha auf dem Mars, eine Kraft, deren Tendenz es ist, loszukommen von den irdischen Verhältnissen. Da kann er dieses Netz der öffentlichen Meinung abstreifen, das ihn wie eine mitgeschleppte Hülle umgibt. «Sodass die Menschen in der Sphäre des Mars frei werden können von dem, was sie – untauglich für ihren weiteren Fortschritt auf der Erde – durch das Uniformierende der öffentlichen Meinung aufnehmen.» Die kriegerischen Tugenden des Planeten Mars in einen freien unabhängigen Sinn im Menschen zu verwandeln, auch dies gehört zur Mission des Buddha. Die Weltenweisheit hat die Buddha-Lehre auf den Mars dirigiert als Gegenpol zur aufkommenden Macht der öffentlichen Meinung auf der Erde. Rudolf Steiner warnt, dass noch «viel drückendere Dinge» als die öffentliche Meinung in der Zukunft kommen werden und dass es dann noch viel notwendiger sein wird, auf dem Mars die Schule des Buddha durchzumachen.

Vielleicht werfen diese Worte ein Licht auf manche heutige Situation – eine junge Generation, die Freiheitsimpulse gegenüber der Autorität der öffentlichen Meinung, gegenüber allem, was «man» zu machen hat, mitbringt, sich aber dann ratlos im Chaos der geistleeren Zivilisation verfängt.

Kommen wir noch einmal auf den Punkt zurück, der zunächst als stoßend empfunden werden kann: dass es *Luzifer* sein soll und nicht Ahriman, der das materialistische Weltbild der seelenlosen, materiellen Kugeln inspirierte. Sehen wir uns die entsprechenden Sätze genau an: die Ideen, die Begriffe des kopernikanischen Weltbildes sind selbst schon Maja. Es kann einem da in Erinnerung eine Szene aus Goethes Faust kommen: Mephisto, der befreit werden will, ruft «die leichten, luft'gen Jungen» zu Hilfe, die Faust mit illusionären Träumen umnebeln. Er braucht luziferische Geister, um Majagespinste über Seele und Geist zu werfen. «Versenkt ihn in ein Meer des Wahns!» Es ist, als ob man den Zuruf Ahrimans an die luziferischen Wesen hören würde, als es auf das 15. Jahrhundert zugeht: «Versenkt den Menschen in Wahn, in Maja.» Vorgegaukelte Ideen, die nicht mehr auf den geistigen Ursprung blicken lassen, gehören zur Meisterschaft Luzifers. Da Rudolf Steiner beide Male das gleiche Charakteristikum anführt: die luziferische Attacke bringt die Maja, und was vom Mars ausströmt, bringt sie auch, so ist der Zusammenhang wohl gegeben.

Im «Faust» heißt es vonseiten des Mephisto dann: «Für dies Konzert bin ich in eurer Schuld.» Luzifer und Ahriman arbeiten sich in die Hände. Wenn man auf das hinblickt, was Ziel dieser Attacke im 15. Jahrhundert ist – nämlich die Menschheit in zwei extreme Gruppen zu spalten: einmal die ganz der Erde verhafteten Arbeitstiere und zum anderen die ganz erdabgehobenen mönchischen Seelen –, so ist leicht zu sehen, dass die eine Gruppe dem Ahriman, die andere dem Luzifer zufallen würde. In der Mitte bliebe nichts. Es ist das Weltbild, der Weltwunsch, die Weltmaja der Widergeister.

Diese Absichten durchschaute Christian Rosenkreutz.

Geheimnisvoll und von Rudolf Steiner zunächst nicht näher ausgeführt, bleibt der Vergleich der Marskultur mit dem Zeitpunkt der Zeitenwende, wo auf Erden das «eigentliche Ich» des Menschen geboren wurde:

«So einschneidend, so katastrophal war es im 15. und 16. Jahrhundert auf dem Mars, wie es auf der Erde war zur Zeit des Mysteriums von Golgatha. Wie zur Zeit des Mysteriums von Golgatha das eigentliche Ich des Menschen geboren wurde, so wurde auf dem Mars geboren diejenige Geistesrichtung, die, wenn sie sich dem Menschen einpflanzte, sich zeigt im Kopernikanismus.»[8]

Nimmt man dazu die Ausführungen, die am 3. April 1917 in Berlin gegeben wurden,[9] dann sieht man den Zusammenhang deutlich: auf Erden hatte die von Luzifer korrumpierte Seelenentwicklung den physischen Organismus verdorben und wirkte immer vernichtender auf ihn ein. Und die Seelen finden in den schlechten Leibern immer weniger die Möglichkeit, den Rückweg in die geistige Welt zu finden. Sie würden verloren gehen ohne die Christuseinwirkung. Durch die Verbindung mit Christus verliert die Seele nach und nach die korrumpierende Einwirkung auf den Leib.

Am 30. Dezember 1913[10] war kurz aufgeklungen, dass «diejenigen Menschenseelen, die vor dem Mysterium von Golgatha geboren worden sind … im Verlaufe der weiteren Zeit nicht [hätten] Leiber gefunden auf der Erde, in denen sie sich so hätten verkörpern können, dass die Ichkraft in der entsprechenden Weise zum Ausdruck gekommen wäre».

Hier haben wir den Zusammenhang mit den Marsvorgängen, die Parallele, die Rudolf Steiner zieht, deutlich. Zwar handelt es sich auf der Erde um das Erwachen des Ichimpulses, was mit dem Mars keine Parallele hat, denn die Marsmenschen sind nur bis zum Astralleib organisiert, aber es ging um die Rettung der Grundlagen von Körper und Seele, die entkräftet und verdorben waren. So geht es auf dem Mars darum, die vertrocknenden Astral- und Ätherleiber zu retten.

«Auf dem Mars ist die Sache so, dass diejenigen Menschen, die dort geblieben sind, in einer großen Gefahr stehen, wie die Erdenmenschen in einer großen Gefahr standen, aus der sie der Christus befreite. Die Marsmenschen stehen in der Gefahr, dass ihnen – sie hatten ja kein Ich besonders zu entwickeln – ihr astralischer Leib und dadurch mittelbar auch ihr Ätherleib furchtbar an Kräften verlieren sollte, gewissermaßen austrocknen sollte.»[11]

Bleibt die Frage: Um was handelt es sich eigentlich für den Mars, was auf der Erde zum Kopernikanismus wird?

Darüber erfahren wir etwas am 12. Juni 1912 innerhalb des Zyklus «Der Mensch im Lichte von Okkultismus, Theosophie und Philosophie» (GA 137).

«… Die Menschen auf dem Mars sind sehr bodenständig – die Menschen auf der Erde sind kosmopolitisch angelegt –, die Marsmenschen sind viel mehr auf den Boden versessen, und es gibt sehr wenig Kosmopolitiker auf dem Mars. Aber dafür gibt es, oder wenigstens hat es viel Krieg und Streit gegeben; das alles ging hervor aus dem durch das Ich nicht besänftigten starken astralischen Leib … die Wirkung des Buddha ist dort wirklich eine ganz Ähnliche für diese ohne das Ich lebenden Marsmenschen, wie eben die eines Erlösers, eines Befreiers zu höherer Weltanschauung. Und während auf der Erde eine allgemeine Brüderlichkeit und Nächstenliebe im tiefsten Impulse mit dem Christus zusammenhängt, hängt Kosmopolitismus im Wesentlichen zusammen mit jener Erlösertat, die dort der Buddha zu verrichten hat.»

Ahriman ist ein geistiges Wesen. Dem Menschen ein ungeistiges Weltbild vorzuzaubern (in dem es auch Luzifer und Ahriman nicht gibt), muss von ihm aus gesehen eine riesige Gaukelei sein. Dieses Majagemälde in Menschenköpfen hervorzurufen gelingt Luzifer offenbar über das Mittel der dekadenten Marsentwicklung.

Was aber kann man verstehen unter Ideen und Begriffen, die «an sich» schon Maja sind, wodurch das naturwissenschaftliche Weltbild zur Illusion wird und nicht auf die geistigen Hintergründe schauen lässt? Vielleicht gibt ein Beispiel uns rasch und schlagend eine Antwort darauf: Das Herz als Pumpe, wie die moderne Naturwissenschaft es ansieht. Da ist die Idee, der Begriff als solcher reine Maja, denn das Herz ist – nach Rudolf Steiner – eben keine Pumpe, sondern wird durch das Blut bewegt. Sieht man das Herz als Pumpe an, so verstellt allein schon der falsche Begriff eine geistgemäße Erfassung dieses Sonnenorgans im Menschen.

In Bezug auf das Astronomische zeigt ja schon die Schilderung der Vorgänge auf dem Mars den ganzen Unterschied. In den Karmavorträgen (GA 240) wird am 1. Juni 1924 in Stuttgart gesagt: «Die physischen Wissenschafter reden von den Sternen, als ob das brennende Gaskugeln oder dergleichen wären. Das ist aber alles nicht der Fall. Denken Sie sich nur, Sie wären auf der Venus. Dann würde Ihnen die Erde ungefähr so erscheinen, wie Ihnen jetzt die Venus erscheint, und Sie würden halt dann die Erde so beschreiben, wie Sie jetzt die Venus beschreiben, würden übersehen, dass hier auf der Erde, die der Schauplatz der Menschen ist, so und so viele Menschenseelen sind. Gerade so sind da, wo jeder andere Stern leuchtet, Seelen. Es sind Seelen auf dem Monde: die Seelen der großen Urlehrer, und diese schon etwas untermischt mit den Seelen der Angeloi. Auf dem Merkur: Seelen der Archangeloi; mit denen lebt man zusammen, wenn man die Sphäre der Archangeloi durcheilt – Gott Merkur ist ein Erzengelwesen. Dann auf der Venus die Archai. Während der Sonne – Exusiai, Dynamis, Kyriotetes: namentlich mit denen formt man sich sein Karma. Man muss das, was da in den Sternen leuchtet, nur ansehen als das äußere Zeichen für Geisteskolonien, die im Kosmos sind. In der Richtung, wo wir einen Stern sehen, müssen wir wissen, dass eine Geisterkolonie da ist.»

Und für den Mars kann man sich die Ausführung ergänzen durch das am 17. November 1923 Gesagte[12]: «… indem der Mensch in die Marsregion kommt, erlebt er dort die Marsbevölkerung … die eben nur sich darstellt entweder aus den entkörperten Menschenseelen oder aus den Wesenheiten der höheren Hierarchien ... welche aus ihrem ganzen Sein heraus die Weltensprache in das Weltengebiet hinaustönen lassen. Damit tritt der Mensch in das Gebiet ein, wo Weltenmusik zur Weltensprache wird ... Die geistige Marsbevölkerung besteht aus den Kennern der Weltensprache, neben denjenigen Wesenheiten, die Kampfnaturen sind und dergleichen. – Aber die für den Menschen wichtigsten Wesenheiten ... sind diejenigen, die eigentlich ihrer ganzen Natur nach bestehen aus ertönendem Weltenwort.»

Warum, so könnte man fragen, hat dann aber die Anschauung der materialistischen Naturwissenschaft und des Kopernikus einen solchen Siegeszug angetreten, da doch die späteren Generationen vom 17. Jahrhundert ab ihren Marsdurchgang nicht mehr in der Dekadenzzeit, sondern in der bereits durch Buddha geläuterten Marsentwicklung nahmen? Da erhebt sich die Frage, wann denn die Seelen, die nach dem Buddha-Opfer den Mars passierten, wieder zur Erde kamen. Wie lange braucht die Seele vom Marsdurchgang zur neuen Inkarnation? Sind es die erst zur Michael-Epoche Wiedergeborenen, die als Erste in den Vorzug der gereinigten Marsssphäre kommen?

Christian Rosenkreutz konnte trotz des Buddha-Opfers den Siegeszug des geistlosen Denkens nicht verhindern. Er konnte nur – durch Spiritualisierung des Wissens, soweit er Menschen dafür fand – vorbauen für die michaelische Zeit. Denn es gab noch ein anderes Faktum, was die materialistische Entwicklung begünstigte.

Aus Darlegungen in einem frühen Vortrag vom 16. August 1908 (GA 105, «Welt, Erde und Mensch») ergibt sich für uns ein Bild dessen, was der Infiltration durch Luzifer und durch den Mars in der Seele des Menschen entgegenkam und ihn anfällig dafür machte. Ich versuche jetzt, die dort ganz anders gehaltenen Ausführungen, die aber wiederum auf das Rosenkreuzertum hinauslaufen, mit dem zusammenzudenken, was wir bisher erfahren haben.

Es wird auf die nachatlantischen Kulturepochen hingeblickt und wie sich in unserer fünften Epoche (die eben im 15. Jahrhundert angebrochen ist) starke Einwirkungen der dritten, der ägyptischen Periode zeigen. «... das Gebanntsein des gegenwärtigen Menschen an die unmittelbar sinnliche Umgebung», der «materialistische Glaube, dass nur ... wirklich ist, was ... [sich] zwischen Geburt und Tod» abspielt und irdisch verkörpert ist, rührt davon her, «dass die alten Ägypter solche besondere Sorgfalt auf die Konservierung ihrer Leichname verwandt haben». Die Erhaltung der physischen Form hat nachtodlich auf die entkörperte Seele so gewirkt, dass sich in ihr «Gedankenformen» bildeten, die an der sinnlichen Form festhalten wollten. «Es hat sich fest eingewurzelt in der menschlichen Seele alles das, was sie erleben musste, wenn sie aus geistigen Höhen hinunterschaute auf ihren als Mumie konservierten Leichnam. Daher hat die Seele es verlernt, den Blick abzuwenden von dem, was in das physische Fleisch eingebannt ist ...»

Kopernikus war in der alten ägyptischen Zeit verkörpert und hat «an einer besonders hervorragenden Stelle den Osiriskultus erlebt und hat gesehen, wie Osiris als ein Wesen betrachtet worden ist, das dem hohen Sonnenwesen gleichkommt. Die Sonne stand ... in dem Mittelpunkte des ägyptischen Denkens und Fühlens», damals nicht im äußerlichen, sondern im geistig-spirituellen Sinne. Die physische Sonne wurde nur als körperlicher Ausdruck des Geistigen angesehen.

Während der Kopernikus-Inkarnation war dann die Menschheit viel tiefer auf den physischen Plan heruntergestiegen. Die Erinnerung, die in Kopernikus lebte, «hat herausgezaubert jene Richtungskombination, die zu seinem Sonnensystem geführt hat». Was einst geistig war, ist jetzt materialistisch geworden. Ähnlich war es bei Kepler. «Die Gedanken, die im alten Ägypten den Seelen eingepflanzt worden sind, treten uns wieder entgegen, und unsere modernen Wahrheiten sind wiedergeborene ägyptische Mythen.»

In der ägyptischen Zeit erinnerte sich der Mensch noch daran, dass er in der Vergangenheit seinen äußeren Leib noch nicht anders als tierähnlich hatte gestalten können; aus dieser Erinnerung gibt er selbst einzelnen Göttergestalten noch Tierformen. Materialistisch wird diese Erinnerung in der darwinschen Lehre, die den Menschen vom Tiere abstammen lässt.

Rudolf Steiner schildert den Abstieg durch die Kulturen in der immer stärkeren Ausprägung des Gehirns. «Je mehr wir heruntersteigen, desto mehr wird der Gedanke bloß logisch und auf die äußere Urteilskraft angewiesen.» Dieses Denken kann eine erstaunliche Höhe erreichen, aber es kann zum Beispiel niemals die Reinkarnation erfassen, weil es sich nur auf das Äußerlich-Sinnliche anwenden lässt.

Ehe der letzte Impuls zum mechanistischen Denken gegeben wurde, musste der Christus heruntersteigen, um das Spirituelle zu retten. Wäre er nur einige

Jahrhunderte später erschienen, «dann wäre er sozusagen zu spät gekommen», dann hätte die Menschheit, zu weit heruntergestiegen und zu sehr verstrickt ins Materialistische, ihn gar nicht mehr verstehen können. Als letzten materialistischen Impuls versteht Rudolf Steiner hier, was durch den Mohammedanismus als Arabismus in die Welt gebracht wurde und «das Denken … herunterstieß in den tiefsten Punkt». Durch den Zusammenstoß des Europäertums mit dem Arabismus wird die moderne Wissenschaft erst veranlagt.

Einerseits leben die ägyptischen Erinnerungen im Menschen auf, aber auf dem «Wege durch den Arabismus» werden sie so umgestaltet, dass sie andererseits in materialistischer Form erscheinen. «Dass Kopernikus das moderne Sonnensystem überhaupt erfasst hat, war eine ägyptische Erinnerung. Dass er es in materialistischer Weise gedeutet hat, dass er es zu einem Mechanischen, zu einem toten Rotieren gemacht hat, kommt davon her, dass von der anderen Seite der Arabismus diese Erinnerung ins Materialistische herunterzog.»

Die unterirdisch-geheime Strömung, die vom dritten zum fünften Zeitalter hinübergeht, drückt sich auch in den Prinzipien aus, die die Einweihungspraktik betreffen. «Denn als das moderne Leben ein Einweihungsprinzip erhalten sollte in dem Rosenkreuzertum, was war es? Wir haben gesehen in der modernen Wissenschaft die Ehe zwischen der ägyptischen Erinnerung und dem Arabismus …» Eine andere Ehe vollzieht sich zwischen dem, was die Schüler einstiger ägyptischer Mysterien in ihre Seelen eingepflanzt tragen, und dem Spirituellen. Es ist eine Ehe zwischen Weisheit, die aus der Vergangenheit kommt, «und dem, was an Glaubenswahrheit gerettet worden ist. Jenen harmonischen Zusammenklang von ägyptischer Erinnerung in der Weisheit mit dem christlichen Kraftimpuls, wir sehen ihn im Rosenkreuzertum. So sehen wir den alten Samen, der in den ägyptischen Zeiten gelegt worden ist, wiederkehren; aber nicht als eine bloße Wiederholung, sondern differenziert, auf höherer Stufe angekommen.»

Rudolf Steiner gibt dann eine Zukunftshoffnung, dass sich «nicht nur die ägyptische Erinnerung … mit den spirituellen Glaubenswahrheiten vereinigt, sodass wir eine rosenkreuzerische Wissenschaft haben werden, die zugleich Religion ist», und daneben verlaufend die materielle Wissenschaft, sondern dass auch diese beiden sich einmal wieder vereinigen werden: «Wissenschaft mit der Rosenkreuzerei.» «… dann wird eine große harmonische Einheit wieder erstehen: die verschiedenen Kulturströmungen werden zusammenfließen durch die Kanäle der

Menschheit. Sehen wir nicht, wie in der neuesten Zeit diese Vereinigung angestrebt wird?»

Zu Kapitel X

Die Frage bildlicher Darstellungen des Christian Rosenkreutz – Rudolf Steiners Hinweis auf Dürer

Sosehr auch der Name Christian Rosenkreutz bekannt geworden ist, so wenig weiß man über sein physisches Erscheinungsbild. Wir wissen von keinem Gemälde, das ihn festgehalten hat, kein Maler scheint den Versuch gemacht zu haben, ihn wenigstens als Idealfigur darzustellen, wie es mit vielen historischen Persönlichkeiten der Fall ist. Solche Bilder gibt es von Homer über Aristoteles und Alexander quer durch die Geschichte. Christian Rosenkreutz, die Persönlichkeit des 14. Jahrhunderts, blieb in der Anonymität, ist nicht darunter. Zwei mündliche Überlieferungen allerdings, durch die russische Malerin Margarita Woloschina[13] weitergegeben, scheinen dem zu widersprechen … Die Geschichte klingt so:

Margarita Woloschina erzählte dem in Paris lebenden russischen Anthroposophen und Freund Leon Mouravieff[14] von einem ihrer früheren Gespräche mit Rudolf Steiner. Dieser wollte das Gehörte anlässlich eines Besuches in Dornach an Assja Turgenieff[15] weitergeben, erreichte sie aber nicht und hinterließ eine schriftliche Nachricht. A. Turgenieff gab die Kunde an die im gleichen Hause wohnende Ilona Schubert[16] weiter. Im Februar 1981 entdeckte I. Schubert den damaligen Notizzettel in einer ihrer Schubladen. Auf dem Zettel steht unter dem Datum vom 7. August 1965:

«Mouravieff war neulich da und versuchte vergeblich, uns telefonisch zu erreichen. Er wollte uns berichten, Margarita Woloschina habe ihm erzählt: Sie war einmal bei Dr. Steiner, um ihn etwas zu fragen. Er schien nicht genau hinzuhören, sodass sie sagte: ‹Wollen Sie, dass ich nicht weiterspreche?› Darauf zog er eine Schublade heraus und nahm aus ihr ein Bild. Er fragte: ‹Kennen Sie das? Das ist doch die Antwort auf Ihre Frage?› Sie sagte: ‹Nein, ich weiß nicht, was das ist.› Seine Antwort: ‹Das ist eine Skizze von Albrecht Dürer und stellt Christian Rosenkreutz dar, so wie er ihn gesehen hat.›»

Nachdem I. Schubert 1981 dieser Zettel wieder zur Hand gekommen war, fragte sie mich, ob ich eine Vorstellung hätte, auf welches Werk Albrecht Dürers sich die Notiz beziehen könnte. Ich musste verneinen.

Sieht man sich den Bericht an, so kommen einem folgende Gedanken: Rudolf Steiner zeigt «eine Skizze», M. Woloschina ist sie unbekannt. Hätte es sich um eins der bekannten Werke gehandelt, so wäre die gebildete Malerin Woloschina nicht so ratlos gewesen. Hätte es sich aber um ein ganz unbekanntes Bild gehandelt, wie wäre Rudolf Steiner zu dieser Abbildung gekommen? Vermutlich zeigte er ihr doch einen Druck, vielleicht sogar nur eine Postkarte. Es müsste also eine auffindbare Skizze sein.

Eine Schwierigkeit bietet der Satz: «so wie er ihn gesehen hat».

Heißt das: so wie er ihn äußerlich erlebt hat oder wie er ihn sich vorgestellt hat? Und wie käme Albrecht Dürer darauf, sich Christian Rosenkreutz vorzustellen, wenn er nichts von ihm gewusst hätte?

Margarita Woloschina stand als Russin mit der deutschen Sprache auf einem sehr originellen Fuß. Ihre etwas «wackeligen» deutschen Formulierungen konnten die Ursache von Ungenauigkeiten sein. Jedenfalls ist der nun auch noch über ein russisches Zwischenglied weitergegebene Satz unklar, vor allen Dingen unklar, wenn man sich vergegenwärtigt, dass Christian Rosenkreutz nach offizieller und von Rudolf Steiner nicht widersprochener Version im Jahre 1484 starb. Damals war der 1471 geborene Dürer knapp dreizehn Jahre alt. Wie kindlich er in diesem Jahre aussah, zeigt eine Silberstiftzeichnung mit der Bemerkung: «Das hab ich aus einem Spiegel nach mir selbst konterfeit im 1484. Jahr, da ich noch ein Kind war.»

Hat Dürer wirklich selbst Christian Rosenkreutz erlebt, so müsste es in seiner Kindheit gewesen sein. Möglicherweise hat er die Skizze, auf die Rudolf Steiner hinwies, später aus der Erinnerung gemacht, denn es ist aus der Kindheit Dürers eine solche Arbeit nicht bekannt. Leider sagt uns die Notiz auch nicht, auf welche Frage Rudolf Steiner das Bild hervorgeholt und es der Malerin gezeigt hat.

Ich begab mich jedenfalls nach dem Gespräch mit Ilona Schubert daran, das Werk Dürers unter diesem Gesichtspunkt zu durchforschen. Was ich dabei gefunden habe, soll nachher besprochen werden.

Zusätzlich wandte ich mich nach Stuttgart an die Verwalterin des Nachlasses von Margarita Woloschina (die 1973 gestorben war) mit der Frage, ob sich eventuell dort noch etwas Schriftliches finden ließe, das weiterhelfen könnte. Rosemarie Wermbter[17] überließ mir die Fotokopie einiger Partien aus dem Tagebuch der Künstlerin. Sie hatte sie durch die Bildhauerin Gertrud Hahn übersetzen lassen, und auf ihre Bitte prüfte ich mit G.Hahn nochmals die fragliche Stelle. G. Hahn hatte die Woloschina gut gekannt, kannte auch ihre Handschrift und war bewandert in der Grammatik des Russischen damaliger Zeit.

Unter «Januar 1912» ist bei M. Woloschina ein Gespräch mit Rudolf Steiner eingetragen, das in Zürich stattgefunden hat. Es drehte sich um die malerische Arbeit von Margarita Woloschina und um Fragen der Malerei überhaupt. Dabei geht es auch um die Natur, die Landschaft, welche frühere deutsche Maler noch nicht richtig wiedergeben konnten, aber: «‹diese Vertiefung drückte sich aus in den Interieurs und Accessoires – besonders bei denen›. Rudolf Steiner stand auf und fing an, im Schrank etwas zu suchen, holte ein Porträt heraus und zeigte mir das Porträt eines Mannes mit gespaltenem Bart – alles war einfach, monumental. Der Mann öffnete ein Buch und zeigte mit dem Finger auf einen Schädel – Steiner deutete auf einen Kerzenleuchter im Bilde, ein Accessoire. Ich sagte: ‹Ja, das ist erstaunlich.› – ‹Und wen stellt es dar, was denken Sie, wer könnte es sein?›, fragte er. Ich wusste nicht, was zu antworten. ‹Und das interessiert Sie weiter gar nicht?› – ‹Wer ist denn das?› ‹Das ist Dürer.› Er deutete (tippte) so an: ‹R. K.› Ich schaute ihn erstaunt an. Er sagte, dass die Ähnlichkeit nicht naturalistisch ist. ‹So stellte er ihn sich vor. Ich bitte, darüber nicht zu sprechen, und jene ...› Ich habe nur kurz den Gedanken wiedergegeben.»

Offensichtlich war dieses Gespräch noch weitergegangen, aber M. Woloschina schreibt nicht mehr und hat überhaupt die ganze Notiz nur in Andeutungen gehalten (geschrieben in russisch, mit einigen deutschen Einsprengseln). Rudolf Steiner scheint ihr eindringlich nahegelegt zu haben, darüber zu schweigen.

Die erste Frage wird sein: Handelt es sich hier um das gleiche Gespräch? Hatte die Erinnerung in M. Woloschina nach so vielen Jahren die Einzelheiten verwischt und verändert? Die Divergenzen sind beträchtlich. Jetzt handelt es sich um keine Skizze, sondern um ein Porträt, das ziemlich genau beschrieben wird, also offenbar ein Gemälde ist. Rudolf Steiner kam es hierbei auf den Kerzenleuchter an, mit dem er auf die «Vertiefung», die liebevolle Sorgfalt auf Accessoires und Interieurs, aufmerksam machen will. Man kann den Sinn der Notiz so verstehen: Zur Dürerzeit konnten die Maler Landschaften noch nicht richtig darstellen, aber sie beginnen den Innenraum zu ergreifen und den Gegenständen des täglichen Lebens Aufmerksamkeit zu schenken.

Die Beschreibung von M. Woloschina erinnert sofort an Dürers berühmtes Hieronymus-Gemälde (siehe Abb. S. 257). Es ist «einfach, monumental». Der gespaltene Bart ist vorhanden und auch der Finger, der auf einen Totenschädel zeigt. Ein Buch öffnet er zwar nicht, sondern sitzt am geöffneten Buch, aber das kann eine ungenaue Formulierung der Woloschina sein. Nur – auf Dürers Bild gibt es keinen Kerzenleuchter!

Es hat dann bei mir die Suche nach dem Kerzenleuchter eingesetzt, und es zeigte sich, dass unter den vielen Kopien, die von diesem Bilde existieren, die meisten einen Kerzenleuchter haben.

So hängen im Dürerhaus in Nürnberg zwei sogenannte freie Kopien des Hieronymus-Bildes (Neuerwerbungen von 1972 beziehungsweise 1978). Auch in der Gemäldegalerie in Berlin befindet sich eine Kopie, gemalt von Marinus von Roymeswaele, eine andere auf der Burg Güssing in Österreich/Burgenland. Alle diese Kopien haben groß im Vordergrunde einen Leuchter.

Das Dürer'sche Hieronymus-Gemälde entstand auf des Künstlers holländischer Reise und kam dann nach Lissabon. Es war holländischen und spanischen Malern besonders zugänglich. Es wurde sehr bewundert und ungewöhnlich viel kopiert, wobei jeder Maler die Einzelheiten ein wenig veränderte.

Dürers Bild zeigt deutlich das Porträt eines bestimmten, genau studierten Modelles – wiedergegeben bis in einzelne naturalistische Details, zum Beispiel die zahllosen Fältchen im Gesicht des alten Mannes. Es ist das Antlitz eines dreiundneunzigjährigen Holländers aus Antorff. Diesen Greis hat Dürer zuerst in Pinselzeichnungen studiert. Eine solche Arbeit befindet sich im Kupferstichkabinett in Berlin, eine andere in der Albertina, Wien. Bei diesen Studien hat der Greis im Unterschied zum Gemälde die Augenlider gesenkt. Die Feinheit und Genauigkeit, mit der Dürer das wellende Haar des langen Bartes, die Runzeln des Antlitzes und die furchigen Falten der Stirn wiedergibt, sind phänomenal. Ein tausendfältiges Spiel von Hell und Dunkel täuscht die Plastizität und Lebensnähe dieses Kopfes vor. Diese geduldige zeichnerische Durcharbeitung gab die Grundlage für das Gemälde ab. Das Dürerbild hat einen ruhigen grünen Hintergrund. Rechts unten, neben dem Totenkopf, steht ein Tintenfass mit einem Federkiel.

Vergleichen wir dieses Bild mit den zwei Beispielen (siehe Abb. S. 259), die heute in Nürnberg zu sehen sind. Auf beiden trägt der Mann ein rotes Gewand, wie bei Dürer auch, doch haben beide zusätzlich eine rote Kappe, die bei Dürer dunkelgrün ist. Die einfache Farbfläche des Hintergrundes, zu der auf dem Ori-

Heiliger Hieronymus (Albrecht Dürer. Museu de Arte Antiga, Lissabon)

ginal nur ein Kruzifix links an einem Pfeiler hinzukommt, ist in einem Falle aufgebrochen und lässt in eine Landschaft blicken. Im anderen Falle ist an dieser Stelle ein Bücherbord. Beide zeigen ein Fenster. Wanduhr, Apfel und Sanduhr sind andere Details, die es bei Dürer nicht gibt.

Die Gestalt des sinnenden Gelehrten «im Gehäus» ist zwar auch auf den Kopien ein Mann in höheren Jahren, aber kein so alter verwitterter Greis wie bei Dürer. Sie sind offenbar nicht als naturalistische Porträts, sondern eher als Idealbilder gemeint. Es fehlt bei ihnen auch der leicht grämliche Zug um die Nase, der bei Dürer den Mann lebensnäher, aber auch (im Hinblick auf Christian Rosenkreutz gedacht) «kleiner» macht. Auf den Kopien ist die Nase des Mannes länger, das Antlitz wirkt edler. Man könnte schon empfinden, dass es hier wenig Schwierigkeiten machen würde zu denken, hier sei unter dem Mantel des Hieronymus eher ein zeitgenössischer, tiefgelehrter Mann gemeint. Das Bild mit dem Bücherbord ist als niederländisch oder spanisch, Mitte des 16. Jahrhunderts, angegeben (das heißt, man weiß über seine Herkunft eigentlich nichts), das andere gilt als Werk des holländischen Malers Joos van Cleve (ca. 1485 – ca. 1541) oder aus seinem Umkreis. Bei diesem zweiten Bilde fragt man sich, ob es Zufall oder (tiefbedeutsame) Absicht ist, dass das aufgeschlagene Buch eine ganzseitige Malerei zeigt, von der man aber nur die rechte Hälfte sieht – und das ist der *Evangelist Johannes* unter dem Kreuz![18]

Den Kopisten war offensichtlich nicht daran gelegen, die Naturtreue des Porträts bei diesem Gemälde wiederzugeben – vielleicht ist es ihnen auch nur nicht gelungen und sie wollten es sich einfacher machen. Das Problem ist nur: wo kommt bei ihnen der Leuchter her? Ist es die Erfindung eines Kopisten, die dann von anderen übernommen wurde, oder gibt es ein verschollenes Bild Dürers, das einen Leuchter zeigt, und ist *das* die Grundlage der Kopien? Und was für eine Reproduktion, die damals unter «Dürer» gehandelt wurde, hatte Rudolf Steiner in der Hand? Joos van Cleve oder seinem Umkreis sind noch eine Reihe ähnlicher Bilder zugeschrieben, die sich in Kleinigkeiten unterscheiden. Sie zeigen alle den Leuchter, aber nicht das Johannesbild im aufgeschlagenen Buch. Eines befindet sich heute in Privatbesitz, gehörte früher zum Besitz des Hauses Pfalz-Neuburg. Eins gehört zur Kollektion des Prinzen von Hannover, Herzog zu Braunschweig und Lüneburg in Nordstemmen, ein anderes befindet sich in der J. G. Johnson-Kollektion in Philadelphia.

Zu diesen Bildern hat die Tagebuchnotiz der Woloschina hingeführt. Wohin

Heilige, Hieronymus, Mitte 16. Jh.

Joos van Cleve(?)

führte die über Mouravieff weitergegebene mündliche Erzählung? – Bei der Suche nach der «Skizze» fand sich tatsächlich eine, die sich in ihrer höchst geheimnisvollen Art mit dem Hinweis «R. K.» in Verbindung bringen lassen kann, ja, die gerade dadurch endlich eine Erklärung fände – denn bisher hat noch niemand diese Zeichnung erklären können.

Die Federzeichnung (25,2 x 18,9 cm, Oxford, Ashmolean-Museum) lässt uns in einen steinernen Raum blicken (siehe Abb. S. 261), der zu ebener Erde oder auch etwas tiefer liegt. Der offene Fensterausschnitt zeigt eine burgartige Dicke der Mauern. Ein (Ehe-?)Paar blickt von draußen herein. Im Hintergrund sind Gebäude einer mittelalterlichen Stadt zu sehen, die offenbar etwas höher liegen. Da von Dürer gezeichnet, kann man als Ort Nürnberg vermuten.

Der größte Teil des Bildes ist von der Gestalt eines alten Mannes ausgefüllt, der auf einem breiten, mit Kissen belegten, thronartigen Sitz Platz genommen hat. Dieser Sitz hat keinerlei Lehne; dem Greis ist also weder für Rücken noch für Arme eine Stütze geboten. Seine Füße erreichen knapp den Boden, der rechts ist leicht nach innen geknickt. Er trägt ein Kleid, das mit weiten geplusterten

Ärmeln unter einem Übergewand hervorsieht, das an den Schultern geknöpft ist. An den Füßen hat er nur schlichte Sandalen. Ein langer Bart fällt dem Greis bis auf die Brust herab. Er trägt eine ungewöhnliche Kopfbedeckung, die spitz zuläuft, aber in der Mitte umgeknickt ist. Dürer hat das Antlitz dieses ehrwürdigen Greises mit sorgfältiger Liebe gezeichnet, im Gegensatz zu den anderen Antlitzen, die vielmehr im Großen angedeutet sind. Der Blick der dunklen Augen, eingebettet in viele kleine Fältchen, die zarten Strähnen des Bartes, alles zeigt die vertiefende Mühe, die der Künstler gerade für den Kopf des Greises aufgewendet hat.

Seine rechte Hand hat der Mann ausdrucksvoll vorgestreckt. Daumen und kleiner Finger sind abgespreizt, die drei mittleren Finger zusammengelegt (eine schwierige Geste, man versuche es selbst), man blickt in die Handfläche. Der Greis scheint belehrend oder erklärend zu sprechen, ohne dass man sehen kann, an welche Zuhörer er sich wendet. Die Linke ist mit einem Handschuh bekleidet, der den Daumen freilässt. Mit dieser Hand hält er einen hohen, am oberen Ende kunstvoll verzierten Szepterstab. Thronende Würde und schlichte, unprätentiöse Menschlichkeit vereinigen sich in dieser Gestalt.

Links vorn kniet ein Jüngling, der dem Betrachter im Profil gezeigt wird. Er trägt ein schlichtes Gewand wie Wanderkleid oder Kutte. Am Gürtel hängen Wandertasche und Reisemesser. Seine erhobenen Hände sind betend zusammengelegt. So sehr einerseits Frömmigkeit ihn durch die Gebärde des Kniens und Betens prägt, so ist er andererseits sehr wach, sehr aufrecht und konzentriert wie jemand, der sich in einer Prüfung oder weihenden Zeremonie befindet. Auf den thronenden Greis blickt er nicht, aber dessen augenblickliche Belehrung oder Zeremonie muss mit der Vordergrundszene ja in engem Zusammenhang stehen. Kompositionell verbinden sich die beiden Figuren durch die Handgesten, die sich zeichnerisch fast berühren.

Der Jüngling ist zur Rückwand des Raumes ausgerichtet, die wir nicht sehen. Wir können also nicht wissen, was wirklich hier geschieht. Ist der junge Mann einem Altar zugewandt, oder steht dort jemand, der ihn prüfend in eine Gemeinschaft aufnimmt? Ist er auf Wanderschaft hierher gelangt, oder hat er sich dazu gerüstet? Wird er in einer besonderen Zeremonie aufgenommen oder ausgesendet?

Merkwürdig ist die wannenartige Vertiefung, vor welcher oder in welcher der Jüngling kniet. Sie scheint abgerundet zu sein, dort, wo sie in des Beters Gewand

Thronender Greis (Albrecht Dürer, Federzeichnung. Ashmolean Museum, Oxford)

übergeht. Diese Stelle ist zeichnerisch unklar. Ist dies eine Bodenvertiefung oder sitzt der Greis auf einem Podest, das einen so merkwürdig abgerundeten Ausschnitt hat?

Der Raum, in dem sich alles abspielt, ist kahl, und man sieht stellenweise die Fugen rechteckiger Mauersteine. Er scheint aber eine schöne, mit Rosetten verzierte Deckenwölbung zu haben, wie sich rechts oben ansatzweise zeigt. Die Wand, vor welcher der Mann thront, ist durch flache Pilaster gegliedert, die oben ein Kapitell haben. Hinter dem Greis ist eine flache Nische angedeutet, darunter scheint ein Schränkchen mit Scharnieren und Metallbändern zu stehen. Wie weit der Greis im Hintergrund zu denken ist, sieht man am Größenunterschied der Hände, während es durch die Raumperspektive nicht ohne weiteres klar wird.

Warum blickt das Paar im Fenster nicht auf den Greis, sondern auf den Hintergrund, wobei besonders die Frau groß aufgerissene Augen und einen angespannten Gesichtsausdruck zeigt? Was spielt sich dort ab?

Die weise, unprätentiöse Lockerheit des Greises und die ideale jugendliche Anspannung des Knieenden, der bereit scheint, ein Gelübde oder doch eine Verpflichtung einzugehen oder einen Auftrag anzunehmen, geben dem Blatt einen großartigen inneren Spannungsbogen. Die breite Fülle des Gewandes, die von dem Thronenden sich verzipfelnd auf den Boden ausfließt, lässt seinen inneren Reichtum, die wegschenkende Fülle seines Wesens empfinden; die schmale Aufrechte des Jünglings, die vordrängende Geste des Profils zeigen seine Bereitschaft, entgegenzunehmen und in die Welt zu tragen.

Dass der Jüngling im Vordergrunde Dürer selbst ist, kann bei der großen Ähnlichkeit gar keine Frage sein. Wenn auch ein volles Profil nach der üblichen Selbstporträt-Art mit Spiegel nur schwierig zu gewinnen wäre, so hat Dürer sein Gesicht ja schon als Knabe studiert und konnte von sich selbst eine Art «Idealzeichnung» fertigbringen. Die starke im Rücken sich erhöhende Nase wirkt bei Halb- oder Dreiviertelprofilen milder, ist aber auch dort sehr deutlich zu bemerken.

Der Jüngling auf dieser Federzeichnung ist weit entfernt von der pausbäckigen Kindlichkeit seiner Silberstiftzeichnung; er entspricht einem Jüngling von etwa neunzehn Jahren, zu welchem Zeitpunkt Dürer auf Wanderschaft ging, und steht seinem ersten als Gemälde ausgeführten Selbstporträt von 1493 nahe. Nur liegt dort durch Pinsel und Farbe mehr Weichheit über dem Ganzen. Ähnlich sind die locker und strähnig fallenden Haare. Ungewöhnlich für Dürer, der sich gern in einem schönen Gewand malte, ist hier die schlichte Kutte. Die Haare haben nichts Mönchisches, sondern fallen frei und locker bis in den Nacken.

Wenn die Jahreszahlen stimmen, die Christian Rosenkreutz's Tod und Dürers Geburt angeben, so kann, das sagte ich schon, er Christian Rosenkreutz nur bis zu seinem dreizehnten Lebensjahr begegnet sein. Wie kindlich er um diese Zeit aussah, zeigt das erwähnte erste Selbstbildnis. Außerdem hätte er dieses Blatt mit dreizehn Jahren ganz sicher noch nicht zeichnen können. Könnte der Knabe Dürer eine ähnliche Szene – als Kind also – miterlebt haben, und setzte er bei seiner eigenen «Einweihung» die Erinnerungsskizze an den Greis hinein? Sie scheint ja wirklich kein Idealbild, sondern eine gezielte Darstellung einer Persönlichkeit zu sein.

Oder soll man sich an den Gedanken herantrauen, der Jüngling Albrecht Dürer habe durchaus eine Zeremonie wie die hier dargestellte selbst erlebt und auch den wundersamen Greis mit dem großen Szepter dabei gesehen – den Greis, dessen rechtes Auge sich nach oben wendet und dessen linkes geradeaus, das heißt leicht nach unten blickt, der Abwärtsneigung des Kopfes folgend. Ein Himmel und Erde zugewandter Weiser, der mit seiner Rechten ausschenkt, und der Jüngling Dürer ist einer von denen, die bereit sind, davon zu nehmen.

Wäre Dürer in den engeren Kreis um Christian Rosenkreutz gekommen, müsste man nicht in seiner Kunst etwas von diesem Einfluss bemerken? Dürer ist der große Hell-Dunkel-Zeichner. Darin übt er sich ein Leben lang, darin kommt ihm niemand gleich. Damit wagt er sich an ein so großes Thema wie die Apokalypse des Johannes, ausgerechnet an sie. Dürer ist ein Anhänger Luthers und der Reformation. Aber für Luther war die Apokalypse ein Buch mit sieben Siegeln, er verstand sie nicht, er konnte darin den Christus nicht entdecken. Mit anderen Worten: für Luther war die Apokalypse kein Thema. Wie kommt Dürer darauf, dieses geheimnisvolle Einweihungsbuch des Evangelisten Johannes sich zur zeichnerischen Aufgabe zu nehmen?

In der griechischen Zeit hatte, wie Rudolf Steiner ausführt, jene Trennung stattgefunden, welche den Mysterien nicht mehr erlaubte, auf die Wissenschaft einzuwirken – auf Religion und Kunst wirkten sie weiterhin. Im 15. Jahrhundert beginnt die Zeit, wo auch die Wissenschaft wieder – vom kosmisch-michaelischen Geist ergriffen – im Hell-Dunkel-Kampf für eine spirituelle Offenheit erobert werden soll. Das ist die Intention des Christian Rosenkreutz. Aber die offizielle Wissenschaft sträubt sich, vermauert seinen Gedanken den Eingang in ihr Feld.

Er wird dadurch gezwungen, seine Intentionen in einem geheimen Untergrund fortzuführen. Aber für die Bereicherung und Erneuerung der Kunst hat er ganz offensichtlich Einfallstore gefunden in den Persönlichkeiten bedeutender Meister und vielleicht ganzer Malerschulen. Um 1500 tauchen in der Malerei für denjenigen, der heute kraft der Geisteswissenschaft Rudolf Steiners die Augen dafür haben kann, viele Spuren rosenkreuzerischer Geisteshaltung mit dem Hintergrund erstaunlicher okkulter Kenntnisse auf, so besonders auch bei Dürers etwas jüngerem Zeitgenossen Albrecht Altdorfer.[19]

Das Ausgestalten des Hell-Dunkel in Malerei und Zeichnung war damals geistig aktuell geworden. Bei allen Bildern, die Rudolf Steiner von Dürer bespricht («Kunstgeschichte als Abbild innerer geistiger Impulse», GA 292, 8. November 1916), weist er auf das Herausarbeiten aus dem Hell-Dunkel hin; bei den Zeichnungen und Stichen ebenso wie bei der Malerei. Er macht die Andeutung, dass das alte persische Element – der Licht-Finsternis-Kampf von Ormuzd und Ahriman – nach Mitteleuropa hereinwirkt, dass hier die Farbe «vom Hell-Dunkel geworfene Farbe» ist, nicht wie im Süden eine «herausgetriebene ... an die Oberfläche getriebene Farbe». Das «verbindet ... Mitteleuropa mit ... dem magischen Elemente, wie sich in der persischen Kultur selber Hell-Dunkel, Licht-Finsternis mit dem persischen Magiertum verbunden hat».

Da wären wir an dem Punkte, dass die Verantwortlichkeit für die Fortführung der persischen Strömung erneut ganz aktuell geworden ist. Dass Dürer ein Träger gerade dieses Elementes im Künstlerischen war, dürfte deutlich sein. Greifen wir voraus zum Kapitel von der nächsten Inkarnation des Christian Rosenkreutz, die in Holland stattgefunden haben soll. Da wird von einer Anmerkung Rembrandts erzählt, die aber nirgendwo mehr zu finden ist, angebracht auf dem Gemälde oder irgendwie notiert in Bezug auf das Gemälde in Glasgow «Der Mann in Waffen»: «Bildnis desjenigen, der mir das Geheimnis von Licht und Dunkel lehrte.» Dürer ist der große Zeichner, Rembrandt der große Maler des Hell-Dunkel – haben sie beide eine rosenkreuzerische Einweihung erfahren?

Einweihung heißt ja nicht, dass sich schlagartig alle Geheimnisse offenlegen; die Einweihungen sind partiell, betreffen bestimmte Gebiete, die dem Betreffenden fassbar sind. In der «Fama» heißt es, dass die Brüder, die Christian Rosenkreutz um sich berufen hat, für jeweils besondere Spezialgebiete geeignet waren, so ist einer zum Beispiel ein Kenner der Kabbala gewesen. Und ein «geschickter Maler G. G.» war auch darunter. Die Mitglieder der Urbrüderschaft um Rosenkreutz hatten die Aufgabe, sich Nachfolger heranzuziehen – wird Dürer als solcher in den Bund aufgenommen?

Und greifen wir nochmals voraus. Das Erscheinungsbild des Greises ist ja recht ungewöhnlich. Wer trug denn damals einen Szepterstab? Die Mütze mit dem umgeknickten Zipfel wirkt eher orientalisch. Sie scheint auf einer Art Turban zu sitzen, der um den Kopf geschlungen ist. Wenn es eine Phantasieszene wäre – wie kommt Dürer zu solcher Phantasie? Das Gewand des Mannes ist schlicht, er malt hier keinen Phantasie-Sultan oder dergleichen.

Im 18. Jahrhundert war der Graf von Saint Germain eine Inkarnation des Christian Rosenkreutz. Beider Todesdaten liegen genau dreihundert Jahre auseinander: 1484 als Christian Rosenkreutz und 1784 als Saint Germain gestorben. Was jetzt interessant sein kann, ist eine Stelle in den Memoiren des Casanova. Der bekannte Abenteurer schildert, umrankt von seinen eigenen Meinungen, einen Besuch, den er bei Saint Germain macht. Casanova schreibt:

«Um acht Uhr befand ich mich an der Tür des Grafen. Er erschien in armenischer Kleidung mit spitzer Mütze. Sein langer dichter Bart floss ihm bis zum Gürtel herab, und in der Hand hielt er einen langen Elfenbeinstab.» Diese Beschreibung ist frappierend. Auch deshalb, weil sie sonst von Zeitgenossen dieserart nicht gegeben worden ist. Saint Germain wird, wenn überhaupt, als Mann zwischen vierzig und fünfzig und eigentlich als «zeitlos» geschildert.

Saint Germain, der dem Casanova so entgegentritt, hatte vor, ihn etwas Besonderes sehen zu lassen. Er verwandelt ihm ein Geldstück in Gold. Casanova kann das nicht in alchemistischer Gesinnung, sondern nur als «Wunder», und weil er daran nicht glauben will, als Taschenspielertrick verstehen. Offenbar hat Casanova hier versagt und gar nichts von dem bemerkt, was sich ihm an diesem Tage hätte offenbaren können.

Was wir also hier von Dürer im 15. Jahrhundert gezeichnet sehen – als ein uns unbekannter Greis –, dieses Erscheinungsbild tritt im 18. Jahrhundert als Graf Saint Germain dem Casanova vor Augen.

Vielleicht lockern sich jetzt unsere Begriffe von festgefügter Verkörperungsgegenwart. Nehmen wir – nochmals auf Saint Germain vorausgreifend – hinzu, dass Christian Rosenkreutz im Erscheinungsbild des Grafen Saint Germain noch Jahre nach dessen Tod immer wieder gesehen wurde. Rudolf Steiner sagte in «Die Tempellegende ...» (GA 93): «Nur noch ein paar Züge will ich hinzufügen, die durchaus richtig sind. In Büchern ... können Sie lesen, dass er [Saint Germain] 1784 am Hofe des Landgrafen von Hessen gestorben ist … Er hat ihn bis zu seinem Tode gepflegt. Die Gräfin d'Adhémar erzählt aber in ihren Memoiren, dass er lange nach dem Jahre 1784 ihr erschienen sei, dass sie ihn noch sechsmal lange nach dieser Zeit gesehen habe. In Wahrheit ist er damals … 1790 bei einigen Rosenkreuzern in Wien gewesen …»

Die Spanne von 1784, dem Todesjahr des Saint Germain, bis 1790, seinem Erscheinen in Wien, entspricht genau der Spanne, die zwischen dem Todesjahr des Christian Rosenkreutz, 1484, und der hier gezeichneten Szene liegt – ca. sechs Jahre später, als Dürer zwischen neunzehn und zwanzig Jahre alt gewesen ist.

Was sich noch im 18. Jahrhundert ereignen konnte – sollte es nicht auch im 15. Jahrhundert möglich gewesen sein, dass mit der physischen Todesgrenze sich nicht deckende «Erscheinungen» des Christian Rosenkreutz erlebt werden konnten?

In der rechten unteren Ecke des Blattes steht «Robt. Satton 1754», das kann ja wohl nur jemand hingesetzt haben, der damals Besitzer des Blattes war. Dieser Robert Satton lebte also zur Zeit der Inkarnation des Christian Rosenkreutz als Saint Germain, vermutlich in England. Saint Germain war oft in England – hat dieser Robert Satton ihn einmal so erlebt, wie Casanova geschildert hat, und erwarb er deshalb das Dürerblatt? Kannte er den Zusammenhang?

Allerdings ist die Frage noch offen, ob Rudolf Steiner diese Skizze gemeint, ja, ob er sie – die sich im Ashmolean-Museum in Oxford befindet und als Reproduktion kaum verbreitet ist – überhaupt gekannt hat. Das wird sich mit hundertprozentiger Sicherheit nicht beantworten lassen, aber sehen wir uns die historische Situation an:

Margarita Woloschina, die in Dornach an der Kuppelmalerei des ersten Goetheanum mitwirkte, hatte das ihr zugeteilte Motiv schneller als die übrigen Künstler zu Ende gebracht und wollte 1917 für einige Monate nach Russland gehen, wo sich der große Umsturz vollzog.

Mit dem letzten der plombierten Züge, wie er auch Lenin nach Russland gebracht hatte, fuhr sie in ihre Heimat. Rudolf Steiner sah sie mit sehr gemischten oder vielmehr sehr eindeutig abratenden Gefühlen gehen, aber er griff in ihren Schicksalswillen nicht ein, und sie beachtete seine Andeutungen nicht, das ist ihr später erst klar geworden, und sie hat oft davon gesprochen. Aus den wenigen Monaten wurden fünfeinhalb Jahre. Im Sommer 1922 gelang es ihr, aus Russland auszureisen, nachdem sie sich hatte überzeugen müssen, dass eine kulturelle Aufbauarbeit, wie sie sich erträumt hatte, nicht möglich war. Für die Schweiz bekam sie zunächst kein Visum und ging deshalb nach Holland und wohnte in Den Haag bei anthroposophischen Freunden. Ende Oktober kamen Rudolf Steiner und Marie Steiner mit einer Eurythmiegruppe nach Den Haag. Man kann sich das Wiedersehen vorstellen – die Woloschina kann es gar nicht erwarten zu erfahren, was in der Zwischenzeit alles in Dornach geschehen ist, und Rudolf Steiner und Marie Steiner erleben einen Menschen, der unmittelbar aus den Wirren der bolschewistischen Revolution kommt. Es gab viel zu erzählen. Kurze Zeit vorher aber, im August, war Rudolf Steiner in England gewesen und dort vor allen Dingen – in *Oxford*, wo er vom 16. bis 29. August Vorträge hielt! Man kann als sicher annehmen, dass er – seiner Gewohnheit gemäß – dort in das Museum gegangen ist. Dann aber hat er auch diese Zeichnung gesehen und sie vielleicht als Druck aus dem Museum mitnehmen können.

Die von Leon Mouravieff weitergegebene Erzählung der Woloschina scheint nach diesem Faktum in keiner Weise identisch zu sein mit dem Gespräch in Zürich, das zehn Jahre vorher, 1912, stattgefunden hatte. Damals war von dem Porträt eines Mannes mit gespaltenem Bart, von einem Pilger, der auf einen Schädel zeigt und von einem Leuchter die Rede gewesen. Aber in dem zweiten Bericht – und wir lesen ihn jetzt noch einmal mit dieser Zeichnung vor Augen – heißt es: «‹Kennen Sie das? Das ist doch die Antwort auf Ihre Frage.› ‹Nein, ich weiß nicht, was das ist.› – ‹Das ist eine Skizze von Albrecht Dürer und stellt Christian Rosenkreutz dar, so wie er ihn gesehen hat.›»

Hier ist nicht gesagt: «Die Ähnlichkeit ist nicht naturalistisch. So stellte er ihn sich vor.»

Die Frage der Woloschina kennen wir zwar nicht, aber sie muss wohl entweder auf Dürer oder auf Christian Rosenkreutz gezielt haben. Vielleicht hat sie in Erinnerung an das Gespräch in Zürich gefragt: Hat Dürer Christian Rosenkreutz wirklich erlebt? – oder etwas in dieser Richtung.

Rudolf Steiner, der schon 1912 oder früher auf die Spur des Zusammenhanges von Dürer mit der Rosenkreuzerströmung gekommen ist, mag von der Zeichnung, die er in Oxford zu Gesicht bekam, innerlich bewegt gewesen sein und versucht haben, eine Abbildung davon zu bekommen. Auf der Hollandreise konnte er mit M. Woloschina ein Gespräch fortsetzen, das zehn Jahre früher in Zürich begonnen hatte. So könnte der Zusammenhang zwischen den beiden verschiedenartigen Erinnerungen der Woloschina (einmal die Tagebuchnotiz und zum anderen das Gespräch, von dem sie Mouravieff erzählt hat) zu denken sein, und die Skizze, die Rudolf Steiner damals der Malerin zeigte, wäre damit aufgefunden.

Als ich das Werk Dürers durchsah, war ich auf der Suche nach einem Porträt. Die Zeichnung hielt mich nicht durch die Gesprächszitate der Woloschina, sondern durch ihre eigene geheimnisvolle Aussage fest.

Neben verschiedenen abstrusen Titelvorschlägen von Kunsthistorikern (Herodes verurteilt den Täufer – Joseph vor Pharao – Dichterkrönung und dergleichen) ist *eine* interessant: «Selbstbildnis Dürers als Erwählter» (Evers). Sie trifft auf ihre Art wohl das Richtige. In den seriösen modernen Werken heißt es dann etwa so: «Thronender Greis und Jüngling – eine überzeugende Deutung des Inhalts ist noch nicht gelungen. Die Züge des Knienden sind denen Dürers angeglichen» (P. Strieder: «Dürer», Langewiesche).

Unsicher ist die Forschung auch in Bezug auf das Monogramm. Einerseits wird es für später aufgetragen gehalten, andererseits für original, das einmal etwas nachgezogen wurde. Zweifel an der Echtheit des Blattes werden nirgendwo angemeldet.

Offen bleibt, ob mit dieser Zeichnung eine Antwort auf die Frage gegeben ist, wo in Deutschland das Zentrum der Rosenkreuzerbewegung gelegen und die Einweihung des Christian Rosenkreutz stattgefunden hat. Nürnberg-Kenner wollen in dem Bildausschnitt im Hintergrunde eine Partie des alten Nürnberg erkennen, aber das wird nicht mit Sicherheit festzustellen sein. Doch hatte Dürer, bevor er in eben dem Alter, in dem er hier dargestellt ist, auf seine erste Reise (nach Colmar, Basel und Straßburg) ging, außer Nürnberg von der Welt noch nichts gesehen.

Es könnte aber natürlich auch sein, dass die Szene, die Dürer vielleicht viel später erst gezeichnet hat, sich auf einer Station seiner Wanderschaft – also zum Beispiel Colmar, Basel oder Straßburg – zugetragen hat.

Die holländische Inkarnation

Wir betreten jetzt wieder das unsichere Feld der mündlichen Überlieferungen, die aber doch so viel Seriosität an sich tragen, dass an ihnen nicht vorbeigegangen werden kann. Der hier schon erwähnte Karl Heyer, der sich beim Abfassen seines Buches «Aus dem Jahrhundert der Französischen Revolution» auch mit dem Auftreten des Saint Germain in dieser Zeit befasste, hatte einen Schriftwechsel mit Ingeborg Möller-Lindholm / Norwegen[20], in dem diese ihm am 22. August 1951 schrieb: «Habe ich Ihnen je erzählt, dass Rudolf Steiner zu meiner diesen Winter verstorbenen Freundin Frau Helga Geelmuyden[21] gesagt hat, dass der Graf von Saint Germain eine holländische Inkarnation hatte?»

Heyer fragt darauf zurück, ob es sich hierbei nicht um eine der verschiedenen Persönlichkeiten handeln könne, unter deren Namen Saint Germain zuweilen auftrat. «Oder ist wirklich eine frühere Inkarnation der Individualität des Grafen von Saint Germain gemeint? Wann sollte diese gewesen sein?»[22]

Darauf antwortet I. Möller-Lindholm am 11. Januar 1952: «Dr. Steiner hat ausdrücklich zu meiner im Frühling verstorbenen Freundin (der Klassenleiterin in Norwegen) Frau Helga Geelmuyden gesagt, als sie ihn fragte nach einem Bilde von Saint Germain: ‹Ich schenke Ihnen lieber ein Bild von ihm in seiner holländischen Inkarnation.› Frau Geelmuyden war sehr nüchtern und wahrheitstreu! Krankheit und Tod des Doktors hinderten ihn, dies Versprechen zu erfüllen. Die holländische Inkarnation hängt sicher zusammen mit dem Bilde: Unbekannter Ritter (?) von Rembrandt (siehe Abb. S. 273). Ein holländischer Kunsthistoriker (Anthroposoph) hat Folgendes an Frau Geelmuyden erzählt: Er wollte etwas über Rembrandt schreiben und hatte da Gelegenheit, in irgendeinem Archiv oder Museum in Holland Rembrandts kleine Notate über seine Bilder zu sehen. Bei dem betreffenden Bilde hatte er lapidarisch geschrieben: ‹Bildnis desjenigen, der mir das Geheimnis von Licht und Dunkel lehrte.›»

Auseinanderzuhalten sind hierbei die Bemerkung Rudolf Steiners an Helga Geelmuyden, die man wohl als gesichert ansehen kann, und die Bildvermutung. Es war zur theosophischen und auch zu Anfang der anthroposophischen Zeit bei vielen Mitgliedern üblich, sich Bilder der «Meister» – in der Theosophie der östlichen Meister – aufzustellen. Die Frage nach einem Bilde von Saint Germain fiel keineswegs aus dem Rahmen damaliger Gepflogenheiten. Rudolf Steiner ging, wie man sieht, auf solche Bitten auch nach Möglichkeit ein.

Auch die Antwort Rudolf Steiners, die ja überraschend war, wird man sich nicht aus den Fingern gesogen haben. Es ergeben sich daraus die Fakten: Es gibt eine holländische Inkarnation des Christian Rosenkreutz, und es gibt ein Bild von ihm aus dieser Zeit. Da Rudolf Steiner einen Druck davon versprach, muss es ein bekanntes Bild beziehungsweise ein Bild von der Hand eines bekannten Malers sein. – Begreiflicherweise hat man sich nach dem Tode von Rudolf Steiner Gedanken gemacht, welches Bild er wohl gemeint haben könnte. Dass man auf den «unbekannten Ritter» dabei verfiel, liegt an dem Gemälde selbst.

Das Bild hing damals und hängt noch heute im Museum in Glasgow/England. Man sieht darauf einen gepanzerten und behelmten Mann mit Schild und Lanze, dessen feines, besinnliches Antlitz Rüstung und Waffen eher als symbolisch erscheinen lassen. Auf dem Brustharnisch – offenbar einem Lederkoller – erscheint ein von Licht gezeichnetes Kreuz. Rembrandt lässt es aus dem Hell-Dunkel entlang der Nähte beziehungsweise der waagerechten Ausschnittlinie entstehen. – Es gibt viele Bilder von Männern in Rüstung, auch bei Rembrandt, ohne dass ein solches Lichtkreuz in Erscheinung träte. – Über dem Herzen des Mannes erscheint auf oder in dem Harnisch eine weiß leuchtende Stelle, die wie Schwanengefieder gemalt ist. Ich bin seinerzeit extra nach Glasgow gefahren, um zu sehen: Ist wirklich «Gefieder» gemalt, kann man Federn sehen innerhalb des weißen Fleckes, oder ist es eben nur als Lichtreflex gegeben? – Man kann Federn sehen! Die Pinselstriche, die sie hervorzaubern, sind deutlich. Rembrandt hat offenbar tatsächlich etwas «Symbolisches» mit Kreuz und Schwanengefieder gemeint. Der Mann, den er da porträtierte, mag auf ihn einen Eindruck gemacht haben, den anzudeuten ihm auf diese Weise in den Pinsel kam. Dass es nicht aufgesetzte Symbole sind, liegt an Rembrandts lebendiger Künstlerschaft. Diese Zeichen träumen sich gewissermaßen hinein oder scheinen auf aus dem Wesensbild dieses Mannes.

Die helle Stelle über dem Herzen wird von einem breiten Lederriemen überschnitten und fällt durch den Kontrast noch stärker auf. Die Motive auf dem Schild – es scheinen Szenen am Rande umzulaufen – sind nicht mehr erkennbar.

Kräftig umfasst die gepanzerte Hand des Mannes unter einem Metallteller die Stoßstange der Lanze. Der Mann hat eine schöne, aufrechte Haltung. Er neigt das Haupt leicht aus dem Nacken heraus, sodass wir das Antlitz im Profil sehen, das in einer sensiblen Ockerfarbe gemalt ist. Stellenweise könnte man es für ein leicht grünlich überflogenes Gold halten. Es leuchtet nicht, und es ist nicht beleuchtet, sondern tritt wie der hier zugehörige Wesensausdruck als Inkarnat in Erscheinung. Unter dem Kinn ist eine Schleife gebunden, eine Art Lavalliere, verziert mit einer Schmuckagraffe. Mit dem kraftvollen Rot des Mantels kommt farblich eine starke Mut-Komponente in das Bild.

Auffallend ist die edle Form des Helmes. Ihr vorderer Teil (eigentlich das herunterzuklappende Visier) ist in einer Diademform gestaltet, welche Stirn und Augenbrauen des Mannes völlig verdeckt. In ihren Schmuckformen ist – schwer erkennbar – ein Vogelkopf zu sehen. Unter rotem Lidgefieder blickt ein waches Auge; der kleine Schnabel ist gelb.

Die den Oberkopf umschließende Helmglocke läuft in einer leichten, edlen Schwingung als Nackenschutz nach unten aus. Über dem eigentlichen Helm aber erhebt sich eine Form, zu einer Spitze hochziehend und nach hinten ausschwingend, die an die hochgestellten Flügel eines ziehenden Schwanes erinnert. Zusammengesehen mit dem Schwanengefieder auf der Brust umspielt so etwas Lohengrin-, etwas Gralsritterhaftes diesen Mann. Das alles hat Rembrandt, hat der Maler selbst hineingelegt. Macht man sich also Gedanken über das Bild in dieser Richtung, so kann man nicht sagen, sie seien von außen herangetragen, sondern sie entstehen in der Betrachtung. Auch Rudolf Steiner scheint dies so erlebt zu haben. Oder hatte er noch tieferliegende Gründe, als er Harriet von Vacano[23] auf eine Reproduktion dieses Bildes den Satz schrieb: «Des Ritters will ich wahren,/ Er soll mein Streiter sein» (Zitat aus Richard Wagners Oper «Lohengrin»).[24]

Hätte er das gleiche Bild auch Helga Geelmuyden gegeben?[25]

Das Alter des hier gemalten Mannes ist schwer zu bestimmen, er mag zwischen fünfunddreißig und fünfzig Jahre alt sein. Vom Licht her gesehen, liegt die Betonung auf den Partien Kopf und Herz. Der vom Rücken wie eine Schale sich heranwölbende rote Mantel gibt der Gestalt eine tragende, schützende Kraft.

Des Bildes Grundfarbe ist ein kühles Braun, das mehr nach der grünlichen als nach der roten Seite (wie viele Reproduktionen es zeigen) hinneigt; es gibt keine Tages-, sondern eine Nachtstimmung. Man sieht in einen Raum, der zum Sehen fast zu dunkel ist. Das Licht, das den Mann – wenig körperhaft, wenig plastisch – ganz eingebunden in den dunklen Bildraum zeigt, mag man sich weder als Straßenlaterne noch als Fackellicht vorstellen. Alles ist Wesensausdruck.

Ein Zusammenfallen von innerer und äußerer Schau macht die Geschlossenheit des Bildes aus. Die Frage erhebt sich von selbst, wer der Porträtierte wohl gewesen sein mag.

Nun ist in dem Brief von I. Möller-Lindholm von einem holländischen Kunsthistoriker die Rede, der in einem Archiv Rembrandts Notiz gelesen habe «Bildnis desjenigen, der mir das Geheimnis von Licht und Dunkel lehrte».

Diese Archiv-Notiz ist trotz eifrigen Nachforschens seitens holländischer Anthroposophen nicht gefunden worden: ja, es wurde der Vorwurf erhoben, der Betreffende habe das frei erfunden.[26]

Ob Wahrheit oder Mythenbildung – auch unabhängig von dieser umstrittenen Überlieferung wird unsere Erinnerung zurückgehen zu dem Zusammenhang Dürer und Christian Rosenkreutz: Dürer, dessen wesentliche, von Rudolf Steiner immer wieder hervorgehobene Kunstleistung seine Beherrschung des Hell-Dunkel war. Aber Dürer hat diese Meisterschaft mehr auf dem Gebiet der Zeichnung, weniger dem der Malerei entwickelt. Rudolf Steiner spricht über die Besonderheit des in Mitteleuropa auftretenden Hell-Dunkel – wie wir erinnern – in Zusammenhang mit der urpersischen Epoche.

Es ist nicht verwunderlich, dass Rudolf Steiner, der bei Dürer das Hell-Dunkel-Element so hervorhob, auch auf Rembrandts große Bedeutung hinwies.[27] Er nennt ihn eine einzigartige Erscheinung in der Menschheitsentwickelung. Ein hoher Grad von Ursprünglichkeit sei diesem Maler eigen. Gänzlich unbeeinflusst vom Süden schafft er in der «nordwestlichen Ecke» Europas «dasjenige, was mitteleuropäisches Wesen ist, in einer ganz eigenartigen Kunst», während zu gleicher Zeit der Dreißigjährige Krieg Mittel- und südliches Europa verwüstet. Im Jahre 1606, zwei Jahre nach der großen Konferenz, wurde Rembrandt geboren; im Jahre 1618 brach der Krieg aus.

«Es ist merkwürdig», sagt Rudolf Steiner, «wie sich in Rembrandt fortsetzt, was ich Ihnen ausgeführt habe schon bei Dürer: das Weben im elementarischen Hell-Dunkel, was Goethe später für die Wissenschaft erobert hat, was aber die Wissenschaft heute noch nicht anerkennt, weil sie noch nicht so weit ist, sie wird aber schon so weit kommen, dass in dem Hell-Dunkel ein elementarisches Weben zu sehen ist, auf dessen Wogen der Ursprung der Farben zu suchen ist. Das … leuchtet zuerst bei Dürer auf und kommt dann künstlerisch voll zur Entfaltung bei Rembrandt … Rembrandt stand ganz von außen dem Objekte gegenüber. Aber er stand ganz von außen so diesem Objekte gegenüber, dass er von außen seine volle Innerlichkeit zu dem Objekte hinzubrachte …» So zieht Rudolf Steiner selbst den Bogen von Dürer zu Rembrandt.

Man kann an diesem einen Bilde, das sich uns gerade aus dem Zusammen-

Mann in Waffenrüstung (Rembrandt van Rijn. Glasgow, City Art Gallery)

hang bietet, das hier Gesagte sehr deutlich erleben. Und man kann sich ganz aus der Sache heraus die Frage stellen, ob auch Rembrandt eine Belehrung, einen Hinweis, eine Unterstützung oder Wegrichtung bekommen hat durch Christian Rosenkreutz, wie sie offenbar Albrecht Dürer zuteil wurde. Es wäre ja merkwürdig, wenn diese neue Stufe des Hell-Dunkel-Kampfes, die in Europa aufbrechen und zu neuen Erkenntnissen führen sollte, von ihm aus dem Auge verloren worden wäre.

Es findet sich der «Mann in Waffen» auch in den «Erinnerungen» von Marie Steiner abgebildet,[28] denn auch sie kommt auf ihn zu sprechen.

Sie berichtet aus der Zeit, da sie in Berlin sogenannte Kunstzimmer einrichteten, gedacht für Angehörige der Arbeiterklasse. Die Räume wurden mit Bildern großer Meister geschmückt. Bei Betrachtung Rembrandtscher Porträts fiel Marie von Sivers der «Mann in Waffen» auf. Und zwar war sie davon berührt, dieses Antlitz als von großer Ähnlichkeit mit Rudolf Steiners Antlitz zu erleben. Sie sagt: «Bevor sein sinnendes Antlitz die tiefen Furchen eingegraben erhalten hatte, die Sorge und Leid, verbunden mit unausgesetzter Gedankenarbeit und stetem Nachtwachen schufen, hat es wohl kaum ein ähnlicheres Bild von Rudolf Steiner gegeben. Genau so konnte er ruhig sitzen, wenn er von Vorträgen heimgekehrt war ...» Sie schreibt dann, «ich habe gehört, dass manche Mythe jetzt mit dem Bild verbunden ist». Da sie die Mythen auf den «sehr einfachen» Ursprung zurückführt, dass sie einmal das Bild für die Kunstzimmer ausgesucht hatte und zum anderen dieses Bild ständig in ihrem Zimmer hing und dass sie manchen auf die Ähnlichkeit mit Rudolf Steiner aufmerksam gemacht hatte, so dürften die Mythen, die hier gemeint sind, sich auf einen Zusammenhang mit Rudolf Steiner bezogen haben.

Aber Rudolf Steiner war nicht Christian Rosenkreutz! Das hat er auf Fragen immer wieder betont.

Wie es auch sein mag – Rembrandt ist einem besonderen Manne begegnet, dem er dieses Porträt gewidmet hat. Wer weiß, ob der Mann ihm in diesem symbolischen Ritteraufzug wirklich Modell gestanden hat. Rembrandt kann das Gesicht, das sich ihm eingeprägt haben mag, auch vorher gesehen haben, hat es vielleicht studiert, sich malerische Notizen gemacht und hat später, vielleicht erst nach dem Tode dieses Mannes, das Bildnis geschaffen.

Die kräftige Lanze (nicht einen leichten Speer), welche der Mann hält, wurde damals wohl bei Kriegshandlungen und bei Turnieren, die aber auch schon längst anachronistisch waren, zuweilen noch benutzt; auf diesem Bilde jedenfalls wirkt sie wie der Ausdruck eines Geistes-Wächters, der für die Menschheit im höheren Sinne wacht. So wurde das mehrfach erlebt. Carl Neumann schrieb von den «undurchdringlich rätselhaften Zügen des Gesichts», und dass «dieses Antlitz in seiner Schattenhülle die Hauptsache [des Bildes] bleibt. Das geheimnisvolle Aufleuchten umspielt einen dunklen Kern, der Ahnung und Schauer erweckt. Den Hüter eines Schatzes, eines Grals, irgendwelcher beschwiegenen Dinge möchte man vermuten. Das Bild erinnert in seiner wunderreichen Mystik an jene Stelle von Mozarts Zauberflöte … wo vor den verschlossenen Pforten des feurigen und flüssigen Elements zwei geharnischte Männer Wache halten … Man ahnt, dass ein Außerordentliches bevorsteht, dass dunkle Pforten ihren Mund öffnen, und dass ihre Schrecken nur von dem höchsten Mut der Herzen werden überwunden werden» (Rembrandt-Biographie, München 1924).

Beeindruckend empfindet man immer wieder aufs Neue die Form und das Rot des Mantels. Man könnte daran denken, wie Rudolf Steiner einmal die Freimaurer-Gewänder erklärt. In den höheren Graden wird das Gewand priesterähnlich, und jeder Teil bedeutet etwas: das hemdartige Unterkleid aus weißem Linnen den Ätherleib, das farbige Übergewand den Astralleib. «Und der Mantel, der dann verbunden war mit dem Helm, der drückte aus die Macht des Ich» (GA 353, Vortrag vom 4. Juni 1924).

«Die Macht des Ich» ist auch hier ein guter Ausdruck für das, was Helm und Mantel in diesem Bild zum Ausdruck bringen.

Ganz entscheidend gehört auch die den Helm überhöhende Form hinzu – diese Spitze, die sich nicht herrisch, sondern mit einer weich schwingenden Schalenform nach oben erhebt. Deckt man diese Form ab, sodass nur der eigentliche Helm übrig bleibt, so erlebt man, wie die ganze Gestalt auf eine isolierte Persönlichkeit reduziert wird. Sie wird irdischer, unspiritueller. Sie wird so, wie es für dieses Bild eben unmöglich ist.

Es haben sich um dieses Gemälde auch andere «Mythen» gerankt; sie sind weniger geistig ausgerichtet. Es geht um die Frage, ob dieser «Mann in Waffen» ein Alexanderbild sei, das Rembrandt für einen italienischen Besteller gemalt hatte. Allein, der «Mann in Waffen» mit seinem niederschauenden Blick, seinem keineswegs jünglingshaften Antlitz (wie es für den jung verstorbenen Alexander in der Darstellung üblich ist) und dem christlichen Attribut des Lichtkreuzes bietet sich dafür wahrhaftig nicht an. Auf diese Kontroversen soll hier nicht weiter eingegangen werden[29], interessant ist nur, was für ein Wirbel, was für zwei gegenläufige Strömungen sich um das Bild bewegen. Die einen suchen den geistigen Ursprung zu ergründen, die anderen suchen, auf dem Wege äußerer Fakten dem Bilde einen (ablenkenden) Namen zu geben.

Man könnte mit dem Bilde noch einen anderen Gedanken verbinden: in den Geschichten, die über den Grafen Saint Germain erzählt werden, ist auch diese: Im Jahre 1776 sei der Graf bei einem großen Freimaurerkongress in Wiesbaden erschienen und habe sich mit einem Beglaubigungsschreiben als «Eques a Cygno Triumphante», als *Ritter vom siegenden Schwan,* eingeführt (siehe auch Kap. X, S. 200 f.).

Daraus könnte entnommen werden, dass es bei der Freimaurerei einen solchen Grad gibt und dass Rembrandt hier einen Mann solchen Grades malt, das heißt diese Bezeichnung buchstäblich ins Bild umsetzt: er malt einen *Ritter*, bei dem *Schwanen*gefieder in Erscheinung tritt. Dass der Schwan in esoterischen Kreisen und im Zusammenhang mit der Aufgabe edler und rettender Ritterschaft eine Rolle gespielt hat, verrät auch die Lohengrin-Sage.

Ob in direktem oder übertragenem Sinne Rembrandt auf diesen Mann als einen Träger hoher Eigenschaften und geistiger Aufgaben hinweisen wollte, spielt letztlich keine Rolle. Die geheimnisvolle Hoheit des Bildes und des Abgebildeten spricht für sich.

Es wird gesagt, dass auf dem Bilde früher die Jahreszahl – 1655 – zu sehen gewesen sei. Nach heutigen Infrarotaufnahmen ist undeutlich unter dem Signum Rembrandts etwas zu sehen, was so gelesen werden könnte. Zum Thema der Jahreszahl und zum Thema, den «Mann in Waffen» unbedingt als den verschollenen «Alexander» für den italienischen Besteller Ruffo anzusehen, hier ein Auszug aus dem heutigen Museumskatalog von Glasgow: «Erstmalig 1894, und von da an bis heute, wird in der Literatur behauptet, dass das Bild das Datum – 1655 – trägt. Das ist dem bloßen Auge nicht mehr sichtbar. Neue Infrarotaufnahmen zeigen jedoch undeutliche Spuren (unter der Unterschrift), welche als 1655 gelesen werden könnten … Das Motiv von Nr. 601 [damit ist das Bild ‹Der Mann in Waffen› gemeint] ist verschiedentlich angenommen worden als Erzengel Michael/Achilles/Alexander der Große/Mars/Apollo/Erectheus/Pallas Athena und Belldona. Bei den zwei letzten Beispielen war es notwendig, anzunehmen, dass das Modell weiblich war. Rembrandts Sohn Titus ist auch als Modell vorgeschlagen worden (1655 wäre er etwa vierzehn Jahre alt gewesen). Einige dieser Identifikationen sind glaubhaft, keine ist vollkommen überzeugend. Wenn das Thema des Bildes überhaupt Erklärung braucht, so könnte es sein, dass die Antwort zu geben wäre im Sinne eines im Mittelalter angesiedelten Phantasiebildes des Malers, wie bei Valentiner (1957) angedeutet. Dass Alexander als Subjekt auf Nr. 601 betrachtet wurde, taucht hauptsächlich durch den Wunsch auf, das fehlende Bild von dreien zu identifizieren, die bei Rembrandt von ... Ruffo in Auftrag gegeben wurden ... Obwohl es verführerisch sein mag, für die Identität des fehlenden Bildes mit Nr. 601 zu argumentieren, das Zeugnis scheint beinahe gänzlich dagegen zu sein. Von dem Bild kann nicht gesagt werden, dass es von Kopfgröße vergrößert worden ist, und die heutigen Anstückelungen verraten nichts über den, der sie gemacht hat ... Der Alexander in Ruffos Lagerbestand ist beschrieben als ‹sitzend› ...» Wie schon erwähnt, muss das aber nicht besagen, dass der Unbekannte zu dieser Zeit Rembrandt selber Modell gestanden hat. Es *kann* aber natürlich auch der Fall gewesen sein.

Sehen wir uns die Daten an, die wir von Christian Rosenkreutz wissen, so haben wir als Fixpunkt nicht mehr als die Zeit von etwa 1595 (ungefährer Zeitpunkt der ersten großen Konferenz) bis 1604, dem Zeitpunkt der zweiten Konferenz. Sollte Christian Rosenkreutz bis 1655 gelebt haben, so wäre der Abstand zur Inkarnation als Saint Germain sehr knapp. Ausgeschlossen ist das nicht. Aber, und das halten wir fest, wir wissen gar nicht, welches Bild Rudolf Steiner Helga Geelmuyden geben wollte! Es könnte auch ein anderes gewesen sein, zum Beispiel jene Radierung (Rudolf Steiner hielt viel von Rembrandts Hell-Dunkel-Meisterschaft auch in den Radierungen), die «Dr. Faustus» (siehe Abb. S. 279) genannt wird und die «nie befriedigend gedeutet» worden ist (Fritz Erpel: «Rembrandt», Berlin 1973). Zu Rembrandts Zeit wurde das Blatt von dessen Freund Clement de Jonghe «Praktizierender Alchemist» genannt. Es gab damals sehr viele holländische Bilder dieses Themas. Sie sind voll von Gerätschaften, Blasebälgen, Feuerstellen, Pfannen, Töpfen, Krügen, Zangen und dergleichen, geben aber kein Zeichen einer höheren Erleuchtung. Rembrandt dagegen zeigt keine Gerätschaften, dafür eine aufleuchtende geistige Erfahrung, die dem Forschenden zuteil wird. So hebt sich seine Radierung aus der ganzen Alchemisten-

Malerei heraus und steht im wahrsten Sinne des Wortes «auf einem besonderen Blatt». Sein sogenannter Alchemist praktiziert nicht mit Hebeln und Schrauben, sondern auf geistige Weise. Nur ein Globus rechts unten und ein Totenkopf links oben sind angedeutet. Ein Tisch mit einer Schreibplatte und einem kleinen, halb aufgeschlagenen Buch füllt das Zimmer. Vergleicht man mit den üblichen Alchemisten-Bildern, so geben diese Szenen wieder, was man als Betrachter von außen sieht, bei Rembrandt dagegen werden wir in die Stille dieses Studierzimmers mit eingefangen, wir empfinden einen Zusammenklang von einem Außen- mit einem Innenerlebnis, das den Maler mitbewegt hat. Das Blatt ist sowohl ein künstlerischer Höhepunkt in der Behandlung des Themas wie eine Art Bekenntnis des Malers, der an eine solche Möglichkeit zumindest geglaubt haben muss, denn hier waltet tiefer Ernst und keine Scharlatanerie. Hier wird auch nicht physisches Gold, sondern das Gold der Erkenntnis gesucht.

Das Blatt zeigt den großen Augenblick, da dem Mann, der vermutlich eine Nacht hindurch gewacht und studiert hat, ein Erfolg seiner Mühen beschieden ist. Es offenbart sich ihm eine Geistgestalt. Sie hält mit der Linken einen Spiegel und deutet mit der Rechten auf ihn. Man sieht den rechten Arm bis hinunter zum Ellbogen. Wo aber der Kopf sich befinden müsste, da strahlt helles Licht. Innerhalb dieser Ausstrahlung zeigt sich ein heller Kreis, der in zwei Reihen mit Buchstaben und kleinen Kreuzen beschrieben ist. Im mittleren Feld überschneiden sich zwei Linien oder Balken in Form des Andreaskreuzes; in den vier Feldern stehen groß (über oder im Kreuz zu lesen) die Buchstaben I N R I. Jenes Wort, das Pilatus einst über Christi Kreuz geschrieben haben soll als Abkürzung von «Jesus Nazarenus Rex Judaeorum». Es mag hier darauf hinweisen, dass es sich um das Erlebnis eines Mannes handelt, der sich den *christlichen* Geheimnissen nähern will, auch wenn INRI noch andere Bedeutungen hat. So kann es, nach hebräischer Schreibweise verstanden, die vier Elemente bedeuten: Jam (Wasser), Nuor (Feuer), Ruach (Luft) und Jabeschah (Erde/Festes). In Verbindung mit dem Kreuz heißt das: Weltseele, an das Kreuz der Erde geheftet. So klingen hier zwei Geheimnisse ineinander, denn Jesus Christus war ja Ausdruck der Weltseele, die sich an das Kreuz der Erde heften ließ.

Ähnliche Zeichen mit dem Andreaskreuz in der Mitte und zum Beispiel der Christus-Gestalt im Überkreuzungspunkt finden sich in den «Geheimen Figuren der Rosenkreuzer» von Henricus Madathanus, der zwar teilweise Zeitgenosse Rembrandts war (geboren ca. 1590, gestorben 1638), dessen Schrift aber

Faust im Laboratorium (Rembrandt van Rijn)

erst 1785 in Hamburg veröffentlicht wurde. Wer zur Zeit Rembrandts Rosenkreuzerfiguren kannte, muss eine direkte Beziehung zu der Strömung gehabt haben.

Nun sind bei Rembrandt noch eine Reihe von Buchstaben zu sehen, deren Sinn und Bedeutung allen Interpreten bisher verschlossen geblieben ist, mit Ausnahme des Namens ADAM, den man deutlich lesen kann. Ihm folgt: TE DAGERAM. Hartlaub schreibt: «‹Adam te da; geram› würde heißen: ‹Adam gib dich; ich werde führen.› Das wäre wiederum ein Hinweis auf die Überwindung des alten durch den neuen Bund, des alten Adam durch Jesus Christus, im Rahmen okkultistischer Mystik.»[30]

Es ist die Frage, ob Rembrandt bei diesem Blatt an einen bestimmten Mann gedacht hat, der ihm bekannt war, oder ob er nur einen allgemeinen Typus schaffen wollte. Der Mann, den er hier zeigt, der sich mit beiden Händen auf die Tischplatte stützt und ein wenig vorbeugt, um die Lichterscheinung deutlicher zu sehen (die übrigens so stark ist, dass sie ihn selbst anstrahlt und er sich so mit einbegriffen in die Zone der Lichtoffenbarung findet), ist ernst und konzentriert, aber keineswegs aus der Fassung gebracht. Die Haltung prüfender Geisteswachheit behält er auch gegenüber dieser Erscheinung.

Erstaunlich, dass das Fenster darüber gleichmäßig erhellt ist, als wäre draußen Tag, während es im unteren Teil dunkelt, als wäre es Nacht. (Dieser untere Teil könnte mit dem Vorhang links abgedeckt werden, der aber aufgezogen ist.) Hat der Mann die Nacht über gewacht und bricht jetzt die erste Morgenröte herauf? Und an der Grenze zwischen Tag und Nacht, in der Morgen-Dämmerstunde, schenkt sich ihm die Frucht geistiger Bemühung?

Vielleicht hat Rembrandt auch nur gehört von einem geheimnisvollen Manne, und er versucht, ihm nahezukommen mit der Radiernadel; sein Geist versucht künstlerisch, in die Studierstube eines so Außerordentlichen einzudringen. G. F. Hartlaub nimmt an, dass Rembrandt, der «jüdisch-kabbalistische Freunde in Amsterdam» hatte, «einen Manasse ben Israel und andere», diese hinüberziehen wollte in die rosenkreuzerisch-christliche Esoterik und dass ihnen in diesem Sinne dieses Blatt gewidmet sei. «In das Rosenkreuzertum war auch manches aus der jüdischen Kabbala eingegangen, mit deren Vertretern, wie man weiß, Rembrandt in Fühlung gewesen ist. Kern aber und Stern der höheren Rosenkreuzerlehre war die Erlösungstat Christi in ihrer reinigenden und läuternden Kraft … Es ist auch nicht unmöglich, dass Rembrandt – in einem Klima der Toleranz, wie es damals im kalvinistischen Holland in gewissen Kreisen und Sekten sich glücklich entwickelt hatte, auch von den romantischen Geheimlehren seiner kabbalistischen Freunde sympathisch berührt – zu einem überkonfessionellen, eben pansophischen Christentum geneigt hat, und dass ihm daran gelegen war, seine jüdischen Freunde in diese freichristliche Richtung zu verweisen» (Alchemisten und Rosenkreuzer DER KUNSTSPIEGEL in Verlag Scherer, Willsbach und Heidelberg 1947). Die Radierung zeigt, womit sich Rembrandt eben auch beschäftigt hat. Ob Rudolf Steiner dieses Blatt gemeint haben könnte, bleibt offen. Ich glaube es nicht.

Denn jemand, der sich ein Bild von Saint Germain – das heißt von einem der Meister – wünscht, denkt an ein Porträt, so wie man es von den östlichen Meistern zu haben gewöhnt war. Und wenn Rudolf Steiner darauf sagt: «Ich schenke Ihnen lieber ein Bild von ihm in seiner holländischen Inkarnation», dürfte auch er an ein Porträt gedacht haben, wie es zum Beispiel der «Mann in Waffen» darstellt. (In den «Mitteilungen aus der anthroposophischen Arbeit in Deutschland» Heft 2/1969 steht unter Zuschriften [Bezug nehmend auf Heft 1] von H. D. van Goudoever: «Bezüglich der Anfrage über den jungen Krieger von Rembrandt sind mir zwei Sachen bekannt. 1.) Der von Rembrandt notierte Satz: ‹Derjenige, der mich das Geheimnis von Licht und Dunkel lehrte›, ist im Reichsbureau für kunsthistorische Dokumentation im Haag nicht aufzufinden. 2.) Dr. Zeylmans van Emmichoven teilte mir mit, dass in den Kreisen um H. P. Blavatsky über den ‹Polnischen Reiter› im Zusammenhang mit Christian Rosenkreutz gesprochen wurde.» Was das Gebäude im Hintergrund betrifft, so steht ein in den Umrissen dem zweiten Goetheanum noch viel ähnlicheres Gebäude auf Raffaels «Heilige Familie mit Johannesknaben» im Prado/Madrid).

Es bleibt auch zu fragen, warum Rudolf Steiner Harriet von Vacano dieses Bild schenkte oder warum sie sich veranlasst sah, ihn zu bitten, etwas dazu zu schreiben. Und warum er es tat. Der Satz der bedrohten Elsa von Brabant, die einen Helfer sucht und ihn in dem unbekannten Gralsritter Lohengrin findet: «Des Ritters will ich wahren, er soll mein Streiter sein», weist in die Richtung, in dieser hier dargestellten Gestalt einen geistigen Schützer und Helfer zu erleben. Und wahrhaftig kann man von diesem Bild eine solche beruhigende, geistig zuversichtliche Kraft ausstrahlen fühlen; die Gewissheit eines Wächters, der auch für uns streitet.

Die Wirkung, die von den Bildern der beiden östlichen Meister Morya und Kuthumi ausging (sie waren nach Skizzen Blavatskys von dem Theosophen Hermann Schmiechen gemalt), scheint stark, aber weniger freilassend und weniger tröstlich gewesen zu sein. Marie Steiner schildert in einem Brief vom 29. September 1948: «Ich habe selbst erlebt, wie manche beim Anschauen die Sprache verloren und eine Zeitlang ganz abwesend und verwirrt waren» (GA 264, S. 266). Sie wurden zunächst nur in Esoterischen Stunden der theosophischen Strömung gezeigt, später wurden sie mehr und mehr öffentlich. Rudolf Steiner sprach ab 1907, nach der Ablösung von der Esoterischen Schule Annie Besants, nicht mehr von den Meistern des Ostens.

Ein Besucher bei Dr. Helvetius in Den Haag

Nachdem Berichte uns bis ins späte 18. Jahrhundert geführt und uns einen Eindruck von der Art und Wirksamkeit des Christian Rosenkreutz in dieser Zeit gegeben haben, soll jetzt noch einmal zum Thema der holländischen Inkarnation im 17. Jahrhundert zurückgeblickt werden.

Rufen wir uns die Daten der letzten Christian-Rosenkreutz-Inkarnation ins Gedächtnis:

1378 wird Christian Rosenkreutz in Deutschland geboren.

1459 wird der Achtzigjährige eingeweiht.

1484 stirbt er in Deutschland (das heißt genau dreihundert Jahre vor dem Tod in Eckernförde 1784). Eine nächste Inkarnation beginnt vermutlich zwischen 1550 und 1570 (vielleicht auch früher).

Ende des 16. Jahrhunderts, also etwa 1595, findet die Vorkonferenz statt, im Jahre 1604 die Einberufung der großen Konferenz.

Die eine Möglichkeit wäre: Christian Rosenkreutz habe sich etwa 1550 oder auch früher bereits wieder inkarniert und sei kurz nach 1604 gestorben, um danach sehr schnell zu jener holländischen Inkarnation herabzusteigen, die etwa die Lebenszeit Rembrandts umfasst haben müsste: Etwa 1606 bis 1669, *oder* es handelt sich bei der holländischen Inkarnation um die «Konferenz-Inkarnation» selbst, die sich über das Jahr 1604 noch weiter ins 17. Jahrhundert hinein ausdehnte, bis nach kurzer Zwischenzeit etwa 1696 Saint Germain geboren wird.

Nach der einen wie nach der anderen Variante müsste sich das Christian-Rosenkreutz-Leben mit der Lebenszeit Rembrandts mehr oder weniger berührt haben (es sei denn, Christian Rosenkreutz wäre etwa 1605 gestorben, bevor Rembrandt 1606 geboren wurde, und es wäre keine andere Inkarnation in der Zwischenzeit mehr erfolgt).

Abgesehen von den gesuchten Lebensdaten bleibt zu bedenken, dass wir nun Beispiele genug dafür bekommen haben, dass Christian Rosenkreutz auch zwischen seinen Verleiblichungen – wie ein irdischer Mensch erscheinend – aufgetreten ist.

Das erhöht einmal die Wahrscheinlichkeit, dass *Dürer* tatsächlich Christian Rosenkreutz als jenen wunderbaren Greis erlebte, den er im Oxforder Blatt gezeichnet hat, und es lässt auch für Rembrandt die Möglichkeit einer Berührung noch außerhalb der Lebenszeit des Christian Rosenkreutz offen.

Wir richten jetzt unseren Blick auf das Holland am Rande der Ereignisse des Dreißigjährigen Krieges, das eine verhältnismäßig ruhige Zeit erlebte, was für künstlerische und geistige Entfaltungen günstig war.

Wir hatten die Frage, welches Bild der holländischen Inkarnation des Christian Rosenkreutz Rudolf Steiner wohl Helga Geelmuyden geben wollte, wir hatten das Glasgower Bildnis (entstanden vermutlich 1655) und die Faust-Zeichnung (entstanden vermutlich 1652) betrachtet, und beide Bilder schienen uns zu verraten, dass Rembrandt mit der Welt der Alchemie und Rosenkreuzer Berührung gehabt hat beziehungsweise dass eine bedeutende Persönlichkeit aus diesem Kreise in sein Blickfeld getreten war. Wir suchten damit gleichzeitig die Spur der holländischen Inkarnation des Christian Rosenkreutz. Es ist ein durchgehendes Merkmal, dass alles, was Christian Rosenkreutz berührt, sich einem handgreiflichen Beweis entzieht – am deutlichsten im Saint-Germain-Leben zu sehen, das sich so sehr in der Öffentlichkeit abspielte und trotzdem in seiner wahren Substanz und Gestalt so ungreifbar bleibt.

Auch für die holländische Inkarnation und einen Zusammenhang mit Rembrandt gibt es keinen Beweis, wenn man nicht obige Bilder als solchen betrachten will. Für das *Wirken* des Christian Rosenkreutz in Holland aber gibt es zur Rembrandtzeit ein gut dokumentiertes Ereignis, das sich im engsten Lebensraum Rembrandts abgespielt hat. Dieses Ereignis hat zwar erst gegen das Lebensende Rembrandts, nämlich 1666, stattgefunden (er starb 1669), es wird aber zugleich auf andere ähnliche Ereignisse hingewiesen. Ein «Besuch bei Rembrandt» könnte also schon viel früher stattgefunden haben. Dass es sich bei der nun zu erzählenden Geschichte um ein Auftreten des Christian Rosenkreutz handelte, dürfte ohne viele Fragezeichen anzunehmen sein.

Im 16./17. Jahrhundert wurde die Auseinandersetzung zwischen der neuen naturwissenschaftlichen Richtung und den alchemistisch Praktizierenden immer schärfer. Da die Alchemisten in vielen Fällen auf ganz äußerlicher Goldsuche waren (und von ihren Auftraggebern auch nur deswegen unterstützt wurden), handelte es sich gar nicht mehr um die großen Fragen, die der eigentlichen, der okkulten Alchemie zugrunde lagen. Es war die innere Verwandlung zugunsten äußerer Erfolge verloren gegangen. Der Vorwurf der Scharlatanerie und des Wunderglaubens wurde oft nicht zu Unrecht von denen gemacht, die sich auf den naturwissenschaftlichen Weg begeben hatten. Es wurde dabei auch der mystische Wert des Goldes ganz aus den Augen verloren, und Gedanken, dass sich in seinen besonderen Qualitäten (zum Beispiel, dass es von Sauerstoff nicht angegriffen wird und deshalb unveränderlich und «ewig» ist) Eigenschaften von geistig höherer Wesenhaftigkeit ausdrücken, hatten keinen Platz mehr.

Zu den scharfen Gegnern gehörte schon Georg Agricola (1494–1555), dessen Buch «Vom Bergwerk» bis ins 19. Jahrhundert hinein hoch geschätzt war. Er spricht von den «albernen Chymisten». Er schreibt aber auch: «Denen ist Gold gut, die es recht zu gebrauchen wissen, aber denen bringt es ernstlich Schaden, die es übel brauchen. An den Lastern dieser Welt sind nicht die Dinge schuld, die man aus der Erde fördert, sondern allein der grausame Unverstand der Menschen oder die blinde und gottlose Gier der Herzen.» Auf ihre Weise haben diese redlichen Forscher die moralische Komponente auf ihrer Seite. Nur nützen moralische Episteln wenig für den Gebrauch desjenigen, was «man aus der Erde fördert», was wir heute nur allzu gut wissen.

Neben dieser notwendigen äußeren Entwicklung sollte ja, wie wir gehört haben, bis zum Ende des 19. Jahrhunderts die Rosenkreuzerei als eine okkulte, immer mehr sich verbergende Geheimströmung unter der Führung des Christian Rosenkreutz bestehen bleiben und *ihre* Schritte tun, um vorzubereiten, dass mit dem Ende des 19. Jahrhunderts eine esoterische Geisteswissenschaft wieder öffentlich werden könne.

Trotz der Betonung, dass die Experimente der echten Alchemisten mehr waren als äußerliche Goldsuche, hat Rudolf Steiner an der Möglichkeit der Materieverwandlung nie einen Zweifel gelassen. Am 14. März 1907 sagte er in Berlin[31], wer das ins Zwielicht geratene Rosenkreuzertum damit verteidigen wolle, dass er die Versuche mehr symbolisch betrachtet, der ist auch im Irrtum: «Und wenn man sagt, es werde in der Rosenkreuzerei davon gesprochen, dass man unedle Metalle in Gold verwandeln könne, so sei damit nichts anderes gemeint, als dass man die unedlen Metalle der verschiedenen Menschenuntugenden in das Gold der menschlichen Tugenden verwandeln könne, und dass dieser Verwandlungsprozess nur eine symbolische Darstellung dessen sei, wie man sich innerlich moralisch entwickeln solle.

Wenn es so wäre, so würde die ganze Geschichte nichts weiter als eine Trivialität oder noch etwas viel Nichtigeres sein, denn es ist schlechterdings kaum einzusehen, warum man allerlei alchemistische Dinge wie Metallverwandlung und so weiter erfinden sollte, um ein so auf der Hand liegendes Ding zu demonstrieren, dass der Mensch sich läutern und seine Untugenden verwandeln solle. Dieser Einwand kann immer gegen diejenigen gemacht werden, die das große Werk des Rosenkreuzertums wie etwas bloß Symbolisches auffassen. Aber in der Tat steckt etwas viel Tieferes dahinter.»

Wir wollen nun den Bericht über ein Ereignis anhören, das sich am 25. Dezember 1666 – also am Weihnachtstag – in Den Haag abgespielt hat.[32]

An diesem Tage lässt sich bei dem Leibarzt des Prinzen von Oranien, dem Johann Friedrich Helvetius, ein Fremder melden. Helvetius ist bekannt als ein Gegner aller Alchemie, er hat dies auch in Schriften öffentlich zum Ausdruck gebracht. Der Fremde ist nicht bereit, seinen Namen zu nennen. Er sagt: «Was tun Namen zur Sache, wenn die Sache allein das Wesentliche ist. Ich habe, setzte er fort, von Euren Zweifeln an dem mysterio philosophico gelesen und suche Eure Bekanntschaft, um mich mit Euch über diesen Gegenstand zu besprechen.» Er lässt sich dann in einen Raum führen, dessen Fenster nicht auf die Straße gehen, und Helvetius führt ihn in seine gute Stube. Dort gibt sich der Fremde als Besitzer des Steins der Weisen zu erkennen. Er «meinte, dass die von mir so kräftig und mit ésprit verspottete Alchemie die tiefste und höchste aller Wissenschaften ist». Schließlich zog er drei schwere, nussgroße Steine hervor und gab sie dem erstaunten Helvetius in die Hand. «Das ist der Schatz der Schätze, sagte er dazu, damit ist mir die Metallumwandlung schon des Öfteren geglückt. Ich zweifelte. Er legte den Mantel ab und öffnete sein Hemd, da hingen auf seiner Brust fünf talergroße Stücke Goldes in einem seidenen Tuche. Meine Skepsis war damit nicht zu überzeugen. Gold ist Gold. Wie sollte ich das künstliche vom natürlichen unterscheiden können. – Er war nicht beeindruckt von meiner Ablehnung, verwahrte das Gold und die Steine wieder und wandte sich zum Gehen.»

Helvetius bat ihn um ein ganz klein wenig Materie von dem Wunderstein, bekam sie aber nicht. Jedoch der Fremde versprach, am nächsten Tage wiederzukommen, was er auch wirklich tat. Er machte einen Spaziergang mit dem nun höchst neugierig gewordenen Helvetius, der alle seine Redekünste aufwendete, um den Fremden dazu zu bewegen, bei ihm Gast zu sein und ihm die Metallverwandlung selbst zu zeigen. «Ich bat ihn so sehr, dass kein Liebhaber vermögend ist, seiner Amasia größere Caressen zu erzeigen, aber es war ein so beständiger Geist in dem Menschen, dass all mein Unterfangen vergeblich war.» Schließlich bittet er noch einmal um eine Winzigkeit von dem Wunderstein; nur so viel, dass vier Gran Blei damit in Gold zu verwandeln möglich sei. Daraufhin «hat er endlich den Fluss seiner philosophischen Barmherzigkeit geöffnet und mir ein Stückchen verehrt. Auf meine Klage, das genüge wohl nicht zur Umwandlung, sagte er, er könne zwei Drachmen oder eine halbe Unze Blei und gar noch mehr zum Versuch anwenden.»

Nun aber war der Augenblick gekommen, dass Helvetius ein Geständnis machen musste. Er hatte nämlich am Tag zuvor, als er den Stein in Händen hielt, mit dem Fingernagel etwas davon abgekratzt. Es war «kaum ein Sonnstäubchen groß». Das hatte er sorgfältig auf einem Papier gesammelt und es zu geschmolzenem Blei geworfen. Es wurde aber keineswegs Gold daraus, sondern das Blei explodierte, es wurde in die Luft geschleudert.

«Du warst geschickter im Stehlen als im Gebrauchen von Tinktur», sagt der Fremde und belehrt ihn, dass der Stein der Weisen Bleirauch nicht vertrage. Man müsse ihn mit Wachs umhüllen und erst dann auf das schmelzende Blei werfen.

Der Fremde verabschiedet sich nun und verspricht, am nächsten Morgen wieder zu erscheinen und bei der Probe zu helfen. Aber er kommt nicht. Der ganze Tag vergeht mit Warten. Abends um acht Uhr sagt schließlich die Frau des Doktor Helvetius, sie sollten doch die Probe allein machen nach der Vorschrift, die der Fremde gegeben hat, sonst würde sie vor Unruhe die ganze Nacht nicht schlafen.

Der Mann lässt sich überreden. «Ich gab nach», formuliert er in seinem Bericht. Die Frau umhüllte das winzige Stückchen Wunderstein mit Wachs, der Sohn heizte das Feuer an und Herr Helvetius selbst wog Blei für sechs Drachmen ab. Nach einer Viertelstunde war alles in Gold verwandelt. Man lief mit dem noch warmen Golde zum Goldschmied Meister Prechtel, der es erprobte und als echtes Gold erkannte.

Helvetius macht zwei Tage nach dem Ereignis tief aufgerührt dem Herzog von Oranien Mitteilung von dem Fremden, der ihn zur Weihnacht aufgesucht hatte, und von dem geglückten Experiment. Überall in Holland, ja in ganz Europa spricht es sich herum. Aus aller Welt kommen Besucher und wollen bei Helvetius das Gold sehen und von ihm selbst die Geschichte vernehmen. Auch der Philosoph Spinoza[33] wollte Näheres von der Sache erfahren. Am 27. März 1667 schreibt er in einem Brief: «Über die Angelegenheit des Herrn Helvetius habe ich mit Voss gesprochen. Er lachte laut und wunderte sich, dass ich nach solchen Albernheiten frage. Ich kehrte mich aber nicht daran und ging zu dem Goldarbeiter Prechtel, der das Gold geprüft hatte. Der sprach in einem anderen Tone und bestätigte, dass das Gold beim Schmelzen und Scheiden noch an Gewicht zugenommen habe. Darum sei er überzeugt, dass das Gold ganz besonderer Natur gewesen sei. Darauf ging ich zu Helvetius. Dieser zeigte mir sowohl das Gold wie auch den Tiegel, in dessen Innern noch etwas von dem Golde hing. Er erzählte mir, dass er kaum den vierten Teil eines Gerstenkornes von der Tinktur in das fließende Blei geworfen habe. Er will die Geschichte in kurzem veröffentlichen. Er sagte mir auch, dass derselbe Mann, der bei ihm gewesen, den gleichen Versuch in Amsterdam gemacht habe. Das ist alles, was ich von der Sache weiß.»[34]

Auch das war die Umwelt von Rembrandt. Der Maler lebte zu gleicher Zeit und im gleichen Territorium, in dem dieser Fremde umging, dessen ganze Art so sehr nach Christian Rosenkreutz aussieht. Denn er will nichts für sich, auch nicht Ruhm für seinen Namen; er will nur einen ernsthaften Gegner der Alchemie, der ihm das offenbar wert gewesen ist, von der Möglichkeit der Materieverwandlung überzeugen und ihn zu tieferem Nachdenken anregen. – Haben wir nun hier mit dieser Geschichte ein Stück Wirksamkeit aus der «holländischen Inkarnation» entdeckt? Sollte dieser Fremde auch einmal bei Rembrandt eingekehrt sein? Rembrandt war ein Goldmacher, auf malerischem Felde. Ein wesentlicher Bestandteil seiner Hell-Dunkel-Kunst war seine großartige malerische Goldfindung. Er vermochte in seinen webenden Brauntönen (nicht nur bei den Goldhelmbildern) wunderbare Goldtöne aufscheinen zu lassen, ohne substanzmäßig wirklich Gold zu verwenden. Das pure, von der Malerei her verwendete Gold des Mittelalters, bekannt von den unzähligen Goldgrundbildern und den Auren der Heiligen, war aus der Malerei verschwunden. Bei Rembrandt taucht es wieder in der Malerei auf – aber ganz als innerliche Qualität, gewonnen aus einem seelischen Prozess.

Hat Rembrandt bei dieser Alchemie einen Lehrer gehabt, der ihm auch in Hinblick auf Farbherstellung und -verwendung Hilfen geben konnte?

Das Thema der Abbildungen von Saint Germain

Das bekannteste Bildnis, das für durchaus authentisch angesehen wird, weil es mit der Unterschrift «*Le Comte de Saint Germain* – Célèbre Alchymiste» versehen ist und außerdem mit dem Vers:

> Ainsi que Prométhée il déroba le feu
> Par qui le monde existe, et par qui tout respire.
> La nature à sa voix obéit et se meut.
> S'il n'est pas Dieu lui-même un Dieu puissant l'inspire.
>
> «Graf Saint Germain, berühmter Alchimist»
> Wie Prometheus entwendete er das Feuer,
> Durch welches die Welt besteht und durch welches alles atmet.
> Die Natur gehorcht und bewegt sich nach seinem Wort.
> Wenn er nicht selbst Gott ist, so inspiriert ihn sein mächtiger Gott.

wurde – so wird quer durch die Literatur berichtet – in Paris auf Veranlassung der Madame d'Urfé hergestellt. Diese war eine sehr reiche Dame, die selbst alchemistische Versuche betrieb und dem Okkultismus ergeben war. Lange Zeit unterstützte sie Casanova, der sie aber schamlos ausgenützt hat. Er beichtet in seinen Memoiren, mit welchen Tricks er sie dazu gebracht hat, in ihm eine okkulte Größe erster Ordnung zu sehen. Auch Graf Saint Germain verkehrte in ihrem Hause. Madame d'Urfé soll ihn hoch verehrt haben und ließ von ihm ein Porträt arbeiten. Davon soll sie noch eine Kopie haben anfertigen lassen; ferner veranlasste sie, dass der Kupferstich von Thomas angefertigt wurde, der dann weite Verbreitung gefunden hat. Langeveld erwähnt in seinem 1930 erschienenen Buch «Der Graf von Saint Germain», dass der Markgraf von Ansbach, bei welchem Saint Germain eine Zeitlang zu Gast war und in Triesdorf gewohnt hat, in Paris das Porträt «in der Sammlung von Madame d'Urfé (oder von Rochefoucault) erblickte». Er ließ davon eine Kopie machen, «welche einen Ehrenplatz bekam

Graf Saint Germain

im Zimmer in Triesdorf, welches der Graf bewohnt hatte und wo es vor einigen Jahren noch an der Wand prangte».

Es zeigt einen Mann um die fünfzig Jahre alt, mit seitlich hochgerollter gepuderter Perücke. Durch die leichte Leibeswölbung wirkt der Dargestellte ein wenig behäbig. Der Blick weicht etwas zur Seite ab. Der Kupferstecher hatte in aller Wahrscheinlichkeit nur das Gemälde, nicht aber den Grafen selber vor sich. Interessanter wäre es, das Gemälde kennenzulernen, das in der Öffentlichkeit aber nicht bekannt ist. Zwar kursiert noch ein anderes Bild, dem Kupferstich sehr ähnlich und mit der gleichen Unterschrift. Tetzlaff bringt es bei «Unter den Flügeln des Phoenix» zum Kopfbild verkleinert als Titelbild und als Abbildung 6 in «Der Graf von Saint Germain». Es unterscheidet sich vom Stich vor allem dadurch, dass der Porträtierte uns (beziehungsweise den Maler) mit lebhaften dunklen Augen ansieht und die Mund-Nase-Partie feiner wirkt, doch soll es sich dabei nur um den retuschierten Stich handeln.

Dass Saint Germain, obgleich man ihn nie essen sah, keineswegs von schmaler Gestalt gewesen ist, ergibt sich unter anderem aus einem Schreiben, das der sächsische Gesandte Kauderbach an Minister Wackerbarth in Dresden richtete: «Saint Germain sieht aus wie ein kräftiger Fünfundvierziger, aber er selbst gibt zu verstehen, dass er kein Fleisch isst, nur etwas Hühnerfleisch, Fisch und Gemüse» (Tetzlaff).

Dann gibt es das Bild eines eleganten Edelmannes. Der Porträtierte ist jünger und wirkt schmaler, könnte aber nach Nase und Kinn durchaus mit der Persönlichkeit des vorher Beschriebenen identisch sein. Es ist ein anderer Maler und eine andere Auffassung: locker, unkonventionell, mit offenem Hemdkragen und in bewegter Geste, wie mitten in einem Gespräch erfasst. In der Rechten hält er einige Schriftstücke, die der Inhalt des Gesprächs sein mögen. Ein überzeugender, wendiger, geistvoller Diplomat, ein Weltmann voller Kultur und geistigem Feuer, das lässt sich mit diesem Bild leicht in Einklang bringen.

Irene Tetzlaff bezeichnet es als Porträt um 1760, England. Es soll in der Galerie von Edinburgh noch 1952 gesehen worden sein. Heutige Nachforschungen von verschiedenen Seiten konnten keine Spur mehr davon auffinden. Auch heißt es, Saint Germain sei hier unter dem Namen Graf Duten in England gemalt.

Doch gibt es dazu eine genaue Überlieferung.[35] Dazu fügt sich, dass mir der 1983 verstorbene Hans Börnsen (Hamburg), einer der deutschen Generalsekretäre der Anthroposophischen Gesellschaft, mit Bestimmtheit sagte, ihm habe H. von

Graf Saint Germain (gemalt um 1760, England) als Graf Hompesch

Vacano das Hompeschbild als Grafen Saint Germain bezeichnet. Rudolf Steiner habe in ihrem Zimmer auf das Bild gezeigt und gesagt, das sei eine Inkarnation des Grafen Saint Germain.

Vom Grafen Hompesch, dem letzten Malteser-Großmeister, kursierte vor allem ein Brustbild (S. 207). Es zeigt ein ausdrucksvolles Antlitz mit dunklen Augen und mit Brauen, die sich in leichtem Schwung über die Augen ziehen. Der Mund wirkt – ohne zu lächeln – doch freundlich und verbindlich. Es gibt aber noch ein ganzgestaltiges Gemälde, das Ferdinand von Hompesch in ritterlicher Montur, mit dem Malteserkreuz auf dem Panzer, umweht von einem hermelingefütterten Mantel, aufrecht stehend zeigt (S. 205). Die gepanzerte Rechte stützt sich auf den seitwärts liegenden Helm. Zu Füßen sieht man, etwas verdeckt, seinen Wappenschild, der ein aufgerichtetes Kreuz und darunter ein Andreaskreuz zeigt.[36]

Karl Heyer hat, wie schon erwähnt, das Bild von Hompesch *als* Graf Saint Germain seinem Buch «Aus dem Jahrhundert der Französischen Revolution» vorangesetzt.

Bei Langeveld finden wir Folgendes in Bezug auf den Malteserorden: «Dieser Orden hatte und hat noch ein vornehmes Ritterhaus in Rom, zugleich Ambassade für mögliche direkte Besprechungen mit dem Papste. Unter den im Rittersaal befindlichen Bildnissen der Großmeister gibt es eins, das Saint Germain ähnlich wäre, welcher, wie verlautet, 1798 diese Würde unter dem Namen Ferdinand von Hompesch bekleidete, um den Orden aus seinem Verfall aufzuheben. Er dankte bald ab zum Behuf Pauls I. von Russland (Sohn von Katharina II.), welcher als Großmeister anerkannt wurde, jedoch 1801 dahinschied.»

Dann gibt es das Brustbild eines gepanzerten Knaben, das (in neuerer Zeit besonders durch das Tetzlaff-Buch angeregt) als das jugendliche, in Italien aufwachsende «Bambino» kursiert, den der Medici habe malen lassen.

Diese Version erhielt aber einen kräftigen Stoß, als ich bei meinen Nachforschungen eines Tages durch zwei Fotos aus Ungarn den Beweis erhielt, dass dieses Porträt in Ungarn offiziell bekannt ist und als Porträt des jüngsten der zwei späteren Söhne, des Georg, gilt. Dabei könnte es sich immer noch um Verwechslung oder Vertuschung handeln, jedoch gibt es ein zweites Bild, in etwa dem gleichen Alter gemalt, von seinem Bruder Joseph. Die Ähnlichkeit der beiden ist unverkennbar, aber auch, dass es sich um zwei verschiedene Persönlichkeiten handelt. Beide Brüder sind im gleichen Panzer dargestellt, der wohl ein Familienbesitz ist (S. 301).

Graf Saint Germain (der «Bambino»)

Wir erinnern, die beiden Söhne, die nur etwa ein Jahr Altersunterschied trennte, wuchsen gemeinsam in Wien unter der strengen Aufsicht des Kaiserhofes auf. Dass sie, vielleicht jeweils im Alter der Firmung, in derselben Rüstung dargestellt sind, ist nicht verwunderlich. Wäre der eine aber der «Bambino» – wie sollte der Panzer nach Italien gekommen sein, denn Leopold war ja älter als seine beiden Brüder, und mit welcher Absicht sollte der verheimlichte Knabe sich in einem Familien-Erbstück zeigen?

Auf der Burg Saros Patak hängen heute zwei Gemälde-Kopien dieser beiden Bilder, welche Joseph und Georg darstellen (während das Letztere, wie schon gesagt, von Tetzlaff als «Bambino»-Bild in Anspruch genommen wird). Es ist zweifellos ein bezauberndes Bild, aber gerade von Georg heißt es, dass er auch als junger Mann besonders schön gewesen sei.

Erheblich komplizierter wird das Thema noch durch ein weiteres Bild, das von Ilona Schubert in ihrem Büchlein «Selbsterlebtes im Zusammensein mit Rudolf Steiner und Marie Steiner» 1970 veröffentlicht wurde (S. 297). I. Schuberts Mutter Erna Bögel und deren Freundin, bekannt als «Frau Geheimrat Röchling», gehörten zum engeren Mitgliederkreis um Rudolf Steiner. Ilona Schubert hatte von beiden den anthroposophischen Nachlass geerbt – Schmuck, der auf Entwürfe Rudolf Steiners zurückging, Fotografien und sonstige Dokumente. Sie hat der Verfasserin das alles ausführlich gezeigt. Da Letztere nur wenige Schritte über die Straße nötig hatte, um I. Schubert aufzusuchen, ging sie nach Erscheinen ihres Büchleins zu I. Schubert und fragte sie um Näheres nach dem veröffentlichten Bilde, sie schreibt in ihrer Veröffentlichung dazu nur: «Dr. Steiner gab Frau Helene Röchling dieses Bild, von dem er ihr sagte, dass es Christian Rosenkreutz darstelle. Soviel ich festgestellt habe, ist es nicht bekannt. Da es Menschen, denen ich es zeigte, tiefen Eindruck machte, bringe ich es hier, um es möglichst vielen zugänglich zu machen.»

Auf Befragen erzählte I. Schubert der Verfasserin, dass Rudolf Steiner, als er das besagte Bild Frau Röchling als ein Christian-Rosenkreutz-Bild gab, dazu gesagt habe: Die englischen Theosophen in London hätten ihn gefragt, ob sie die Bilder der beiden östlichen Meister Kuthumi und Morya in ihrem Zweigraum aufstellen könnten. Er habe gesagt, ja, aber nur, wenn sie dazwischen das Bild des Christian Rosenkreutz aufstellen würden. Dazu habe er ihnen *dieses* Bild gegeben. Er habe noch hinzugefügt, wenn er selber da sei, könnten sie das auch fortlassen. Nicht, weil er Christian Rosenkreutz wäre, sondern weil er Vertreter der Rosenkreuzerströmung sei.

Auf die Frage der Verfasserin, ob sie nichts Näheres über dieses Bild wisse, sagte Ilona Schubert, es hätten sie vor einiger Zeit ungarische Bekannte besucht, die hätten gesagt: «Ach, das Bild kennen wir, das ist ein (oder: der) Rakoscy.» Sie wollten nachforschen, aber Ilona Schubert hatte nichts mehr davon gehört. Auch bis heute ist es den ungarischen Anthroposophen, wie ich auf Nachfrage erfahren habe, nicht gelungen, das Original irgendwo zu orten. Dass es sich hier um einen Rakoscy handeln muss, ist sehr leicht einzusehen, wenn man es mit dem berühmten Porträt Franz II. von Adam Mányoki vergleicht. Nicht, als ob die Gesichtszüge Ähnlichkeit aufweisen würden, aber Franz II. (das Bild soll 1710 in Danzig gemalt worden sein) zeigt sich mit einer wundervollen Schmuckkette, die seinen roten Dolman zusammenhält: in der Mitte ein großer rechteckiger Edelstein, in Perlen und kleinere Steine gefasst. Zwei hochgestellte Romben schließen sich an die Fassung an. Zwischenglieder führen zu zwei Rosetten, welche dann jeweils den hermelingefütterten Dolman halten (im Museum der Bildenden Künste in Budapest, siehe S. 181).

Diesen Schmuck trägt auch der als Christian Rosenkreutz Bezeichnete, dessen hermelingefütterter Übermantel gleichfalls davon zusammengehalten wird. Es dürfte sich da um einen Familienschmuck handeln. Die kleinen Abweichungen sind erklärlich, da es sich um zwei verschiedene Gemälde und nicht um Fotografien handelt.

Durch privaten Schriftwechsel, den die Verfasserin einsehen konnte, wurde ihr bekannt, dass in einer holländischen esoterischen Gruppe nicht nur das Bambino-Bild kursiert, sondern dass man dort auch ein Ölgemälde des Grafen Saint Germain besitzt (welches möglicherweise aber eine Kopie ist), auf dem er etwa vierzig Jahre alt ist und außerordentlich schön und fürstlich aussähe. Es sei ein Brustbild – ein Edelmann mit karminrotem losen Schultermantel, welcher von einer amethystverzierten Spange zusammengehalten wird. Nach der Beschreibung dürfte es sich um eben jenes Bild handeln, das Rudolf Steiner als Foto Frau Röchling gab, nachdem er es vorher den Theosophen in London bereits gegeben hatte.

Im Gegensatz zu den mehr höfischen Bildern französischen Stils sehen wir hier einen Mann mit dunklen Haaren und dunklem Bart. Der Kopf ist sehr schmal, die Brauen sind dunkel und balkenartig waagerecht. Die Augen blicken mit einem verinnerlichten mystischen Licht.

Dieses Bild bestätigt einerseits die Rakoscy-These, aber es stellt andererseits alles wieder in Frage. Hat sich Saint Germain als ungarischer Magnat malen lassen? Zu diesem Bild passt das rastlose Saint-Germain-Leben, die «exoterische Inkarnation» sehr wenig. Rudolf Steiner soll hier gesagt haben: «Christian Rosenkreutz», nicht: Saint Germain. Macht das einen Unterschied? Was für eine Inkarnation aber war das dann? Kann es einer der Vorfahren von Franz II. gewesen sein? Georg I., der 1630 bis 1648 protestantischer Fürst von Siebenbürgen war, oder dessen Sohn Georg II. von 1648 bis 1660? Von ihm, seinem Großvater, übernahm Franz II. das Fürstenerbe.

Mit wachsendem Material wachsen die Rätsel mit. Geheimnisvoll bleibt der Mann, dessen Leben sich so sehr in der Öffentlichkeit abgespielt hat.

Schließlich ist der Verfasserin nochmals ein Bild (S. 299) zugetragen worden, das Rudolf Steiner ebenfalls als Christian Rosenkreutz (oder Saint Germain?) bezeichnet haben soll – erhalten von Ruth Savin[37], Dornach, die es durch Christine Berger-Gerster[38] erhalten hat. Irgendetwas Genaueres konnte nicht mehr ermittelt werden. Auch hier scheint es sich um einen ungarischen Magnaten zu handeln. Ob der hier Gemalte identisch ist mit dem Bilde, das von Ilona Schubert übermittelt wurde? Man könnte es für möglich halten. Wenn auch die Augenbrauen hier nicht so balkenartig sind, so ist doch die Form der Stirn nahezu gleich, auch die Schmalheit des Kopfes und die Art, Kinn- und Oberlippenbart zu tragen, stimmen überein. Der Porträtierte scheint bei dem zweiten Bilde um einige Jahre älter zu sein. Der Hermelinaufschlag seines Umhangs ist breiter. Die Ornamente auf seiner Uniform sind auffallend reich. (Es gibt die Meinung, dass dergleichen nicht zufällig sei, sondern bei Bildern hoher Persönlichkeiten die Freimaurer?-Grade des Betreffenden anzeige.)

* * *

Weitere Überlegungen zur Abstammung von Saint Germain

Wenn wir die Aussage, die Graf Saint Germain dem Prinzen Karl von Hessen über sich selbst gemacht hat – er sei der Sohn des Prinzen Rakoscy von Siebenbürgen und dessen erster Gattin, einer Tekely – ernst nehmen wollen, wie könnten die Verhältnisse dann gelegen haben? Das höhnische Auflachen über die Unkenntnis beziehungsweise die Halbkenntnis des Grafen (der ja dann nur ein Scharlatan sein könnte), das durch die Literatur geht, liegt darin begründet, dass

Christian Rosenkreutz

man diese Aussage für eine Verwechslung hält mit der Tatsache, dass die Großmutter des echten Grafen durch Heirat eine Tekely (Tökely) wurde. Und zum anderen, dass man offiziell zu wissen glaubt, dass Franz (Ferenc) II. vor seiner Ehe mit Charlotte Amalie nicht verheiratet war.

Stellen wir nun aber einmal auf diese Aussage ab, die der nüchterne und zweifellos wahrheitstreu sein wollende Prinz von Hessen wiedergibt. Wie war die Situation? Im Jahre seiner Geburt, 1676, starb der Vater von Franz II. Seine Mutter heiratete 1681 oder 1682 den Grafen Imre Tökely (Graf Imre Tökely, geboren 25. September 1657 in Ismed/Türkei). Er war Kalvinist, floh 1670 nach Siebenbürgen. Ab 1678 war er Führer der habsburgfeindlichen Magyaren. Er eroberte 1682 Ober-Ungarn und wird vom Sultan zum Fürsten von Ober-Ungarn erhoben. 1683 nimmt er am Vorstoß der Türkei gegen Wien teil. Nach dem Sieg über die Kaiserlichen 1690 wurde er von den Ständen Siebenbürgens zum Fürsten gewählt. 1697 floh er in die Türkei.

Franz II. Mutter, die Rakoscy-Witwe Ilona, entstammte dem berühmten Geschlecht der Zriny. 1643 geboren, war sie erheblich älter als Imre Tökely, der bei der Verehelichung etwa fünfundzwanzig Jahre alt war. Sie wurde berühmt durch ihre heldenmütige Verteidigung der Festung Munkacz in den Jahren 1685 bis 1688 gegen den kaiserlichen General Caraffa. Das trug ihr und ihrem zweijährigen Sohn Franz eine Zeitlang die Gefangenschaft in Wiener Neustadt ein (nach «Großer Brockhaus» 1933). Aus dieser Verbindung gingen keine Kinder hervor. Die Tökely, ein vornehmes Magnatengeschlecht, waren ebenfalls vom Freiheitsdrang gegenüber dem katholischen Wien beseelt. Der aufwachsende Franz wird in seiner Kindheit und Jugend noch andere Mitglieder der Familie Tökely kennengelernt haben – einer Familie, mit der er durch die Umstände nah verbunden war, ohne mit ihr verwandt zu sein. Nun könnte es darunter auch ein junges Mädchen gegeben haben (vielleicht eine Nichte seines Ziehvaters), eine «Tökely» eben, mit der er einen jugendlichen Herzbund schloss. Es könnte der Gedanke einer zweiten Rakoscy-Tökely-Verbindung von der ganzen Familie sehr wohl aufgenommen worden sein: zwei junge Fürstenkinder, vereint im gleichen Denken und Streben für ihre Heimat. Aber dann muss dieser Plan den politischen Gegebenheiten weichen, und Franz muss sich mit der ihm unbekannten fernen deutschen Charlotte Amalie vermählen. Er heiratet 1694, mit achtzehn Jahren. Zwei Jahre später, 1696, wird jener Knabe geboren, der offiziell, vielleicht aber auch wirklich, 1700 stirbt.

Christian Rosenkreutz

Franz II., aufständisch, verfolgt, zieht unruhig umher – ist im Gefängnis in Wiener Neustadt, flieht nach Polen, nachdem er sich zum König von Ungarn erklärt hat, nach Frankreich und schließlich in die Türkei. Charlotte Amalie wird vom Wiener Hof in ein Kloster verwiesen und bezieht auch später, als sie nach Paris ausreisen darf, ihr Domizil in einem Kloster. Eine eheliche Gemeinschaft wird nicht mehr aufgenommen. Im Jahre 1722 stirbt sie. Franz II. überlebt sie um dreizehn Jahre. Er stirbt 1735.

Wenn es bei ihm noch eine andere Ehe gegeben hat, so könnte sie demnach nur nach 1722 geschlossen worden sein. Es wäre dann aber nicht die «erste Ehe» gewesen. Stellt man auf die Aussage in Eckernförde ab, so muss eine verheimlichte Frühehe, geschlossen mit einer Tökely, existiert haben. Das stimmte dann auch zusammen mit der Altersangabe; denn wenn Saint Germain im Jahre 1779 bereits achtundachtzig Jahre alt gewesen ist, muss sein Geburtsdatum um 1691 (und nicht 1696) gelegen haben. Franz II. muss dann ein fünfzehnjähriger Vater gewesen sein. Diese mögliche Frühehe dürfte nicht nach katholischem, sondern nach calvinistischem Ritus geschlossen worden sein. Was vielleicht eine geheime Auflösung begünstigte, als man die politische Ehe für notwendig hielt. Vielleicht hat Saint Germain aber auch nur gesagt, er stamme aus der ersten «Verbindung» des Rakoscy mit einer Tökely, und der protestantisch-fromme Karl von Hessen hat das selbstverständlich als eine Ehe aufgefasst.

Wie immer, der zu dem Medici geflüchtete Knabe (als welcher sich Saint Germain gegenüber Karl von Hessen ausgibt) wäre dann nicht der erste Sohn der Charlotte Amalie gewesen, sondern eben das Kind einer Tökely.

Die Tatsache, dass man von dem Tökely-Sohn offiziell nichts wusste, kann die späteren Verwechslungen mit Joseph mit sich gebracht haben beziehungsweise der Grund für die Legende sein, Joseph sei während des Siebenbürgener Feldzuges nicht an der Malaria gestorben, sondern in der Türkei als Bonneval-Pascha und später als Dr. Robertson oder Rivarol (Namen, die auch auf Saint Germain bezogen werden) wieder aufgetaucht.

Saint Germain hat immer merken lassen, dass es mit seiner Herkunft eine besondere Bewandtnis habe und er darüber nicht sprechen wolle. Gleichwohl hat er – genötigt – sich immer als einen Rakoscy zu erkennen gegeben. Seine verschiedenen Aussagen, die Unterlagen über seine Geburt seien in den Händen von Personen, die ihn verfolgten um seiner Herkunft willen, lassen sich ebenfalls in diese Theorie einordnen. Von den beiden offiziellen Söhnen hatte man in Wien

Die Brüder Józzef (links) und György Rákóczi
(Gemälde-Kopien. Burg Saros Patak, Ungarn)

ohnehin Kenntnis, dass es aber noch einen dritten Rakoscy gab, hatte in Wien ja verheimlicht werden sollen.

Will man auf der Version beharren, der bei dem Medici aufwachsende Knabe sei das verstorbene Kind der Charlotte Amalie gewesen, so bleibt die Aussage, die Saint Germain in Eckernförde dem Prinzen gemacht hat, eine Schimäre. Ist er aber der Sohn von Rakoscy-Tökely und nicht von Rakoscy-Charlotte Amalie, so müssen die Ereignisse sich im hier skizzierten Rahmen abgespielt haben.

Die historische Quelle, die über die Ereignisse in Rodosto und den Besuch der beiden Brüder Auskunft gibt, ist ein Buch von Kelemen *Mikes* (1690–1761), das im Stil von Briefen die Ereignisse in Rodosto beschreibt. Mikes kam als adliger Jüngling mit siebzehn Jahren in die Leibgarde von Ferenc II. Er diente ihm als Page, später als Sekretär. Er verehrte und bewunderte den Fürsten und begleitete ihn auf seinem Lebensweg bis zu dessen Tod in Rodosto. Sein im Exil geschriebenes Werk «Briefe aus der Türkei» erzählt in zweihundertsieben Briefen die Geschichte des ungarischen Hofes im Exil und gilt auch als von hohem literarischen Wert. Mikes schildert die Besuche der beiden Söhne und spricht über deren Wesen und Charakter. Als 1727, nach bereits zehnjährigem Exil, der jüngere Sohn Georg in Rodosto auftaucht, wird er freudig erregt von der ganzen Kolonie aufgenommen. Doch verkehrt sich die Freude bald in Enttäuschung; nichts von dem festen Charakter des Vaters, nichts von seinen so hoch geschätzten Tugenden ist zu bemerken. Mikes berichtet, dass Georg zwar hübsch, aber weder von Wissen noch von guter Erziehung geziert sei. Er spricht auch die ungarische Sprache nicht, da der österreichische Hof dies verhindert hatte. Als er nach neun Monaten Rodosto verlässt, begleitet seinen Abschied kein großes Bedauern. Zwei Jahre später, 1729, taucht er noch einmal auf, dann erscheint er nicht wieder.

Joseph, der ältere Sohn, kommt erst 1736, nach seines Vaters Tod, nach Rodosto. Eine traurige, verlassene Kolonie erwartet ihn als Erben und Nachfolger. Aber auch hier stellt sich bald Enttäuschung ein. In Österreich aufgewachsen, katholisch erzogen und des Ungarischen nicht mächtig, ist Joseph nicht weniger fremd. Im selben Jahr bricht Krieg aus. Die Türken wollen den Fürstensohn gegen Österreich ausspielen und schließen mit ihm einen scheinbar großzügigen Vertrag, der Siebenbürgen Unabhängigkeit und Religionsfreiheit sichern soll, aber es werden auch harte Forderungen gestellt. Vor allem soll Joseph mit ins Feld ziehen. Mikes beurteilt die Situation von vornherein nüchtern. Er sieht, dass Joseph der Aufgabe nicht gewachsen ist, zieht aber trotzdem mit ihm ins Feld. Die Unternehmung scheitert, und Joseph stirbt in Czernawoda/Bulgarien. So sieht das Ganze nach der authentischsten Quelle aus, die man besitzt. Von einem wunderbaren Weiterleben des Joseph ist da keine Rede. (Übersetzt und übermittelt von Baronin Marta Maasburg.[39])

Zur Ergänzung der Situation muss noch gesagt sein – Saint Germain behauptet nach Karl von Hessen, er sei vom letzten Medici aufgezogen worden, der ihn als Kind sogar in seinem eigenen Zimmer habe schlafen lassen. Irene Tetzlaff baut das in ihren beiden Büchern so aus, als wäre der Knabe von Gian Gastone (dem letzten Medici) als von dem regierenden Herzog in Florenz in dessen Palast empfangen worden. Doch um das Jahr 1700 (es ist in der Literatur zuweilen auch die Rede, der Knabe sei etwa sieben Jahre alt gewesen, als er nach Florenz kam) regierte noch Cosimo III., der erst 1725 starb, als Saint Germain in jedem Falle schon erwachsen gewesen ist. Von Cosimo III. heißt es, er «beschleunige durch großen Aufwand den Verfall des Hauses und Landes. Er hatte schöngeistige Neigungen, war aber ein Gegner jeder freiheitlichen Regung. Er räumte den geistlichen Orden besonders großen Einfluss in der Regierung ein» («Großer Brockhaus» 1932). Sein Nachfolger Gian Gastone regierte als letzter toskanischer Großherzog von 1723 bis 1737. Länger könnte auch für Saint Germain kein Schutz seitens des Medici vorhanden gewesen sein. Um 1700 war der 1671 geborene «letzte Medici» neunundzwanzig Jahre alt. Ob er mit im Palast des Cosimo wohnte oder aber einen eigenen Haushalt und Hof führte, sein Schützling geriet auf jeden Fall nicht unter die Fittiche des damals regierenden Herzogs, der möglicherweise von den Hintergründen des «Bambino» gar keine Ahnung hatte.

Was bei den früheren Inkarnations-Schilderungen des Christian Rosenkreutz so sehr fehlt, nämlich mehr Wissen über biographische Einzelheiten und Äußerlichkeiten, bekommen wir in Fülle bei Saint Germain. Aber gerade diese Fülle stellt sich wie eine Mauer vor jenes innere Geheimnis, das man so stark in den Geschehnissen des 13. Jahrhunderts und auch noch des 14. Jahrhunderts erfühlen kann. Sich in Äußerlichkeiten und «Wunder» bei der Darstellung des Wirkens von Saint Germain zu verlieren, ist eine Gefahr. Dann gleitet der goldene Faden dieser Inkarnationsreihe einem unbemerkt aus der Hand.

Am ehesten wird man sich dessen bewusst werden, wenn man sieht, wie da eine Individualität, deren Vorgeschichte wir kennen, jetzt so auftritt, dass sie die Freiheit spüren lässt, die ein hochentwickelter Geist gegenüber dem physischen Leibe haben kann.

Ob er mit beiden Händen zwei ganz verschiedene Texte in der gleichen sorgfältigen Schrift schreibt, ob er so glänzend malt, dass man seine Bilder für die besten Italiener hält, ob er singt, komponiert, als Geigenvirtuose so spielt, dass man bis zu zehn Instrumente zu hören meint – mit Souveränität beherrscht er die menschlichen Möglichkeiten. Das lässt fühlen, wie locker dieser Geist im Leibe sitzt und wie sehr er nicht nur Herr über ihn ist, sondern auch jederzeit aus dem geistigen Umkreis gewünschte Fähigkeiten heranziehen kann. Das lässt uns die Welt der Möglichkeiten ahnen, die den Menschen geistig umgibt, die er ergreifen könnte, wenn er es könnte.

Die andere Seite des Lebens ist weniger bemerkbar und weniger glanzvoll: Das karge, einfache Leben mitten in der üppigen Gesellschaft seiner Zeit; der rastlose Einsatz von Ort zu Ort mit seinen endlosen Unbequemlichkeiten in Reisekutschen und Unterkünften; die Widerstände und Gefahren und die Enttäuschungen an Menschen, die pausenlos dieses Leben begleiten. Rudolf Steiner nennt Christian

Rosenkreutz den größten Märtyrer aller Zeiten. Ganz sicher gehört dieses Leben dazu. Er opfert sich hinein in das wirtschaftliche und politische Chaos, in das Geflecht unzähliger gegenläufiger Interessen – Preußens, Wiens, Russlands, Londons, Frankreichs. Er sucht eine Grundlage für ein friedliches Zusammenleben in diesem Europa zu schaffen – verhindert Kriege und Attentate, bereitet Friedensverhandlungen vor. Seine Warnungen hört man nicht. Blindheit und Machtgier der Fürsten und ihrer Trabanten, die Ruhm und Reichtum in die eigene Tasche wirtschaften wollen, Trägheit, Engstirnigkeit und Misstrauen sind die Bastionen, gegen die er vergeblich anzurennen sucht. Das Pulverfass explodiert: Die Französische Revolution. Berechtigte Forderungen, gute Kräfte irren ab. Das Ideal der Freiheit geht unter in der Herrschaft wilder Triebe – der Mensch zeigt sich nicht schöner, sondern hässlicher. Dennoch – nichts geht verloren. Gute Keime bilden den schmalen Streifen Humus, aus dem sich die «Tragfläche» bilden kann für die nötigen Entwicklungen in der Michaelzeit, für die Erkenntnis des wahren Zusammenhanges von Freiheit, Gleichheit, Brüderlichkeit, für die Sozialordnungen und Wirtschaftsweisen, die Europa retten könnten.

A La
Mere des Arts
© Paris 1795

SONNET PHILOSOPHIQUE

ATTRIBUÉ AU FAMEUX SAINT GERMAIN.

Curieux scrutateur de la nature entière,
J'ai connu du grand tout le principe et la fin.
J'ai vu l'or en puissance au fond de sa minière,
J'ai saisi sa matière et surpris son levain.

J'expliquai par quel art l'âme aux flancs d'une mère,
Fait sa maison, l'emporte, et comment un pépin
Mis contre un grain de blé, sous l'humide poussière;
L'un plante et l'autre cep, sont le pain et le vin.

Rien n'était, dieu voulut, rien devint quelque chose,
J'en doutais, je cherchai sur quoi l'univers pose,
Rien gardoit l'équilibre et servoit de soutien.

Enfin, avec le poids de l'éloge et du blâme,

Les amateurs nous sauront gré de leur avoir fait connaître ce fameux Sonnet qui n'a jamais été imprimé.

(94)

Je pesai l'éternel, il appella mon ame,
Je mourus, j'adorai, je ne savois plus rien.

Nota. Sur l'original de ce sonnet écrit de la main de l'auteur même, on voyoit encore les vers suivans qui ont rapport aux deux derniers vers de ce fameux sonnet.

» Je pesais dieu lui-même, il appella mon ame,
» Le cadavre tomba, j'adorai, tout en bien.

OU

« Je pesais l'éternel, il appélla mon ame,
» Le cadavre tomba, je ne savois plus rien.

OU

» Je redeviens dieu même et je m'en doutais bien.

Philosophisches Sonett

(Zugeschrieben dem berühmten Saint Germain)

Wach mit allen Sinnen im Schaffen der Natur
Fand ich den Anfang und ein Ziel in allem,
Sah ich auch Gold in seinen Geistesgründen,
Verstand ich allen Stoff aus seinem Werden.

Auch konnte ich dann zeigen, wie die Seele
Ihr Eigensein im Leib der Mutter schafft –
Wie Kern neben Korn im Leib der Erde;
Es werden Ähre und Traube, Brot und Wein.

Im Nichts erschuf der Götter-Kreis ein All.
Wie kann dies All im Nichts sich halten?
Es trägt sich aus sich selbst in seinem Sein.

Erwägend Welten-Sein und Welten-Werden
Nahm mich die Ewigkeit in ihren Gottes-Grund,
Und Sterben wurde mir des Lebens Auferstehn.

Freie Übertragung aus dem Französischen
am 13. Juni 2009

Günter Aschoff

Unten auf Seite 93: Die Liebhaber werden uns Dank wissen, dass wir ihnen dieses Gedicht zur Kenntnis gebracht haben, das noch nie gedruckt wurde.
Aus: Poèmes philosophiques sur l'homme. Ohne Orts- und Zeitangabe (Paris 1795?, p. 93 sq (vorhanden in Nationalbibliothek Paris).
Übersetzt von Günter Aschoff, Dornach, 27. Februar / 28. Mai 2009.
(Die englische Übersetzung dieses Sonetts ist von dem kanadischen Schriftsteller Manly Palmer Hall, 1901–1990.)

Philosophisches Sonett

(Zugeschrieben dem berühmten Saint Germain)

Hellwacher Forscher, wie Natur in allem schafft,
Ich erfuhr Anfang und Ziel im All und auf Erden,
Ich sah das Gold im tiefsten Grunde als Kraft,
Ich verstand seinen Stoff überraschend im Werden.

Ich erklärte, wie kunstvoll die Seele selber den Leib
Bei der Mutter baut und behält – wie auch der Kern,
Gelegt in feuchte Erde neben das Weizenkorn;
Das eine wird Ähre, das andere Weinstock, Brot und Wein.

Nichts war, Gott wollte, nichts wurde zu einer Welt.
Daran zweifelnd ich suchte, wer wohl ihr Dasein hält?
Nichts gibt ihr das Gleichgewicht, ist Stütze ihr.

Am Ende, nehmend Lob und Tadel als Gewichte,
Ich wog das Ewige – es rief meine Seele,
Ich starb und betete an, nichts sonst blieb mir.

Anmerkung: Auf dem Original dieses Sonetts, eigenhändig vom Autor geschrieben, fand man noch folgende Verse, die sich auf die letzten zwei Zeilen dieses berühmten Gedichtes beziehen:

Ich wog Gott selber, er rief meine Seele,
Der Leib zerfiel, ich betete an, war ganz im Guten.
oder
Ich wog das Ewige, es rief meine Seele,
Der Leib zerfiel, ich wusste nichts mehr.
oder
Ich werde Gott selbst, und ich ahnte es wohl.

Anmerkungen

1 Zitiert nach der Novalis-Ausgabe von Lambert-Schneider, Berlin 1943, Band I.

2 Zitiert nach Gerhard Schulz, «Novalis», rororo-Bildmonographien Nr. 154, Reinbek 1969, S. 35.

3 Ebenda, S. 7, 124 f.

4 G. K. Kaltenbrunner in der Nationalzeitung Basel, 30. April 1972.

5 «Caroline, Briefe aus der Frühromantik», nach Georg Waitz, vermehrt herausgegeben von Erich Schmidt, Leipzig 1913, 2 Bände.

6 Aus dem «Märchen» von J. W. Goethe.

7 In «Ewige Individualität – Zur karmischen Novalis-Biographie», Dornach 1987.

8 Anna May 1864–1954. Siehe dazu Margarete Hauschka in «Das Goetheanum» 1975, Nr. 24 mit einer schwarz-weiß Abbildung des Gemäldes und Bertha Meyer-Jacobs «Dornacher Tage in Hamburg» in «Was in der Anthroposophischen Gesellschaft vorgeht», 14. August 1927.

9 Zwei öffentliche Vorträge: am 11. März 1913 in München und am 19. Mai 1913 in Stuttgart gehalten. (Beide Vorträge sind noch nicht im Gesamtwerk veröffentlicht, sie wurden aber Weihnachten 1983 in Heft Nr. 82 der «Beiträge zur Rudolf Steiner Gesamtausgabe» gedruckt.)

10 «Das Prinzip der spirituellen Ökonomie in Zusammenhang mit Wiederverkörperungsfragen», GA 109.

11 Siehe die Artikel der Autorin: «Worin urständet die Besonderheit und die Kontinuität des delphischen Orakels» mit ausführlicher Geschichte des Kroisos in der Zeitschrift «Mensch und Welt» (Blätter für Anthroposophie) Nr. 5 und 6, 20. Jahrgang, Mai/Juni 1968.

12 «Wo und wie findet man den Geist», GA 57. Vortrag: Die europäischen Mysterien und ihre Eingeweihten. 6. Mai 1909.

13 «Kunst- und Lebensfragen im Lichte der Geisteswissenschaft», GA 162. Vortrag vom 24. Juli 1915 in Dornach.

14 Aus dem Nachwort der Übertragung «Flore und Blanscheflur», Altdeutscher Versroman von Konrad Fleck. In neuem Reime und mit Erklärungen von Johannes Ninck, Verlag Huber & Co, Frauenfeld/Schweiz und Leipzig 1924.

15 «Das esoterische Christentum und die geistige Führung der Menschheit», GA 130. Darin die drei Vorträge in Neuchâtel, 27. September, 28. September 1911 und 18. Dezember 1912, der Vortrag in Kassel am 27. Januar 1912 und der später erwähnte Vortrag in Wien am 9. Februar 1912.

16 Siehe dazu auch GA 15 «Die geistige Führung des Menschen und der Menschheit», Kopenhagener Vorträge vom Juni 1911, Vortrag II.

17 Neuchâtel, 27. September 1911 und Kassel, 27. Januar 1912, in: «Das esoterische Christentum und die geistige Führung der Menschheit», GA 130.

18 «Der Mensch im Lichte von Okkultismus, Theosophie und Philosophie», GA 137, Dornach.

18a Briefwechsel Marie Steiner – Rudolf Steiner. Briefe und Dokumente (GA 262).
19 «Das Leben zwischen Tod und neuer Geburt im Verhältnis zu den kosmischen Tatsachen», GA 141, 7. Januar 1913.
20 Der erwähnte Aufsatz für die Zeitschrift «Das Reich» ist enthalten in GA 35 «Philosophie und Anthroposophie. Gesammelte Aufsätze 1904–1923» und ist außerdem vollständig abgedruckt in der Übertragung der «Chymischen Hochzeit» ins Neuhochdeutsche von Walter Weber, Dornach 1942 und 2004.
21 «Die spirituellen Hintergründe der äußeren Welt», GA 177.
22 «Menschliche und menschheitliche Entwicklungswahrheiten – Das Karma des Materialismus», GA 176.
23 «Mysteriengestaltungen», GA 232.
24 Alle Zitate über Leben und Wirken des Gottesfreundes und aus seinen Briefen entstammen dem Büchlein von Wilhelm Rath: «Der Gottesfreund vom Oberland – Sein Leben geschildert auf Grundlage der Urkundenbücher des Johanniterhauses Zum Grünen Wörth in Straßburg», Stuttgart 1985.
25 Felix Balde: eine der Hauptgestalten in Rudolf Steiners Mysteriendramen.
26 Mysterienwahrheiten und Weihnachtsimpulse. Alte Mythen und ihre Bedeutung, GA 180.
27 In Bezug auf Hinricus Madathanus (ca. 1590–1638) sei auf den Anfang von «Das rosenkreuzerische Christentum», Vortrag vom 27. September 1911, GA 130, verwiesen.
28 Paul Regenstreif, «Christian Rosenkreuz und seine Mission», Studienmaterial, auf der Grundlage von Hinweisen Rudolf Steiners zusammengestellt und bearbeitet. Freiburg i. Br. 1977.
29 «Esoterische Betrachtungen karmischer Zusammenhänge», II. Band. Vortrag in Dornach vom 4. Juni 1924, GA 236.
30 «Erfahrungen des Übersinnlichen. Die drei Wege der Seele zu Christus». Stockholm, 17. April 1912, GA 143.
31 Irene Tetzlaff, «Unter den Flügeln des Phoenix», Marschalkenzimmern/Schwarzwald, ohne Jahr und Stuttgart 1992. «Der Graf von Saint Germain», Stuttgart 1980.
32 In: Tetzlaff, «Unter den Flügeln des Phoenix», S. 91, zitiert nach Gustav Berthold Volz, «Der Graf von Saint Germain». Entnommen einer Denkschrift des Freiherrn Reinhard von Gemmingen-Guttenberg an den Prinzen Christian von Hessen-Darmstadt, 1817.
33 Karl Heyer, «Aus dem Jahrhundert der französischen Revolution». Neu aufgelegt unter dem Titel «Die französische Revolution und Napoleon», Stuttgart 1989.
34 L. A. Langeveld, «Der Graf von Saint Germain». Geleitwort von W. J. Stein, Berlin/Haag 1930.
35 M. und E. Kirchner-Bockholt, «Die Menschheitsaufgabe Rudolf Steiners und Ita Wegman», Dornach 1981.
36 «Von Jesus zu Christus», GA 131, Vortrag vom 6. Oktober 1911.

Anmerkungen zum Anhang

1 Adolf Arenson 1855–1936. Maßgebend beteiligt an der Ausbreitung der Anthroposophie durch viele Vorträge und Komponist für die Musik bei den Ur-Aufführungen der Mysteriendramen Rudolf Steiners in München 1910–1913.

2 Kurt Walther 1874–1940. Er war 30 Jahre für die Anthroposophie Rudolf Steiners tätig – vor allem als Vortragender, von 1916–1923 im Zentralvorstand der Anthroposophischen Gesellschaft.

3 Adolf Arenson, «Ergebnisse aus dem Studium Rudolf Steiners», Heft 3. Herausgegeben vom Rudolf Steiner Studienzentrum. Freiburg i. Br. 1980.

4 Rudolph Wahl, «Karl der Große», Hamburg-Wandsbek 1954.

5 «Das Prinzip der spirituellen Ökonomie in Zusammenhang mit Wiederverkörperungsfragen», GA 109/111.

6 Walter Nigg, «Das Buch der Ketzer», Zürich 1949.

7 «Das Leben zwischen Tod und neuer Geburt», GA 141.

8 «Die Mission des Christian Rosenkreutz und das Geheimnis des Mars», 18. Dezember 1912 in: GA 130.

9 «Bausteine zu einer Erkenntnis des Mysteriums von Golgatha», Vortrag vom 3. April 1917, GA 175.

10 «Von der Suche nach dem heiligen Gral», GA 149.

11 «Der Mensch im Lichte von Okkultismus, Theosophie und Philosophie», Vortrag vom 12. Juni 1912, GA 137.

12 «Der übersinnliche Mensch, anthroposophisch erfasst». Den Haag, 13.–18. November 1923, GA 231.

13 Margarita Woloschina 1882–1973. Siehe auch: Die grüne Schlange. Lebenserinnerungen. Stuttgart 1954.

14 Leon Mouravieff 1905–1987. Russischer Musiker und Komponist.

15 Assja Turgenieff 1890–1966. Russische Malerin und Eurythmistin. Hat die Glasfenster im zweiten Goetheanum geschliffen.

16 Ilona Schubert 1900–1983. Eine der Ersten bei der von Rudolf Steiner entwickelten Eurythmie.

17 Sie war Lehrerin an der Freien Waldorfschule Uhlandshöhe und am Lehrerseminar in Stuttgart.

18 Siehe auch die Aufsätze «Christian Rosenkreutz und Albrecht Dürer» I und II in «Mitteilungen aus der anthroposophischen Arbeit in Deutschland», Heft 4/1981 und Heft 2/1983 von H. Krause-Zimmer.

19 Näheres siehe darüber in den Büchern der Verfasserin: «Die zwei Jesusknaben in der bildenden Kunst» und «Kreuz und Auferstehung – Mysterienspuren in Passions- und Osterbildnissen». Beide Stuttgart 1981 und 1986.

20 Ingeborg Möller-Lindholm 1878–1965. Norwegische Dichterin, durch die Rudolf Steiner «Das Traumlied von Olaf Åsteson» kennenlernte.

21 Helga Geelmuyden 1871–1951. Hat Bücher von Rudolf Steiner ins Norwegische übersetzt und war Mitbegründerin der anthroposophischen Arbeit in Norwegen.

22 Fotokopie des Heyer-Briefes liegt mir vor. Teilweise veröffentlicht in: «Das Goetheanum», Nr. 38, 1984, Artikel von D. Vis.

23 Harriet von Vacano 1862–1949. Hatte 1907–1913 in München bei den Mysteriendramen mitgespielt, lebte dann in Dornach und hat Bücher von W. Solowjoff ins Deutsche übersetzt.

24 «Über die Sage von Lohengrin», GA 94, «Kosmogonie», 8. Juni 1906 und GA 93a, «Grundelemente der Esoterik», 4. Oktober 1905.

25 Dr. Ernst Lehrs (1894–1979. Seine Erinnerungen: Gelebte Erwartung, Stuttgart 1979) übermittelte noch Folgendes an Hella Wiesberger von der Rudolf Steiner Nachlassverwaltung: «Bei einem seiner Besuche in Oslo habe Frau Geelmuyden Rudolf Steiner ein angebliches Porträt des Grafen von Saint Germain gezeigt. Daraufhin habe Rudolf Steiner gesagt, er würde ihr ein viel besseres Bild aus dessen holländischer Inkarnation zukommen lassen. Dazu sei es aber dann nicht mehr gekommen. Als nach seinem Tode Frau Geelmuyden an Frau Dr. Steiner eine Frage danach richtete, habe diese gesagt, es handle sich um das in Glasgow hängende Bild, das von Rembrandt selbst als Porträt des Meisters bezeichnet worden sei, von dem er die Geheimnisse des Lichtes wisse.»

In diesem Zusammenhang erscheint auch Folgendes bedeutsam. Rudolf Steiner erhielt am 1. Januar 1903 dieses Bild als Kunstpostkarte von Nina von Gernet, die mit Marie von Sivers zusammen 1901/02 in Bologna war. Nina von Gernet hatte unter das Bild nur geschrieben:

«Zum 1. Januar 1903
Sursum Corda [Empor die Herzen!]
N. v. G.»

26 Siehe Artikel von Dirk Vis in: «Das Goetheanum», Nr. 38, 1984.

27 «Kunstgeschichte als Abbild innerer geistiger Impulse», GA 292, Vortrag vom 28. November 1916, Rembrandt.

28 «Erinnerungen von Marie Steiner», geschrieben kurz nach dem Tode Rudolf Steiners in den Jahren 1925–1927. Heft I. Rudolf Steiner Verlag, Dornach 1949.

29 Siehe in: «Das Goetheanum»: H. Krause-Zimmer «Zu Rembrandts Bildnis ‹Mann in Waffen› in Glasgow, Nr. 47, 1984. Und Kontroverse Vis/Krause-Zimmer in Nr. 14, 1985.

30 Siehe Rudolf Steiner: «Geistige Hierarchien und ihre Widerspiegelung», GA 110, ferner Anmerkung in GA 265, Seite 218, in: «Zur Geschichte und aus den Inhalten der erkenntniskultischen Abteilung der Esoterischen Schule 1904–14».

Siehe auch Hella Krause-Zimmer «Kreuz und Auferstehung», Mysterienspuren in Passions- und Osterbildnissen, Kapitel «Die vier Elemente» und «Christus als der Herr des Feuers». Stuttgart 1981.

31 «Wer sind die Rosenkreuzer?» In: «Die Erkenntnis des Übersinnlichen in unserer Zeit und deren Bedeutung für das heutige Leben», GA 55.

32 Siehe hierzu: Helga Pohl, «Gold». Macht und Magie in der Geschichte. Stuttgart 1958, S. 230–235.

33 Spinoza, geboren 1632 in Amsterdam, gestorben 1677 in Den Haag.

34 Zitiert aus Helga Pohl, «Gold», Stuttgart 1958, S. 234.

35 «Eine Zeitlang war dieses Bild im Besitz von Otto Graf Lerchenfeld (1868–1938). Bayrischer Reichsrat. Er fragte Rudolf Steiner nach neuen Ideen für den sozialen Organismus und führte als Gutsbesitzer mit die biologisch-dynamische Wirtschaftsweise in die Landwirtschaft ein, auf seinem Gut Köfering bei Regensburg i. Bay. Dort zeigte er es einmal vor dem Ersten Weltkrieg Rudolf Steiner und er habe gesagt: ‹Das ist Saint Germain, aber in seiner Form als Hompesch.› (So von Lerchenfeld selbst überliefert.) Aufgrund dessen hing das Bild wohl im Salon von H. von Vacano in Dornach, die mit L. sehr befreundet war und sich tief für Saint Germain interessierte. So erzählte mir [H. Wiesberger] Frl. Bohn (Haushälterin bei H. von Vacano) aus Arlesheim am 12. Oktober 1971. Das Bild sei von Lerchenfeld verkauft worden, als der Versuchsring für biologisch-dynamische Wirtschaftsweise in großer finanzieller Not gewesen sei. Wo es hinverkauft worden war, wusste sie nicht. Die weiteren Wege des Originals bis Edinburgh sind nicht bekannt. Eine von Lerchenfeld überlieferte Merkwürdigkeit ist noch, dass ihm dieses Bild zusammen mit einem anderen, in einer Rolle verpackt, aus Italien anonym zugeschickt worden war. (Das zweite Bild ist durch Gewitterregen vernichtet worden. So Hella Wiesberger von der Rudolf Steiner Nachlassverwaltung.).

36 Im Großmeisterpalast in La Valetta, Malta, gibt es ein Brustbild und das beschriebene ganzfigurige Porträt von Ferdinand von Hompesch.

37 Ruth Savin 1926–1991. Leiterin des Philosophisch-Anthroposophischen Verlages am Goetheanum in Dornach von 1965–1982.

38 Christine Berger-Gerster 1915–1982. Gattin des Vorstandsmitgliedes der Allgemeinen Anthroposophischen Gesellschaft Dr. Werner Berger (1916–1978).

39 Lebt in Budapest/Ungarn.

Zitierte Vorträge von Rudolf Steiner

(GA = Rudolf Steiner Gesamtausgabe, Dornach)

Philosophie und Anthroposophie, GA 35, 1984.

Die Erkenntnis des Übersinnlichen in unserer Zeit und deren Bedeutung für das heutige Leben, GA 55, 1983, Vortrag vom 14. März 1907.

Wo und wie findet man den Geist, GA 57, 1984, Vortrag vom 6. Mai 1909.

Menschengeschichte im Lichte der Geistesforschung, GA 61, 1983, Vortrag vom 14. Dezember 1911.

Die Tempellegende und die Goldene Legende, GA 93, 1991, Vorträge vom 23. Mai, 23. Oktober, 4. November, 16. Dezember 1904.

Grundelemente der Esoterik, GA 93a, 1987, Vortrag vom 4. Oktober 1905.

Kosmogonie, GA 94, 2001, Vortrag vom 8. Juni 1906.

Natur- und Geistwesen – ihr Wirken in unserer sichtbaren Welt, GA 98, 1996, Vortrag vom 15. Dezember 1907.

Die Theosophie des Rosenkreuzers, GA 99, 1985, Vortrag vom 22. Mai 1907.

Das Johannes-Evangelium, GA 103, 1995, Vortrag vom 22. Mai 1908.

Welt, Erde und Mensch, GA 105, 1983, Vortrag vom 16. August 1908.

Ägyptische Mythen und Mysterien, GA 106, 1992, Vortrag vom 12. September 1908.

Das Prinzip der spirituellen Ökonomie im Zusammenhang mit Wiederverkörperungsfragen, GA 109, 2000, Vorträge vom 21. Januar und 31. Mai 1909.

Das Lukas-Evangelium, GA 114, 2001, Vorträge vom 18., 19., und 20. September 1909.

Das Matthäus-Evangelium, GA 123, 1988, Vortrag vom 2. September 1910.

Exkurse in das Gebiet des Markus-Evangeliums, GA 124, 1995, Vorträge vom 6. Dezember 1910 und 10. Juni 1911.

Okkulte Geschichte, GA 126, 1992, Vortrag vom l. Januar 1911.

Die Mission der neuen Geistesoffenbarung, GA 127, 1989, Vortrag vom 25. Februar 1911.

Das esoterische Christentum und die geistige Führung der Menschheit, GA 130, 1995, Vorträge vom 27., 28. September, 20. November 1911 und 27. Januar, 9. Februar, 18. Dezember 1912.

Von Jesus zu Christus, GA 131, 1988, Vortrag vom 6. Oktober 1911.
Der irdische und der kosmische Mensch, GA 133, 1989, Vorträge vom 23. Oktober 1911 und 2. Mai 1912.
Die Welt der Sinne und die Welt des Geistes, GA 134, 1990, Vortrag vom 29. Dezember 1911.
Der Mensch im Lichte von Okkultismus, Theosophie und Philosophie, GA 137, 1993, Vortrag vom 12. Juni 1912.
Das Markus-Evangelium, GA 139, 1985, Vorträge vom 17., 20., 22. September 1912.
Okkulte Untersuchungen über das Leben zwischen Tod und neuer Geburt, GA 140, 2003, Vortrag vom 30. Dezember 1913.
Das Leben zwischen dem Tod und der neuen Geburt im Verhältnis zu den kosmischen Tatsachen, GA 141, 1997, Vorträge vom 22. Dezember 1912, 7. Januar und l. April 1913.
Die Bhagavad-Gita und die Paulusbriefe, GA 142, 1982, Vortrag vom 1. Januar 1913.
Erfahrungen des Übersinnlichen. Die drei Wege der Seele zu Christus, GA 143, 1994, Vortrag vom 16. Mai 1912.
Aus der Akasha-Forschung. Das Fünfte Evangelium, GA 148, 1992, Vortrag vom 8. Dezember 1913.
Christus und die geistige Welt, GA 149, 2004, Vortrag vom 30. Dezember 1913.
Kunst- und Lebensfragen im Lichte der Geisteswissenschaft, GA 162, 2000, Vortrag vom 24. Juli 1915.
Gegenwärtiges und Vergangenes im Menschengeiste, GA 167, 1962, Vortrag vom 18. April 1916.
Bausteine zu einer Erkenntnis des Mysteriums von Golgatha, GA 175, 1996, Vortrag vom 3. April 1917.
Menschliche und menschheitliche Entwicklungswahrheiten. Das Karma des Materialismus, GA 176, 1982, Vortrag vom 25. September 1917.
Die spirituellen Hintergründe der äußeren Welt. Der Sturz der Geister der Finsternis, GA 177, 1999, Vortrag vom 30. September 1917.
Mysterienwahrheiten und Weihnachtsimpulse. Alte Mythen und ihre Bedeutung, GA 180, 1980, Vortrag vom 12. Januar 1918.
Das Geheimnis der Trinität, GA 214, 1999, Vortrag vom 23. Juli 1922.
Mysterienstätten des Mittelalters, GA 233a, 1991, Vorträge vom 6., 11., 12., 13. Januar 1924.

Esoterische Betrachtungen karmischer Zusammenhänge, Band IV, GA 238, 1991, Vortrag vom 28. September 1924. – Band VI, GA 240, 1992, Vortrag vom 1. Juni 1924.

Briefwechsel und Dokumente 1901–1925, GA 262, 2002, Vortrag vom 11. April 1905.

Zur Geschichte und aus den Inhalten der ersten Abteilung der Esoterischen Schule 1904 bis 1924, GA 264, 1996, Vorträge vom 23. November 1904, November 1905, 19. April 1909, S. 239, 248.

Zur Geschichte und aus den Inhalten der erkenntniskultischen Abteilung der Esoterischen Schule von 1904 bis 1914, GA 265, 1987, Vortrag vom 15. April 1908.

Kunstgeschichte als Abbild innerer geistiger Impulse, GA 292, 2000, Vorträge vom 8., 15., 28. November 1916.

Die Geschichte der Menschheit und die Weltanschauungen der Kulturvölker, GA 353, 1988, Vortrag vom 4. Juni 1924.

Beiträge zur Rudolf Steiner Gesamtausgabe, Nr. 82, 1983, Vorträge vom 11. März und 19. Mai 1913.

HELLA KRAUSE-ZIMMER

Was geschah in Bethlehem?

Das Rätsel der doppelten Weihnachtsgeschichte

Die doppelte Weihnachtsgeschichte war ein Motiv, das Hella Krause-Zimmer ein Leben lang begleitete. In dieser letzten, phänomenologischen Betrachtung der unterschiedlichen Berichte über die Geburt Christi, die in den Evangelien erzählt werden, weckt und stellt die Autorin Fragen, die jeden Leser, auch Schüler der Oberstufe anregen, die tieferen Geheimnisse des Rätsels der beiden Jesusknaben zu erkunden. Beispiele aus der Kunst zeigen, dass auch mancher Maler früherer Zeiten um dieses Geheimnis wusste.

72 Seiten, Gebunden, ISBN 978-3-7235-1445-0

VERLAG AM GOETHEANUM

ALMUT BOCKEMÜHL

Märchen und Rosenkreuzer

In den Vorträgen über Märchendichtung vom 10. Juni 1911 nannte Rudolf Steiner die mittelalterlichen Märchenerzähler «Rhapsoden». In der Tat wurden ja in alter Zeit und vielerorts bis weit ins 20. Jahrhundert hinein Märchen in einer Art Sprechgesang vorgetragen. Steiner fuhr nun fort: «Woher kamen denn diese Rhapsoden? Wo hatten sie gelernt, solche Bilder vor die Menschen hinzustellen? – In denselben Tempeln hatten sie es gelernt, die wir als die Schulen der Rosenkreuzer anzusehen haben. Sie waren Schüler der Rosenkreuzer.» Diese Äußerung stellt einerseits einen wenig betrachteten und beachteten Aspekt des Rosenkreuzertums vor das innere Auge, andererseits lässt sie das Volksmärchen in einem ganz besonderen Licht erscheinen. Beides ist noch wenig erforscht und einer gründlichen Betrachtung wert. Es wirft sowohl Fragen der Bewusstseinsgeschichte auf wie auch solche zum imaginativen Stil der Märchen. Was sind überhaupt im Sinne von Rudolf Steiner «Imaginationen»? Zweifellos sind nicht alle Märchen Rosenkreuzermärchen, es gibt auch Sagen, Legenden und Schwänke. Was für Kriterien und Motive gibt es, die in einem Märchen auf das Rosenkreuzertum hinweisen können? Das Buch enthält sowohl allgemeine Bemerkungen zu den oben angesprochenen Fragen als auch zum Umgang mit Märchen als Geistesschulung in der Gegenwart.

168 Seiten, Kartoniert, ISBN 978-3-7235-1519-8

VERLAG AM GOETHEANUM